Sarah J. Jahn, Judith Stander-Dulisch (Hg.)

Vielfalt der Religionen

Ein Praxishandbuch zur Regulierung von religiöser Pluralität in Nordrhein-Westfalen

Inhalt

V. Religion und Zivilgesellschaft

Fallstudien

Fazit

Anhang

SARAH J. JAHN, JUDITH STANDER-DULISCH

Einleitung: Ein Handbuch über die Praxis und für die Praxis

Die deutsche Gesellschaft wird religiös und weltanschaulich pluraler. So ist nicht mehr von Religion, sondern von einer Vielfalt der Religionen zu sprechen. Die Koexistenz unterschiedlicher Religionen sowie das Nebeneinander von religiösen und nicht religiösen Traditionen wird durch die Verfassungs- und Rechtsordnung geschützt und gestärkt, birgt aber zugleich zweifellos eine der zentralen Herausforderungen für ein friedliches Zusammenleben in der Gesellschaft. Die Herausforderungen betreffen nahezu alle gesellschaftlichen Bereiche. Das vorliegende Praxishandbuch bezieht sich auf die Bereiche Medien, Arbeitsplatz, Politik und Verwaltung, Bildung und Zivilgesellschaft und adressiert vornehmlich die Herausforderungen, denen sich Praktiker*innen in ihrer alltäglichen Arbeit stellen müssen.

Mit dieser Ausrichtung richtet sich das Praxishandbuch zum einen (1) an Praktiker*innen, denen religiöse Pluralität tagtäglich begegnet, (2) an Forscher*innen, die diese Begegnungen im Rahmen der religiösen Pluralität untersuchen sowie darüber hinaus (3) an Bürger*innen, die sich für die Vielfalt der Religionen, vor allem in Nordrhein-Westfalen, und die damit einhergehenden Auswirkungen sowie Herausforderungen in der Gesellschaft interessieren.

1. Religiöse Pluralität als Herausforderung für die Praxis

Die Herausforderungen werden vor allem im alltäglichen Miteinander sichtbar:
(1) Journalist*innen berichten über Religion und über Sachverhalte mit vermeintlich religiösem Bezug. Sie changieren hier zwischen journalistischem Auftrag und ethischen Grenzen: Was darf berichtet werden und wie darf berichtet werden? Darf etwas nicht berichtet werden? Wie werden Sachverhalte dargestellt?
(2) Stationäre Altenpflegeeinrichtungen suchen nach Möglichkeiten, mit unterschiedlichen religiösen und kulturellen Bräuchen ihrer Bewohner*innen innerhalb einer Einrichtung umzugehen: Was bedeutet die Integration von religiösen Bedürfnissen für die Gestaltung von Pflegeabläufen? Wie können körperlich eingeschränkte Bewohner*innen in ihrer Ritualpraxis unterstützt

werden? Wo bietet sich ein pragmatischer Umgang mit Religion an, wo ist der Blick auf den spezifischen Einzelfall hilfreich?

(3) Mitarbeiter*innen einer Stadtverwaltung suchen nach Möglichkeiten, mit religiösen Bedarfen der Bürger*innen umzugehen, ohne das Neutralitätsgebot und das Legalitätsprinzip zu verletzen: Wie weit sind Gesetze und Verwaltungsvorschriften auslegbar? Welchen Handlungsspielraum gibt es im individuellen Umgang mit Bürger*innen?

(4) Bildungseinrichtungen sehen sich konfrontiert mit immer mehr Ansprüchen von Politik und Eltern. Sie sollen zum einen bilden, zum anderen auf das Leben in der Gesellschaft vorbereiten. Aber wie gehen Lehrkräfte mit religiöser Pluralität um, wenn sie selbst keinen Bezug zu Religion haben und kein Fachwissen mitbringen? Ist Religion ein Bestandteil von Schule, auch außerhalb des Religionsunterrichts? Wie wird Wissen über Religion in Lehrwerken vermittelt? Wie kann Wissen vermittelt werden, ohne Stereotype zu verbreiten?

(5) Religiöse Dialoginitiativen haben ihr eigenes theologisches Verständnis und suchen nach Möglichkeiten, um in den Austausch mit anderen Theologien und religiösen Praxen zu kommen. Sie haben unterschiedliche Interessen, z.B. gesellschaftliche Teilhabe und friedliche Koexistenz. Auf welcher Grundlage treten Menschen unterschiedlicher Religionen in den Austausch, welches Verhältnis entwickeln sie zueinander und wie handeln sie gemeinsam in der jeweiligen Stadtgesellschaft? Welche Bedingungen oder Regulierungsmöglichkeiten befördern einen Dialog, der sich auf größtmögliche Offenheit und Lernbereitschaft der Beteiligten füreinander ausrichtet?

(6) Jugendliche suchen ihren Platz im Leben und in der Gesellschaft. Wie gehen sie mit religiöser Identität vor dem Hintergrund einer pluralen Gesellschaft um? Gibt es Unterschiede in den Traditionen? Welche Rolle spielen die Migrationsgeschichten der Eltern bzw. die eigene Migrationsgeschichte?

Die Beispiele zeigen, dass nicht trotz, sondern gerade wegen der rechtlich gewährleisteten Koexistenz verschiedener religiöser und weltanschaulicher Traditionen ganz praktische Fragen im Umgang mit religiöser Pluralität entstehen. Dabei ist in vielen Fällen unerheblich, ob Pluralität als Wert geschätzt wird oder nicht. Es betrifft aus der Perspektive der Handelnden vor allem Fragen der Machbarkeit in Bezug auf geltendes Recht, ethische Maßstäbe und das eigene Selbstverständnis.

2. Zur Regulierung von religiöser Pluralität

Moderne Gesellschaften sind durch religiöse Pluralität gekennzeichnet. Jedoch kommt dieser religiösen Pluralität in verschiedenen Kontexten ganz unterschiedliche Relevanz zu. Die Relevanz ergibt sich durch strukturelle Rahmenbedingungen, aber auch durch individuelle Einstellungen. Vor diesem Hintergrund zielt die Regulierbarkeit religiöser Pluralität auf verschiedene Faktoren ab, die etwa Religion insgesamt stabilisieren oder schwächen sollen. Durch die einzelnen Fallstudien wird deutlich, dass Recht, Ethik und Identität Maßstäbe für Regulierung von religiöser Pluralität sind: Leitend sind hierbei Normen des legitimen und nicht legitimen Handelns, die entweder objektiv durch Glaubenssätze und Recht vorgegeben sind oder subjektiv als individuelle Regeln und Moralvorstellungen gelten. Religion ist dabei die konstante Bezugsgröße, anhand derer entschieden wird, ob eine Praxis, ein Handeln oder ein Verfahren legitim ist oder nicht. Dementsprechend ist Religion eine gesellschaftliche Größe, die einerseits selbst regulativ agiert, z.B. durch religiöse Inhalte, Bräuche und Wertvorstellungen, andererseits aber auch von anderen gesellschaftlichen Größen reguliert wird. Neben anderen Steuerungsgrößen, die in den folgenden Untersuchungen im Mittelpunkt stehen, nimmt das Recht eine zentrale Rolle ein. Das deutsche Religionsrecht ist dadurch gekennzeichnet, dass das (Bundes-)Verfassungsrecht ein positives Grundverständnis der Religion auch für das öffentliche Leben und die Gesellschaft vertritt. Deswegen ist die (individuelle und kollektive) Religionsfreiheit in sehr weitem Maß geschützt. Als zweiter maßgeblicher Faktor ist rechtlich die grundsätzliche Gleichbehandlung aller Religionen zu nennen. Die Kombination beider Faktoren führt mitten in die konkreten Fragestellungen, mit denen sich die nachfolgenden Einzelstudien aus der Sicht unterschiedlicher Fachdisziplinen und Autor*innen beschäftigen.

Dabei gilt: Religion entfaltet als normative Größe Regulierungspotenzial, egal ob es sich hierbei um rechtliche und ethische Fragen des richtigen und guten Zusammenlebens, oder um Fragen nach der persönlichen Identität in einer religiös pluralen Gesellschaft handelt. Entsprechend wird in diesem Praxishandbuch Regulierung als ein Prozess verstanden, der durch Normen des legitimen und nicht legitimen Handelns geprägt ist und sich durch spezifische Handlungen im Alltag ausdrückt, die durch das Wortfeld „Umgang mit religiöser Pluralität“ gekennzeichnet werden.

3. Institutionelle Verortung des Praxishandbuchs und Zielsetzung

Das Buch ist Ergebnis einer mehrjährigen Auseinandersetzung mit dem Thema der Regulierung von religiöser Pluralität. Die Forschung fand im Rahmen des Forschungskollegs *Religiöse Pluralität und ihre Regulierung in der Region* (RePliR) von 2016 bis 2020 statt, das vom Centrum für Religionswissenschaftliche Studien (CERES) an der Ruhr-Universität Bochum und dem Centrum für Religion und Moderne (CRM) an der Westfälischen Wilhelms-Universität Münster getragen und vom Ministerium für Kultur und Wissenschaft des Landes NRW gefördert wurde.

Ziel des Kollegs war es, durch Grundlagenforschung religiöse Pluralität und ihre Regulierung zu erforschen, deren Auswirkungen und potenzielle Konflikthaftigkeit im Blick auf andere gesellschaftliche Bereiche zu analysieren und mögliche Lösungsansätze aufzuzeigen. Durch anwendungsorientierte Veranstaltungen, die Zusammenarbeit mit verschiedenen Praxiseinrichtungen sowie durch das vorliegende Buch werden die gewonnenen Ergebnisse der Forschungstätigkeit für die Praxis aufbereitet. Das Anliegen dieses Buchs ist, die vorliegenden Forschungsergebnisse *über* die Praxis *in* die Praxis zu vermitteln, um Impulse für den Umgang mit religiöser Pluralität zu setzen.

Der erste Impuls zur Forschung erfolgte aus den Trägereinrichtungen des Kollegs heraus. Beide Centren sind Institutionen für die Erforschung von Religion innerhalb der Gesellschaft. Das CRM widmet sich der Untersuchung von Religionen, religiösen Gemeinschaften und Akteuren und ihren sich wandelnden Rollen in modernen Gesellschaften. Das CERES widmet sich den Bedingungen, Modi und Folgen religiöser Vielfalt innerhalb einzelner Religionen im religiösen Feld sowie mit Bezug auf Fragen der Regulierung von religiöser Vielfalt in Politik und Recht.

Der zweite Impuls kam vom Wissenschaftsministerium des Landes Nordrhein-Westfalen, das mit der Förderlinie der Forschungskollegs ein Instrument entwickelt hat, um komplexe gesellschaftliche Herausforderungen im interdisziplinären Verbund mit einer Praxisperspektive zu erforschen. Durch die Förderung war es möglich, neben Personalstellen auch Veranstaltungsformate zu etablieren, die einen kontinuierlichen Austausch zwischen Wissenschaft und Praxis ermöglichten.

Dem Kolleg gehörten über dreißig Wissenschaftler*innen aus unterschiedlichen Fachzusammenhängen an sowie fünfzehn Partnereinrichtungen aus verschiedenen gesellschaftlichen Bereichen. So wurden aus religionswissenschaftlicher, soziologischer, politik- und rechtswissenschaftlicher, wirtschafts- und medienwissenschaftlicher, sozial- und kulturpsychologischer, theologischer und historischer Perspektive Zusammenhänge von Regulierung und religiöser Pluralität untersucht. Die Forschung wurde begleitet von Praxispartner*innen aus Kirchen und Weltanschauungsgemeinschaften, Ministerien und kommunalen Einrichtungen, Migrantenorganisationen, Museen, Medien und Stiftungen. Durch den Austausch zwischen Wissenschaft und Praxis war es möglich, Forschungsfragen und -ergebnisse auch aus praktischer Perspektive zu beleuchten. So konnte bereits von Beginn an herausgearbeitet werden, wie bestimmte Problemlagen in der Praxis bewertet werden und welches Orientierungswissen für die verschiedenen Praxisbereiche notwendig und hilfreich ist.

Im Mittelpunkt der Forschung standen die Promotionsprojekte von elf Doktorand*innen, die sich mit unterschiedlichen Problemlagen beschäftigt haben, und die mit ihren Fallstudien den Kern des Buchs bilden (in alphabetischer Reihenfolge):

- Heike Haarhoff: Die Berichterstattung deutscher Tageszeitungen über die Kölner Silvesternacht 2015/2016
- Linda Hennig: Lebensführung im Spannungsfeld von Religion und Berufstätigkeit. Weibliche Berufsbiographien in Paris und Berlin
- André Kastilan: Wahrnehmung von religiöser Pluralität im Stadtteil
- Anna Wiebke Klie: Rahmenbedingungen und Muster zivilgesellschaftlicher Performanz von religiösen und säkularen Migrantenselbstorganisationen in Nordrhein-Westfalen
- Martina Loth: Religiöse Identität adoleszenter Alevit*innen und Sunnit*innen im Ruhrgebiet
- Natalie Powroznik: Erscheinungsformen von Religion in Flüchtlingsunterkünften Nordrhein-Westfalens – Eine qualitative Analyse
- David Rüschenschmidt: Zwischen Kirchturm und Minarett. Die Geschichte des christlich-islamischen Dialogs seit 1973 unter besonderer Berücksichtigung Nordrhein-Westfalens
- Mathias Schneider: Buddhistische Interpretationen Jesu. Eine Studie zur regulativen Kraft des interreligiösen Dialogs
- Susanne Stentenbach-Petzold: Religion in der organisierten Altenpflege
- Dilek A. Tepeli und Martina Loth: Religiöse Pluralität und psychosoziale Beziehungen von jungen Türkeistämmigen. Eine kulturpsychologische Studie zu ethnischen, religiösen und politischen Dimensionen sozialer Differenzierung in verschiedenen Milieus

Für das Praxishandbuch sind weitere Fallstudien aufgenommen worden, die aus Forschungsarbeiten im Kontext der beteiligten Institutionen und der Themenstellung des Kollegs resultieren:

- Alexandra David und Silke Steinberg reflektieren in einer eigenen Fallstudie Forschungsergebnisse aus dem Projekt SELMA („Selektivität und Mehrdeutigkeit in Arbeitskulturen – Eine Ressourcen- und potenzialorientierte Gestaltung der Arbeitswelt für Flüchtlinge in den Branchen Altenpflege, IT-Wirtschaft und Bauhandwerk“), das ebenfalls vom Ministerium für Kultur und Wissenschaft des Landes NRW gefördert wurde.
- Malin Drees war zur Zeit des Kollegs ebenfalls Doktorandin am CERES und gleichzeitig Mitarbeiterin im Landschaftsverband Rheinland. Hier war sie bei der Entstehung des Jüdischen Museums im Archäologischen Quartier (MiQua) Köln beteiligt. In ihrer Fallstudie reflektiert sie ihre Arbeit hinsichtlich der möglichen Auflösung von Stereotypen in der Zivilgesellschaft durch Museumsarbeit.
- Sarah J. Jahn war von 2016 bis 2018 wissenschaftliche Koordinatorin des Kollegs. Als assoziierte Forscherin widmete sie sich dem Thema der Regulierung religiöser Pluralität in der kommunalen Verwaltung. Die Ergebnisse stellt sie in einer eigenen Fallstudie vor.
- Zusammen mit der assoziierten Doktorandin Anna Raneck präsentiert sie zudem eine Fallstudie zum Umgang mit religiöser Pluralität in schulischen Lehrwerken. Der Beitrag ist Ergebnis von zwei Transferprojekten, die zur Zeit des Kollegs am CERES bearbeitet wurden. Hierbei handelt es sich um das Projekt „Von der Sprachförderung zur Integration zugewanderter Kinder, Jugendlicher und junger Erwachsener: Berufsbegleitender Studiengang der Universitätsallianz Ruhr“, in dem Anna Raneck derzeit als wissenschaftliche Mitarbeiterin arbeitet, sowie um Ergebnisse aus Forschungsarbeiten zu Religion im Geschichtsunterricht, die aus verschiedenen Arbeitszusammenhängen von Sarah J. Jahn und der Bochumer Geschichtsdidaktikerin Nicola Brauch entstanden sind.
- Judith Stander-Dulisch war von 2018 bis 2020 wissenschaftliche Koordinatorin des Kollegs. Sie trägt in einer Fallstudie Ergebnisse ihrer eigenen Forschung zu Religion in Printmedien bei und reflektiert zusammen mit Anna Raneck Erfahrungen, die beide als Dozentinnen im Rahmen von Weiterbildungsveranstaltungen zum Umgang mit religiöser Vielfalt gesammelt haben.

4. Gliederung und Handhabung

Das Praxishandbuch ist in drei Teile gegliedert. Im ersten Teil wird die Relevanz der Thematik am Beispiel des Bundeslandes Nordrhein-Westfalen dargestellt. Im zweiten Teil wird anhand von fünfzehn Fallstudien aus fünf gesellschaftlichen Bereichen (Medien, Politik/Verwaltung, Bildung, Zivilgesellschaft und Arbeitsplatz) reflektiert, wie religiöse Pluralität jeweils sichtbar wird und welche Umgangsweisen dort jeweils vorherrschen. Die Fallstudien werfen hierbei Schlaglichter auf die jeweilige Praxis, die sich aus der empirischen Forschung ergeben. Die Darstellung der einzelnen Fälle folgt aus der jeweiligen disziplinären Verortung der Autor*innen heraus einer festen Struktur: Beginnend mit einer Hintergrund- und Fallbeschreibung werden anschließend die Problemlage sowie ein möglicher Lösungsansatz fallabhängig skizziert. Darauffolgend werden Regulierungsmöglichkeiten und -bedarfe aufgezeigt. Im dritten Teil werden die einzelnen gesellschaftlichen Bereiche miteinander verglichen, um darauf aufbauend durch Handlungsperspektiven Impulse für die Praxis zu formulieren.

Die Handlungsperspektiven verweisen hierbei auf „Good Practice" im Umgang mit religiöser Pluralität. Durch die Vielfältigkeit von Rahmenbedingungen und Handlungsmöglichkeiten in der Praxis, gibt es nicht *die* beste Lösung, die es lehrbuchhaft umzusetzen gilt. Vielmehr sollen die Good-Practice-Beispiele in den Handlungsempfehlungen Impulse für die eigene Praxis geben, indem durch die Darstellung von gelungenen Beispielen anschließend Anregungen für die eigene Arbeit formuliert werden können. Das Praxishandbuch bietet damit Orientierungswissen und soll die Reflexion der eigenen Praxis fördern. Dies ermöglicht einen bereichsübergreifenden Lernprozess, durch den bewährte Lösungsansätze auch in anderen, hier nicht dargestellten Kontexten, angewandt werden können.

Durch die Struktur des Praxishandbuchs ist es möglich, den einzelnen Bereichen Impulse und konkretes Orientierungswissen zukommen zu lassen, sodass hier auch selektiv gelesen werden kann. Die vergleichende Anlage des Buchs sowie das kommentierte weiterführende Literaturverzeichnis und der Sachindex ermöglichen aber auch einen Blick über den eigenen praxisbezogenen Tellerrand hinaus, um zu schauen, wie andere gesellschaftliche Bereiche mit religiöser Pluralität umgehen, welche Bedarfe sich daraus ergeben, und ob dieser Umgang eine neue Perspektive für den eigenen Arbeitskontext bieten kann. Hierdurch können bestimmte Wissensinhalte selbstständig vertieft und die Beiträge interessengeleitet quergelesen werden.

Mit dieser Ausrichtung und Struktur bietet das Buch einen praxisorientierten Überblick über den Umgang mit religiöser Vielfalt – in NRW und darüber hinaus –, gibt Einblicke in unterschiedliche gesellschaftliche Bereiche, bündelt Good-Practice-Beispiele, zeigt verschiedene Facetten der Regulierung in Form von Möglichkeiten und Grenzen auf und bietet damit einen Mehrwert im universitären Rahmen, sowohl für die Praxis als auch für eine interessierte nordrhein-westfälische Leser- bzw. Bürgerschaft allgemein.

SARAH J. JAHN, JUDITH STANDER-DULISCH

Problemaufriss: Regulierung religiöser Pluralität als große gesellschaftliche Herausforderung in der Region

1. Einleitung

Durch verschiedene Religionen und Weltanschauungen sowie das Zusammenleben von unterschiedlich religiös wie weltanschaulich gebundenen und säkularen Bürger*innen ergeben sich diverse Herausforderungen. Die Bundesrepublik Deutschland hat als westlicher Verfassungsstaat mit den Prinzipien von Religionsfreiheit, bürgerlicher Gleichheit, staatlicher Neutralität und einem gewissen Maß an wechselseitiger Autonomie von Staat und Religionen eine historisch gewachsene Antwort auf die Herausforderungen gefunden.

Kulturell sind westliche Gesellschaften wie die Bundesrepublik Deutschland gegenwärtig durch unterschiedlich stark ausgeprägte Prozesse der Säkularisierung gekennzeichnet (Pollack/Rosta 2015). Unter Berücksichtigung dieses Umstands lässt sich der Schwund bzw. der Bedeutungsverlust von Religion in der Gesellschaft verstehen (vgl. auch den Beitrag von Gärtner/Pollack im vorliegenden Band).

Zugleich jedoch sind viele westliche Länder historisch durch eine enge Verbindung von nationaler Identität und spezifischen religiös-konfessionellen Strukturen geprägt und weisen teilweise bis in die Mitte des 20. Jahrhunderts ein hohes Maß an religiöser bzw. konfessioneller Geschlossenheit auf (Krech/Hölscher 2015). Diese historischen Verflechtungen führen im Zuge der beschleunigten religiösen Pluralisierung zu Herausforderungen, die nicht nur den Alltag betreffen, sondern auch rechtlich und institutionell gewachsene Strukturen und Verständnisse hinterfragen.

Insbesondere Migrationsbewegungen haben seit der zweiten Hälfte des 20. Jahrhunderts zur beschleunigten Pluralisierung der religiösen Landschaft in Deutschland und Westeuropa beigetragen (BMI 2015.) und fordern das Selbstverständnis einer säkularisierten Gesellschaft heraus. Nach dem Philosophen Jürgen Habermas sind europäische Gesellschaften deshalb „post-säkulare" Gesellschaften, in denen Religionen Einfluss auf verschiedene öffentliche Bereiche nehmen (Habermas/Ratzinger 2018). In der Tat lässt sich ein Zuwachs an öffentlicher Aufmerksamkeit für Religion beobachten. Religionen sind in der Öffentlichkeit westlicher Gesellschaften stark präsent: Nicht nur die christlichen Kirchen, auch andere religiöse Organisationen und Akteure erheben in gesellschaftlichen Debatten und politischen Entscheidungsprozessen ihre Stimme. Ausgehend von diesen übergeordneten Fragen gesellschaftlicher Identität kommt es auch zu konkreten Konflikten zwischen religiösen und säkularen Positionen, in denen bestimmte Wertvorstellungen über das „gute Leben" und ein „gelingendes Miteinander" verhandelt werden. Die Freiheit und Gleichheit der Religionen betreffenden Fragen gewinnen an Bedeutung, wenn beispielsweise zu entscheiden ist, ob muslimische Feiertage staatlich anerkannt werden (sollen) oder ob religiös geprägte Speisevorschriften in öffentlichen Einrichtungen beachtet werden (sollen). Diese Entwicklungen haben eine neue gesellschaftliche und wissenschaftliche Debatte um die religionspolitische und religionsrechtliche Ordnung in Gang gesetzt. Die gesellschaftliche Debatte wird jedoch nicht in einem weltpolitischen Vakuum geführt, sondern im Licht von Ereignissen wie den Terroranschlägen vom 11. September 2001, den politischen Entwicklungen im Nahen und Fernen Osten sowie nicht zuletzt im Licht der sogenannten Flüchtlingsströme.

Die Bedrohung durch religiös motivierte Gewaltakte wie beim 11. September (Kippenberg 2008) hat schließlich dazu geführt, dass Debatten um die religionspolitische und -rechtliche Ordnung mit Fragen der öffentlichen Sicherheit verknüpft werden (vgl. Barbalet 2013, Turner 2013). Insbesondere „der Islam" gerät hierbei immer wieder unter Generalverdacht, sodass die religiöse Lebensführung von Muslim*innen teilweise misstrauisch beäugt wird (Pollack et al. 2013). Diese Tendenz zur „Versicherheitlichung" der öffentlichen Debatten wird vor allem dann drängend, wenn Religion allgemein oder eine spezifische Religion wie „der Islam" in Verdacht geraten, konstitutionell gewaltaffin zu sein (Gorski/Türkmen-Dervişoğlu 2013, 136 ff.). Die skizzierten Probleme und Herausforderungen zeigen nicht nur die Aktualität des Themas auf, sie führen auch zu weiteren Fragen:

- Wie wird die Pluralität der Religionen von den Religionen (Gemeinschaften und Akteuren) selbst, von verschiedenen zivilgesellschaftlichen Gruppen sowie von den Verantwortlichen in Politik, Recht und Verwaltung wahrgenommen?
- Wie wirkt sich religiöse Vielfalt auf die gesellschaftliche Integration aus? Das heißt: Unter welchen Bedingungen können Religionen in religionskulturell vielfältigen Umgebungen ein sozial integratives Potenzial entfalten

und unter welchen Bedingungen entfalten sie ihr desintegratives (integrationshemmendes) Potenzial?

- Welche Regulierungsformen sind in welchen Kontexten geeignet, um ein friedliches gesellschaftliches Zusammenleben der Religionen in der Gesellschaft zu gewährleisten?
- Sind die existierenden gesellschaftlichen Praktiken und politischen Regelungen gerechtfertigt? Oder braucht es Alternativen? Und welchen Kriterien müssten sie genügen?

Um diese Fragen bearbeiten zu können, ist der Blick auf verschiedene Facetten von religiöser Pluralität notwendig.

2. Konkrete Problemlagen: Religiöse Pluralität im gesellschaftlichen und institutionellen Kontext

Religiöse Pluralität ist zwar kein neues Forschungsthema, erfährt aber durch die aktuellen politischen und gesellschaftlichen Veränderungen in jüngerer Zeit eine verstärkte Aufmerksamkeit in der Forschung. Diese ging zunächst von dem US-amerikanischen Soziologen Peter L. Berger aus, der bereits in den 1960er Jahren erkannte, dass Modernisierungsprozesse nicht zwingend zum Verschwinden von Religion führen, sondern gesellschaftliche Pluralisierungsprozesse in Gang setzen können (Berger 1973; aktualisiert und zum Teil revidiert: Berger 2015).

In den 1980er Jahren kam es dann zu einer wissenschaftlichen Neubewertung der von Berger beobachteten gesellschaftlichen Entwicklung: Die US-amerikanischen Soziologen Roger Finke und Rodney Stark revidierten die Vorstellung, dass die religiöse Pluralisierung notwendig einen Autoritätsverlust religiöser Traditionen und damit einen religiösen Schwund mit sich bringe. Ausgehend vom sogenannten *Rational-Choice*-Ansatz legten sie ein marktwirtschaftliches Modell religiöser Vielfalt vor, nach dem religiöse Konkurrenz zu einer Belebung religiöser Aktivität beiträgt und damit religiöse Pluralisierung auch in säkularen Gesellschaften beschleunigt (Finke/Stark 1988; Finke/Stark 1992; Stark/Iannaccone 1994).

In neuerer, vor allem deutschsprachiger Forschung wird die historische Entwicklung von religiöser Pluralisierung in den Blick genommen (Kippenberg 2009; Lehmann 2003; Lehmann 2005; Willems/Reuter/Gerster 2016), also der Frage nachgegangen, wie diese Vielfältigkeit von Religionen, auch innerhalb von religiösen Traditionen, überhaupt erst entstanden ist. Hierdurch wird deutlich, dass religiöse Pluralität kein neues gesellschaftliches Phänomen innerhalb der europäischen Religionsgeschichte ist, sondern, ganz im Gegenteil, grundlegender und prägender Bestandteil der Entwicklung von europäischen Gesellschaften. Angefangen bei der Reformation als innerreligiösem Pluralisierungsprozess, prägen bis heute vor allem Fragen nach Toleranz und Anerkennung die rechtlichen, politischen und gesellschaftlichen Debatten (Forst 2003). Interessant bleibt aber weiterhin, wie Gesellschaften mit aktuellen Herausforderungen umgehen.

Die einleitend angeführten Fragen machen unter anderem deutlich, dass Religion vermehrt als gesellschaftlicher Faktor wahrgenommen wird und dass hier Fragen der Regulierung auf verschiedenen Ebenen in der heutigen Gesellschaft drängender werden. Auf der Ebene des Staat-Religion-Verhältnisses wird beispielsweise in der Forschung auf die Tendenz aufmerksam gemacht, dass sich das Staatskirchenrecht immer mehr in ein Religionsverfassungsrecht verwandelt (Walter 2001; Unruh 2009). Hierdurch wird auch sichtbar, dass Regulierung nicht allein von staatlicher Seite ausgeht, sondern Religion auch Ausgangspunkt für Regulierungsdynamiken sein kann (Richardson 2009, 418 ff.). Der US-amerikanische Religionssoziologe James T. Richardson unterscheidet hierzu zwischen Religion als *abhängiger* und *unabhängiger* Variable. Religion als unabhängige Variable hat beispielsweise direkten Einfluss auf Rechtstexte, nicht nur in Bezug auf die Entstehung von Artikeln wie der Religionsfreiheit, sondern auch als ideelles Wertefundament im Verständnis von Freiheitsrechten (vgl. Stein 2007). Religion als abhängige Variable wird etwa sichtbar, wenn das Recht Kriterien vorgibt, zum Beispiel unter welchen Bedingungen religiöse Rituale wie Schächten und Beschneidung erlaubt sind oder ob ein Kopftuch legitimes Kleidungsstück im Arbeitskontext ist (vgl. Reuter 2014). Die deutsche Religionswissenschaftlerin Astrid Reuter spricht in diesem Fall von einer „Verrechtlichung" von Religion (ebd.).

Das bedeutet auch, dass Religion eine integrationsfähige gesellschaftliche Dimension erfüllen kann (Jahn 2015, 389 ff.). Dies lässt sich zum Beispiel beim interreligiösen Dialog erkennen. Der interreligiöse Dialog als klassisches Begegnungs- und Aushandlungsformat zwischen Religionen wird in jüngerer Zeit auch von verschiedenen politischen und behördlichen Einrichtungen als Regulierungsinstanz übernommen, um verschiedene lokal ansässige religiöse Gruppierungen miteinander ins Gespräch zu bringen, aber auch um eigene Themen anzusprechen (vgl. Klinkhammer et al. 2001). Religiöse Organisationen werden so als lokale Akteure der Zivilgesellschaft wahrgenommen, mit denen eine gemeinsame Zusammenarbeit zu gesellschaftlichen Fragen möglich und notwendig ist. Auch wird hierdurch eine Form der informellen Regulierung durch Re-

Konkrete Problemlage	Institutioneller Kontext	Gesellschaftlicher Bereich
Nennung der (vermeintlich) religiösen Herkunft von mutmaßlichen Täter*innen	Tageszeitungen	Medien
Berichterstattung über Religion und religiöse Pluralität	Nachrichtenmagazine	
(Religiöse) Pluralisierung als wahrgenommene Bedrohung im Stadtteil	Stadtteil	Politik und Verwaltung
Wahrnehmung von religiöser Pluralität und die Auswirkung auf Verwaltungshandeln	Stadtverwaltung	
Unsicherheiten im „richtigen" religionssensiblen Umgang mit Religion	Flüchtlingsunterkunft	
Darstellungen von „Religion" in Lehrwerken	Schule	Bildungsbereich
Einbindung von „Religion" und Umgang mit religiöser Pluralität im Klassenzimmer	Weiterbildung	
Umgang mit inner- und interreligiöser Pluralität	Sozialisationsraum Schule	
Umgang mit Antisemitismus im Museum	Museum	
Möglichkeiten und Grenzen im Umgang mit religiöser Pluralität im lokalen Raum	Christlich-islamischer Dialog	Zivilgesellschaft
Gegenseitige Wahrnehmung im interreligiösen Dialog	Buddhistisch-christlicher Dialog	
Relevanz von „Religion" im politischen Umgang mit (religiösen) Migrantenselbstorganisationen	Religiöse Migrantenselbstorganisationen	
Umgangsformen mit Religion in Altenpflegeeinrichtungen	Altenhilfe	Arbeitsplatz
Umgang mit religiöser Pluralität im Arbeitsleben	Wohlfahrtseinrichtungen	
Die Rolle religiöser Prägung bei der Arbeitsmarktintegration von Zugewanderten	Wirtschaftsunternehmen	

Tabelle 1: Konkrete Problemlagen im Überblick
Quelle: Eigene Darstellung

ligion und Politik sichtbar, die sich gesellschaftlichen Herausforderungen annimmt. Bereits diese wenigen Beispiele zeigen, dass religiöse Pluralität eine gesellschaftliche, rechtliche und politische Herausforderung ist. Auch wird deutlich, dass Gesellschaft und Politik je nach Herausforderung mal aktiver und mal passiver Part in den Gestaltungsfragen der Regulierung sind. Das führt zu unterschiedlichen Problemlagen in der Praxis. Um diese identifizieren zu können, ordnen wir in diesem Praxishandbuch die Problemlagen bei der Analyse einem gesellschaftlichen Bereich und einem institutionellen Kontext zu (vgl. Tabelle 1) und untersuchen, inwiefern Religion hier jeweils prägend ist. Der Vorteil der Unterscheidung von gesellschaftlichen Bereichen, institutionellen Kontexten und konkreten Problemlagen liegt darin, dass wir so mögliche Überlappungen in den Blick nehmen und somit die Herausforderungen und Schwierigkeiten, aber auch die bislang ungenutzten Potenziale und Chancen religiöser Pluralität ausmachen können. Je nach institutionellem Erfordernis gibt es unterschiedliche Rahmenbedingungen und Anforderungen in z.B. Schulen, Wirtschaftsunternehmen oder im öffentlichen Dienst.

3. Regionale und lokale Unterschiede: Religiöse Pluralität in Nordrhein-Westfalen (und darüber hinaus)

Die Fallstudien haben jeweils unterschiedliche Bezugspunkte zu religiöser Vielfalt in Nordrhein-Westfalen (NRW). NRW ist das bevölkerungsreichste Bundesland in Deutschland. Auch gilt es als das migrationsstärkste Bundesland und als das mit der höchsten religiösen Pluralität. Allein ein Blick auf das Ruhrgebiet und exemplarisch ausgewählte religiöse Orte zeigen eine enorme Vielfalt auf: Sei es der hinduistische Sri-Kamadchi-Ampal-Tempel in Hamm-Uentrop, der thailändisch-buddhistische Wat Dhammabharami Tempel in Dortmund, die jüdische Synagoge Bochum-Herne-Hattingen, die serbisch-orthodoxe Kirche in Dortmund, die Merkez-Moschee in Duisburg oder die afrikanische Pfingstkirche in Mülheim an der Ruhr. Es findet sich eine enorme Bandbreite verschiedener Religionsgemeinschaften im Rhein-Ruhr-Gebiet. Dies spiegelt sich auch in Zahlen wider: Insgesamt lassen sich nach den Erhebungen des Centrums für Religionswissenschaftliche Studien (CERES) der Ruhr-Universität Bochum in Nordrhein-Westfalen 228 unterschiedliche religiöse und weltanschauliche Strömungen ausmachen (Hero/Krech/Zander 2008). Diese unterteilen sich weiter in circa 7.500 Gemeinden und Ortsgruppen. Abbildung 2 zeigt die relationale Verteilung der religiösen Strömungen in NRW. Die große Mehrheit stellten in der Erhebung 2006 die katholischen Gemeinden (2.700) und die evangelisch-landeskirchlichen Gemeinden (1.200) dar. Außerhalb der Großkirchen kommen noch 2.300 christliche Gemeinden hinzu. Neben den christlichen Strömungen wurden 780 Moscheegemeinden gezählt. In Religionszugehörigkeiten ausgedrückt waren 2006 circa 40 % aller in Nordrhein-Westfalen ansässigen Menschen katholisch, circa 30 % evangelisch, und circa 3 % muslimisch. Jüdische, hinduistische und buddhistische Zugehörigkeiten bewegten sich bei unter 1 %.

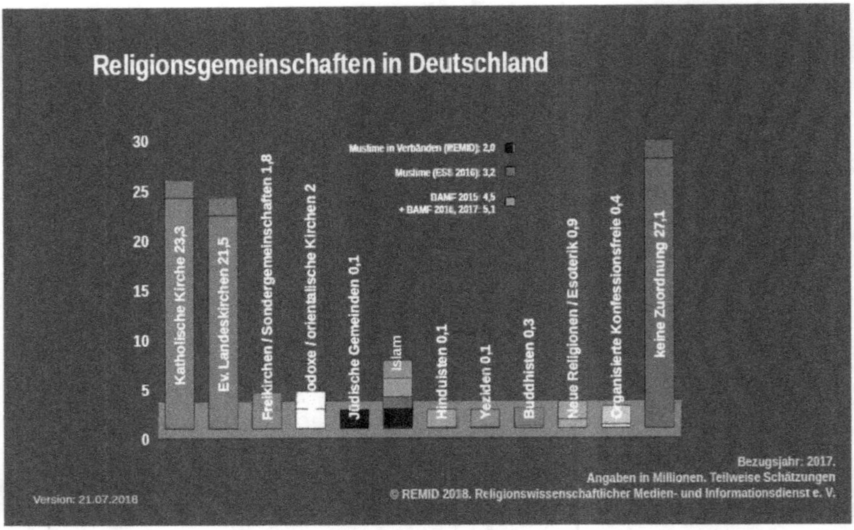

Abbildung 1: Religionsgemeinschaften in Deutschland
Quelle: REMID 2018. Religionswissenschaftlicher Medien- und Informationsdienst e.V.

Auch zehn Jahre später entspricht die Verhältnisbestimmung dem bundesdeutschen Durchschnitt. So weisen die Zahlen des Religionswissenschaftlichen Medien- und Informationsdiensts REMID e.V. in Abbildung 1 die beiden christlichen Großkirchen sowie die muslimischen Gemeinschaften als die drei großen Strömungen innerhalb Deutschlands aus.

Betrachtet man die Zahlen genauer, sind hier vor allem die Unterschiede hinsichtlich der römisch-katholischen Kirche auffällig. Diese Unterschiede lassen auf regionale Besonderheiten schließen. Region als Kriterium ist also ein zentrales Merkmal in der Konstitution von religiöser Pluralität. Die Forschungsgruppe am CERES hat dies zum Anlass genommen, innerhalb von NRW religiöse Ballungsgebiete zu identifizieren. Abbildung 2 bildet die Verteilung religiöser Pluralität in NRW ab. Je dunkler die Region, desto religiös pluraler ist sie. Die dunklen Regionen können als „superdivers" bezeichnet werden. Hier gibt es keine Mehrheitsreligion mehr (Burchardt/Becci 2016). Das heißt im Fall von NRW, dass es religiös homogene Regionen gibt, wie im Kreis Borken (BOR) und Coesfeld (COE), die mehrheitlich römisch-katholisch geprägt sind. Des Weiteren lassen sich religiös heterogene Regionen verzeichnen. Hierzu gehören Städte wie Duisburg, (DU), Dortmund (DO) und Gelsenkirchen (GE) im Ballungsgebiet Ruhrgebiet sowie Köln (K) und Düsseldorf (D) im Rheinland. Auf-

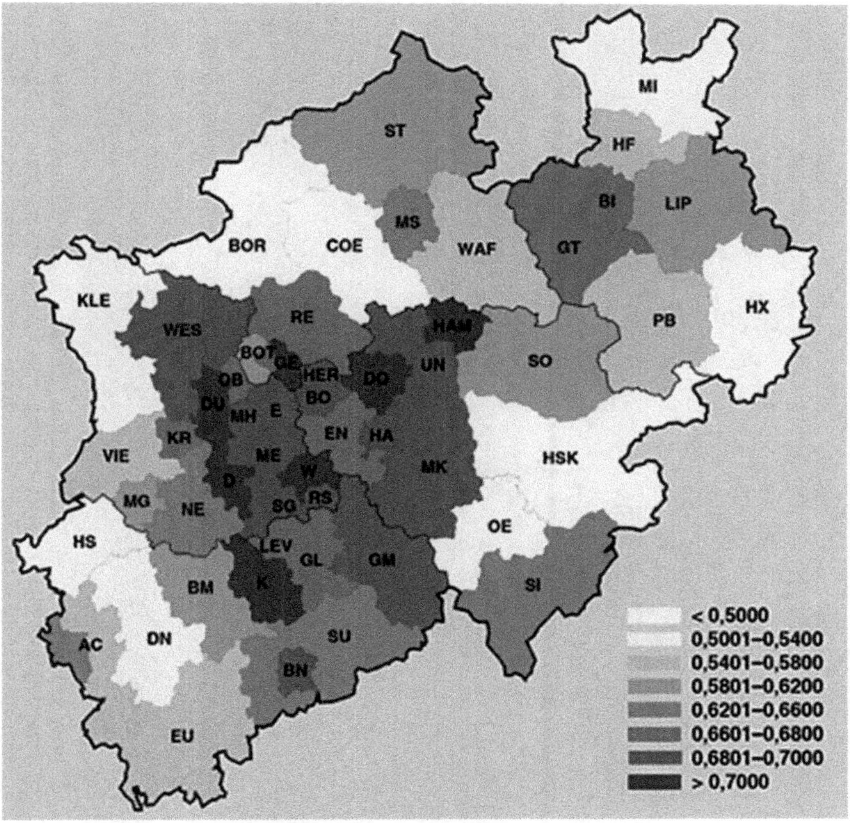

Abbildung 2: Verteilung religiöser Pluralität in NRW
Quelle: Hero/Krech/Zander 2008

fällig ist, dass religiös homogene Regionen vor allem ländlich geprägt, religiös heterogene Regionen städtisch geprägt sind.

Diese Befunde spielen auch in der Praxis eine zentrale Rolle. Mit Anwendung auf konkrete Problemlagen bedeutet dieser Befund zum Beispiel im Kontext Schule, dass sich etwa bei einer Lehrerin im münsterländischen Coesfeld (COE) religiöse Pluralität im Klassenzimmer ganz anders abbildet als bei einer Lehrerin in Duisburg (DU) im Ruhrgebiet. Die gesellschaftlichen Herausforderungen sind also auch regional unterschiedlich, auch wenn die institutionellen Rahmenbedingungen wie im Fallbeispiel Schule (vgl. den Artikel von Jahn/Raneck im vorliegenden Band) vergleichbar sind. Diese regionale Perspektive betrifft nicht nur die religiösen Ballungszentren im Zahlenverhältnis (Quantität), sondern auch im in-

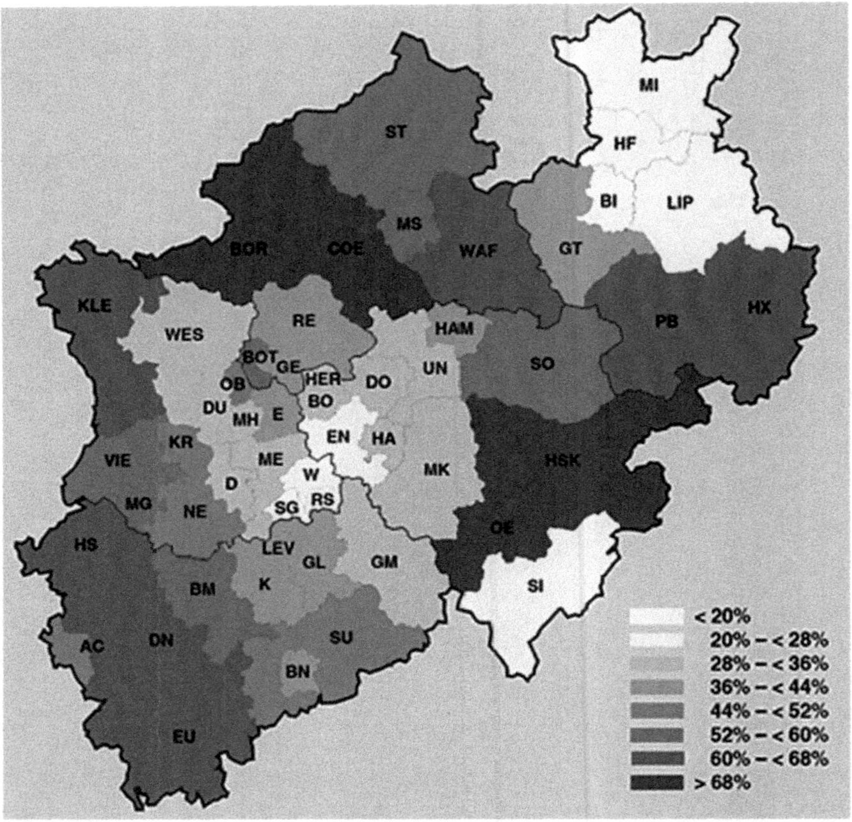

Abbildung 3: Verteilung römisch-katholischer Gemeinschaften in NRW
Quelle: Hero/Krech/Zander 2008

haltlichen Verhältnis (Qualität). Die Abbildungen 3 und 4 veranschaulichen am Beispiel islamischer Strömungen und der römisch-katholischen Kirche, dass hier auch zu beachten ist, welche religiösen Strömungen vor Ort verbreitet sind. Je dunkler die Regionen sind, desto homogener sind sie. So wird in der Abbildung 3 ersichtlich, dass z.B. Borken (BOR) und Coesfeld (COE) mit >68% römisch-katholisch geprägt sind, Siegen (SI) und das Lippische Land (LIP) mit <20% von der römisch-katholische Kirche geprägt werden.

Bei der römisch-katholischen Kirche wird deutlich, dass sie vor allem im ländlichen Raum vertreten ist, islamische Strömungen finden sich vor allem im städtischen Raum. Dies erklärt sich durch unterschiedliche Phasen der Zuwanderung (Wenning 1996). Um bei dem Schulbeispiel zu bleiben, bedeuten all diese Varian-

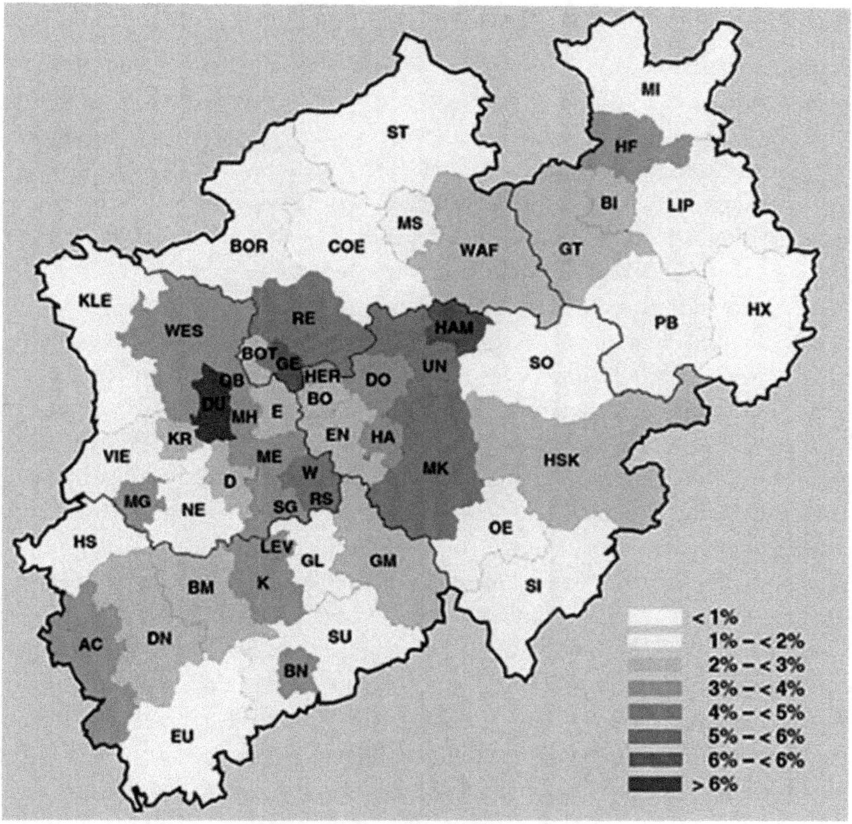

Abbildung 4: Verteilung islamischer Gemeinschaften in NRW
Quelle: Hero/Krech/Zander 2008

zen vor allem, dass Lehrkräfte unterschiedliche Klassenverbünde haben und der Regulierungsbedarf und auch die -möglichkeiten daher sehr verschieden sein können. So müssen Lehrkräfte mit heterogenen Klassen anders vorbereitet werden als Lehrkräfte in homogeneren Klassen (vgl. hierzu auch den Beitrag von Loth/Tepeli im vorliegenden Band). Das Schulbeispiel zeigt außerdem, dass mit dem Blick auf religiöse Pluralität neben dem Kontext auch die regionale Perspektive miteinbezogen werden muss. Als religiös vielfältiges Bundesland bietet NRW dabei ein besonderes Untersuchungspotenzial für die Praxis, insbesondere vor dem Hintergrund der oben aufgeworfenen Fragen. Die im Praxishandbuch dargelegten Fallstudien beschäftigen sich daher damit, religiöse Pluralität und ihre Regulierung mit Bezug zu NRW zu erforschen und deren Auswirkungen in den Blick zu nehmen.

4. Fazit und Ausblick

Religiöse Pluralität ist historisch gewachsen, wird gesellschaftlich und institutionell geprägt und gilt als eine große gesellschaftliche Herausforderung in verschiedenen Bereichen. Die sich daraus ergebenden unterschiedlichen Regulierungsdynamiken führen zu sehr verschiedenen Facetten von religiöser Pluralität. Diese anhand von konkreten Fallbeispielen aus der Praxis heraus als Problemlage zu beschreiben und hinsichtlich bestehender Lösungsansätze sowie Regulierungsmöglichkeiten und -bedarfen zu analysieren, ist Aufgabe der vorliegenden Bestandsaufnahme.

NRW und die aufgezeigte regionale Perspektive bieten dabei ein besonderes Potenzial. Durch die unterschiedlichen Ballungsgebiete, die eine regional diverse Betrachtung zulassen, stellt NRW einen Mikrokosmos dar, wie er auch in anderen Regionen Deutschlands zu finden ist. Dies wird besonders im Vergleich zu anderen Bundesländern deutlich (Statista 2020): Einerseits gibt es Bundesländer, die durch eine sehr homogene Religionslandschaft geprägt sind, wie etwa Bayern oder Baden-Württemberg. Zwar sind auch hier demografische und gesellschaftliche Veränderungen erkennbar, jedoch gehört der überwiegende Teil der Bevölkerung in beiden Bundesländern den beiden großen christlichen Konfessionen (römisch-katholisch und protestantisch) an. Betrachtet man im Vergleich dazu etwa das Bundesland Brandenburg ist dieses durch Konfessionslosigkeit geprägt: Knapp 80 % der Brandenburger*innen gehören keiner Religion an. Darüber hinaus existieren noch Bundesländer, die von ausgesprochener religiöser Vielfalt und einer heterogenen Religionslandschaft geprägt sind, wie etwa die Stadtstaaten Hamburg, Berlin und Bremen. Der Mikrokosmos NRW dient demnach auch als Ausgangspunkt für die wissenschaftliche Betrachtung des Umgangs mit religiöser Pluralität innerhalb von westlichen Gesellschaften allgemein. Aufgrund dessen bieten die Fallstudien aus NRW die Möglichkeit, einerseits allgemeine Aussagen zum Umgang mit religiöser Pluralität zuzulassen, andererseits Problemlagen und Regulierungsmöglichkeiten auf unterschiedliche Ebenen zu übertragen. Das wiederum dient nicht nur dazu, die Auswirkung im Umgang mit religiöser Pluralität wie eine potenzielle Konflikthaftigkeit in den Blick zu nehmen, sondern vor allem auch dazu, mögliche Lösungsansätze, ungenutzte Potenziale und Chancen religiöser Pluralität aufzuzeigen, die zwar unter Berücksichtigung regionaler Unterschiede, aber fernab von regionalen Gegebenheiten angewandt werden und damit wirksam werden können.

Literatur

Barbalet, Jack (Hg.) (2013): Religion and the State. London.

Beckford, James A./Richardson, James T. (2007): Religion and Regulation. In: Beckford, James A./ Demerath III, N. J. (Hg.): The SAGE Handbook of the Sociology of Religion. London, S. 396–418.

Burchardt, Marian/Irene Becci (2016): Religion and Superdiversity. An Introduction. In: New Diversities, Bd. 18, Nr. 1, S. 1–7.

Berger, Peter L. (1973): Zur Dialektik von Religion und Gesellschaft. Frankfurt/M.

Berger, Peter L. (1992): Der Zwang zur Häresie. Religion in der pluralistischen Gesellschaft. Freiburg/Br.

Berger, Peter L. (2015): Altäre der Moderne. Religion in pluralistischen Gesellschaften. Frankfurt/M.

[BMI] Bundesministerium des Innern (2015): Migrationsbericht des Bundesamtes für Migration und Flüchtlinge im Auftrag der Bundesregierung. Migrationsbericht 2013 ff. Berlin. Online unter: https://www.bmi.bund.de/SharedDocs/downloads/DE/publikationen/themen/migration/migrationsbericht-2015.html.

Finke, Roger/Stark, Rodney (1988): Religious Economies and Sacred Canopies. Religious Mobilization in American Cities. In: American Sociological Review, Bd. 53, Nr. 1, S. 41–49.

Finke, Roger/Stark, Rodney (1992): The Churching of America, 1776–1990. Winners and Losers of Our Religious Economy. New Brunswick.

Forst, Rainer (2003): Toleranz im Konflikt. Geschichte, Gehalt und Gegenwart eines umstrittenen Begriffs. Frankfurt/M.

Gorski, Philip/Türkmen-Dervişoğlu, Gulay (2013): Religion, Nationalism and International Security. Creation Myths and Social Mechanisms. In: Seiple, Chris/Hoover, Dennis/Otis, Pauletta (Hg.): Routledge Handbook of Religion and Security. New York, S. 136–147.

Habermas, Jürgen/Ratzinger, Joseph (2018): Dialektik der Säkularisierung: über Vernunft und Religion. Freiburg/Br.

Hero, Markus/Krech, Volkhard/Zander, Helmut (Hg.) (2008): Religiöse Vielfalt in Nordrhein-Westfalen. Empirische Befunde und Perspektiven der Globalisierung vor Ort. Paderborn.

Jahn, Sarah J. (2015): Recht und Religion. In: Krech, Volkhard/Hölscher, Lucian (Hg.): Handbuch der Religionsgeschichte im deutschsprachigen Raum. Bd. 6.1: 20. Jahrhundert – Epochen und Themen. Paderborn, S. 389–414.

Kippenberg, Hans G. (2008): Gewalt als Gottesdienst. Religionskriege im Zeitalter der Globalisierung. München.

Kippenberg, Hans G. (Hg.) (2009): Europäische Religionsgeschichte. Ein mehrfacher Pluralismus. Göttingen.

Klinkhammer, Gritt/Frese, Hans-Ludwig/Satilmis, Ayla/Seibert, Tina (2011): Interreligiöse und interkulturelle Dialoge mit MuslimInnen in Deutschland. Eine quantitative und qualitative Studie. Bremen.

Krech, Volkhard/Hölscher, Lucian (Hg.) (2015): Handbuch der Religionsgeschichte im deutschsprachigen Raum. Bd. 6.1: 20. Jahrhundert – Epochen und Themen. Paderborn.

Lehmann, Hartmut (Hg.) (2003): Multireligiosität im vereinten Europa. Historische und juristische Aspekte. Göttingen.

Lehmann, Hartmut (Hg.) (2005): Religiöser Pluralismus im vereinten Europa. Freikirchen und Sekten. Göttingen.

Pollack, Detlef/Müller, Olaf/Rosta, Gergely/Friedrichs, Nils/Yendell, Alexander (Hg.) (2013): Grenzen der Toleranz. Wahrnehmung und Akzeptanz religiöser Vielfalt in Europa. Berlin.

Pollack, Detlef/Rosta, Gergely (2015): Religion in der Moderne. Ein internationaler Vergleich. Frankfurt/M.

Richardson, James T. (2009): Religion and the Law. An Interactionist View. In: Clarke, Peter B. (Hg.): The Oxford Handbook of the Sociology of Religion. Oxford, S. 418–431.

Reuter, Astrid (2014): Religion in der verrechtlichten Gesellschaft. Rechtskonflikte und öffentliche Kontroversen um Religion als Grenzarbeiten am religiösen Feld. Göttingen.

Stark, Rodney/Iannaccone, Laurence R. (1994): A Supply-Side Reinterpretation of the „Secularization" of Europe. In: Journal for the Scientific Study of Religion, Bd. 33, Nr. 3, S. 230–252.

Statista (2020): Religionszugehörigkeit der Deutschen nach Bundesländern im Jahr 2011. Online unter: de.statista.com/statistik/daten/studie/201622/umfrage/religionszugehoerigkeit-der-deutschen-nach-bundeslaendern.

Stein, Tine (2007): Himmlische Quellen und irdisches Recht. Religiöse Voraussetzungen des freiheitlichen Verfassungsstaates. Frankfurt/M.

Turner, Bryan S. (2013): The Religious and the Political. A Comparative Sociology of Religion. Cambridge.

Unruh, Peter (2009): Religionsverfassungsrecht. Baden-Baden.

Walter, Christian (2001): Staatskirchenrecht oder Religionsverfassungsrecht. In: Grote, Rainer/Marauhn, Thilo (Hg.): Religionsfreiheit zwischen individueller Selbstbestimmung, Minderheitenschutz und Staatskirchenrecht: Völker- und verfassungsrechtliche Perspektiven. Berlin/Heidelberg, S. 215–240.

Wenning, Norbert (1996): Migration in Deutschland. Ein Überblick. Münster.

Willems, Ulrich/Reuter, Astrid/Gerster, Daniel (Hg.) (2016): Ordnungen religiöser Pluralität. Wirklichkeit – Wahrnehmung – Gestaltung. Frankfurt/M.

I. Religion in den Medien

BARBARA THOMASS

Einleitung „Religion in den Medien"

„Was wir über unsere Gesellschaft, ja über die Welt, in der wir leben, wissen, wissen wir durch die Massenmedien" (Luhmann 1995, 5). Mit diesem Zitat des berühmten Bielefelder Soziologen Niklas Luhmann ist sinnfällig umschrieben, welchen Stellenwert Medien – heute auch die Medien der online vermittelten Kommunikation – für den geteilten Wissensbestand einer Gesellschaft einnehmen. Mehr noch: Debatten, Wertvorstellungen, Weltanschauungen, Handlungsorientierungen und (Vor-)Urteile werden von Medieninhalten präformiert, verstärkt oder auch verschwiegen. Wo keine Primärerfahrungen verfügbar sind, treten medial vermittelte Erfahrungen an deren Stelle und prägen die Einstellungen der Leser*innen, Zuschauer*innen und Nutzer*innen. Wie dies im Einzelnen geschieht, ist hochkomplex, folgt keinem einfachen Ursache-Wirkungs-Schema und ist in der Medienwirkungsforschung auf vielfältige Weise, aber nie abgeschlossen untersucht und mit vielen, sich teils widersprechenden, teils ergänzenden Theorien aufbereitet worden (stellvertretend für viele: Jäckel 2011, Bonfadelli/Friemel 2011). Ist man in den Anfängen der Medienwirkungsforschung noch von der Fragestellung ausgegangen, was die Medien mit den Menschen machen, so wandelte sich diese Herangehensweise in den letzten Jahren dahingehend, dass danach gefragt wurde: Was machen die Menschen mit den Medien? Und damit wurden die vielfältigen Aneignungsprozesse in den Blick genommen, die damit verknüpft sind. Doch trotz dieser Umkehr können wir weiterhin davon ausgehen, dass Medien beeinflussen, was (i.S.v. welche Themen) wir von der gesellschaftlichen Realität wahrnehmen und auch wie wir es wahrnehmen, d.h. welche Merkmale dieser gesellschaftlichen Realität betont und welche vernachlässigt werden. Es lassen sich Übereinstimmungen zwischen der Medienrealität und gesellschaftlichen Entwicklungen auffinden, und auch wenn Medien eine Realität eigener Qualität schaffen, so trägt diese doch zur Definition sozialer Situationen bei.

Diese komplexen Prozesse der Entstehung von Einstellungen auf der Seite der Mediennutzer*innen treffen auch für die Wahrnehmung von Religion und religiöser Pluralität zu. Wie beide in den Medien dargestellt werden, ist deshalb in einer Gesellschaft, die von religiöser Pluralität geprägt ist, von hoher Relevanz. Die folgenden zwei Analysebeispiele – aus Tageszeitungen und aus Nachrichtenmagazinen – zeigen auf, wie groß die Bandbreite dabei sein kann.

Im Hinblick auf die Frage möglicher Regulierung der Darstellung von Religion oder religiöser Pluralität in der journalistischen Berichterstattung lassen sich Regulierungen aufgrund von Normsetzung sowie – in einem weiteren Regulierungsbegriff – die Wirkmächtigkeit journalistischer Routinen und Darstellungsformen unterscheiden. Die Normsetzung bewegt sich dabei im Spannungsverhältnis von Recht und Ethik. „Was das Gesetz nicht verbietet, das verbietet der Anstand." – Mit dieser Alltagsweisheit wird das komplexe Verhältnis ausgedrückt, in dem Recht und Ethik gerade in Bezug auf Medien seit jeher gestanden haben. Als formal wie inhaltlich bedeutender Unterschied zwischen beiden ist festzuhalten, dass das Gesetz von außen Medienschaffenden auferlegt wird, während ethische Regeln aus dem jeweiligen Berufsstand heraus definiert und gegebenenfalls in Kodizes festgeschrieben werden. Damit sind auch beider Leistungsfähigkeiten und Grenzen umrissen.

Die Funktion der Medien für die Vermittlung von Information und Kommunikation, die politische Kontrolle durch Öffentlichkeit und die gesellschaftliche Integration stehen für die Medienordnungen pluralistisch verfasster Staaten im Vordergrund. Wie jedwede gesetzlichen Festschreibungen folgen auch medienrechtliche Normierungen aufgrund der komplexen Verfahren, die sie voraussetzen, tatsächlichen gesellschaftlichen Entwicklungen und Notwendigkeiten mit erheblicher zeitlicher Verzögerung.

Aus dem Berufsstand erwachsende ethische Regeln haben den Vorteil, aufgrund ihrer – in der Regel – konsensualen Entstehung eine größere Akzeptanz und Praxisnähe erreichen zu können. Sie können Selbstkritik und Selbstdisziplin stimulieren. Allerdings ist ihr Sanktionspotenzial so stark begrenzt, dass sie in Zeiten gehäufter medienethischer Fehlleistungen geradezu wirkungslos erscheinen.

Die journalistischen Routinen und Darstellungsformen bewegen sich im Rahmen der gesetzlichen und berufsethischen Normsetzungen – oder überschreiten diese Grenzen. Dann treten entweder zivilrechtliche oder strafrechtliche Verfahren in Kraft oder – bei ethischen Verfehlungen – die Instanzen der Selbstregulierung. Diese bestehen im Fall der Presse aus dem Deutschen Presserat (siehe Heike Haarhoffs Beitrag im Folgenden), im Fall des Rundfunks aus den Rundfunkräten beim öffentlich-rechtlichen Rundfunk bzw. aus den Landesanstalten für Medien beim kommerziellen Rundfunk. Auch die Online-Medien haben eine Institution der Selbstregulierung geschaffen: die Freiwillige Selbstkontrolle Multimedia-Diensteanbieter (FSM).

Für die Regulierung religiöser Pluralität bieten sowohl die Gesetze auf Bundes- und Landesebene als auch die Berufsethik ausreichend Normen, was im

Beitrag von Heike Haarhoff überzeugend dargelegt wird. Aufgrund des hohen Stellenwerts der Kommunikationsfreiheiten bedarf es hier keiner Nachbesserungen. Dass jedoch auf der Ebene der journalistischen Routinen und Darstellungsformen eine berufsethische und auch gesellschaftliche Debatte vonnöten und Feinjustierungen wünschenswert sind, das macht der Beitrag von Judith Stander-Dulisch deutlich.

Literatur

Bonfadelli, Heinz/Friemel, Thomas (42011): Medienwirkungsforschung. Konstanz.

Jäckel, Michael (52011): Medienwirkungen. Ein Studienbuch zur Einführung. Wiesbaden.

Luhmann, Niklas (1995): Die Realität der Massenmedien. In: Ders.: Die Realität der Massenmedien (= Nordrhein-Westfälische Akademie der Wissenschaften – Vorträge G333). Wiesbaden.

HEIKE HAARHOFF

Die Erwähnung der (religiösen) Herkunft von Straftäter*innen in der Presse: Ein journalistisches Dilemma

1. Hintergrund und Fallbeschreibung

Die Kölner Silvesternacht 2015/2016 ist zur Chiffre für ethisch fragwürdiges Verhalten von Journalist*innen geworden (Drüeke 2016; Haarhoff 2020; Haller 2017; Maurer et al. 2019). Mehr als drei Jahre nach den sexuellen Übergriffen durch Gruppen junger Männer migrantischer Herkunft auf Frauen im und um den Kölner Hauptbahnhof halten sich zwei Vorwürfe hartnäckig: Journalist*innen hätten aus einer falsch verstandenen Political Correctness heraus die Herkunft der mutmaßlichen Täter in ihrer Berichterstattung absichtlich verschwiegen und damit ihre Informationspflicht verletzt. Andere werfen den Journalist*innen dagegen vor, sie hätten über die Herkunft der mutmaßlichen Täter berichtet und damit zu ethnischer, teils auch religiöser Diskriminierung beigetragen und gegen den Pressekodex des Deutschen Presserats verstoßen (Behrendes 2016; Haller 2017; Maurer et al. 2019).

Der regionalen wie überregionalen Tagespresse, um deren Berichterstattung es in diesem Artikel geht[1], kommt hierbei eine besondere Bedeutung zu: Zum einen bieten Tageszeitungen (trotz ihrer rückläufigen Auflage) anderen journalistischen Medien Orientierung, häufig geben sie den Takt und die Stoßrichtung der Berichterstattung vor, zum anderen waren Journalist*innen von Tageszeitungen – und hier aufgrund der geografischen Nähe zum Ereignis insbesondere die Journalist*innen von in Nordrhein-Westfalen erscheinenden Regionalzeitungen sowie die in Nordrhein-Westfalen ansässigen Landeskorrespondent*innen überregionaler Tageszeitungen – die ersten Journalist*innen, die über die sexuellen Übergriffe und die Diebstähle während der Silvesternacht 2015/2016, die chaotische Informationspolitik der Kölner Polizei über den Verlauf der Nacht, die

Akteure und die geschädigten Frauen ausführlich berichteten (LT NRW 2017). Insofern gehörten diese Tageszeitungen auch zu den ersten Medien, die die Herkunft der mutmaßlichen Täter thematisierten – und damit die Verlaufsberichterstattung anderer Medien beeinflusst haben dürften (Arendt/Brosius/Hauck 2017).

Im vorliegenden Beitrag geht es exemplarisch um die Berichterstattung einer regionalen, in Nordrhein-Westfalen ansässigen Tageszeitung sowie einer überregionalen deutschen Tageszeitung, die zum Zeitpunkt der Kölner Silvesternacht 2015/2016 ein Korrespondent*innenbüro in der nordrhein-westfälischen Landeshauptstadt Düsseldorf unterhielt (Haarhoff 2020). Mittels quantitativer Inhaltsanalyse wurde ermittelt, was die beiden Zeitungen in den ersten drei Monaten des Jahres 2016 über die Herkunft der mutmaßlichen Täter der Kölner Silvesternacht veröffentlicht hatten. Zudem wurden der damals maßgeblich berichtende Journalist der regionalen Zeitung und die damals maßgeblich berichtende Journalistin der überregionalen Zeitung zu ihren Entscheidungsgründen für oder gegen die religiöse Herkunftsnennung befragt. Unter Berücksichtigung externer wie interner Regulierungspraktiken wurde schließlich analysiert, wie und warum verschiedene Formen der Herkunft der mutmaßlichen Täter von Köln in der Silvesternachtberichterstattung thematisiert oder gerade nicht thematisiert wurden.

Diese Regulierungspraktiken bezogen sich auf den Umgang mit verschiedenen Formen der Herkunft von Straftäter*innen, also etwa der ethnischen, nationalen oder religiösen Herkunft oder auch der Herkunft gemäß dem Aufenthaltsstatus.[2] Die Thematisierung speziell der religiösen Herkunft der Straftäter*innen, um die es hier exemplarisch geht, besaß insofern keinen Sonderstatus innerhalb der Berichterstattung über die mutmaßlichen Täter der Kölner Silvesternacht. Sie ist lediglich ein Beispiel von mehreren, anhand derer die Debatte um die Nennung der Herkunft von Straftäter*innen in Zeitungsartikeln und deren mögliche Regulierung erläutert werden kann. Insofern wird hier auf journalistische Regulierungsmechanismen und -praktiken fokussiert, die im konkreten Beispiel zwar thematisch auch den Umgang mit Religion in der Berichterstattung betreffen. Anders als in zahlreichen anderen Studien geht es hier jedoch nicht um die Frage, wie Religion allgemein in den Medien dargestellt und wie über Religion berichtet wird.

2. Problemlage und Lösungsansatz

Tatsächlich herrschte nach der Silvesternacht in Köln auch bei den befragten Journalist*innen der regionalen und der überregionalen Zeitung Unsicherheit darüber, ob und wie sie über die Herkunft der mutmaßlichen Täter berichten sollten. Der Grund: Nannten sie die Herkunft der von Opfern und Augenzeug*innen wie auch von offiziellen Quellen wie Polizei oder Staatsanwaltschaft übereinstimmend als mehrheitlich „nordafrikanisch oder arabisch aussehend" beschriebenen mutmaßlichen Täter (LT NRW 2017) nicht, sahen sie sich dem Vorwurf ausgesetzt, bestimmte Fakten bewusst auszuklammern. Schrieben sie dagegen über die nationale, religiöse oder ethnische Zugehörigkeit der mutmaßlichen Täter, unterstellten ihnen andere rassistische Motive. Wie konnten die Journalist*innen dieses Dilemma lösen?

Die redaktionelle Abwägung, ob die Herkunft der mutmaßlichen Täter genannt wurde, erfolgte nach Angaben der befragten Journalist*innen für alle Herkunftsformen zunächst nach denselben professionellen Selektions- und Relevanzkriterien, die gemeinhin für journalistische Nachrichtenauswahl (Arnold 2013; Eilders 2016; Engelmann 2011) und Informationsvermittlung gelten (wie etwa Richtigkeit, Wahrhaftigkeit, Vollständigkeit, Aktualität und Relevanz der Information, um nur einige zu nennen), unabhängig davon, ob es um religiöse, ethnische oder nationale Herkunft ging. Die Anwendung dieser professionellen Kriterien führte bei den beiden Journalist*innen (wie bei ihren meisten Kolleg*innen anderer Tageszeitungen auch) zu der eindeutigen Bejahung der Frage, dass sowohl die ungewöhnliche Größe der Tätergruppe als auch ihre überraschende Homogenität (nach Alter, Geschlecht und Herkunft) jedenfalls auch die Herkunftsnennung zu einem unverzichtbaren Bestandteil der journalistischen Informationspflicht mache.

Dies spiegelte sich in der Berichterstattung wider: Die überregionale Zeitung thematisierte die Herkunft der mutmaßlichen Täter zwischen Anfang Januar und Ende März 2016 in neun von zehn Artikeln über die Kölner Silvesternacht, die regionale Zeitung in acht von zehn Artikeln. Diese Ergebnisse sind weder singulär noch zufällig; die Verfasserin konnte entsprechende Zahlen durch weitreichendere Studien für fünf weitere überregionale Tageszeitungen sowie vier weitere regionale Tageszeitungen im selben Untersuchungszeitraum bestätigen (Haarhoff 2020). Die von der Verfasserin durchgeführte quantitative Inhaltsanalyse von 1.075 Artikeln aus elf deutschen Tageszeitungen, die zwischen Anfang Januar und Ende März 2016 zur Kölner Silvesternacht und ihren Folgen veröffentlicht wurden, konnte zeigen, dass die Nennung der Herkunft der mutmaßlichen Täter der Regelfall in der Berichterstattung war: In 84,4% der Artikel, in denen die mutmaßlichen Täter erwähnt wurden, wurde auch deren Herkunft thematisiert.

Größere Unsicherheit indes herrschte bezüglich der Einschätzung, ob explizit die religiöse Herkunft der mutmaßlichen Täter berichtenswert sei. Die Frage stellte sich den beiden befragten Journalist*innen insofern, als ihnen während ihrer Recherchen auffiel, dass mehrere Quellen „muslimisch geprägte Kulturen" nicht bloß als Herkunft der mutmaßlichen Täter, sondern als möglichen Ursprung ihres späteren Verhaltens beschrieben. Aber war diese Information, also der Hinweis auf die Mehrheitsreligion in Gesellschaften, aus denen die Täter von Köln vermutlich einst migriert waren, im Zusammenhang mit den sexuellen Übergriffen in der Silvesternacht tatsächlich für die Berichterstattung relevant? Entsprach ihre Weitergabe der Aufgabe von Journalist*innen, wichtige Informationen zu verbreiten, auf Probleme hinzuweisen und Debatten über gesellschaftlich bedeutsame Vorgänge anzustoßen? Die beiden befragten Journalist*innen hatten daran Zweifel; ihre Vermutung war, dass die von ihnen herangezogenen Quellen ihrerseits religiöse Zuschreibungen vornahmen, die – egal ob aus Unkenntnis, Nachlässigkeit oder einer Mischung aus beidem – jedenfalls nicht faktengesichert waren. Der befragte Journalist der regionalen Tageszeitung etwa formulierte seine Skepsis so: „Das war keine Religionsdebatte, aber so ein bisschen eine kulturelle Debatte."

Dennoch mussten die Journalist*innen entscheiden, wie sie mit der Information über die religiöse Herkunft der mutmaßlichen Täter umgingen.

Im Journalismus existiert eine Vielzahl von Regulierungen, die die Berichterstattung über Themen mit tatsächlichem oder vermeintlichem Religionsbezug adressieren. Das Landespressegesetz NRW etwa hält in § 6 (Sorgfaltspflicht der Presse) fest: „Die Presse hat alle Nachrichten vor ihrer Verbreitung mit der nach den Umständen gebotenen Sorgfalt auf Inhalt, Herkunft und Wahrheit zu prüfen."[3] Dem hatten die beiden Journalist*innen freilich genügt. Sie hatten mit der nach den Umständen gebotenen Sorgfalt geprüft, sie hatten – mit übereinstimmendem Ergebnis – Zeug*innen und die Polizei befragt und die Auskunft erhalten, die mutmaßlichen Täter stammten höchstwahrscheinlich aus dem nordafrikanischen Raum; einige Quellen stellten darüber hinaus einen Bezug zum Islam her. Insofern schien zunächst wenig dagegenzusprechen, neben der ethnischen auch die religiöse Herkunft der mutmaßlichen Täter zu nennen.

Im Pressekodex (Deutscher Presserat 2015) des Deutschen Presserats war darüber hinaus, was die Berichterstattung über Religion betrifft, unter Ziffer 10 zu lesen: „Die Presse verzichtet darauf, religiöse, weltanschauliche oder sittliche

Überzeugungen zu schmähen." Eine solche Schmähung wurde von den befragten Journalist*innen nicht begangen; allein die Nennung einer religiösen Herkunft ist keine Schmähung. Und schließlich stand im Pressekodex unter Ziffer 12: „In der Berichterstattung über Straftaten wird die Zugehörigkeit der Verdächtigten oder Täter zu religiösen, ethnischen oder anderen Minderheiten nur dann erwähnt, wenn für das Verständnis des berichteten Vorgangs ein begründbarer Sachbezug besteht" (Deutscher Presserat 2015).

Die existierenden Regulierungen waren also eindeutig, aber für die Journalist*innen und ihr Dilemma nur bedingt hilfreich. Denn über die Frage, *ob* ein begründbarer Sachbezug vorlag, ließ sich freilich streiten, und sowohl die beiden Journalist*innen der untersuchten regionalen und der untersuchten überregionalen Zeitung als auch ihre Redaktionen sind damit unterschiedlich umgegangen, wie im Folgenden gezeigt werden kann: Die Chefredaktion der Regionalzeitung, so erinnerte es der von der Verfasserin befragte Journalist, verschickte eine Rundmail an alle Mitarbeiter*innen, in der sie mehrere Beispiele aus der journalistischen Praxis aufführte, wann die Erwähnung der Herkunft erfolgen sollte und wann nicht. Die Rundmail war an die Formulierungen des Pressekodex angelehnt und sollte den Redakteur*innen einerseits signalisieren, dass die Chefredaktion ihre Unsicherheit ernst nahm und sie keineswegs in ihrer professionellen Freiheit bevormunden, sondern ihnen vielmehr mit der Klarstellung den Rücken stärken wollte, andererseits verdeutlichte das Schreiben aber auch, dass Wert gelegt wurde auf eine einheitliche Linie des Blatts. Die Rundmail der Chefredaktion wurde dann nach Angaben des befragten Journalisten hausintern übereinstimmend so interpretiert, dass auf die Nennung der religiösen Herkunft der mutmaßlichen Täter eher zu verzichten sei, weil die religiöse Zugehörigkeit aus Sicht der Chefredaktion als Erklärung für die Kriminalität von Köln sowieso nicht taugte. Überdies wollte man nicht Gefahr laufen, durch die Veröffentlichung von Zitaten Dritter, die vielen seit Jahrzehnten im Verbreitungsgebiet der Regionalzeitung lebenden Muslim*innen als Leser*innen und Abonnent*innen mit einer Berichterstattung zu vergraulen, die diese als verzerrend oder ehrenrührig empfinden könnten. Zumal deren Wahrheitsgehalt von der Redaktion angezweifelt wurde.

Auch wurde das bestehende Redigiersystem intensiviert, sodass möglichst ein*e zweite*r Redakteur*in prüfen sollte, ob die Nennung der Herkunft sinnvoll erschien, bevor ein Artikel in die Druckerei geschickt wurde. Konnte hierüber zwischen den Kolleg*innen keine Einigung erzielt werden, hatten nach Wahrnehmung des befragten Journalisten auch informelle Faktoren wie etwa die Länge der Berufserfahrung, die Zugehörigkeit zur Redaktion oder das Ansehen innerhalb der Redaktion Einfluss darauf, welche Formulierung im Blatt Erwähnung fand. Entscheidend für die schlussendlich veröffentlichte Berichterstattung sei aber die vorherige Verständigung innerhalb der Redaktion über journalistisch-professionelle Qualitätsstandards gewesen, jeweils bezogen auf den Einzelfall (Haarhoff 2020).

In der Folge wurde die religiöse Herkunft der mutmaßlichen Täter der Kölner Silvesternacht in der regionalen Zeitung zwischen Januar und März 2016 tatsächlich nur in 3,8 % der Artikel, die sich mit den mutmaßlichen Tätern beschäftigten, erwähnt. Ähnliche prozentuale Ergebnisse konnten für vier weitere untersuchte nordrhein-westfälische Regionalzeitungen bestätigt werden. Zum Vergleich: Die bereits erwähnte quantitative Inhaltsanalyse zur Berichterstattung der Kölner Silvesternacht in elf deutschen Tageszeitungen ergab, dass in 61,8 % der Artikel die ethnische Herkunft genannt wurde, in 52,6 % der Artikel die Herkunft gemäß Aufenthaltsstatus, in 26,8 % der Artikel die nationale Herkunft und in 9,7 % der Artikel die religiöse Herkunft. Damit waren die ethnische Herkunft und die Herkunft gemäß Aufenthaltsstatus die beiden Formen, die mit Abstand am häufigsten genannt wurden (Nennungen unterschiedlicher Herkunftsformen innerhalb eines Artikels waren nicht ungewöhnlich). Die religiöse Herkunft der mutmaßlichen Täter spielte dagegen nicht nur prozentual (9,7 %), sondern auch in absoluten Zahlen der Erwähnungen (n = 81) eine vernachlässigenswerte Rolle. Dabei betonten die Journalist*innen, die in einer ergänzenden Untersuchung zu ihren Gründen, die Herkunft der mutmaßlichen Täter genannt oder eben gerade nicht genannt zu haben, bewusst zwischen ethnischer und religiöser Zugehörigkeit differenziert zu haben.

Die überregionale Zeitung dagegen verzichtete auf eine schriftlich fixierte oder klar kommunizierte interne Regulierung und überließ die Entscheidung, ob und wie über die religiöse Herkunft berichtet wurde, der Prüfung und individuellen Handhabung ihrer Redakteur*innen und deren Absprachen untereinander. Dies führte zu spürbarer Binnenpluralität auf Zeitungsartikelebene, aber auch zu Spannungen zwischen Journalist*innen unterschiedlicher Hierarchieebenen.

Die befragte nordrhein-westfälische Landeskorrespondentin etwa, die vor ihrer journalistischen Karriere Islamwissenschaften studiert hatte, verzichtete in ihren Artikeln bewusst auf jegliche Erwähnung von Religion als Erklärung für kriminelles Verhalten und begründete dies im Gespräch mit der Verfasserin damit, dass, wer Kriminalität mit Religion zu erklären versuche, die Religion missverstanden habe:

> In meinem Studium ist die muslimische Vergewaltigungs-Tradition nicht vorgekommen, und ich würde auch nicht sagen, dass Frauen anzufeinden etwas typisch Muslimisches ist. Ich würde eher sagen, dass der Islam an sich ein sehr ehrfürchtiges Frauenbild hat. Also, eher so in Ruhe lassen, verschleiern, verstecken, das ist ja das Gegenteil von öffentlichen Massenvergewaltigungen. Deswegen würde ich schon sagen, dass ich da innerlich schon eine sehr starke Idee davon hatte, wenn es um die Frage ging, wie könnte der Islam jetzt dafür verantwortlich sein. Das sind einfach Sachen, die ich dann nicht berichtet habe, weil ich dachte, das ist ja kompletter Quatsch.

Andere Journalist*innen derselben überregionalen Zeitung dagegen griffen die von verschiedenen Quellen geäußerten möglichen Zusammenhänge zwischen religiöser Herkunft und normabweichendem Verhalten auf und interviewten hierzu bewusst Religionswissenschaftler*innen und andere Expert*innen und veröffentlichten deren differenzierte Sicht auf die Dinge. Dies führte dazu, dass – selbst wenn derlei vermutete Zusammenhänge von den interviewten Wissenschaftler*innen wiederum für unplausibel erklärt wurden – Fragen der religiösen Herkunft unweigerlich Gegenstand der Berichterstattung wurden. Wenn beispielsweise eine Ethnologin, die von der Zeitung wegen ihres Wissens um Kulturen und kulturelle Unterschiede zu ihrer Analyse der Silvesternacht als Expertin befragt wurde, erklärte, dass viele der Tatverdächtigen in islamisch geprägten Kulturen aufgewachsen seien, dann wurde Religion zunächst einmal thematisiert, unabhängig davon, ob ein entsprechender Bezug anschließend für taterklärend gehalten wurde. Dieser Umstand erklärt, weshalb der Anteil von Artikeln, in denen eine religiöse Herkunft der mutmaßlichen Täter erwähnt wurde, in der untersuchten überregionalen Zeitung mit 11,3 % höher war als in der untersuchten regionalen Zeitung (3,8 %).

Schlussendlich ausschlaggebend und entscheidend für die Berichterstattung auch der überregionalen Zeitung war jedoch – wie schon im Fall der regionalen Zeitung – die Verständigung innerhalb der Redaktion über die zu beachtenden journalistischen Qualitätsstandards, bezogen auf den jeweiligen Einzelfall.

3. Regulierungsmöglichkeiten und -bedarfe

Anhand der beiden geschilderten Beispiele aus der journalistischen Praxis einer regionalen sowie einer überregionalen Tageszeitung zu ihrer jeweiligen Berichterstattung über die Kölner Silvesternacht 2015/2016 konnte gezeigt werden: Im redaktionellen Arbeitsalltag gibt es immer wieder Situationen, in denen Journalist*innen verunsichert sind, ob sie bestimmte Informationen veröffentlichen sollen, in denen sie aber trotzdem Entscheidungen treffen müssen. Die Frage ist dann, wie mit dieser Verunsicherung umgegangen und wie sie möglicherweise überwunden werden kann. Journalistische Berichterstattung der Tagespresse unterliegt, unabhängig von ihrer publizistischen Ausrichtung wie von ihrer geografischen Verbreitung, weitreichender *externer Regulierung*, auf die das einzelne Publikationsorgan keinen Einfluss hat (Branahl 2010; Hoffmann-Riem/Schulz/Held 2000). Diese externe Regulierung betrifft nicht nur, aber auch die Berichterstattung über Themen mit Religionsbezug (unabhängig von deren tatsächlichem oder bloß vermutetem Bezug zu Religion), und ist verankert in den Landespressegesetzen. Diese garantieren die Freiheit der Presse, definieren ihre öffentliche Aufgabe sowie das Informationsrecht der Presse und regeln ihre Sorgfaltspflicht.[4] Ebenso eine entscheidende Rolle spielen Grundsatzurteile des Bundesverfassungsgerichts zur Rolle der Presse und ihren Aufgaben in demokratischen Gesellschaften.

Ein weiteres Standbein der externen Regulierung ist der ebenfalls bereits erwähnte Pressekodex. Er ist die schriftlich fixierte Berufsethik für die Tagespresse und beinhaltet journalistisch-ethische Richtlinien etwa zum Diskriminierungsverbot, zum Schutz der Persönlichkeit und der Ehre oder zu Grenzen der Recherche. Die Richtlinien gehen zurück auf Empfehlungen des Deutschen Presserats, der das Organ der freiwilligen Selbstkontrolle der Printmedien in Deutschland ist und aus Vertretern von Journalistengewerkschaften einerseits und Verlegerverbänden andererseits zusammengesetzt ist. Ziffer 10 des Pressekodex schreibt den Verzicht der Presse auf Schmähung religiöser, weltanschaulicher oder sittlicher Überzeugungen fest vor; Ziffer 12 verbietet der Presse Diskriminierungen wegen des Geschlechts, einer Behinderung oder der Zugehörigkeit zu einer ethnischen, religiösen, sozialen oder nationalen Gruppe (Deutscher Presserat 2017).

Verstöße gegen den Kodex werden sanktioniert, allerdings sind die Sanktionen – anders als bei Gesetzesverstößen – eher moralischer Natur. Studien zum journalistischen Selbstverständnis (Steindl/Lauerer/Hanitzsch 2017; Weischenberg/Malik/Scholl 2006) haben herausgefunden, dass Journalist*innen in Deutschland, wenngleich längst nicht alle von ihnen, den Pressekodex im Wortlaut kennen, seine Inhalte als Bestandteil ihres professionellen Handelns ebenso verinnerlicht haben und weitgehend achten (Reinemann 2010) wie sonstige professionelle Qualitätsstandards (etwa Selektionskriterien, Nachrichtenfaktoren) auch (Staab 2002).

Auf der Ebene der *internen Regulierung*, also innerhalb einzelner Zeitungsredaktionen, können Redaktionsstatuten, Verhaltenskodizes oder Sprachregelungen, etwa zu Fragen *diversity*-gerechter Berichterstattung, hinzukommen, deren Gegenstand nicht nur, aber auch die journalistische Behandlung von Themen mit tatsächlichem oder bloß vermutetem religiösen Bezug ist. Vor allem aber erfolgt interne Regulierung über individuelle wie redaktionskollektive Anerkennung allgemeiner journalistischer Qualitätsstandards, die auf drei Säulen ruhen: dem journalistischen Selbstverständnis, der Nachrichtenwertigkeit und dem Berufsethos (Arnold 2013; Debatin/Funiok 2003; Eilders 2016; Engelmann 2011). In Abhängigkeit von individuellen Faktoren wie personellen Hierarchien und Ressourcen, Arbeitsabläufen oder Ausrichtung der Zeitung kann die Schwerpunktsetzung innerhalb der einzelnen Qualitätsstandards variieren und muss immer wieder neu verhandelt werden (Donsbach 2002; Meier 2014).

4. Fazit und Ausblick

Die Berichterstattung der Tagespresse über die (religiöse) Herkunft von Straftätern unterliegt bereits heute weitreichender externer wie interner Regulierung. Manche Dilemmata, in denen Journalist*innen stecken, die über die religiöse, ethnische, nationale oder aufenthaltsstatusgemäße Herkunft von Straftätern berichten, lassen sich über die bestehenden Regulierungsmechanismen jedoch weder umfassend noch befriedigend, geschweige denn dauerhaft lösen. Es wäre kontraproduktiv, hieraus zu schlussfolgern, es bedürfe weiterer Regulierung oder starrer Vorgaben. Es lässt sich nicht jeder Einzelfall regulieren. Sinnvoller dagegen erscheint eine stetige Diskussion über journalistische Qualitätsstandards und deren mögliche Weiterentwicklung. Dies kann sowohl im journalistischen Alltag als auch bei Fort- und Weiterbildungen geschehen und setzt im Idealfall bereits durch entsprechende Sensibilisierungen während der journalistischen Ausbildung an.

Ebenfalls ist anzuregen, diese Debatte gegenüber dem Publikum (nicht nur der Tagespresse) öffentlich und transparent darzustellen, um professionelle journalistische Qualitätsstandards und hierauf gründende journalistische Entscheidungen und Handlungslogiken auch außerhalb der Profession zu kommunizieren und zu erklären (Bastian/Fengler 2016; Debatin 2017; Meier/Reimer 2011; Schultz et al. 2017). In diesem Zusammenhang wäre dann auch darauf hinzuweisen, dass allein aufgrund journalistisch-professioneller Selektionskriterien, die neben der Richtigkeit, Wahrhaftigkeit und Relevanz einer Information immer auch deren Außergewöhnlichkeits-, Neuigkeits- oder Überraschungswert berücksichtigen („Mann beißt Hund"), die Erwartung, journalistische Medien würden „die Wirklichkeit" in ihrer unveränderten Gänze und Exaktheit abbilden, nur enttäuscht werden kann (Jackob et al. 2013; Rentsch/Schielicke 2010; Maurer et al. 2019; Schulz 1990).

Eine derart transparente Kommunikation mit Leser*innen, Hörer*innen und Zuschauer*innen könnte möglicherweise zu einem Abbau von Missverständnissen führen, wenngleich sie sicherlich nicht die Lösung aller journalistischen Dilemmata darstellt, ob mit oder ohne religiösen Bezug.

Literatur

Arendt, Florian/Brosius, Hans-Bernd/Hauck, Patricia (2017): Die Auswirkungen des Schlüsselereignisses „Silvesternacht in Köln" auf die Kriminalitätsberichterstattung. In: Publizistik, Bd. 62, Nr. 2, S. 135–152.

Arnold, Klaus (2013): Qualität im Journalismus. In: Meier, Klaus/Neuberger, Christoph (Hg.): Journalismusforschung. Baden-Baden, S. 77–88.

Bastian, Mariella/Fengler, Susanne (2016): Transparenz und Medien: Perspektiven der Kommunikationswissenschaft – Schnittstellen für die Politologie. In: Zeitschrift für Politikwissenschaft, Bd. 26, Nr. 2, S. 211–220.

Behrendes, Udo (2016): Die Kölner Silvesternacht 2015/2016 und ihre Folgen. In: Neue Kriminalpolitik, Bd. 28, Nr. 3, S. 322–343.

Bonfadelli, Heinz (2007): Die Darstellung ethnischer Minderheiten in den Massenmedien. In: Bonfadelli, Heinz/Moser, Heinz (Hg.): Medien und Migration. Wiesbaden, S. 95–118.

Branahl, Udo (2010): Ethik und Recht. In: Schicha, Christian/Brosda, Carsten (Hg.): Handbuch Medienethik. Wiesbaden, S. 362–370.

Debatin, Bernhard (2017): Wandel des Journalismus, Erweiterung der Journalismus- und Medienethik? In: Stapf, Ingrid/Prinzing, Marlis/Filipović, Alexander (Hg.): Gesellschaft ohne Diskurs? Digitaler Wandel und Journalismus aus medienethischer Perspektive. Baden-Baden, S. 53–67.

Debatin, Bernhard/Funiok, Rüdiger (Hg.) (2003): Kommunikations- und Medienethik. Konstanz.

Deutscher Presserat (2015): Publizistische Grundsätze (Pressekodex). Online unter: www.presserat.de/fileadmin/user_upload/Downloads_Dateien/Pressekodex_BO_2016_web.pdf.

Deutscher Presserat (2017): Neue Richtlinie 12.1 – Berichterstattung über Straftaten. Online unter: www.presserat.de/fileadmin/user_upload/Aktuelles/UEbersicht_bisherige_Richtlinie_neue_Richtlinie12.1.pdf.

Donsbach, Wolfgang (2002): Psychologische Faktoren hinter Nachrichtenentscheidungen. In: Nawratil, Ute/Schönhagen, Philomen/Starkulla, Hein Jr. (Hg.): Medien als Mittler sozialer Kommunikation. Leipzig, S. 203–224.

Drüeke, Ricarda (2016): Die TV-Berichterstattung in ARD und ZDF über die Silvesternacht 2015/16 in Köln. Berlin.

Eilders, Christiane (2016): Journalismus und Nachrichtenwert. In: Löffelholz, Martin/Rothenberger, Liane (Hg.): Handbuch Journalismustheorie. Wiesbaden, S. 431–442.

Engelmann, Ines (2011): Journalistische Selektionskriterien und Selektionsentscheidungen. In: Jandura, Olaf/Quandt, Thorsten/Vogelsang, Jens (Hg.): Methoden der Journalismusforschung. Wiesbaden, S. 141–154.

Goedeke Tort, Maheba Nuria/Guenther, Lars/Ruhrmann, Georg (2016): Von kriminell bis willkommen. Wie die Herkunft über das mediale Framing von Einwanderern entscheidet. In: Medien & Kommunikationswissenschaft, Bd. 64, Nr. 4, S. 497–517.

Haarhoff, Heike (2020): Nafris, Normen, Nachrichten. Die Standards journalistischer Berichterstattung am Beispiel der Herkunftsnennung mutmaßlicher Straftäter der Kölner Silvesternacht 2015/2016. Baden-Baden.

Haller, Michael (2017): Die „Flüchtlingskrise" in den Medien. Tagesaktueller Journalismus zwischen Meinung und Information. Frankfurt/M.

Hefner, Dorothée/Klimmt, Christoph/Daschmann, Gregor (2007): Typisch Türke? Die Folgen der Nationalitätsnennung für die Bewertung von Akteuren in der Nachrichtenrezeption. In: Medien & Kommunikationswissenschaft, Bd. 55, Nr. 4, S. 575–594.

Hoffmann-Riem, Wolfgang/Schulz, Wolfgang/Held, Thorsten (Hg.) (2000): Konvergenz und Regulierung. Optionen für rechtliche Regelungen und Aufsichtsstrukturen im Bereich Information, Kommunikation und Medien. Baden-Baden.

Jackob, Nikolaus/Maurer, Marcus/Ehmig, Simone C./Geiß, Stefan/Daschmann, Gregor (Hg.) (2013): Realismus als Beruf. Beiträge zum Verhältnis von Medien und Wirklichkeit. Wiesbaden.

[LT NRW] Landtag Nordrhein-Westfalen (2017): Schlussbericht des Parlamentarischen Untersuchungsausschusses IV zu dem Auftrag des Landtags Nordrhein-Westfalen vom 27. Januar 2016 betreffend die Untersuchung der Geschehnisse in der Silvesternacht im und vor dem Kölner Hauptbahnhof, Drucksache 16/14450 vom 23.03.2017, online unter: www.landtag.nrw.de/portal/WWW/dokumentenarchiv/Dokument/MMD16-14450.pdf.

Maurer, Marcus/Jost, Pablo/Haßler, Jörg/Kruschinski, Simon (2019): Auf den Spuren der Lügenpresse. Zur Richtigkeit und Ausgewogenheit der Medienberichterstattung in der „Flüchtlingskrise". In: Publizistik, Bd. 64, Nr. 1, S. 15–35.

Meier, Klaus (2014): Die Redaktion als Institution der Medienethik. Wiesbaden.

Meier, Klaus/Reimer, Julius (2011): Transparenz im Journalismus. In: Publizistik, Bd. 56, Nr. 2, S. 133–155.

Müller, Daniel (2005): Die Darstellung ethnischer Minderheiten in deutschen Massenmedien. In: Geißler, Rainer/Pöttker, Horst (Hg.): Massenmedien und die Integration ethnischer Minderheiten in Deutschland. Bielefeld, S. 83–126.

Pöttker, Horst (2002): Wann dürfen Journalisten Türken Türken nennen? Zu Aufgaben und Systematik der Berufsethik am Beispiel des Diskriminierungsverbots. In: Publizistik, Bd. 47, Nr. 3, S. 265–279.

Pöttker, Horst (2013): Öffentlichkeit oder Moral? Über den inneren Widerspruch des journalistischen Berufsethos am Beispiel des deutschen Pressekodex. In: Publizistik, Bd. 58, Nr. 2, S. 121–139.

Reinemann, Carsten (2010): Das Versprechen der Selbstkontrolle. Presserat und Pressecodex im Urteil von Journalisten. In: Reinemann, Carsten/Stöber, Rudolf (Hg.): Wer die Vergangenheit kennt, hat eine Zukunft. Köln, S. 236–263.

Rentsch, Matthias/Schielicke, Anna-Maria (2010): Wunsch und Wirklichkeit. Das Verhältnis zwischen den Erwartungen der Deutschen an Journalisten und der Wahrnehmung der Berufspraxis. In: Zeitschrift für Kommunikationsökologie und Medienethik, Bd. 12, Nr. 1, S. 30–36.

Schultz, Tanjev/Jackob, Nikolaus/Ziegele, Marc/Quiring, Oliver/Schemer, Christian (2017): Erosion des Vertrauens zwischen Medien und Publikum? In: Media Perspektiven, Nr. 5, S. 246–259.

Schulz, Winfried (1990): Die Konstruktion von Realität in den Nachrichtenmedien. Freiburg/Br.

Staab, Joachim Friedrich (2002): Entwicklungen der Nachrichtenwert-Theorie. In: Neverla, Irene/Grittmann, Elke/Pater, Monika (Hg.): Grundlagentexte zur Journalistik. Konstanz, S. 608–618.

Steindl, Nina/Lauerer, Corinna/Hanitzsch, Thomas (2017): Journalismus in Deutschland. Aktuelle Befunde zu Kontinuität und Wandel im deutschen Journalismus. In: Publizistik, Bd. 62, Nr. 4, S. 401–423.

Weischenberg, Siegfried/Malik, Maja/Scholl, Armin (2006): Die Souffleure der Mediengesellschaft. Konstanz.

Anmerkungen

1 Dieser Beitrag greift vielfach Überlegungen aus Haarhoff 2020 auf.

2 Einen guten Überblick über die Debatte(n) um die Herkunftsnennung ethnischer und religiöser Minderheiten in den Massenmedien geben die Bücher und Aufsätze von Bonfadelli 2007, Goedeke Tort/Guenther/Ruhrmann 2016, Hefner/Klimmt/Daschmann 2007, Müller 2005, Pöttker 2002 sowie Pöttker 2013.

3 Das Landespressegesetz NRW im vollen Wortlaut ist online nachlesbar: https://recht.nrw.de/lmi/owa/br_text_anzeigen?v_id=10000000000000000330.

4 So stellt das Landespressegesetz von Nordrhein-Westfalen in § 1, Satz 2 fest: „Die Freiheit der Presse unterliegt nur den Beschränkungen, die durch das Grundgesetz unmittelbar und in seinem Rahmen durch dieses Gesetz zugelassen sind." Solche Beschränkungen können z.B. Beleidigungen (§ 185 StGB) sein, die auch der Presse verboten sind.

JUDITH STANDER-DULISCH

Der Einfluss von Nachrichtenmagazinen auf die Wahrnehmung von Religion und religiöser Pluralität

1. Hintergrund und Fallbeschreibung

„Weltreligionen im Ruhrgebiet: Gott im Pott" (Stern, 04.04.2012)

„Schulgebet in Nordrhein-Westfalen: Im Namen der Eltern" (Spiegel.de, 11.02.2009)

„Herne: Gymnasium verleiht Burkinis für Schwimmunterricht" (Spiegel.de, 12.06.2018)

„Nicht nur in Berlin: Hass auf Juden an deutschen Schulen – Eltern schildern erschütternde Vorfälle" (Stern.de, 27.03.2018)

Diese Schlagzeilen zeigen, dass der Umgang mit Religionen ein Teil medialer Berichterstattung ist. Hierdurch bildet sich innerhalb der Gesellschaft religionsbezogenes Wissen, das unsere Wahrnehmung von Religion beeinflusst. Dies betrifft jedoch nicht nur das Wissen und die Wahrnehmung: Unterschiedliche Studien verweisen darauf, dass mediale Bilder die Einstellungen gegenüber Religion prägen können (Stolz et al. 2014; Pollack/Müller 2013; Gietz et al. 1994). Durch mediale Diskurse, Bilder und Sprache können somit Meinungsbilder über Religion entstehen.

In den beiden auflagenstärksten Wochenmagazinen *Stern* und *Spiegel* sind Religion und religiöse Pluralität immer wiederkehrende Themen (Stander-Dulisch 2019). Die nationale Berichterstattung hat auch Einfluss auf regionale Themen in Nordrhein-Westfalen und demnach auch Einfluss auf die Wahrnehmung von Religion vor Ort, die bestimmte soziale Kontexte prägt, etwa im Bereich Schule und Bildung. Die ausgewählten Schlagzeilen lenken den Blick nicht nur auf Themen wie religiöse Pluralität im Ruhrgebiet, sondern auch auf die Ausprägung religiöser Pluralität im Kontext Schule in Form von Debatten über Schulgebete, Burkinis und sogenanntes religiöses Mobbing (siehe dazu Abschnitt 2).

Medien sind somit ein entscheidender Faktor im Umgang mit religiöser Pluralität.

Die beiden Zeitschriften *Stern* und *Spiegel* werden als Nachrichtenmagazine verstanden, in der Forschung werden sie weiterhin unterschieden und einerseits als politische Illustrierte bzw. Unterhaltungsmagazin (*Stern*) und andererseits als klassisches Nachrichtenmagazin (*Spiegel*) klassifiziert (Kaltenhäuser 2005). Gemäß ihren Profilen liegt das Hauptaugenmerk des *Spiegel* auf politischen und gesellschaftlichen Ereignissen, während beim *Stern* zu Gründungszeiten der reine Unterhaltungsanspruch mit Fokus auf dem Außergewöhnlichen, Sensationellem, Erregendem und Skandalösem im Vordergrund stand, der zunehmend um die politische Dimension ergänzt, jedoch nie ersetzt wurde. Unabhängig von ihrer unterschiedlichen Klassifikation zeichnen sich beide Magazine durch ihren wöchentlichen Erscheinungsrhythmus und durch Überregionalität aus und haben mit ihrer Druckauflage (Druckauflage im dritten Quartal 2019: *Spiegel:* 764.345, *Stern:* 539.208, vgl. IVW 3/2019) eine enorme Reichweite; laut der Arbeitsgemeinschaft Media-Analyse erreichen beide Magazine jeweils 5,29 Millionen Leser*innen in Deutschland (vgl. agma 2019). In den eigenen Profilen bezeichnet sich der *Spiegel* als „Deutschlands bedeutendstes Nachrichtenmagazin", der *Stern* sich als „meistgelesenes Magazin Deutschlands" (*Spiegel*-Profil, *Stern*-Profil). Beide profilieren sich zudem damit, Wissen zu vermitteln („Spiegel-Leser wissen mehr", „Keine Angst vor der Wahrheit" – *Spiegel*) und Emotionen anzusprechen („Was uns bewegt. Große Geschichten." – *Stern*). In der Gesellschaft kommt ihnen ein hoher Stellenwert zu, da ihnen eine meinungsbildende Wirkung zugeschrieben wird, auch unter Meinungsmachern wie Politiker*innen, Akademiker*innen und Journalist*innen. Vor allem der *Spiegel* gilt, besonders unter Journalist*innen, als Orientierungsmedium und wird als Leitmedium bezeichnet. Mit ihrer Reichweite und ihrem Einfluss spiegeln die beiden Magazine einerseits gesellschaftliche Prozesse, andererseits prägen sie demnach die Wahrnehmung und bringen Meinungen hervor – auch in Bezug zum Thema Religion. Doch wie wird religiöse Pluralität in beiden Nachrichtenmagazinen repräsentiert?

Grundsätzlich wird Religion behandelt wie jedes Thema auch und unterliegt somit gewissen Medienlogiken, die regulieren, etwa Nachrichtenwerten. Angesichts des Mediums „Nachrichtenmagazin" ergeben sich noch einmal gesonderte Kriterien: Durch ihre wöchentliche Auflage sind Nachrichtenmagazine an Aktualitätskriterien orientiert. Zudem dienen Personalisierungen, Skandalisierungen und Emotionalisierungen dazu, Aufmerksamkeit zu erregen, um bestimmte Bewertungen und Kommentierungen vorzunehmen, den Unterhaltungsfaktor zu bedienen sowie die hohen Verkaufszahlen zu generieren. Insbesondere Titelthemen, das heißt Titelseite und Titelstory, kommen dabei eine hohe Relevanz zu, da sie einen großen Einfluss auf den Umsatz haben. Gelegenheitskäufer*innen entscheiden sich meist aufgrund des Schwerpunkthemas für oder gegen den Kauf eines aktuellen Hefts. Beide Magazine bezeichnen die Titelseite und die dazugehörige Titelgeschichte daher auch als ihre Visitenkarte, beides funktioniert zugleich als Werbeplakat. Die Titelgeschichten des *Spiegel* werden in der Sprachwissenschaft als eigene Textgattung betrachtet (Spitzmüller 2005, Püschel 1999), die Elemente eines Features enthält, dies trifft auch auf die Titelgeschichten des *Stern* zu (Stander-Dulisch 2019). Das Feature enthält Reportage- und Interviewelemente, die dazu dienen, die eigentliche Sachaussage zu illustrieren und anschaulich aufzubereiten, zudem kommt eine pointierte Kommentierung und Wertung hinzu. Die Berichterstattung geht somit über die einfache Wissensvermittlung hinaus.

Um Aufmerksamkeit zu generieren, werden häufig Emotionalisierungs- und Personalisierungsstrategien eingesetzt (Stander-Dulisch 2019; Schwarz-Friesel 2013). Dadurch können Bewertungen vermittelt und die Wahrnehmung von Themen über Religion und religiöse Pluralität geprägt werden. Rezipienten nehmen somit Inhalte über implizite Wahrnehmungsroutinen wahr. In welcher Weise wirken Medien in der Wahrnehmung von religiöser Pluralität? Wie korrespondieren Gesellschaft und Medien? Und wie werden unterschiedliche Themen durch Medien kanalisiert und reguliert und bringen dadurch eine Wirkung hervor?

Der vorliegende Artikel widmet sich diesen Fragen und hat das Ziel, zu untersuchen, wie sich die gesellschaftliche Realität in der Medienrealität der beiden Nachrichtenmagazine abzeichnet und wie dabei Religion und religiöse Pluralität aufgenommen bzw. wahrgenommen werden. Anhand von konkreten Fällen aus dem sozialen Kontext Schule stellt der Artikel das beobachtete Geschehen der Medienrealität gegenüber, um daran anschließend auf explizite Stilmittel einzugehen, die Aufschluss über journalistische Darstellungsformen der Nachrichtenmagazine geben. Abschließend werden die Regulierungsmechanismen dargelegt und es wird aufgezeigt, wie Medienrealitäten entstehen, die zur Wahrnehmung von Religion und religiöser Pluralität beitragen.

2. Problemlage und Lösungsansatz

Im Folgenden werden drei konkrete Fälle aus dem sozialen Kontext Schule als Ausgangspunkt vorgestellt, um anschließend die Fälle aus den gesellschaftlichen

Debatten der medialen Berichterstattung in Bezug auf religiöse Pluralität gegenüberzustellen. Dabei wird analysiert, wie sich die Wirkmächtigkeit journalistischer Darstellungsformen unterscheidet und wie Medieninhalte in Bezug zu religiöser Pluralität reguliert und somit selektiert und kanalisiert werden.

2.1 Schulgebet in NRW

Der erste Fall behandelt die Zulässigkeit und den Umgang mit Schulgebeten außerhalb des Religionsunterrichts an städtischen Schulen. In Korschenbroich (Region Niederrhein) verlangte 2009 ein atheistisches Elternpaar, das an einer städtischen Grundschule zu Schulbeginn durchgeführte Gebet einzustellen, und beschwerte sich beim Neusser Schulamt. Dieses gab den Eltern in ihrer Beschwerde Recht und untersagte das Gebet mit Bezug auf ein Urteil des Bundesverfassungsgerichts vom 16.10.1979 mit der Begründung, dass es keine Möglichkeit gebe, sich vom Gebet fernzuhalten. Daraufhin entstand eine Diskussion zwischen den dagegenstimmenden Eltern sowie dem Schulamt, die aufgrund medialer Präsenz bis zum Schulministerium getragen wurde. Die damalige Schulministerin Barbara Sommer berief sich auf die Landesverfassung NRW sowie auf das Urteil des Bundesverfassungsgerichts vom 16.10.1979 und das Schulgesetz NRW. Auf Grundlage dessen entschied sie, dass kein Kind gegen seinen Willen zum Schulgebet gezwungen werden könne und die Schule sicherstellen müsse, dass dem Gebet ausgewichen werden könne, den anderen Kindern das freiwillige Gebet jedoch nicht vorenthalten werden dürfe.

Im *Spiegel* wurde der Sachverhalt um das Schulgebet unter dem Titel „Schulgebet in Nordrhein-Westfalen. Im Namen der Eltern“ aufgenommen. Bereits durch den Titel wird die Perspektive deutlich, die sich nicht auf die Rechtslage im Umgang mit religiöser Vielfalt fokussiert, sondern das Agieren der Eltern in den Mittelpunkt stellt, das für die Kleinstadt als außergewöhnlich skizziert wird, da es den Weg bis zum Schulministerium findet. Der Artikel verleiht dem Sachverhalt Brisanz („versetzte das ganze Städtchen in Aufregung“, „befeuerte den Streit“ „begann ein Streit, der eskalieren sollte“; „flammte Konflikt neu auf“, „aus Streit wurde Kampagne“) und betont dabei den kleinstädtischen Charakter des Falls („Es sind gerade mal vier Zeilen, aufgesagt von gerade mal 25 Schülern, in einem Ort mit gerade mal 2400 Einwohnern, gelegen zwischen Mönchengladbach und Düsseldorf“). Dieser wird zwar als Lappalie skizziert, der jedoch bis zum Schulministerium reicht („Dieses Wort erst machte den Vorgang zu einem Thema für Behörden, Presse und die Schulministerin. Das Wort war Amen“). Der Schwerpunkt des Sachverhalts wird dabei nicht auf die Thematik selbst gelegt, sondern auf die gegenübergestellte Initiative der Eltern („Gemeinsam schmieden sie einen Plan, entwickeln eine Strategie: Wie platzieren wir unsere Sicht der Dinge in den Medien?"). Zugleich klingt eine Kritik an der Stellungnahme der Ministerin durch („Ein Machtwort klingt anders"). Betrachtet man den Streitgegenstand, verschiebt sich die mediale Darstellung, indem nicht auf die entsprechenden Gesetzeslagen eingegangen wird, sondern auf das Agieren und die persönliche Stellungnahmen der Eltern sowie der Ministerin, die sich jedoch auf den Rechtsrahmen des Schulgesetzes NRW sowie des Grundgesetzes und der Landesverfassung NRW berufen. Ist dieser Rechtsrahmen nicht bekannt, erscheint der Streit zurecht als kleinstädtischer Aufruhr, in dem Religionsfreiheit und religiöse Vielfalt im christlich-säkularen Sinne als Konflikt dargelegt werden. Die daraus folgende Handlungsoption im Umgang mit Konflikten religiöser Vielfalt, das Schulgebet durch eine Schweigeminute zu ersetzen, wird als Stagnation deklariert („Seitdem hat sich kaum etwas geändert"). Der Fall zeigt, wie das Thema religiöse Vielfalt aufbereitet wird. Ohne den NRW-bezogenen Rechtsrahmen zu benennen, erscheint die Darstellung als eine meinungszentrierte Gegenüberstellung, die laut dem Artikel zu viel Aufmerksamkeit schüre; so schließt das Schlusszitat einer Mutter den Artikel kommentarlos ab: „Vielleicht hätte man die Kirche auch einfach mal im Dorf lassen sollen." Religiöse Vielfalt wird demnach eher als Stein des Anstoßes für unnötige Debatten deklariert.

2.2 Antisemitismus in Schulen

Der zweite Fall fokussiert Antisemitismus an Schulen, der häufig mit dem Ausdruck „Religiöses Mobbing" bezeichnet wird. Im März 2018 entstand eine Debatte um „religiöses Mobbing", ausgelöst durch einen Zeitungsbericht, demzufolge ein Schüler einer Berliner Grundschule eine Schülerin aufgrund ihres Glaubens angegriffen habe. Unterschiedliche Stimmen meldeten sich zu Wort, auch die Vertreter des Zentralrats der Juden sowie des Zentralrats der Muslime, die erste Kooperationen anstießen. Zudem wurden Aufforderungen nach Konsequenzen sowie erste Lösungsvorschläge und Handlungsoptionen verbreitet, vor allem medial und durch Stimmen der Politik, auch in Nordrhein-Westfalen.

Mobbing zeigt sich als ein weitverbreitetes Phänomen unter Schüler*innen unabhängig von Schulform, Alter, Herkunft oder Religion. Zunehmend häufen sich auch in Nordrhein-Westfalen antisemitische wie auch antiislamische Ausdrücke oder Anfeindungen im Rahmen der Schule. Religion tritt dabei jedoch selten als alleinige Ursache für Konflikte auf. Diese werden aber damit in Verbindung gebracht, wahrgenommen und damit Religion als Problem deklariert. Unter dem Begriff „religiöses Mobbing" in Verbindung mit antisemitischen

Haltungen wird demnach der Anschein erweckt, dass Antisemitismus Teil der muslimischen Religion sei. Kulturelle Prägung, soziale Herkunft, politische Sozialisation, Bildungsstand oder Migrations- oder Fluchterfahrung werden in diesem Verständnis meist außer Acht gelassen.

Der Sachverhalt wird im *Stern* mit „Nicht nur in Berlin: Hass auf Juden an deutschen Schulen – Eltern schildern erschütternde Vorfälle" betitelt. Dabei ist zunächst von antisemitischem Mobbing die Rede, das dann mit Religion verknüpft und religiös aufgeladen wird und im Artikel folgend als „religiöses Mobbing" bezeichnet wird. Religiöses Mobbing meint, laut Artikel, antisemitische Haltungen. Anderweitig religiöse sowie auch innerreligiöse Konflikte oder Haltungen werden nicht aufgegriffen. Mit Anlehnung an den Vorsitzenden des Zentralrats der Juden wird zwar in Form eines Zitats darauf verwiesen, dass kein Kind mit rassistischen Vorurteilen geboren werde („Schuster sieht vor allem eine Verantwortung der Eltern."). Laut Artikel ist Antisemitismus auch in allen politischen Lagern vorhanden, wird dann jedoch vor allem einer religiösen Gemeinschaft zugeschrieben und demnach mit Religion, explizit dem Islam, verknüpft:

> Antisemitismus, da sind sich die Experten einig, gibt es von rechts, von links, in der Mitte der Gesellschaft – aber eben teils sehr ausgeprägt bei Muslimen, von denen zuletzt sehr viele gerade aus arabischen Staaten als Flüchtlinge nach Deutschland kamen.

Zwar wird am Rande auf Zuwanderung und auf politische Sozialisation verwiesen, zurückkehrend werden die Konflikte jedoch unabhängig von einer ganzheitlichen Perspektive mit religiösen Themen versehen und aufgeladen und dabei mit Verweis auf unterschiedliche Studien immer wieder Verbindungen zur Religion des Islams gezogen.

Den Großteil des Artikels nimmt dabei die Schilderung der Fälle im Schulkontext ein. Erst der letzte Absatz bezieht sich auf konkrete Handlungsoptionen und Lösungsansätze im Umgang mit der Problematik und mit dem Rückbezug auf die Stellungnahmen der Vorsitzenden des muslimischen und jüdischen Zentralrats. Die Gewichtung zeigt, dass im Artikel die Brisanz des Sachverhalts betont wird, bei dem die Religionszugehörigkeit, hier der Islam, als nahezu alleinige Problem- und Konfliktursache für Antisemitismus wahrgenommen wird. Der Artikel steht exemplarisch dafür, dass Konflikte kultureller und religiöser Art häufig nicht ganzheitlich betrachtet, sondern religiös konnotiert und aufgeladen werden und dass die Gewichtung einer Sachinformation erfolgt.

2.3 Burkinis in NRW

Der dritte Fall widmet sich dem Tragen von Burkinis im schulischen Schwimmunterricht. Ein Burkini ist ein Ganzkörperbadeanzug, der Gesicht, Hände und Füße frei lässt und aus langer Hose, Tunika und Kopfbedeckung besteht. Für einige strenggläubige Muslimas ist es das einzige Kleidungsstück, um sorglos gemischtgeschlechtliche Bäder nutzen zu können. An einem Gymnasium in Herne (Ruhrgebiet) wurden 2016 auf finanzieller Grundlage von Spenden neben Sportschuhen, Skibekleidung oder Schreibmaterialien auch 20 Burkinis angeschafft, um muslimischen Schülerinnen der 6. und 8. Klasse Schwimmunterricht zu ermöglichen. In zwei Jahren machten 15 Schülerinnen Gebrauch von dem Angebot. Nach dieser zweijährigen Handhabung des Gymnasiums wurde 2018 in der Lokalzeitung darüber berichtet. Dies führte zu unterschiedlichen Reaktionen und fortführenden Debatten sowie Diskursen in der Politik und den Medien. Hinzuweisen ist in dem Fall dabei auf die individuelle Handhabung der Bundesländer. Laut den Rechtsgrundlagen zum Erlass „Sicherheitsförderung im Schulsport" des Landes NRW ist in Nordrhein-Westfalen Religion kein Grund, nicht am Schwimmunterricht teilzunehmen. Auf Grundlage verschiedener Gerichtsurteile, etwa des Oberverwaltungsgerichts Münster und des Verwaltungsgerichts Düsseldorf, ist für alle muslimischen Schülerinnen die Teilnahme am Schwimmunterricht verpflichtend. Die Erlaubnis, dabei einen Burkini zu tragen, soll dies ermöglichen. Religiöse Gründe können demnach nicht geltend gemacht werden, so der „Erlass zur Sicherheitsförderung im Schulsport".

„Herne. Gymnasium verteilt Burkinis für Schwimmunterricht" betitelt der *Spiegel* den Artikel über die Handhabung von Burkinis im Schwimmunterricht an einem Gymnasium im nordrhein-westfälischen Herne. War diese Handhabung zwei Jahre lang an der Schule kein Problem, thematisiert 2018 ein Medienbericht einer Regionalzeitung die Anschaffung von vor zwei Jahren und gibt damit den Stein des Anstoßes zu einer politischen sowie medialen Debatte, die sich auf eine generelle Integrationsdebatte ausweitet. Auch in diesem Fall zeigt sich eine Verschiebung des gesellschaftlichen Sachverhalts in Bezug zur medialen Debatte. In Letzterer verschiebt sich die Nachricht und wandelt sich zu Beiträgen, die die grundsätzlichen Wertefragen wie Emanzipation, Integration, westliche Werte vs. islamische Werte aufnehmen und monolithische Bilder kreieren und gegenüberstellen. Diese politischen Zuspitzungen verdrängen die eigene Nachricht der Handhabung und dem Umgang mit religiöser Vielfalt sowie den individuellen Gründen von Akteurinnen. Dies nimmt der *Spiegel*-Artikel medienkritisch auf („Die schrillen Reaktionen waren zu erwarten."; „Da schäumt das Netz, und auch Politiker nutzen die Chance, sich mal schnell zu positionieren.") und stellt sich mit seinem Aufbau des Artikels gegen diese Gewichtung. Zwar werden Reaktionen politischer Art angerissen, der Schwerpunkt des Artikels liegt jedoch auf der Handhabung, Erklärung und Begründung des Schulleiters. Hierbei werden auch die verschiedenen Gründe angeführt, die zu Schwierigkeiten der Teilnahme am Unterricht führen können – sei es aufgrund des kulturellen Hintergrunds, des familiären Umfelds oder der sozialen Herkunft. Der Artikel stellt damit eine Ausnahme dar: Wie in den vorherigen Artikeln dargelegt, treten häufig verallgemeinernde Stereotype auf, gewichten Debatten unterschiedlich und übertrumpfen damit die eigentliche Nachricht zum Umgang mit religiöser Vielfalt und individueller Handhabbarkeit.

2.4 Religiöse Pluralität in Deutschland und in NRW – Ein Blick auf die Stilmittel

Neben den Online-Beispielen aus dem konkreten sozialen Kontext Schule lässt sich auch die allgemeine Berichterstattung über religiöse Pluralität anführen, die immer wieder Thema in *Stern* oder *Spiegel* ist. Ein dezidierter Blick auf die Stilmittel kann dabei Aufschluss über journalistische Darstellungsformen geben.

Der *Stern* betitelt am 26.11.2009 seine 49. Ausgabe mit „Selig ohne Gott. Die neue Sehnsucht nach Spiritualität und Wellness-Religion. Plus: Interview mit Madonnas Kabbala-Lehrer". Die Titelgeschichte thematisiert die religiöse Gegenwartskultur in Deutschland und fokussiert dabei u.a. das Phänomen der „Patchwork-Religiosität". Dabei werden einerseits der Mitgliederrückgang der christlichen Großkirchen aufgenommen, andererseits die Popularität und das Interesse an religiöser Pluralität, Spiritualität und unterschiedlichen Glaubensinhalten in Deutschland sowie im Ausland. Diverse Lehren und Bewegungen werden präsentiert und Erfahrungsberichte von Gläubigen ebenso eingebunden wie wissenschaftliche Thesen zum Thema.

Betrachtet man den Titel „Selig ohne Gott", impliziert dieser bereits eine dezidiert christlich-theologische Perspektive. Die unterschiedlichen religiösen Bewegungen, die dargestellt werden, besitzen durchaus mehrerer Götter und Gottheiten – und dieser Sachverhalt wird im Artikel auch thematisiert. Bereits im Editorial der Ausgabe wird die christliche Perspektive deutlich:

> In unserer Titelgeschichte zum Thema „Selig ohne Gott" – gemeint ist der christliche Gott – beschreiben wir die Suche vieler Menschen nach neuem Sinn und neuer Sinnlichkeit. Manche, die ihr Heil im Buddhismus, bei den Schamanen oder den Beseelten in Auroville finden, verschmähen Götter ganz. Andere wie Kabbalisten oder Bahai suchen durchaus nach einem Gott

oder einem göttlichen Prinzip, das über den zerstrittenen Religionen schwebt. Im Himmel der Hindus tummeln sich die Götter gleich tausendfach. Krishnas wiederum huldigen einem höheren Wesen, das Ähnlichkeit mit dem uns vertrauten christlichen Gott hat! (Editorial. In: Stern 49/2009)

Abbildung 5: ***Stern*****-Titelblatt 49/2019: „Selig ohne Gott"**
Quelle: Stern 49/2009

Aus dieser Perspektive heraus ist auch der Artikel selbst verfasst – das „Eigene" wird hinterfragt, dem vermeintlich „Fremden" wird eine Faszination zugesprochen, die jedoch stellenweise im Artikel mit Skepsis und Ironie unterlegt ist. Dies zeigt sich auch im Anreißer des Artikels. Der Anreißer berichtet dramatisch über den Rückgang der Kirchenmitglieder, konstatiert zugleich aber eine aufkommende Popularität von „Mystik, Magie und Meditation". Dieser populäre Trend manifestiert sich auch durch die Leitvokabel des Eigennamens Madonna, der an zentralen Stellen (Titelbild, Überschriften, Anreißer, Artikel, Interviewkasten) und insgesamt 14 Mal im Artikel Erwähnung findet. Prominenz wird dabei genutzt, um Sachverhalte aufzuwerten oder zu legitimieren und die Popularität des Themas herauszustellen. Dies macht den Artikel zum einen persönlicher, zum anderen wird die Argumentation gestärkt, da die Aussagen von Prominenten Authentizität implizieren.

Geister, Gurus und Gebete. Jahr für Jahr verlassen in Deutschland Hunderttausende die Kirchen. Viele suchen ihr Heil in exotischen Religionen oder alten Kulten. Mystik, Magie und Meditation liegen im Trend – nicht nur bei Madonna. (Anreißer. In: Stern 49/2009)

ben, aus dem Glauben das Leben gestalten zu wollen."

Viele wähnen daher Gott nicht mehr in Kathedralen, sondern rund um Hünengräber, im Wald, in bunten Tempeln, auf Berggipfeln oder Pilgerfahrten. Manche wollen sich selbst finden, andere wünschen sich die Verschmelzung mit dem Großen und Ganzen.

Die einen sehnen sich in einer zusehends unübersichtlichen Umgebung nach einem ehernen Weltbild und einfachen Antworten auf komplizierte Fragen. Sie unterwerfen sich freudig und bisweilen fanatisch den strengen Geboten eines fremden Glaubens, wie etwa dem Islam, oder werden Anhänger angsterfüllter christlicher Sekten, wo die Apokalypse ununterbrochen droht, so zum Beispiel bei den Zeugen Jehovas.

Die anderen kuscheln sich in esoterischen Wellness-Nischen zu New-Age-Klängen oder machen es sich leicht mit dem Judaismus „light" des „Kabbalah Centres", von Kritikern auch schon mal „Kabbalala" geheißen, wo „Technologie für die Seele" dem anspruchslos Bedürftigen im Nu zum designten Glück verhilft.

Wenige wählen den schweren Weg der Selbstkasteiung oder setzen sich Hohn und Spott aus, indem sie etwa den „Wachtturm" der Zeugen Jehovas vor U-Bahn-Schächten verteilen oder einchecken bei den aus Indien stammenden Jains, die mit einem Mundschutz herumlaufen, um nicht versehentlich ein winziges Lebewesen durch Einatmen zu töten.

In einer Gesellschaft, in der Schönheitsoperationen eine größere Akzeptanz haben als das Gebet, riskieren jene, die den Ruf egal welchen Gottes erhören, fortan als spinnerte Exzentriker zu gelten. „Derjenige, der innehält, macht wie ein fester Punkt auf die heftige Bewegung der anderen aufmerksam", wusste schon Blaise Pascal.

Die meisten Suchenden indes werden nirgendwo Mitglied, sondern basteln sich ihren Glauben

Multireligiöse Therapeutin
Lucy Kerasidou aus Köln ist Schamanin, Buddhistin, Sufi und liebt Jesus

„Ohne meinen Glaubens-Mix wäre ich einfach nicht glücklich"
Lucy Kerasidou

selbst zusammen. Wir leben im Zeitalter des „subjektiven Polytheismus", findet Ulrich Beck. Der fleischgewordene Beweis hierfür ist Lucy Kerasidou, 37, aus Köln. Die Therapeutin für motorisch gestörte Kinder, die im griechisch-orthodoxen Glauben aufwuchs, ist praktizierende Buddhistin, gelernte Schamanin, findet „göttliche Liebe" bei den muslimischen Sufis und glaubt außerdem an die Kraft Jesu Christi. Der Buddhismus lehre sie „Verständnis und Solidarität", bei den Sufis fühle sie sich „geliebt und so akzeptiert, wie ich bin", schamanische Rituale rund um ein Feuer am Rheinufer bei Neu- und Vollmond „erden mich, da weiß ich wieder, woher ich eigentlich komme", und Jesus sei „ein Vorbild für Nächstenliebe", sagt Kerasidou über ihr religiöses Gesamtkunstwerk. „Ich weiß, dass all das lustig klingt, ich lache manchmal selbst darüber. Aber ohne meinen Glaubensmix wäre ich einfach nicht glücklich."

Jedem seine eigenen Götter also, „nach dem religiösen Melange-Prinzip", so Beck. Es sei „wie bei einem Büfett", findet die Hexe Wicca. „Man nimmt sich, was einem gefällt." Der Philosoph Rüdiger Safranski spricht von „Religionen aus dem Hobbykeller".

Mit ihnen wird unablässig am Thron des großen Gottes des Monotheismus gesägt, der niemanden neben sich duldet.

Als der vor etwa 3000 Jahren begann, seine Nebenbuhler zu verdrängen, gewann der Mensch zwar an Orientierung und Klarheit, doch er verlor auch das Gefühl, eingebettet zu sein in ein spirituelles Universum. Jetzt hat er Sehnsucht nach dem Mutterleib der Religionen. „Mit dem Auszug aus Ägypten wurde gewissermaßen eine Nabelschnur durchschnitten", so der Ägyptologe Jan Assmann, „und die lässt sich nicht wieder verknüpfen."

Wirklich nicht?

„Alle großen Religionen haben dieselben Botschaften", sagte einmal der Dalai Lama. „Es sind Botschaften der Liebe, des Mitgefühls, der Vergebung, der Toleranz, der Zufriedenheit und der Selbstdisziplin."

Wenn dem so ist, muss man eigentlich nicht mehr in die Ferne schweifen. Es würde genügen, wenn die etablierten Kirchen ein wenig mehr Platz für das Irrationale im Glauben einräumen würden, statt ewig ihren Glauben rationalisieren zu wollen. „Du musst nicht über die Meere reisen, du musst nicht in den Himmel hinaufsteigen, du musst auch nicht die Alpen überqueren. Der Weg, der dir gewiesen ist, ist nicht weit, du musst nur deinem Gott bis zu dir selbst entgegengehen", schrieb Bernhard von Clairvaux, ein christlicher Mystiker aus dem 12. Jahrhundert.

Woody Allen hatte eher die Mysterien des Alltags im Sinn, als er bemerkte: „Es gibt nicht nur keinen Gott, versuchen Sie mal, am Wochenende einen Klempner zu finden."

Mitarbeit: Malte Arnsperger, Cornelia Fuchs, Tilman Müller, Christian Parth, Franziska Reich

Abbildung 6: Auszug aus *Stern* 49/2009
Quelle: Stern 49/2009

Durch die Einbindung von Prominenten werden Themen aufmerksamer verfolgt, bieten einen höheren Identifikationsgrad, gewinnen an Aufmerksamkeit und lassen sich besser vermarkten – dies zeigt sich bereits am Titelblatt: „Plus: Interview mit Madonnas Kabbala-Lehrer". Aufmerksamkeit wird auch durch die Einbindung von Einzelschicksalen und Porträts generiert, denen viel Raum in Reportagen eingeräumt wird, um eine größere Einfühlung und Authentizität zu ermöglichen. So werden auch im vorliegenden Auszug Glaubensvorstellungen bzw. der Umgang mit religiösen Sachverhalten (hier der These des „subjektiven Polytheismus") anhand eines konkreten, identifizierbaren Individuums (Lucy Kerasidou, 37, aus Köln) und nicht anhand der anonymen Masse greifbar gemacht.

> Die meisten Suchenden indes werden nirgendwo Mitglied, sondern basteln sich ihren Glauben selbst zusammen. „Wir leben im Zeitalter des ‚subjektiven Polytheismus'", findet Ulrich Beck. Der fleischgewordene Beweis hierfür ist Lucy Kerasidou, 37, aus Köln. Die Therapeutin für motorisch gestörte Kinder, die im griechisch-orthodoxen Glauben aufwuchs, ist praktizierende Buddhistin, gelernte Schamanin, findet „göttliche Liebe" bei den muslimischen Sufis und glaubt außerdem an die Kraft Jesu Christi. Der Buddhismus lehre sie „Verständnis und Solidarität", bei den Sufis fühle sie sich „geliebt und so akzeptiert, wie ich bin", „schamanische Rituale rund um ein Feuer am Rheinufer bei Neu- und Vollmond erden mich, da weiß ich wieder, woher ich eigentlich komme", und Jesus „sei ein Vorbild für Nächstenliebe", sagt Kerasidou über ihr religiöses Gesamtkunstwerk. „Ich weiß, dass all das lustig klingt, ich lache manchmal selbst darüber. Aber ohne meinen Glaubensmix wäre ich einfach nicht glücklich." (Stern 49/2009, 64)

Dies wird auch visuell aufgegriffen: Einzelne Gläubige und ihr individueller Glaube bzw. Glaubensmix werden durch Porträtfotos und visuell hervorgehobene Zitate herausgestellt (siehe Abbildung 6). Bei szenischen Personenporträts wird häufig die Gefühlslage der betroffenen Person mit eingebunden, sodass auf Emotionen und Gefühle referiert wird, auch in direkter Rede („geliebt", „glücklich"). Durch diese Gestaltung wird nicht nur Nähe, sondern auch Dialogizität suggeriert, die Artikel werden somit personalisiert und das Emotionspotenzial wird erhöht. Im vorliegenden Fall werden die religiösen Strömungen oder Bezeichnungen ebenso wie die Ritualausübungen zwar erwähnt, aber nicht erläutert. Für ein nicht entsprechend vorgebildetes Publikum mögen einige Bezeichnungen unbekannt sein, sodass der Eindruck eines breiten, fremden Angebots zusätzlich verstärkt wird. Es steht dabei auch nicht die Erklärung und Zusammensetzung der Glaubenselemente im Fokus, sondern die damit verbundene Emotionalität. Durch das Selbstzitat und die eigene Einschätzung wird eine gewisse Absurdität und auch Lächerlichkeit impliziert („Ich weiß, dass all das lustig klingt, ich lache manchmal selbst darüber"), die die bereits angesprochene Ironie und Skepsis bestätigt. Jedoch wird anschließend der Eindruck einer Selbstzufriedenheit mit dem individuell gewählten Konzept herausgestellt („Ohne meinen Glaubensmix wäre ich einfach nicht glücklich"). Diese Aufbereitung hat unterschiedliche Funktionen. Zum einen dient sie dazu, Meinungsbilder zu evozieren, zum anderen kommt dem Artikel durch diese Art der Gestaltung eine stärkere Unterhaltungsfunktion zu. Es dient demnach auch der Aufmerksamkeitssteigerung und der besseren Vermarktung. Dem Rezipierenden wird damit nicht nur ein höherer Unterhaltungswert präsentiert, es wird zudem auch um seine Aufmerksamkeit gerungen.

Die Beispiele aus *Stern* und *Spiegel* zeigen unterschiedliche Umgangsweisen mit den Themen Religion und religiöse Pluralität: die Betonung sowie auch Vernachlässigung von Merkmalen gesellschaftlicher Realität, die Übernahme von sprachlichen Mitteln zur Perspektivierung, die Berichterstattung aus einer Binnenperspektive oder die Einbindung von Mitteln zur Emotionalisierung. Durch die mediale Berichterstattung werden die Themenaufbereitung und demnach Begriffe und Bilder von religiöser Pluralität hervorgebracht, die gesellschaftlich wirksam werden. Relevant erscheint dabei, die Perspektive auf bestimmte Medienlogiken und Regulierungsmechanismen zu richten und mit Blick auf Religion und religiöse Pluralität zu betrachten.

3. Regulierungsmöglichkeiten und -bedarfe

Als konkrete Problematik (Regulierungsbedarf) ist demnach die Berichterstattung über religiöse Pluralität und die Wahrnehmung dieser in der Gesellschaft zu nennen. Regulierungsmöglichkeiten bestehen aus der Sensibilisierung für unterschiedliche Umgangsweisen sowie der Sensibilisierung für einen Blick auf Medienlogiken sowie Formen der internen und externen Regulierung, die im Folgenden aufgeschlüsselt werden. Als Lösungsansatz können demnach Beispiele von Initiativen betrachtet werden, die Hilfestellungen zur religiösen Thematik im medialen Umfeld anbieten.

Unabhängig vom Genre des Nachrichtenmagazins ist zwischen externer Regulierung und interner Regulierung zu differenzieren. Jegliche journalistische Berichterstattung, losgelöst vom Genre, vom Thema oder ihrer Verbreitung, unterliegt der externen Regulierung in Form von erstens den Landespressegesetzen sowie zweitens dem Pressekodex (siehe dazu auch ausführlich Haarhoffs Beitrag in diesem Band). Im Folgenden liegt der Fokus auf der internen Regulierung, d.h. reguliert wird einerseits durch 1. Redaktionsprozesse, 2. Nachrichtenfaktoren, 3. dem Genre und damit einhergehend Emotionalisierungs- und Personalisierungsstrategien sowie 4. biografischen Prozessen (Selbstverständnis und Berufsethos).

Unter Redaktionsprozessen (1) können nicht nur redaktionelle Vorgaben gefasst werden, sondern auch die Anpassung der Informationen in Rubriken oder Schablonen. Dazu spielen auch Zeitknappheit, personelle Ressourcen und verfügbarer Raum eine Rolle. Davon ausgehend, dass die meisten Journalist*innen, die über Religion berichten, über kein Fach- bzw. Expertenwissen verfügen, bieten unterschiedliche Institutionen differenzierte Kurzinformationen für die Recherche an. So stellt etwa der Religionswissenschaftliche Medien- und Informationsdienst (REMID) Flyer mit Kurzinformationen (z.B. zu Sufismus, Eziden oder der orthodoxen Kirche) sowie Informationen zu unterschiedlichen Themenbereichen (Islam, Religionen der Welt, Religion und Vorurteil von A bis Z) zur Verfügung. Auch der Mediendienst Integration bietet mit seinem Journalisten-Handbuch zum Thema Islam Überblicksartikel sowie Anknüpfungspunkte und Kontaktadressen für die Recherche zum Thema Islam.

Religion wird im Journalismus wie jedes andere Thema auch behandelt und unterliegt gewissen Nachrichtenfaktoren und Aufmerksamkeitsregelungen (2). Auch Nachrichten, Berichte und Reportagen über Religion werden nach dem Code Information/Nichtinformation selektiert (Luhmann 2009). Hierbei entscheiden Selektionswerte, die die Aufmerksamkeit steigern. Darunter zählen etwa der Neuigkeitswert, Konfliktwert, weitere Quantitäten, Lokalitäten, Normverstöße sowie Moralverstöße, Bedrohungen oder Interesse an besonderen Personen, etwa Repräsentanten oder Prominenz als „Aufmerksamkeitsfänger" (Luhmann 2009; Katlewski 2008). Darüber hinaus sind es Events und Inszenierungen, die medial hervortreten. Medien kommen demnach die Aufgaben zu, über Missstände zu berichten, zu selektieren und Negatives zu verstärken. Durch die selektive Verfügbarkeit werden positive Nachrichten von negativen Nachrichten überlagert. Dies führt zu einer Konstruktion von sozialer Identität.

Mit Blick auf die Nachrichtenfaktoren ist dabei zu fragen: Spielt Religion tatsächlich primär eine Rolle? Oder ist es lediglich die Aushandlung anderer Nachrichtenfaktoren? Das Beispiel vom „Interview mit Madonnas Kabbala-Lehrer" zeigt: Es geht nicht um den Kabbala-Lehrer, sondern um die Verknüpfung zu Madonna (so wird auch im Interview bei nur drei der insgesamt neun

Fragen auf Inhalte der Kabbala eingegangen, alle anderen beziehen sich direkt oder indirekt auf Madonna selbst). Besonders im Hinblick auf Konflikte wird Religion häufig als Erklärungsmuster herangezogen, etwa im Fall des „religiösen Mobbings" (siehe oben), oftmals auch verbunden mit einer emotionalisierten Berichterstattung. Dabei sind es oft auch andere Faktoren, die zu Spannungen oder Missverständnissen führen.

Dies führt zu einer weiteren Ebene der Regulierung: der Emotionalisierung und Perspektivierung (3). Gerade aufgrund der Kategorisierung als Nachrichtenmagazin werden, wie anhand der oben genannten Beispiele gezeigt, visuelle und stilistische Mittel zur Perspektivierung und Etablierung eines Emotionspotenzials genutzt, das der Personalisierung und Dialogizität zwischen Autor*in und Rezipierenden dient. Dadurch wird ebenfalls ein höheres Unterhaltungspotenzial generiert, was wiederum mit der Hoffnung auf höhere Umsatzzahlen einhergeht. So erläutert der ehemalige *Stern*-Chefredakteur Thomas Osterkorn im Interview mit der *Frankfurter Allgemeinen Zeitung*:

> Unsere Erfahrung ist, daß die Titelthemen am besten laufen, die Menschen persönlich berühren, die etwas mit ihrem Leben zu tun haben. Nicht irgendwelche abstrakten Trends, sondern Ereignisse, die aufwühlen. (Lochte 2003)

Wie Themen aufbereitet werden, um „aufzuwühlen", zeigen die oben genannten Beispiele. Sprache und Bilder bilden dabei Realität nicht einfach ab. Bereits durch die Wahl der sprachlichen Mittel oder durch die Anordnung von Informationen werden bestimmte Perspektiven und Meinungsbilder hervorgebracht – auch in Bezug zur Repräsentation von Religion und religiöser Pluralität. Die Einbindung von den herausgearbeiteten Mitteln führt zu Perspektivierungen und (Be-)Wertungen religiöser Sachverhalte und Referenzobjekte. Führt dies einerseits zu Unterhaltung, birgt es gleichzeitig die Gefahr der Stereotypisierung. Eine Reduktion von Komplexität ist zwar unumgänglich, kann jedoch gleichzeitig mit einer Stereotypisierung in Form von Klischees zugunsten von Emotionalisierung einhergehen, sodass eine emotionalisierte Berichterstattung auch Vorrang vor der eigentlichen Nachricht gegeben werden kann.

Des Weiteren spielen biografische Prozesse (4) durchaus eine Rolle. Die Studie „Religion bei Meinungsmachern" zeigt etwa, dass bei einer religiösen Bindung von Journalist*innen die Aufmerksamkeit für Religion und die Bereitschaft, religiösen Themen Platz einzuräumen, steigt (Gärtner/Gabriel/Reuter 2012, 2014). Wie sich gezeigt hat, kann zudem eine religiöse Perspektive in die Artikelgestaltung einfließen. Wird (wie oben im Artikel gezeigt) eine Binnenperspektive („uns vertrauter christlicher Gott") oder eine konfessionell unabhängige Perspektive eingenommen? Welche Ausrichtung hat dabei die Redaktion? Was wird unter Religion gefasst? Wird unter Religion lediglich das Christentum verstanden? Wird Religion als monolithischer Block und somit als homogene Einheit dargestellt oder die religiöse und innerreligiöse Pluralität mitbedacht? Je nach Begriffswahl können dabei unterschiedliche (Binnen-)Perspektiven eingenommen werden. Dies betrifft nicht nur die Perspektive, aus der der Artikel heraus geschrieben ist. Initiativen wie der Verein der „Neuen deutschen Medienmacher*innen" verweisen darauf, eine Sensibilität für Begrifflichkeiten im religiösen und kulturellen Kontext in der Berichterstattung zu entwickeln, und bieten ein „Glossar der Neuen deutschen Medienmacher*innen. Formulierungshilfen für die Berichterstattung im Einwanderungsland" an. Dieses bietet einen Überblick über Begrifflichkeiten und Kurzüberblicke sowie alternative Begriffsempfehlungen, etwa zu den Themenfeldern Migration, Kriminalitätsberichterstattung, Musliminnen und Muslime, Jüdinnen und Juden, Sinti, Sintize, Romnja und Roma, Flucht und Asyl, Rechtspopulismus sowie Worterklärungen und Synonyme von A wie Abschiebung bis Z wie Zuwanderung. So heißt es im Vorwort:

> Bei einer allgemeinen Bezeichnung für Einwanderer*innen und ihre Nachkommen läuft man Gefahr, das Bild einer homogenen Gruppe zu erzeugen. Menschen mit Migrationsgeschichte sind jedoch keineswegs homogen: Aussiedler*innen haben in der Regel mit Geflüchteten aus dem Libanon so wenig gemeinsam wie kemalistische Türk*innen mit kurdischen Feminist*innen. Dennoch ist es in der Berichterstattung manchmal nötig, eine Gruppe pauschal zu benennen. Die vorliegenden Erläuterungen dienen der Präzisierung von Begriffen und bieten praktische Vorschläge für die differenzierte Bezeichnung von Minderheiten, der Mehrheit und natürlich auch von beiden. (Neue deutsche Medienmacher 2019, 8)

4. Fazit und Ausblick

Mit Blick auf die angeführten Beispiele zeigt sich zusammenfassend ein Spannungsverhältnis zwischen Unterhaltung (und damit einhergehend auch Publikumserwartung), z.B. in Form von emotionalisierten Reportagen („Was uns bewegt. Große Geschichten") einerseits, dem Anspruch an Wissensvermittlung („Spiegel-Leser wissen mehr") und wissenschaftlicher Faktenlage andererseits. Gerade mit Blick auf das Thema Religion und religiöse Pluralität ist dies insbesondere vor dem Hintergrund der medialen Wirkung und Meinungsbildung relevant: „Entscheidend für die Einstellung gegenüber einer Religion ist zunächst das Bild, das von ihr in den Medien verbreitet wird“ (Pollack/Müller 2013, 40). Wissen über Religion wird, neben eigenen Erfahrungen sowie Prägungen aus Familie und Bekanntenkreis, über Massenmedien bezogen. Darauf verweist nicht nur der Religionsmonitor 2013: „Die Massenmedien [...] tauchen an vielen Stellen des Materials auf und zeigen, dass die Befragten einen großen Teil ihres Wissens über Religionen in der Tat über diesen Kanal erworben haben“ (Stolz et al. 2014, 166). Mediale Repräsentationen können dabei zu unterschiedlichen Wahrnehmungen von und Meinungsbildungsprozessen über Religionen und über religiöse Vielfalt führen. Zwar wird Objektivität als entscheidendes Charakteristikum des Journalismus benannt (Burkhardt 2009, 88). Nichtsdestotrotz sind massenmediale Konstruktionen verkaufsfördernde Inszenierungen, die in ganz verschiedenen Ausprägungen auftreten können, „vom journalistischen Qualitätsverstoß in Form von erfundenen Interviews bis hin zur unbewussten Verzerrung von Wirklichkeit durch die stereotype Bildwahl“ (ebd., 83). Die Beispiele zeigen, dass die Artikel, die durch ihr Genre bereits stark meinungsbetont sind, durch thematische Selektion sowie sprachliche Mittel Gewichtungen von Aussagen und Sachverhalten unterschiedlich herausstellen und Emotionalisierung und Personalisierung nutzen. Werden diese Wertungen nicht hinterfragt, kann dies Meinungen lenken. In Anbetracht einer im Hinblick auf Religion nicht vorgebildeten Leserschaft stellt sich die Frage, wie Rezipierende dabei ihren Blick positionieren und Wissen über religiöse Sachverhalte beziehen.

In einem religiös-pluralen Bundesland wie Nordrhein-Westfalen sind emotionalisierte Berichterstattungen zum Thema Religion und religiöse Pluralität kein unbekanntes Phänomen, besonders mit Blick auf die Berichterstattung über den Islam wie die Beispiele zu Burkinis und zum religiösen Mobbing gezeigt haben. Dass eine differenzierte und informative Berichterstattung über Religion unter Einbezug der Medienlogiken machbar ist, zeigen Initiativen wie etwa der Religionswissenschaftliche Medien- und Informationsdienst (REMID), der Mediendienst Integration oder auch die Neuen deutschen Medienmacher*innen.

Eine Sensibilisierung für Medienlogiken und damit einhergehend sprachliche und visuelle Strukturen kann möglicherweise zu einem Aufbrechen von Stereotypen in der reflektierten Wahrnehmung von Religion und religiöser Pluralität beitragen, die oftmals bedingt durch Medienrealitäten entstehen.

Literatur

Primärliteratur

Berger, Annette/DPA/AFP (2018): Nicht nur in Berlin. Hass auf Juden an deutschen Schulen – Eltern schildern erschütternde Vorfälle. In: Stern.de v. 27.03. Online unter: www.stern.de/politik/deutschland/berlin—mit--du-jude--faengt-es-an---antisemitisches-mobbing-an-schulen-7916672.html.

Dicks, Bernd (2009): Schulgebet in Nordrhein-Westfalen: Im Namen der Eltern. In: Spiegel.de v. 11.02. Online unter: www.spiegel.de/lebenundlernen/schule/schulgebet-in-nordrhein-westfalen-im-namen-der-eltern-a-606436.html.

Himmelrath, Armin/AFP (2018): Herne: Gymnasium verleiht Burkinis für Schwimmunterricht. In: Spiegel.de, 12.06. Online unter: www.spiegel.de/lebenundlernen/schule/herne-gymnasium-verleiht-burkinis-fuer-schwimmunterricht-a-1212518.html.

Rosenkranz, Stefanie (2009): Selig ohne Gott. Die neue Sehnsucht nach Spiritualität und Wellness-Religionen. Geister, Gurus und Gebete. In: Stern, Nr. 49, S. 44–64.

Schmitz, Werner (2012): Weltreligionen im Ruhrgebiet: Gott im Pott. In: Stern, Nr. 15, S. 42–45.

Sekundärliteratur

[agma] Arbeitsgemeinschaft Media-Analyse (2019): Reichweiten der ma 2019 Pressemedien II. Online unter: www.mediaimpact.de/data/uploads/2019/07/reichweitenvergleich-ma-2019-pressemedien-ii_ma-2019-tz.pdf.

Burkhardt, Steffen (2009): Praktischer Journalismus. München.

Gärtner, Christel (2014): Religion und Medien in Deutschland. Das Religionsverständnis von Elitejournalisten. In: Hainz, Michael/Pickel, Gert/Pollack, Detlef/Libiszowska-Żółtkowska, Maria/Firlit, Elżbieta (Hg.): Zwischen Säkularisierung und religiöser Vitalisierung. Religiosität in Deutschland und Polen im Vergleich. Wiesbaden, S. 181–188.

Gärtner, Christel/Gabriel, Karl/Reuter, Hans-Richard (2012): Religion bei Meinungsmachern. Eine Untersuchung bei Elitejournalisten in Deutschland. Wiesbaden.

Gietz, Karl-Peter/Haydt, Claudia/Kuczera, Natalie (1994): Das Bild des Islams auf der Straße. Versuch einer Rezeptionsanalyse. In: Medienprojekt Tübinger Religionswissenschaft (Hg.): Der Islam in den Medien. Gütersloh, S. 170–183.

Informationsgemeinschaft zur Feststellung der Verbreitung von Werbeträgern e.V. (IVW) (2019): Quartalsauflagen. Online unter: www.ivw.eu/aw/print/qa.

Kaltenhäuser, Bettina (2005): Abstimmung am Kiosk. Der Einfluss der Titelgestaltung politischer Publikumszeitschriften auf die Einzelverkaufsauflage. Wiesbaden.

Katlewski, Heinz-Peter (2008): Printmedien. In: Klöcker, Michael/Tworuschka, Uwe (Hg.): Praktische Religionswissenschaft. Ein Handbuch für Studium und Beruf. Köln, S. 100–113.

Lochte, Adrienne/Hanfeld, Michael (2003): Das ist die große Oper, die der „Stern“ braucht. In: Frankfurter Allgemeine Zeitung, v. 05.03., S. 38.

Luhmann, Niklas (⁴2009): Die Realität der Massenmedien. Opladen.

Neue deutsche Medienmacher e. V. (Hg.) (⁸2019): Glossar der Neuen deutschen Medienmacher*innen. Formulierungshilfen für die Berichterstattung im Einwanderungsland. Berlin. Online unter: www.neuemedienmacher.de/Glossar_Webversion.pdf.

Pollack, Detlef/Müller, Olaf (2013): Religionsmonitor: Verstehen was verbindet. Religiosität und Zusammenhalt in Deutschland. In: Bertelsmann Stiftung (Hg.): Religionsmonitor: Verstehen was verbindet. Religiosität und Zusammenhalt in Deutschland. Gütersloh, S. 10–71.

Püschel, Ulrich (1999): Präsentationsformen, Texttypen und kommunikative Leistung der Sprache in Zeitungen und Zeitschriften. In: Leonhard, Joachim-Felix/Ludwig, Hans-Werner/Schwarze, Dietrich/Straßner, Erich (Hg.): Medienwissenschaft. Ein Handbuch zur Entwicklung der Medien und Kommunikationsformen. Berlin, S. 864–880.

Schwarz-Friesel, Monika (²2013): Sprache und Emotion. Tübingen.

Spitzmüller, Jürgen (2005): Metasprachdiskurse. Einstellungen zu Anglizismen und ihre wissenschaftliche Rezeption. Berlin.

Stander-Dulisch, Judith (2019): Glaubenskrisen, Neue Religionen und der Papst: Religion in „Stern“ und „Spiegel“ von 1960 bis 2014. Religion und Medien. Bd. 4. Bielefeld.

Stolz, Jörg/Könemann, Judith/Schneuwly Purdie, Mallory/Engelberger, Thomas/Krüggeler, Michael (2014): Religion und Spiritualität in der Ich-Gesellschaft. Vier Gestalten des (Un-)Glaubens. Zürich.

II. Religion am Arbeitsplatz

THOMAS GUTMANN

Einleitung „Religion am Arbeitsplatz"

Die primäre Ebene der sozialen Regulierung von Religion (vgl. Beckford/Richardson 2007) liegt im Verfassungs- und Europarecht sowie in Bundes- und in Landesgesetzen. Der folgende Teil dieses Praxishandbuchs handelt davon, dass diese Normen formal gesetzten Rechts alleine nicht hinreichen, um die für das Leben der Bürger*innen wichtigen Praktiken zu bestimmen und zu verändern.

Das moderne Recht hat sich im Prozess seiner Institutionalisierung und Ausdifferenzierung von den Gewissheiten unserer lebensweltlichen Praktiken getrennt (Gutmann 2015). Wir stehen deshalb vor dem Problem der Rückübersetzung des formalen Rechts in die „Praxis" . Dies erfordert die Etablierung einer Übersetzungskaskade zwischen den Prinzipien und Regeln des positiven Rechts, den Milieus seiner Anwender*innen und der impliziten Normativität der verschiedenen Bereiche unserer praktischen Lebensführung (Renn 2006). Diese Übersetzungsprozesse verlaufen, wie zu zeigen sein wird, in unterschiedlichen Kontexten je anders; immer liegt in ihnen jedoch eine zentrale Dimension der politischen und sozialen Regulierung religiöser Pluralisierung. Mit anderen Worten: Das Projekt einer gesellschaftlichen Steuerung durch Gesetze und Rechtsprechung ist, um wirksam werden zu können, auf korrespondierende Prozesse der Selbstregulierung angewiesen. Die Regulierung religiöser Pluralität in der Region findet vor allem dort statt; zugleich sind es diese Übersetzungsverhältnisse, die uns den jeweiligen Handlungsbedarf vor Augen führen. Deshalb werden im Folgenden Good-Practice-Beispiele sowie erfolgreiche und scheiternde Handlungsmodelle für die konkrete Interaktion vor Ort in den Blick genommen. Die ausgewählten Fallstudien untersuchen diese in Bezug auf unterschiedliche gesellschaftliche Bereiche und in spezifischen institutionellen Kontexten, hier namentlich in der Arbeitswelt.

Die Vorgaben des Rechts sind hierbei von sehr unterschiedlicher Dichte. Im Bereich der Altenpflege begegnen sie uns nicht einmal in der Form der üblichen Konditionalprogramme – also als Wenn-dann-Sätze, die für Jurist*innen leicht anwendbar sind (Luhmann 1993, 84) –, sondern als bloße Zielvorgaben.

„In der Pflegeversicherung" heißt es in § 1 Abs. 5 Sozialgesetzbuch (SGB) XI, soll „den Bedürfnissen nach einer kultursensiblen Pflege nach Möglichkeit

Rechnung getragen werden". § 2 Abs. 2 bis 3 SGB XI ergänzen: „Wünsche der Pflegebedürftigen nach gleichgeschlechtlicher Pflege haben nach Möglichkeit Berücksichtigung zu finden. [...] Auf die religiösen Bedürfnisse der Pflegebedürftigen ist Rücksicht zu nehmen. Auf ihren Wunsch hin sollen sie stationäre Leistungen in einer Einrichtung erhalten, in der sie durch Geistliche ihres Bekenntnisses betreut werden können."

Das ist nicht viel, weil diese Normen keine unmittelbaren Ansprüche der Pflegebedürftigen begründen (Koch 2019, Rn. 2), und wenngleich es in der durch Zeit- und Arbeitskräftemangel gekennzeichneten Pflegesituation nicht selten naheliegt, an die verfassungsrechtliche Schutzpflicht des Staats für die Würde des Menschen (Art. 1 Abs. 1 GG) und die Freiheit der Religion (Art. 4 Abs. 1 GG) zu appellieren, verschiebt hier doch bereits das Gesetz selbst wesentliche Regulierungsaufgaben auf die informelle Ebene. Der Beitrag von Susanne Stentenbach-Petzold zeigt, dass für die unterschiedlichen Formen des Umgangs mit Religion in stationären Altenpflegeeinrichtungen in der Tat Formen interner Regulierung entscheidend sind und es in der Praxis, stärker noch als auf die Ebene von Betriebsvereinbarungen und Leitbildern, auf die informelle bzw. „weiche" Ebene der persönlichen Haltungen und Prägungen der Beschäftigten ankommt.

Der Schutz der Beschäftigten vor Benachteiligung am Arbeitsplatz, insbesondere auch aus Gründen der Religion, ist in den §§ 6–16 des Allgemeinen Gleichbehandlungsgesetzes (AGG) geregelt. In dem faktisch insbesondere für muslimisch-gläubige weibliche Berufstätige wichtigen Urteil vom 14.03.2017 hat der Europäische Gerichtshof entschieden, die dem AGG zugrunde liegende EU-Richtlinie sei so zu verstehen, dass ein Verbot, ein islamisches Kopftuch zu tragen, das sich aus einer internen Regel eines privaten Unternehmens ergibt, keine unmittelbare Diskriminierung aufgrund der Religion darstelle. Seine (offensichtliche) mittelbar diskriminierende Wirkung könne sachlich gerechtfertigt sein, wenn das Verbot erforderlich sei, um die allgemeine, d.h. nicht nach Religionen differenzierende Politik eines Arbeitgebers umzusetzen, seinen Kund*innen ein Bild politischer und religiöser Neutralität zu vermitteln (EuGH 2017). Der Beitrag von Linda Hennig zeigt anhand eines Good-Practice-Beispiels, dass die praktische Umsetzung der Ziele des Antidiskriminierungsrechts – ein gelingendes Miteinander und erfolgreich praktizierte religiöse Pluralität am Arbeitsplatz – vor allem von der Reflexions- und Handlungskompetenz der unmittelbar Beteiligten in ihren konkreten Beziehungen und von der Auflösung stereotyper Wahrnehmungs- und Zuschreibungsmuster abhängig sind.

Die Integration von Fluchtmigrant*innen in den Arbeitsmarkt ist in Deutschland bereits auf der Ebene politischer und rechtlicher Grundentscheidungen nur in engen Grenzen gewollt, wie das zum 01.03.2020 in Kraft getretene „Fachkräfteeinwanderungsgesetz“ einerseits und die vielfach gestaffelten gesetzlichen und bürokratischen Beschränkungen des Arbeitsmarktzugangs für Geflüchtete andererseits belegen. Alexandra David und Silke Steinberg demonstrieren in ihrem Beitrag, wie sehr die Chancen, die gleichwohl vorhandenen Möglichkeiten zu nutzen, durch habituelle und religiöse Prägungen der Arbeitssuchenden einerseits und die eigensinnige, exkludierende Logik tradierter Arbeitsmilieus andererseits erschwert werden. Alle drei Beiträge enden mit praxisorientierten Vorschlägen zur Lösung der identifizierten Probleme.

Literatur

Beckford, James A./Richardson, James T. (2007): Religion and Regulation, in: Beckford, James A./Demerath III, N. J. (Hg.), The SAGE Handbook of the Sociology of Religion. London, S. 396–418.

[EUGH] Europäischer Gerichtshof (2017): Urteil des Gerichtshofs (Große Kammer) vom 14.03.2017 – Samira Achbita, Centrum voor gelijkheid van kansen en voor racismebestrijding gegen G4S Secure Solutions NV, Rechtssache C-157/15.

Gutmann, Thomas (2015): Recht als Kultur? Über die Grenzen des Kulturbegriffs als normatives Argument. Baden-Baden.

Koch, Erich (2019): Kommentar zu § 2 SGB XI, in: Kasseler Kommentar zum Sozialversicherungsrecht. München. Stand: September 2019.

Luhmann, Niklas (1993): Das Recht der Gesellschaft. Frankfurt/M.

Renn, Joachim (2006): Übersetzungsverhältnisse. Perspektiven einer pragmatischen Gesellschaftstheorie. Weilerswist.

SUSANNE STENTENBACH-PETZOLD

Stationäre Altenpflegeeinrichtungen

1. Hintergrund und Fallbeschreibung

Die Tatsachen, dass die Bevölkerung in Deutschland immer älter wird und dass ab einem gewissen Alter das Risiko einer Pflegebedürftigkeit steigt, sind nichts Neues. Neu ist auch nicht, dass seit geraumer Zeit eine kulturelle und insbesondere religiöse Pluralisierung in der Gesellschaft beobachtet werden kann, welche sich unter anderem in Individualisierungs- und Entkirchlichungstendenzen zeigt, nicht zuletzt aber durch Migrationsbewegungen begünstigt wird. In dieser weltanschaulich pluralen und zugleich immer älter werdenden Gesellschaft kristallisiert sich ein Setting heraus, welches eine besonders aufschlussreiche Perspektive auf die Regulierung religiöser Pluralität verspricht: das der stationären Altenpflege.

Für das Jahr 2017 wurden von den gut 3,4 Millionen pflegebedürftigen Menschen in Deutschland 24% vollstationär in Heimen gepflegt (vgl. DESTATIS 2019a). Gezählt wurden knapp 14.500 Pflegeheime (vgl. DESTATIS 2019b), die von einer Vielzahl von Trägern, aber vor allem von den bekannten Wohlfahrtsverbänden (u.a. Arbeiterwohlfahrt, Caritasverband, Diakonisches Werk, Deutsches Rotes Kreuz) betrieben werden. Betreut und gepflegt werden in diesen weltanschaulich unterschiedlich ausgerichteten Heimen Menschen verschiedenster Herkunft und Prägung durch eine oft ebenso vielfältige Mitarbeiterschaft. Versteht man dieses altenpflegerische Setting nun als ein modernes Phänomen, welches die Pflege hilfebedürftiger Menschen durch speziell ausgebildete Menschen in einem spezifisch eingerichteten Raum ermöglicht und gleichzeitig den Bedingungen der Organisation unterordnet (vgl. Weber et al. 1997, 244 f.), stellt sich die Frage, wie denn dort mit Religion in ihrer vielgestaltigen Form[1] umgegangen wird.

Einen Einblick in verschiedene Umgangsformen mit religiöser Pluralität soll der vorliegende Aufsatz bieten: Anhand von drei unterschiedlichen Situationen, die im altenpflegerischen Setting auftreten, wird zunächst skizziert, wie Beschäftigte konkret mit Religion in ihrem Berufsalltag umgehen. Daraufhin wird auf abstrakter Ebene aufgezeigt, welche Regulierungsbedarfe und -möglichkeiten sich hinsichtlich Religion in der stationären Altenpflege bieten. In einem letzten Schritt werden die Ergebnisse zusammengefasst und Leitfragen entwickelt, die zur (Selbst-)Reflexion in altenpflegerischen Einrichtungen anregen können.

2. Problemlage und Lösungsansätze

Versteht man unter Religion mehr als einen kirchengebundenen Glauben inklusive tradierter Dogmen, eröffnen altenpflegerische Einrichtungen den Blick auf eine ganze Reihe von Sachverhalten, die etwas mit Religion zu tun haben können: Angefangen vom wöchentlich stattfindenden hauseigenen Gottesdienst über spezifische Gebetsräume, religiös inspirierte Leitbilder bis hin zur religionskonformen Ausrichtung der Speiseangebote. In Pflegeheimen sind durchaus ebenso religiös ausgebildete Personen anzutreffen, die seelsorgliche Angebote bereithalten, oder etwa Pflegende, die sich vornehmlich um bestimmte Bewohner*innengruppen, etwa muslimischen Glaubens, kümmern. Verknüpft mit dem zunehmenden Alter und entsprechend häufiger Mehrfacherkrankung ist natürlich auch das Lebensende. Der Tod, aber auch die vorangehende Phase des Sterbens und Abschiednehmens bieten wiederum sehr starke Anknüpfungspunkte für religiöse Vorstellungen und Praktiken – verspricht Religion doch Antworten auf die existenzielle Frage: „Wo gehen wir hin?"

Die genannten Beispiele zeigen bereits, dass altenpflegerische Einrichtungen, trotz starker Organisationsstrukturen und Routinen, durchaus Raum für Religion bieten. Gleichwohl sollten die Beispiele aber auch nicht darüber hinwegtäuschen, dass nicht alles, was einen religiös inspirierten Anschein macht – so etwa ein auf christliche Werte rekurrierendes Leitbild –, tatsächlich auch gewährleistet, dass die genannten Werte in der Praxis „gelebt" werden. Dies zeigen nicht zuletzt die anhaltenden Diskussionen zur Leitbildentwicklung und Profilbildung in der Wohlfahrtspflege (vgl. z.B. Losch 2012).

Die nachfolgenden Beispiele für Umgangsformen mit Religion im altenpflegerischen Setting entstammen dem Datenmaterial, welches die Autorin innerhalb ihrer Promotionsphase in vier Altenpflegeeinrichtungen in Nordrhein-Westfalen sammeln konnte. Zum Zweck eines besseren Leseverständnisses werden die inhaltlich relevanten Passagen aus den durchgeführten Interviews zusammengefasst und bei Bedarf einzelne Ausschnitte zitiert.[2]

Situation 1: Ein türkisches Ehepaar in Kurzzeitpflege

Der erste Fall entstammt einem Interview mit zwei Pflegerinnen in einem konfessionell geprägten Pflegeheim. Thematisch geht es um den Umgang mit einem türkischstämmigen, vermutlich muslimisch geprägten Ehepaar, welches für eine kurze Zeit zur Pflege in dem genannten Heim war und dessen Aufenthalt bestimmte Erfordernisse in der Pflege mit sich brachte.

Besonders aufschlussreich für die Beobachtung bestimmter Umgangsformen mit dem Sachverhalt „Religion" ist eine Interviewpassage, in welcher die Interviewerin zunächst danach fragt, in welchen „Situationen" den Pflegerinnen denn das Thema „Religion" bzw. „Glaube" während ihrer Arbeit begegne. Spontan antwortet eine der Pflegerinnen (Frau D.):

„Wir hatten auch zum Beispiel türkische Bewohner. Die waren hier zur Kurzzeitpflege."

An dieser Stelle fällt bereits auf, dass Religion bzw. Glaube unmittelbar auf eine nationale Herkunft bezogen wird. Es sind die türkischen Bewohner*innen, die eine spezifische Situation im Pflegekontext darstellen. Möglich, jedoch an dieser Stelle nicht artikuliert, ist z.B. eine muslimische Religionszugehörigkeit und/oder -praxis des Ehepaars.

Im weiteren Verlauf erläutert die Pflegerin (Frau D.) dann die besondere Situation, die sich durch den Aufenthalt des Ehepaars ergab:

„Die waren hier zur Kurzzeitpflege gewesen und da war es auch, dass die Frau nicht vom Mann gepflegt wird. Also nicht vom Pfleger. Das haben wir auch beibehalten."

Der nationalen Zugehörigkeit wird also ein bestimmtes Verhalten bzw. eine Verhaltenserwartung zugeschrieben, die bestimmte Pflegekonstellationen – in diesem Fall eine Pflege durch eine männliche Kraft – unmöglich macht. Die durchgeführte Praxis („Das haben wird auch beibehalten.") zeigt, dass dieses Erfordernis durchaus mit den gängigen Pflegeabläufen zu vereinbaren war. Vor dem Hintergrund, dass deutlich mehr Frauen als Männer einen Pflegeberuf ausüben, ist dieses Vorgehen nachvollziehbar (vgl. Statista 2020).

Dass eine Kommunikation über Religion nicht immer ganz einfach ist, zeigt sich im weiteren, sprachlich zunächst unsicheren Verlauf des Interviews. Der Interviewausschnitt wird deshalb zur Verdeutlichung wortgetreu wiedergegeben:

> (Frau D.:) Na, also das ist … also das ist aber auch … das gilt hier nicht nur halt … in diesem … sag ich jetzt mal … hat ja viel mit Religion zu tun. Die Frau wurde gepflegt …, also auch von uns Schwestern. Hat ihr Kopftuch aufgekriegt und so weiter.

Wie genau nun das Erfordernis einer gleichgeschlechtlichen Pflege mit Religion zusammenhängt, bleibt unklar. Fest steht: „[Es] hat ja viel mit Religion zu tun." Im Fokus steht die Schilderung gelungener Praxis, in welche sich die Beibehaltung weiterer religiös erscheinender Bedürfnisse bzw. Erfordernisse (z.B. das „Kopftuchaufkriegen") einreihen lässt. Religion, das lässt sich an dieser Stelle bereits festhalten, ist also etwas, das sich insbesondere an der (In-)Kompatibilität mit gängigen Pflegeabläufen zeigt. Dabei geht es nicht darum, im Einzelnen nachzuvollziehen, wie Religion mit bestimmten Verhaltensweisen zusammenhängt. Im Fokus steht stattdessen eine pragmatische Umgangsform, die den Sachverhalt „Religion" im Berufsalltag handhabbar macht.

Die Bedeutsamkeit von Handhabbarkeit bzw. der pragmatische Umgang zeigt sich auch im weiteren Verlauf des Interviews. Die Pflegerin (Frau D.) schildert:

„Der Mann wurde halt von dem Pfleger gepflegt und wenig von uns. Ich muss ganz ehrlich sagen, nur wenn es sein musste. Er hat es aber auch akzeptiert. Muss man dazu sagen."

Zwar wurde auch im Fall des Manns versucht, eine gleichgeschlechtliche Pflege zu gewährleisten, doch verweist die Praxis (vgl. „nur wenn es sein musste") auf Schwierigkeiten bei der Umsetzung. Es liegt die Vermutung nahe, dass auch dies mit der Ungleichverteilung weiblicher und männlicher Pflegekräfte zusammenhängt. Zum Vorteil gängiger Pflegeroutinen wurde diese Praxis jedoch von dem zu Pflegenden akzeptiert.

Besonders interessant ist auch die darauffolgende Aussage der Pflegerin (Frau D.), die da lautet: „Aber so, sag ich ganz ehrlich, man versucht das schon alles so im Rahmen zu halten."

An dieser Stelle lässt sich fragen, was denn das Eingeständnis der Pflegerin („sag ich ganz ehrlich") umfasst: Was ist mit „alles" im Zusammenhang eines aufrechtzuerhaltenden „Rahmens" gemeint? Sind es die religiösen Bedürfnisse bestimmter Bewohner*innen, die im Rahmen gehalten werden müssen, um die Pflege am Laufen zu halten? Oder sind es umgekehrt die eingeschliffenen Muster und Routinen der Pflege, die in Anbetracht religiöser Bedürfnisse gewissermaßen gezügelt werden müssen?

Auch hier gibt wieder der weitere Verlauf des Interviews Hinweise, in den sich dann auch die andere Pflegerin, Frau E., einbringt:

> (Frau D.:) Wir haben auch deutsche Bewohner, also hauptsächlich. Aber es gibt auch welche, die dann sagen: „Ich möchte nicht vom Pfleger gepflegt werden." Das muss auch akzeptiert werden.

> (Interviewerin): Wo man nicht sagen würde, das hat jetzt unbedingt was mit dem Glauben zu tun? Sondern einfach mit …
> (Frau E.): Scham.
> (Frau D.): Ja, Scham. Aber ich finde, das ist auch ein bisschen so dieses: „Ich möchte das nicht." Das kennen die nicht.

Dem bereits genannten türkischen Ehepaar werden an dieser Stelle „deutsche Bewohner" gegenübergestellt, die ebenso bestimmte Pflegebedürfnisse mitbringen. Zwar sind die Bedürfnisse, nämlich gleichgeschlechtliche Pflege zu erhalten, bei beiden Gruppen von Bewohner*innen identisch, doch ist die Begründung eine andere: Während die nationale Herkunft des Ehepaars mit einer bestimmten religiösen Bedürfnislage in Verbindung gebracht wird, sind es bei den Bewohner*innen ohne Migrationshintergrund Schamgefühle und das Nichtgewohntsein, die eine gleichgeschlechtliche Pflege erforderlich machen. Unabhängig von der Begründung ist jedoch eine von den Pflegenden grundsätzlich zu erbringende Akzeptanz, die gewährleistet werden sollte, sich jedoch aufgrund organisatorischer Strukturen – in diesem Fall einer geschlechtlichen Ungleichverteilung des Pflegepersonals – unterschiedlich in der Praxis niederschlägt.

Zusammenfassend lässt der skizzierte Fall also auf eine Umgangsform schließen, die sich als *pragmatisch* beschreiben lässt: Religion erscheint als ein nicht leicht zu kommunizierendes Thema und wird schnell in Verbindung mit nationaler Zugehörigkeit gebracht. Dieser Zugehörigkeit werden dann wiederum bestimmte Verhaltensformen bzw. Erwartungen zugeordnet, die Anknüpfungsmöglichkeiten zum Thema „Religion" erlauben (z.B. bestimmte Geschlechterverhältnisse, Kleidungsarten). Ob die Ursachen für ein bestimmtes Verhalten dieser Gruppe an Bewohner*innen jedoch tatsächlich religiöser Natur sind, wird nicht hinterfragt. Im Zentrum steht stattdessen die Frage, inwieweit die angenommenen religiösen Erscheinungsweisen mit gängigen Pflegeabläufen zu vereinbaren sind.

Situation 2: Der runde Stein

Der zweite Fall entstammt einem Interview mit einer Sozialarbeiterin in einem nicht konfessionell geprägten Pflegeheim. Inhaltlich geht es um die Beschreibung der Religionspraxis einer körperlich beeinträchtigten Bewohnerin, die einen Großteil ihrer Zeit im Pflegebett verbringt.

Eingebettet in eine ausführliche Schilderung von Situationen in der stationären Altenpflege, in denen Religion zum Tragen kommt, berichtet die Sozialarbeiterin (Frau A.) Folgendes:

„Wir haben auch eine Bewohnerin, die hat einen Stein, irgendwie so einen runden Stein. Den benutzt sie, um die rituelle Reinigung symbolisch durchzuführen."

Der runde Stein erscheint zunächst als etwas Fremdes bzw. Exotisches, was einer Erklärung bedarf. Diese Erklärung kann die Sozialarbeiterin liefern, indem sie den Stein als symbolischen Ritualgegenstand für eine religiös motivierte Reinigung kennzeichnet. Dass die rituell vollzogene Reinigung selbst wiederum einen symbolischen Charakter hat, macht sie im Folgenden deutlich:

> (Frau A.:) Es ist im Grunde genommen ja sowieso eine symbolische Reinigung, diese rituelle Reinigung vor dem Gebet. Nur mit Wasser hat es natürlich einen anderen Charakter, als wenn man die Möglichkeit nicht so hat. Und sie benutzt diesen Stein, fasst ihn an, so als würde sie Wasser nehmen, und reinigt sich dann so, um dann ihr Gebet im Bett sitzend sprechen zu können. Statt Stein könnte man, wenn man jetzt zum Beispiel in der Wüste wäre als Moslem, und da ist ja nicht so viel Wasser, da könnte man auch Sand nehmen. Auch als symbolisches Wasser. Im Pflegebett ist das nicht so einfach.

Mit dem runden Stein angesprochen ist also die Vorbereitung auf eine Gebetspraxis, welche aufgrund der körperlichen Beeinträchtigung der Bewohnerin einer besonderen Form bedarf. Detailreich kann die Sozialarbeiterin schildern, wie das spezifische Reinigungsritual abläuft und wie es der Bewohnerin gelingt, „ihr Gebet im Bett sitzend sprechen zu können". In einen verallgemeinernden Sprachstil wechselnd („könnte man, wenn man […]") zeigt die Sozialarbeiterin eine weitere Reinigungsmöglichkeit auf und kennzeichnet das Geschehen schließlich als muslimische Praxis.

Dass in diesem Fall jedoch das spezifische Handeln einer bestimmten Person im Fokus stehen soll, zeigt der weitere Verlauf des Interviews:

> (Frau A.:) Gut. Die hat das aber mit irgendeinem Hodscha geklärt. Die haben gefragt: „Geht das?" Wahrscheinlich ist das sowieso üblich, wenn man dann die andere Möglichkeit nicht hat. Und die haben sich noch einmal abgesichert und dieser Hodscha, also der muslimische Geistliche, hat dann wohl gesagt: „Ja, das ist okay. Kannst du so machen."

Deutlich wird hier zum einen die Eigeninitiative der Bewohnerin, die es ihr erlaubt – durch einen religiösen Experten abgesichert –, ihre Religion weiterhin selbstbestimmt ausüben zu können. Zum anderen zeigt sich in dem eingeschobenen Kommentar („Wahrscheinlich ist das sowieso üblich, wenn man dann die andere Möglichkeit nicht hat.") die Anerkennung einer gewissen Flexibilität der islamischen Religionstradition, die eine situationsangemessene Religionspraxis gewährleistet.

Ging es im vorherigen Fall um eine pragmatische Umgangsform, die religiöses Verhalten unter dem Label von Nationalität verhandelte und sich stark an den gängigen Pflegeroutinen orientierte, steht hier die Betrachtung eines konkreten Einzelfalls im Vordergrund. Diese *fallspezifische Umgangsform* erlaubt es der Sozialarbeiterin, Religion als eine Möglichkeit im Heimalltag zu betrachten, die der Bewohnerin zur Wahrung von Selbstbestimmung verhilft. Dieser ressourcenorientierten Perspektive entsprechend gestaltet sich dann auch die detailreiche Schilderung der Religionspraxis.

Situation 3: Religion als Diagnose?

Der dritte Fall entstammt wiederum einem Interview mit einer Pflegerin in einem konfessionell geprägten Pflegeheim. Es geht um die Beschreibung verschiedener, religiös inspirierter Verhaltensweisen und Bedürfnisse der Bewohner*innen und ihrer als notwendig betrachteten Berücksichtigung im Heimalltag.

Auf die Frage der Interviewerin, wie sich das Zusammenleben von Menschen unterschiedlicher Kulturen im Heim zukünftig gestalten werde und welche möglichen Veränderungen dies für das Heim mit sich bringe, antwortet die Pflegerin (Frau H.):

> (Frau H.:) Das muss man schon mal anpassen an jeden Bewohner. Das ist genauso, wie wenn ein Bewohner mit verschiedenen Diagnosen kommt. Dann muss man sich auch für diese Diagnosen umstellen und ihn so behandeln, wie es im Therapievorschlag steht. Genauso gilt das für Religion auch. Man muss sich anpassen. Auch mit dem Essen, mit Ritualen, mit dem Beten auch. Weil, vielleicht müssen die eine Stunde oder eine halbe Stunde auf den Knien sitzen. Da muss man das akzeptieren. Auf jeden Fall.

Aufschlussreich ist an dieser Interviewpassage, dass die Frage nach Kulturen sofort auf Religion bezogen wird: Aufbauend auf eine grundsätzlich akzeptierende Haltung steht der/die einzelne Bewohner*in mit seinen/ihren Bedürfnissen im Vordergrund. Religion weist dabei deutliche Parallelen zu medizinischen „Diagnosen" auf, indem sie gewissermaßen bestimmte Therapieerfordernisse, d.h. die als notwendig beurteilte Berücksichtigung bestimmter Erscheinungsweisen (z.B. Essen, Rituale, Beten) mit sich bringt. Religiöses Verhalten erscheint dabei als zwangsläufige Konsequenz einer bestimmten Gesinnung („[…] müssen die eine Stunde oder eine halbe Stunde auf den Knien sitzen"), welche auch im Heimalltag reproduziert werden muss. Ähnlich dem ersten Fallbeispiel wirkt auch hier Religion wieder sehr schematisch, indem religiöse Praxis nach klaren Mustern abzulaufen scheint.

Dass sich der Therapiecharakter aber nicht nur auf die schematisch anmutende Betrachtung bestimmter Erscheinungsweisen beziehen lässt, zeigt sich im weiteren Verlauf des Interviews:

> (Interviewerin:) Also sagen Sie: „Das ist wichtig für den Bewohner. Also müssen wir als Pflegende bzw. Betreuende das auch unterstützen"?
> (Frau H.:) Ja. Der Mensch ist doch gleich. Nur seine Religion ist anders. Und ich denke schon, dass das an uns liegt. Wie soll sich da ein Mensch fühlen, wenn er schon in einem Heim ist? Und wenn wir es ihm dann auch noch schwierig machen. Das ist nicht schön.
> (Interviewerin:) Ja, dass man so ein bisschen das, was man vorher hatte, von zu Hause kennt, beibehalten kann, oder?
> (Frau H.:) Ja. Die Leute, die zu uns kommen, da ist sowieso die erste Phase, diese Einzugsphase, schon so schwierig. Die lassen alles zurück. Die kommen zu uns und die wissen selbst nicht, was die da erwartet.

Folgt man den Aussagen der Pflegerin, ist Religion ein Bestandteil des Menschseins, gleichzeitig – wie eine Art Charakter – aber auch ein wesentliches Unterscheidungsmerkmal („Der Mensch ist doch gleich. Nur seine Religion ist anders."). Von dieser Haltung ausgehend erscheint Religion als Teil menschlicher Identität, welcher insbesondere in der mental herausfordernden Phase des Heimeinzugs eine wichtige Ressource darstellen kann: Religion gehört zu den wenigen Dingen, die vom Leben außerhalb des Heims übrig bleiben und gleichzeitig so etwas wie Orientierung bieten (vgl. „Die lassen alles zurück. Die kommen zu uns und die wissen selbst nicht, was die da erwartet."). Diese Betrachtungsweise erinnert wiederum stark an das zweite Fallbeispiel, das durch einen empathischen Tenor geprägt war.

Damit stellt der dritte Fall eine *Verschränkung pragmatischer und fallspezifischer Umgangsformen* dar: Um religiöse Bedürfnisse von Bewohner*innen handhaben zu können, ist hier eine schematische Einordnung religiöser Erscheinungsweisen hilfreich. Die religiöse Praxis der Bewohner*innen wird somit gewissermaßen vorhersehbar. Gleichzeitig ist eine fallspezifische Berücksichtigung von (religiösen) Bedürfnissen die Voraussetzung für eine gelingende Unterstützung insbesondere beim Heimeinzug, sodass auch hier Religion zu einer Ressource für die Lebensgestaltung im Heim werden kann.

3. Regulierungsmöglichkeiten und -bedarfe

Die drei geschilderten Fälle zeigen, dass Religion in unterschiedlichen Situationen in stationären Altenpflegeeinrichtungen in Erscheinung treten und unterschiedliche Umgangsformen bei den Beschäftigten hervorrufen kann. Doch was haben diese Umgangsformen nun mit Regulierung zu tun?

Versteht man Regulierung als einen Prozess, in dem spezifische Sachverhalte im Hinblick auf Regeln gelenkt bzw. kontrolliert werden (vgl. Beckford/Richardson 2007, 398), lässt sich die Situation in der stationären Altenpflege wie folgt analysieren:

Der Umgang mit Religion und eben auch religiöser Vielfalt wird einerseits durch bestimmte Gesetze und Verordnungen bestimmt. Ein Beispiel hierfür ist etwa die gesetzliche Vorgabe zur Selbstbestimmung der Pflegebedürftigen (vgl. § 2 SGB XI), welche u.a. eine Berücksichtigung religiöser Bedürfnisse vorsieht, diese jedoch dem Gebot der Wirtschaftlichkeit unterordnet (vgl. auch § 29 SGB XI). So ist der Träger einer Altenpflegeeinrichtung beispielsweise nicht verpflichtet, extra Gebetsräume für seine Bewohner*innen unterschiedlichen Glaubens einzurichten. In der Praxis anzutreffen ist stattdessen häufig ein Multifunktionsraum, der für religiöse und nicht religiöse Feierlichkeiten geöffnet wird, oder etwa die Einrichtung eines Fahrdiensts, der religiöse Bewohner*innen zu externen Örtlichkeiten der Religionsausübung (z.B. Moschee, Tempel) begleitet. Diese Form der Regulierung, welche den Umgang mit Religion auf der gesetzlichen Ebene regelt, lässt sich als *externe Regulierung* bezeichnen. In den Interviews zeigte sich, dass diese Form der Regulierung für die Pfleger*innen und Sozialarbeiter*innen kaum eine Rolle spielte, wohingegen die interviewten Einrichtungsleiter*innen in ihrer Arbeit sehr wohl mit Fragen der Vereinbarkeit von Religion und z.B. Wirtschaftlichkeit konfrontiert wurden.

Andererseits wird der Umgang mit Religion und religiöser Vielfalt auch *intern* reguliert: Diese Regulierungsform umfasst bestimmte Betriebsvereinbarungen ebenso wie Leitbilder oder spezifische Pflegekonzepte, an denen sich die pflegerische Arbeit orientieren soll. Oft geben Leitbilder einzelner Einrichtungen schon einen ersten Eindruck davon, was unter Pflege verstanden wird, wie gepflegt wird und/oder wozu pflegerisches Handeln führen soll (vgl. Menker 2006, 89): So geht es in Leitbildern häufig darum, wie der pflegebedürftige

Mensch betrachtet wird und wie die pflegerische bzw. betreuerische Beziehung zu ihm zu gestalten ist. Nicht selten wird hier die sogenannte goldene Regel „Behandele andere so, wie du von ihnen behandelt werden möchtest“ genannt, welche, je nach weltanschaulichem Hintergrund des Trägers, auch biblisch abgeleitet werden kann (z.B. Matthäus 7,12: „Alles, was ihr wollt, dass euch die Menschen tun, das tut auch ihnen!“).

Auch wenn von den interviewten Pflegenden kein direkter Bezug zu solchen Formen der Regulierung hergestellt wurde, ist es durchaus vorstellbar, dass sie sich bei ihrer Arbeit indirekt an solchen orientieren, indem sie z.B. bewusst einen konfessionell geprägten Arbeitgeber ausgewählt haben, der die ihrer Meinung nach richtigen und wichtigen Werte vertritt. Diese Werte spiegeln sich dann möglicherweise in ihrem Umgang mit den Bewohner*innen wider.

Auch die im ersten und dritten Fallbeispiel beobachtete pragmatische Umgangsform der Pflegerinnen kann als eine interne Form der Regulierung gelesen werden, versucht sie doch sehr deutlich, religiöse Erscheinungsweisen in die internen, durchstrukturierten Arbeitsabläufe einzuordnen.

Neben den externen und internen Formen der Regulierung ist eine dritte Ebene zu beobachten, die *informelle bzw. weiche Faktoren* mit sich bringt. Diese Ebene stellt keine Regulierung im engeren, oben erläuterten Sinne dar, sondern speist sich aus individuellen Haltungen und Prägungen der Beschäftigten. Sichtbar werden die informellen bzw. weichen Faktoren insbesondere in den Interviewpassagen, in denen die persönliche Haltung der Befragten zum Ausdruck kommt: So muss die Pflegerin Frau D. eingestehen, nicht immer eine gleichgeschlechtliche Pflege gewährleisten zu können: „Der Mann wurde halt von dem Pfleger gepflegt und wenig von uns. Ich muss ganz ehrlich sagen, nur wenn es sein musste.“ Die Sozialarbeiterin Frau A. kann sich durchaus in die Lage der körperlich eingeschränkten Bewohnerin hineinversetzen, wenn sie in Bezug auf Reinigungsrituale feststellt: „Im Pflegebett ist das nicht so einfach.“ Die Pflegerin Frau H. verleiht schließlich der herausfordernden Phase des Heimeinzugs persönlichen Ausdruck:

> Und ich denke schon, dass das an uns liegt. Wie soll sich da ein Mensch fühlen, wenn er schon in einem Heim ist? Und wenn wir es ihm dann auch noch schwierig machen. Das ist nicht schön.

Stationäre Altenpflegeeinrichtungen bieten also immer mehrere Ansatzpunkte, von denen ausgehend Religion und religiöse Vielfalt reguliert werden können. Je nach Ebene unterscheiden sich die Möglichkeiten, aber auch Bedarfe zur Regulierung grundsätzlich. Offenbleiben muss an dieser Stelle die Frage, ob denn auch Religion die Möglichkeit hat, bestimmte Sachverhalte in stationären Altenpflegeeinrichtungen zu regulieren. Während die genannten Fallbeispiele stets die Perspektive der regulierenden Einrichtung in Form des Personals einnahmen, ist durchaus zu fragen, wie dieser Prozess aus der entgegengesetzten Perspektive aussehen könnte.[3]

4. Fazit und Ausblick

Der Blick in stationäre Altenpflegeeinrichtungen macht deutlich: Religion zeigt sich in verschiedenen Dimensionen und ist weit mehr als der wöchentlich stattfindende Gottesdienst in der hauseigenen Kapelle oder das Kreuz im Logo. Für viele ältere, oft mehrfach erkrankte Bewohner*innen[4] stellt Religion einen wichtigen Bezugspunkt für das Leben in der Pflegeeinrichtung, aber auch die Frage nach dem Danach dar. So ist es nicht verwunderlich, dass Religion insbesondere dann in Erscheinung treten kann, wenn es um sichtbare Ritualpraxis (z.B. Gebet, Reinigungsritual) oder körperbezogene Vorstellungen (z.B. Geschlechterbeziehungen, Ernährung, Kleidung) geht. Tangieren diese Praktiken oder Vorstellungen nun die Pflegeabläufe und Routinen der Beschäftigten, die während ihrer Arbeit häufig Körpergrenzen überschreiten (müssen), stellt sich zwangsläufig die Frage nach angemessenen Umgangsformen mit diesen Erscheinungsformen von Religion.

Die Analyse zeigt: Je nach Situation sind unterschiedliche Formen des Umgangs möglich. Mal ist es ein pragmatischer Umgang, der den Sachverhalt „Religion“ im Pflegeablauf handhabbar macht, mal ist es eine fallspezifische Perspektive, die den Blick auf Religion als Ressource z.B. für Selbstbestimmung freilegt. Oft sind es aber gerade Mischformen, die Religion Raum lassen in einem ansonsten stark strukturierten Setting, ohne dabei Pflegeabläufe völlig auf den Kopf zu stellen.

Einbetten lassen sich die Umgangsformen in Überlegungen zu Regulierungsmöglichkeiten und -bedarfen auf drei unterschiedlichen Ebenen: So kann eine Regulierung religiöser Sachverhalte auf Basis von Gesetzen und Verordnungen als externe Form, eine Regulierung auf Grundlage von z.B. Leitbildern und Betriebsvereinbarungen als interne Form verstanden werden. Die ausgewählten Fallbeispiele zeigen jedoch, dass insbesondere eine dritte Ebene in der Praxis von Bedeutung ist: die, die durch persönliche Haltungen und Prägungen der Beschäftigten beeinflusst wird und als informelle bzw. weiche Ebene zu bezeichnen ist.

Die Unterscheidung der drei Ebenen macht noch einmal deutlich, dass der altenpflegerische Umgang mit Religion nicht im luftleeren Raum geschieht. Stets ist das Umfeld zu berücksichtigen, in welchem sich ganz unterschiedliche Handlungsmöglichkeiten und -formen herausbilden. Nicht zuletzt wird der Umgang mit Religion im altenpflegerischen Setting damit zu einer Facette übergeordneter demografischer und religiöser Wandlungsprozesse, welchem eine gesellschaftspolitische Relevanz zukommt: Die Frage nach dem Umgang mit Religion ist immer auch eingebettet in allgemeinere Fragen nach dem (zukünftigen) Umgang mit pflegebedürftigen Menschen in unserer Gesellschaft, die sich schlichtweg nicht einfach als homogene Gruppe der Alten bündeln lassen.

Auf Basis der Untersuchungsergebnisse sollen abschließend einige offene Fragen formuliert werden, die sich insbesondere an Einrichtungsleiter*innen richten. Sie sollen zur Reflexion des eigenen Selbstverständnisses und einem „angemessenen" Umgang mit Religion in altenpflegerischen Einrichtungen anregen:

- Welche religiösen Zugehörigkeiten und Praktiken sind in Ihrer Altenpflegeeinrichtung bei Bewohner*innen und Beschäftigten zu finden?
- Welche(s) Bild(er) von Religion tragen die Mitarbeiter*innen und Vorgesetzten mit sich?
- Wo finden sich eher pragmatische, wo eher fallspezifische Umgangsformen? Wo gibt es Mischformen des Umgangs?
- Wird Religion als zusätzlicher Arbeitsaufwand oder als Chance (z.B. in Bezug auf Gesunderhaltung) wahrgenommen? Wie unterscheiden sich hier die einzelnen Arbeitsbereiche Ihrer Einrichtung?
- Unterscheiden sich die Bilder von Religion hinsichtlich verschiedener religiöser Traditionen? Wenn ja, inwiefern und was könnten Gründe dafür sein?
- Welche Rolle spielen die Trägerschaft, bestimmte Leitlinien, Pflegekonzepte etc. für den Umgang mit Religion in Ihrer Einrichtung?
- Warum könnte sich ein fokussierter Blick auf die religiöse Vielfalt der Bewohner*innen und Beschäftigten für Ihre Einrichtung lohnen (z.B. im Hinblick auf Begleitung von Sterbenden etc.)? Wo könnten sich Herausforderungen ergeben?

Literatur

Beckford, James A./Richardson, James T. (2007): Religion and Regulation. In: Beckford, James A./ Demerath III, N. J. (Hg.): The SAGE Handbook of the Sociology of Religion. London, S. 396–418.

DESTATIS (2019a): Pflegebedürftige nach Versorgungsart, Geschlecht und Pflegegrade 2017. Statistisches Bundesamt. Wiesbaden. Online unter: www.destatis.de/DE/Themen/Gesellschaft-Umwelt/Gesundheit/Pflege/Tabellen/pflegebeduerftige-pflegestufe.html.

DESTATIS (2019b): Pflegeheime und ambulante Pflegedienste. Statistisches Bundesamt. Wiesbaden. Online unter: www.destatis.de/DE/Themen/Gesellschaft-Umwelt/Gesundheit/Pflege/Tabellen/pflegeeinrichtungen-deutschland.html.

Losch, Andreas (2012): Profil gegen Profilverlust? Leitbilder der Spitzenverbände der freien Wohlfahrtspflege und diakonischer und caritativer Träger im Vergleich. In: Henkelmann, Andreas/ Jähnichen, Traugott/Kaminsky, Uwe/Kunter, Katharina (Hg.): Abschied von der konfessionellen Identität? Diakonie und Caritas in der Modernisierung des deutschen Sozialstaats seit den sechziger Jahren. Stuttgart, S. 341–358.

Menker, Kerstin (2006): Pflegewissenschaftliche Grundlagen. Einteilungen konzeptueller Modelle und Theorien. In: Menker, Kerstin/Waterboer, Christina (Hg.): Pflegetheorie und -praxis. München, S. 89–91.

Statista (2020): Verteilung sozialversicherungspflichtig Beschäftigter in der Pflege in Deutschland nach Pflegeart und Geschlecht im Jahr 2019. Online unter: https://de.statista.com/statistik/daten/studie/1029877/umfrage/verteilung-von-pflegekraefte-in-deutschland-nach-pflegeart-und-geschlecht/

Weber, Georg/Erlemeier, Norbert/Nassehi, Armin/Saake, Irmhild/Watermann, Rainer (1997): Altersbilder in der professionellen Altenpflege. Eine empirische Studie. Opladen.

Anmerkungen

1 An dieser Stelle wird bewusst auf eine Definition des Begriffs „Religion" verzichtet, weil es hier vor allem um die Wahrnehmung und das Verständnis von Religion im altenpflegerischen Kontext geht. Hier zeigt sich Religion in unterschiedlichen Dimensionen – etwa bestimmten Praktiken, Gegenständen oder Glaubensvorstellungen.

2 Dieses Vorgehen stellt eine stark verkürzte, sprachlich geglättete Herangehensweise dar. Eine ausführliche, sequenzanalytische Aufbereitung des Datenmaterials findet sich in der Dissertation der Autorin, die 2021 erscheinen wird.

3 Hinweise auf ein Regulierungspotenzial von Religion konnte die Autorin bei ihrer Datenerhebung feststellen: In einem Fall ging es um adventistisch geprägte Vorstellungen über eine angemessene Lebensweise, die u.a. dazu führten, dass einem rauchenden Bewohner der Umzug in eine andere Pflegeeinrichtung nahegelegt wurde.

4 Gleichzeitig kann Religion natürlich auch eine Rolle für die in den Einrichtungen Beschäftigten spielen, was wiederum ihren Umgang mit Religion prägen könnte. Eine Betrachtung dieses Wechselverhältnisses würde an dieser Stelle jedoch zu weit führen.

LINDA HENNIG

Wie erleben und praktizieren berufstätige Musliminnen religiöse Pluralität und was lässt sich daraus lernen?

1. Hintergrund- und Fallbeschreibung

Symbole verschiedener Religionen, Bilder mit religiösen Themen und religiöse Kalender zieren die Wände der Einrichtung eines christlichen Wohlfahrtsverbands. Die stellvertretende Leiterin erwähnt die buddhistische, christliche, hinduistische, jüdische oder muslimische Zugehörigkeit der Angestellten. Sie erzählt, dass religiöse Feiertage zum Anlass genommen werden, typische Speisen mitzubringen und sich über religiöse Traditionen auszutauschen. Wäre dieselbe religiös heterogene Belegschaft in einer Werbeagentur tätig, wären religiöse Zugehörigkeiten vermutlich weniger von Bedeutung und es gäbe weniger Anlass, sich inhaltlich über Religion auszutauschen. Dass religiöse Pluralität praktiziert, d.h. wahrgenommen und thematisiert wird, lässt sich darauf zurückführen, dass die Einrichtung u.a. mit der Beratung von Pflegediensten hinsichtlich der Berücksichtigung religiöser Bedürfnisse von Migrant*innen betraut ist.

In diesem Beitrag werden drei Dimensionen von religiöser und weltanschaulicher Pluralität im Arbeitsleben unterschieden. Die Dimension religiöser Zugehörigkeit bildet ab, dass Kolleg*innen, Vorgesetzte, Kund*innen, Klient*innen und Patient*innen verschiedenen bzw. keiner Religion(en) angehören. Interne Pluralität bildet ab, dass Gläubige (einer Religion) sich in ihrem religiösen Selbstverständnis und ihrer religiösen Praxis unterscheiden. Praktizierte Pluralität bildet ab, ob und auf welche Weise religiöse Identitäten, Praktiken oder Werthaltungen im beruflichen Miteinander und in Interaktionen mit der Klientel relevant werden. Dies variiert je nach Arbeitsmarktbereich.

Soziale und medizinische Berufe im Wohlfahrtssektor lassen sich als religionssensibel bezeichnen.[1] Vor dem Hintergrund einer sowohl religiösen wie auch säkularen Geschichte dieser Berufe können die gemeinwohlorientierten Vorstellungen über das Helfen und den Dienst am Menschen religiös oder säkular fundiert sein. Das hohe sinnstiftende Potenzial ermöglicht die Umsetzung (religiös bedingter) ethischer Werte im Arbeitshandeln. Die Religionssensibilität resultiert zudem daraus, dass in Krankenhäusern, Beratungsstellen und Sozialdiensten ein hohes Maß an Kooperationsbereitschaft und Kommunikation besteht und Religion dabei relevant werden kann. Die Religiosität von Patient*innen kann mobilisiert werden, um Heilungsprozesse zu unterstützen. Beim Aufbau eines Vertrauensverhältnisses zu Klient*innen kann eine geteilte religiöse Zugehörigkeit Brücken bilden. Umgekehrt kann eine religiöse Zugehörigkeit von Nachteil sein, wenn religiöse Identitäten negative Assoziationen auslösen. Dies zeigt die Erfahrung einer türkischstämmigen, alevitischen Sozialberaterin für Wohnungslose, die erlebt hat, dass eine homosexuelle Ratsuchende sich der Beratung durch sie verweigerte, vermutlich um einer, aufgrund der muslimischen Zugehörigkeit antizipierten, Abwertung homosexueller Menschen zu entgehen.

Wohlfahrtsleistungen werden im Bereich der Gesundheitsdienste, Kinder- und Jugendhilfe, Altenhilfe und Sozialhilfe von öffentlichen, freien und kommerziellen Anbietern erbracht (Bahle 2007, 80). Von den größten sechs Verbänden der freien Wohlfahrtspflege – Deutsches Rotes Kreuz, Arbeiterwohlfahrt, der Paritätische Wohlfahrtsverband, Caritas, Diakonie, Zentralwohlfahrtsstelle der Juden – handelt es sich bei den drei letztgenannten um religiöse Akteure. Der 1897 gegründete katholische Wohlfahrtsverband Caritas mit mehr als 690.000 Hauptberuflichen in etwa 25.000 Einrichtungen[2] und der 1948 gegründete evangelische Wohlfahrtsverband Diakonie mit 599.282 Hauptamtlichen[3] zählen zu den größten Arbeitgebern Deutschlands. In Nordrhein-Westfalen stehen in 6.900 Diensten und Einrichtungen etwa 220.000 Mitarbeitende im Dienst der Caritas.[4] Das Diakonische Werk Rheinland-Westfalen-Lippe e.V. beschäftigt in 5.000 evangelischen Sozialeinrichtungen etwa 140.000 hauptamtlich Mitarbeitende.[5]

Eine arbeitsrechtliche Besonderheit besteht darin, dass religiöse Träger aufgrund des kirchlichen Selbstbestimmungsrechts religiöse Konformitätserwartungen formulieren oder die religiöse Freiheit Andersgläubiger einschränken dürfen. Wie bei Tendenzbetrieben greift das Diskriminierungsverbot nicht. Entlassungen sind gerechtfertigt, wenn Mitarbeiter*innen dem religiösen Selbstverständnis der Einrichtung nicht entsprechen.[6] Religiöse Pluralität ist längst bei den Sozialen Diensten angekommen. Unter den Anbietern von Wohlfahrt finden sich die verschiedensten Glaubensgemeinschaften (vgl. Böllert et al. 2013). Vor dem Hintergrund einer gestiegenen religiösen und kulturellen Vielfalt der Gesellschaft und der Notwendigkeit der Berücksichtigung religiöser und kultureller Besonderheiten bei der Erbringung von Wohlfahrtsleistungen sind seit einigen Jahren bei Caritas und Diakonie Öffnungstendenzen für nicht christliche Mitarbeitende zu beobachten (Nagel 2013; Jähnichen et al. 2016). Geforderte konfessionelle Mitgliedschaft[7] und Sonderrechte von Tendenzbetrieben oder auch die Berücksichtigung religiös motivierter Wünsche von Beschäftigten[8] anderer Religionen sind wiederkehrende Diskussionspunkte (Jähnichen 2016; SVR 2016, 125 ff.; Wiemeyer 2016).

In christlichen Wohlfahrtsverbänden geht die Öffnung gegenüber Muslim*innen mit einer großen Unsicherheit einher (Wiemeyer 2016, 77 ff.). Die Sorge darüber, dass ein religiös plurales Miteinander konflikthaft verläuft, wenn Muslim*innen beteiligt sind, ist jedoch kein Spezifikum christlich geprägter Arbeitsumfelder. Unabhängig vom Arbeitsmarktbereich werden in der Literatur häufig muslimische Praktiken angeführt, die rechtlich sowie zeitlich und organisatorisch mit den Arbeitspflichten kollidieren könnten, wie die Ausübung des rituellen Gebets entsprechend dem Gebetszeitenkalender, der Besuch der Freitagspredigt, die Beachtung muslimischer Feiertage, das Alkoholverbot und nicht zuletzt das viel beachtete Tragen eines sichtbaren religiösen Symbols (Alidadi 2012; Dälken 2004; Foblets/Alidadi 2014, 17 ff.; Khalfaoui/Möhring-Hesse 2015). Der einseitige Fokus auf den Islam ist nur teilweise damit zu erklären, dass er in Deutschland mit 4,4 bis 4,7 Millionen die drittgrößte Religionsgruppe darstellt.[9] Maßgeblich ist die Wahrnehmung als bedrohliche Religion und Ursache gesellschaftlicher Konflikte: In einer Befragung gaben 61 % der Westdeutschen und 68 % der Ostdeutschen an, Angst davor zu haben, dass unter Muslim*innen viele Terroristen seien; jeweils über 70 % betrachteten die zunehmende Anzahl von Muslim*innen als Ursache von Konflikten (Pollack 2014, 33). Der Islam wird mit Gewaltbereitschaft, Fanatismus, Engstirnigkeit und – mit Zustimmungsraten von über 80 % – der Benachteiligung von Frauen assoziiert (ebd., 21).

In diesem Beitrag wird der Umgang mit religiöser Pluralität in einer relationalen Perspektive betrachtet. Nicht die Beschaffenheit von Individuen – einschließlich deren religiöser Praxis – steht im Vordergrund, sondern ihre Beziehungen, d.h. das soziale Miteinander. Die Beziehungsebene ist für den Umgang mit Differenz entscheidend. Dies gilt auch für die – hier in aller Kürze angesprochene – praktische Umsetzung des *rechtlichen Rahmens*. Relevant sind das Recht auf Religionsfreiheit, der Grundsatz der Gleichbehandlung sowie das Diskriminierungsverbot.[10] Die in Spannung zueinander stehenden Grundsätze der Nichtdiskriminierung und Gleichheit vor dem Gesetz sind maßgeblich für den europäischen Rechtsrahmen.[11] Rechtlich vorgesehen sind Maßnahmen bzw. Anpassungen am Arbeitsplatz, durch die die indirekte Diskriminierung von Personen einer bestimmten Religion oder Weltanschauung vermieden und Gleichheit hergestellt wird. So erscheint es auf den ersten Blick als formale Gleichbehandlung aller, keine Urlaubstage für religiöse Feste zu gewähren, stellt jedoch eine indirekte Diskriminierung dar. Vernachlässigt wird die Benachteiligung religiöser Minderheiten durch die an die christliche Religion angelehnten gesetzlichen Feiertage. Um Gleichheit herzustellen und die Vereinbarkeit von Religiosität und Berufstätigkeit zu ermöglichen, sollten einvernehmliche Lösungen im Betrieb gefunden werden. Der rechtliche Terminus dafür lautet „angemessene Vorkehrungen“ (*reasonable accommodations*[12]). Die Wissenschaftler*innen des interdisziplinär und stark rechtswissenschaftlich ausgerichteten RELIGARE-Projekts, das den Umgang mit religiöser Vielfalt in zehn europäischen Ländern erforscht hat, argumentieren in eine ähnliche Richtung. Sie empfehlen Arbeitgeber*innen, freiwillig angemessene Vorkehrungen zu treffen, die verhältnismäßig leicht umzusetzen seien und die Beschäftigten darin unterstützen sollen, Religion und Berufstätigkeit zu vereinbaren (Foblets/Alidadi 2014, 22).

Es ist bezeichnend, dass eine Juristin die genuin soziologische und bereits auf Georg Simmel zurückgehende relationale Perspektive auf den Punkt bringt: „Alles dreht sich um Beziehungen“ (Mair 2014, Ü: LH). Damit wird deutlich, dass in der *Rechtsanwendung* die Beziehungen unter Kolleg*innen oder mit Vorgesetzten ganz entscheidend sind, um gegenseitiges Verständnis und rechtlich vorgesehene Kompromisse zu erzielen. Arbeitgeber*innen sind daran interessiert, die Potenziale ihrer Mitarbeiter*innen auszuschöpfen und Fluktuation zu vermeiden. Beschäftigte haben ein Interesse daran, die aus Gründen der Existenzsicherung und/oder Selbstverwirklichung ausgeübte Beschäftigung sowie gute Arbeitsbeziehungen zu erhalten. Dieser Beitrag widmet sich der Frage, warum der gelingende Umgang mit Diversität, trotz der vorauszusetzenden Bereitschaft dazu, eine Herausforderung darstellt.

2. Problemlage und Lösungsansätze

Praktizierte religiöse Pluralität im Arbeitsleben wird anhand eines Beispiels von Good Practice beleuchtet, das zeigt, wie eine muslimisch-gläubige Arbeitnehmerin[13] im Rückgriff auf subjektive Kompetenzen bezüglich ihrer Differenz agiert. Zunächst werden in einem Überblick über den Werdegang biografische Voraussetzungen für den Erwerb von Handlungskompetenz aufgezeigt. Anschließend werden die Herausforderungen und Handlungsmöglichkeiten im Umgang mit Differenz beispielhaft an Situationen diskutiert, in denen Pluralität mehr oder weniger gelungen praktiziert wird. Im Fokus steht, dass derartige Situationen Reflexionsanlässe darstellen und Handlungskompetenz stärken können.

Ece wurde 1973 als Tochter türkischer Arbeitsmigrant*innen in einer deutschen Großstadt geboren. Ihr im Baugewerbe tätiger Vater und ihre als Produktionshelferin in der Leichtmetallindustrie beschäftigte Mutter planten wie die meisten Arbeitsmigrant*innen die Rückkehr in die Türkei. Ece wächst zeitweilig in der Türkei bei Verwandten auf und wird dort eingeschult. Der Plan der Rückkehr wird durch den Militärputsch von 1980 vereitelt. Ece wird in Deutschland zunächst in eine Ausländerregelklasse eingeschult, also teilweise auf Türkisch unterrichtet, aufgrund ihrer guten Deutschkenntnisse jedoch zeitnah in eine Regelklasse überstellt. Schließlich erhält sie eine Bildungsempfehlung für das Gymnasium, erwirbt das Abitur und studiert anschließend Erziehungs- und Politikwissenschaften. Der Bildungsaufstieg aus einem bildungsfernen migrantischen Milieu – beide Elternteile haben jeweils nur fünf Jahre die Schule besucht – gelingt aufgrund von Ressourcen unterschiedlichen Ursprungs. Da ist zum einen die hohe Bildungsmotivation und emotionale Unterstützung in der Familie; da gibt es zum anderen ältere deutsche Frauen in der Nachbarschaft, die den Kindern beim Deutschlernen behilflich sind, oder das deutsche Fernsehen, insbesondere „Ernie und Bert" aus der *Sesamstraße*; und schließlich ist da noch der Einsatz einer Klassenlehrerin, die Eces Gymnasialempfehlung enthusiastisch befürwortet.

Eces Adoleszenz ist durch langwierige Reflexionsprozesse gekennzeichnet, durch die sie schrittweise ein Bewusstsein dafür entwickelt, dass sie sich von Gleichaltrigen unterscheidet. Wird sie in den ersten Schuljahren noch als „Gastarbeiterkind" bzw. „Türkenkind" adressiert, lassen rechtsradikale Ausschreitungen in den Jahren 1989/90, der Irakkrieg (1990–1991) sowie die Jugoslawienkriege (1991–1995) mehr und mehr ihre muslimische Zugehörigkeit in den Fokus der Aufmerksamkeit rücken. Die Frage danach, was sie mit Iraker*innen gemeinsam hat und ob die geteilte religiöse Zugehörigkeit zu Solidarität verpflichtet, ist nur eine von vielen krisenhaften Auseinandersetzungen. Sie erfährt, dass Muslim*innen in einer islamkritischen Mehrheitsgesellschaft mit Zuschreibungen konfrontiert sind und sich diesen gegenüber behaupten müssen. Durch ihre intensive, im Studium zunehmend soziologische Auseinandersetzung mit den Themen Herkunft, Zugehörigkeit, Identität und dem Islam als Religion und gesellschaftlicher Größe entwickelt sie eine ausgesprochene Reflexivität über ihre Differenz und Strategien im Umgang damit. Die Erfahrung des „Andersseins" wandelt sie produktiv.

Ece repräsentiert einen Fall, bei dem die intensive religiöse Bindung eine solide im Elternhaus vermittelte Grundlage aufweist und gleichzeitig der Glaube sowie religiöse Entscheidungen sehr stark reflektiert werden. Die theologisch nicht versierten Eltern praktizierten einen Volksislam bzw. einen „Islam der einfachen Leute" (Mihciyazgan 1994). Wichtig werden religiöse Praktiken zu bestimmten Anlässen: religiöse Feiertage, der Fastenmonat Ramadan oder Begräbnisvorschriften. Im Lebensalltag wird der Islam – typisch volksreligiös – pragmatisch gehandhabt, d.h. religiöse Vorschriften werden weder angezweifelt noch in idealer Weise praktiziert. Ece betrachtet es als eine legitime persönliche Entscheidung, kein Kopftuch zu tragen. Moscheen besucht sie vorwiegend im Türkeiurlaub und betet, wenn sie das Bedürfnis danach verspürt.

Ihr beruflicher Werdegang entwickelt sich geradlinig. Nach der einjährigen Tätigkeit in einem Forschungsprojekt wird Ece in eingangs erwähnter Einrichtung, die für den Aufgabenbereich der Beratung von Pflegediensten gezielt nach einer Person mit Migrationshintergrund gesucht hatte, als Projektkoordinatorin angestellt.

2.1 (Nicht-)Praktizierte Pluralität (1): Unverständnis am Büfett

Da es sich inzwischen etabliert hat, in religiös und kulturell diversen Kontexten ein breites Speisenangebot zur Verfügung zu stellen, das allen Teilnehmenden gerecht wird,[14] mag eine von Ece geschilderte Begebenheit seltsam anmuten. Im Rahmen einer Fachkonferenz in einer mittelgroßen westdeutschen Stadt wurde für das Abendessen in einem Wirtshaus ein Büfett organisiert. Die Speisen waren traditionell-ländlich geprägt und berücksichtigten weder religiöse Belange noch Speisegewohnheiten aus Überzeugungsgründen. Ece erzählt, dass sie verzweifelt nach Essen gesucht habe, jedoch keine vegetarischen Speisen finden konnte, da jede Speise Speck enthalten habe. Ihre Kolleg*innen rieten ihr, den Speck zu entfernen, was sie ablehnte, da dieser mit verarbeitet worden sei, woraufhin ihr gesagt wurde, sie solle es doch nicht so eng sehen. Ece reagierte mit dem Verweis auf eine Vegetarierin, der sie dies ebenfalls nicht abverlangen würde. Die für sie unangenehme Situation wurde damit aufgelöst, dass der anwesende Bundesvorsitzende der Einrichtung sie bat, ein ihren Vorstellungen entsprechendes Gericht von der Karte zu bestellen.

Ece äußert im Interview ihren Eindruck, dass Vegetarier*innen größeres Verständnis entgegengebracht wird als Personen, die aus religiösen bzw. Überzeugungsgründen auf bestimmte Speisen verzichten. Eces Differenz wird erst mit der verständnisvollen Aussage einer Person auf Leitungsebene berücksichtigt. Die unangenehme Situation entsteht aufgrund von blinden Flecken auf beiden Seiten.

Aus Eces Aussage lässt sich ableiten, dass sie das Vorhandensein von vegetarischen Speisen voraussetzt. Sie ist nicht mit dem Umstand vertraut, dass Fleisch in einem hiesigen traditionellen Wirtshaus eine unverzichtbare Hauptspeise darstellt. Ihre Irritation lässt sich darauf zurückführen, dass gemeinsame Essen im beruflichen Kontext erfahrungsgemäß mit dem Ausweichen auf vegetarische Speisen unproblematisch verlaufen. Deutlich wird, dass Ece grundsätzlich pragmatisch mit ihren von der Mehrheit abweichenden Speisegewohnheiten umgeht, indem sie auf vegetarische Speisen ausweicht und nicht das Bereitstellen von Halal-Fleisch verlangt. Auf Grundlage einer nachträglichen distanzierten Betrachtung schildert sie der Interviewerin ihren Eindruck, dass eine religiös motivierte Ernährungsweise weniger Akzeptanz erfährt als eine säkular begründete. Wahrscheinlich ging sie auch in der Situation davon aus, dass die Überzeugung, kein Fleisch zu essen, allgemein anerkannt wird, musste jedoch erfahren, dass kein Verständnis für einen elaborierten Vegetarismus aufgebracht wird, der sich nicht damit begnügt, die sichtbaren fleischlichen Bestandteile des Essens zu entfernen. Offenbar war das derart irritierend, dass sie nicht wie üblich pragmatisch handelte, sondern erst nach dem Eingreifen des Bundesvorsitzenden ein Gericht von der Karte bestellte.

Der blinde Fleck aufseiten der Kolleg*innen zeigt sich darin, dass sie nicht wahrnehmen, dass eine Kollegin Sensibilität für ihre individuellen Bedürfnisse erbittet. Die in der Aussage, sie solle es doch „nicht so eng" sehen, liegende Abwertung lässt sich darauf zurückführen, dass sie schnell und wenig reflektiert handeln. Zudem kann vermutet werden, dass Ece ihre (religiös bedingten) Essensgewohnheiten nicht explizit mit dem religiösen Speisegebot begründet, sondern dessen Kenntnis stillschweigend voraussetzt. Die Aussage des Bundesvorsitzenden „Ah, ich hab' verstanden, was Sie meinen!" zeigt, dass ihr Wunsch erst entschlüsselt werden musste. Eces Verhalten ist ambivalent. Sie konfrontiert ihre Kolleg*innen damit, dass es ungerecht sei, wenn sie kein ihren Gewohnheiten entsprechendes Essen findet. Der explizite Verweis auf ihre religiöse Überzeugung hätte es möglicherweise erleichtert, religiöse Bedürfnisse als Grund ihrer Forderung zu erkennen und darauf Rücksicht zu nehmen. Gleichwohl zeigt die Begründung der Ernährungsgewohnheiten in säkularen Termini, dass Ece sich auf ein nicht muslimisches Umfeld eingestellt hat, denn sie „übersetzt" ihre Ernährungsweise in eine individuelle Überzeugung. Die Übersetzung religiöser in säkulare Gründe erfüllt eine Forderung, die Jürgen Habermas (2005) für den öffentlichen Dialog (mit Gesetz, Regierung und Verwaltung) als Ideal erachtet. Ece handelt entgegenkommend und bezeugt die „Fähigkeit, eigene religiöse Überzeugungen auch reflexiv von außen zu betrachten und mit säkularen Auffassungen zu verknüpfen" (ebd., 136).

2.2 Praktizierte Pluralität (2): Was passt hier nicht: homosexueller Christ oder rationale Muslimin?

Eces Schilderungen lassen deutlich ihre Reflexion darüber erkennen, wie ihre soziale Umwelt auf ihr Verhalten und ihre Äußerungen reagiert. Vorteilhaft für den Umgang mit der eigenen Differenz ist eine nachträgliche distanzierte Betrachtung, da sie den Blick für Herausforderungen der Kommunikation über Differenz schärft und dazu beiträgt, für künftige Situationen weitere Handlungsoptionen auszuloten. Die folgende Schilderung ist in reflektierende und bewertende Aussagen eingebettet, die zeigen, dass die Begebenheit für Ece einen Anlass zur Reflexion und verstärkten Auseinandersetzung mit Zuschreibungen darstellte. Im Kontext einer Diversitätsschulung mit Kolleg*innen der Arbeitsstelle, mit denen Ece tagtäglich zusammenarbeitet, wird ihre Aussage, dass sie sich dem Islam als Religion nahe fühlt, irritiert zur Kenntnis genommen, nicht jedoch die eines homosexuellen Kollegen südamerikanischer Herkunft, dem Katholizismus verbunden zu sein. Sie erzählt[15]:

> Das war total spannend, dass Kollegen alle mich angeguckt haben, und gesagt haben: „Was? Das hätten wir jetzt von dir überhaupt nicht gedacht […]. Vielleicht hätte ich gedacht, dass du sagst, ich habe keine Religion." Und der Kollege, der aus Südamerika, der hat sich totgelacht. Und er meinte dann so: „Also ihr seht den Widerspruch in ihr und nicht in mir, obwohl ich sage, ich fühle mich dem Katholizismus verbunden, obwohl ich mit meiner sexuellen Identität ganz genau weiß, dass ich nicht angenommen werde in der Religion." Und das war so total irrsinnig. […] Da hat keiner gesagt: „Stimmt", sondern: „Also ich weiß nicht, hätte ich jetzt bei dir nicht gedacht, keine Ahnung, wirklich?" Also, auch, das meinte ich auch, vieles, was auch über Zuschreibungen quasi dann reinkommt. War auch eine spannende Geschichte, das mal so zu erfahren, und dann natürlich, setzt man sich dann dementsprechend auch ganz anders damit auseinander.

Ungeachtet zahlreicher kritischer Stimmen innerhalb der römisch-katholischen Kirche entspricht die Verurteilung praktizierter Homosexualität nach wie vor der offiziellen Position. Auffällig ist, dass diese Position in dem christlich geprägten Arbeitsumfeld nicht zur Sprache kommt. Weder irritiert die homosexuelle und katholische Identität, noch wird spezifisch religiös argumentiert. Daran zeigt sich die Selbstverständlichkeit einer christlich geprägten Kultur, in deren Kontrast das Muslimische mit dem Fremden assoziiert wird. Die Assoziation entsteht unabhängig davon, dass sich die Begebenheit in einem religionssensiblen und diversitätsfreundlichen beruflichen Setting zuträgt. Dass Eces Kolleg*innen den Einwand des südamerikanischen Kollegen nicht zum Anlass nehmen, das Verhältnis von Nähe und Fremdheit zu reflektieren, lässt Handlungsbedarf dahingehend erkennen, unbewusste Wahrnehmungsroutinen explizit anzusprechen und zu hinterfragen.

In der Aussage „Das hätten wir jetzt von dir überhaupt nicht gedacht!" lässt sich die sozial geteilte Konstruktion ausmachen, dass sich Muslim*innen auf eine bestimmte Weise definieren lassen. Diesen Vorstellungen entspricht Ece nicht. Ihr Handeln, Sprechen und Auftreten wird weder mit dem Islam noch mit Religion an sich in Verbindung gebracht. Die Klassifizierung von Ece scheitert aus zwei Gründen: zum einen aufgrund des binären Schemas von religiös und säkular, dementsprechend wird die Wahrnehmung irritiert, wenn sich eine „säkular wirkende" Person als religiös identifiziert, zum andern aufgrund von gängigen Vorstellungen, die mit muslimisch-gläubigen Personen assoziiert werden.[16]

Der Vollständigkeit halber sei ein weiterer Grund für die Irritation angeführt, den Ece benennt: „Die Kollegen dann aber: ‚Du bist doch so eine rationelle Frau, wie kommst du jetzt auf die Idee […]'". Es als irrational zu bezeichnen, dass sich eine „rationelle" Frau an den Islam bindet, verweist auf das weit verbreitete *Stereotyp*, dass Frauen im Islam (mehr als in anderen Religionen) benachteiligt werden. Die Äußerung verweist gleichsam auf *geschlechtsspezifische Stereotype*, nach denen Frauen weniger rational sind als Männer. Das stellt berufstätige Musliminnen vor Herausforderungen, denn im beruflichen Kontext sind auf Rationalität verweisende Zuschreibungen – wie kompetent, lösungsorientiert – wichtig. Als weibliche Führungskraft riskiert Ece mit dem Bekenntnis zum Islam letztlich, dass ihr Kompetenz abgesprochen wird. Eces Umgangsweise lässt sich ihrer Aussage entnehmen, wonach sie ihren Kolleg*innen entgegenhält, dass alle Religionen und damit auch der Islam rationale Elemente beinhalten. Sie weist ferner darauf hin, dass der Islam „von Männern geschrieben worden" sei und dies ihr als Frau abverlange, die eigene Position auszuloten und die Vereinbarkeit ihrer Denkweisen und Handlungen mit den religiösen Inhalten zu prüfen. Die Schilderung schließt sie mit dem abschließenden Statement, dass sie aufgrund dieses Vorgehens keinen Widerspruch zwischen ihrer Religion, ihrem Leben und ihrer Philosophie erlebe. Sie weist der Interviewerin gegenüber noch einmal darauf hin, dass es sich um ihre subjektive Auslegung handele, sie damit jedoch sehr glücklich lebe.

Dem Vorwurf der Unvereinbarkeit einer rationalen sozialen Identität und der religiösen Bindung begegnet Ece, indem sie dem Islam ebenso wie anderen Religionen sowohl rationale als auch irrationale Elemente attestiert. Mit dem

Argument, dass Religion grundsätzlich nicht im Widerspruch mit Rationalität steht, bringt sie die Diskussion auf eine allgemeine Ebene. Die Ungleichbehandlung zwischen den Geschlechtern begründet sie mit historisch verfestigten Machtverhältnissen.[17] Da sie ihre Position als Muslimin in der Mehrheitsgesellschaft stark reflektiert hat, ist sie in der Lage, die praktizierte religiöse Pluralität aktiv zu gestalteten. Das abschließende Statement zeigt, dass sie die Situation zum Anlass genommen hat, ihre eigene religiöse Haltung zu reflektieren. Sie stellt sich als souveräne und autonome Person dar, die mit religiösen Inhalten reflexiv umgehen kann und sich selbst als maßgebliche Instanz betrachtet, die religiöse und weltanschauliche Entscheidungen trifft. Damit verteidigt sie auf professionelle, diplomatische Weise eine, auch für das Berufliche wichtige Kompetenz: Unterscheidungsfähigkeit.

2.3 Praktizierte Pluralität (3): Die Krux des Expertentums

Ece ist die einzige Muslimin in der Einrichtung. Sie erzählt, dass der Direktor der Einrichtung ihre muslimische Zugehörigkeit hervorhebt, um die Öffnung des christlichen Trägers für religiöse Diversität zu zeigen: „Der Direktor, der eigentlich nicht mal meinen Namen wusste, aber gesagt hat, das ist unsere muslimische Kollegin."

Ece erkennt, dass sie auf ihre religiöse Zugehörigkeit reduziert und weder als Individuum noch in ihrer beruflichen Rolle wahrgenommen wird. Vielmehr repräsentiert sie die Gruppe der Muslime (vgl. Goffman 1967, 38). Ähnlich reflektiert identifiziert sie die an sie herangetragene Forderung, Expertin für ihre Religion zu sein. Sie erkennt, dass sie nicht in ihrer beruflichen Rolle angesprochen wird, was z.B. der Fall wäre bei einer Frage nach den religiösen Riten, die Pflegekräfte kennen müssen. Vielmehr ergibt sich aus Eces Religionszugehörigkeit eine Gelegenheitsstruktur, den Islam zu thematisieren und dabei eine Stellungnahme zu gängigen *Stereotypen* einzufordern. An Eces Reaktion lässt sich Professionalität ausmachen. Sie differenziert, wann die Frage in ihren Verantwortungsbereich fällt und wann sie als Vertreterin der Gruppe der Muslime wahrgenommen wird. Im zweiten Fall verweist sie auf die notwendige Kompetenz, um die Frage zu beantworten. Kolleg*innen und Vorgesetzten sagt sie, dass sie nicht über einen islamwissenschaftlichen Studienabschluss verfügt, sondern über einen sozialwissenschaftlichen. Sie weist diese darauf hin, dass eine Islamwissenschaftlerin eingestellt werden müsse, um in Bezug auf derartige Fragen eindeutige Antworten zu erhalten.

Indem sie ihre eigene Fachkompetenz in Erinnerung ruft, rahmt sie das Gespräch als Konversation unter Fachpersonen. Sie zieht eine klare Grenze und verweigert, als Expertin über den Islam zu sprechen.[18] Ece handelt aber nicht nur als Akteurin, die eine unangemessene Forderung auf kompetente Weise zurückweist, sondern dreht die Situation sogar um: „Dann sag ich dann immer im Gegenzug: Na, erzählen Sie es mir, wo ist dann jetzt die Differenz im Christentum? Was sagt das Christentum darüber aus?"

Der fragenden Person hält sie einen Spiegel vor, indem sie sie aufgrund der Zugehörigkeit zum Christentum mit einer reziproken Erwartung konfrontiert. Sie demonstriert, wie es sich anfühlt, nicht als Individuum oder in der beruflichen Rolle adressiert, sondern auf die Religionszugehörigkeit reduziert zu werden. Die Zumutung macht sie ihrem Gegenüber auf offensive Weise deutlich. Es lässt sich als Good Practice bewerten, dass sie sich weder auf Rechtfertigungen noch auf eine Verteidigung des Islams einlässt.

3. Regulierungsmöglichkeiten und -bedarfe

Wie bereits angeführt, bietet der rechtliche Rahmen gute Voraussetzungen für die Berücksichtigung religiöser Bedürfnisse in religiös diversen Arbeitskontexten. Für die herausfordernde Umsetzung in der Praxis, d.h. das Erzielen von Übereinkünften und Kompromissen, die allen Beteiligten gerecht werden, ist jedoch die Beziehungsqualität entscheidend. Wird Regulierung – entsprechend der Einleitung dieser Publikation – als Prozess verstanden, der durch Normen des Handelns geprägt ist, dann lässt sich in Bezug auf religiöse Pluralität im Arbeitsleben kritisch feststellen, dass das, was als legitim gilt, durch gesellschaftliche Machtverhältnisse geprägt wird. Muslimische Identitäten und Praktiken werden als abweichend wahrgenommen, weil sie dem Handeln und Empfinden der Mehrheit der Gesellschaft nicht entsprechen und deswegen irritieren. Minderheitenangehörige erzielen Kompromisse und Übereinkünfte daher häufig mit sehr viel Geschick (vgl. Barras 2016). Die Forschung zeigt, dass berufstätige Muslim*innen sich darin unterscheiden, ob und wie sie Religion in den Arbeitsalltag einbinden (Barras 2016; Fadil 2013; Hennig 2017). Abhängig ist dies nicht allein vom religiösen Selbstverständnis, beruflichen Anforderungen und Gelegenheitsstrukturen (z.B. vorhandenen Räumlichkeiten), sondern auch von der sozialen Akzeptanz. Minderheitenangehörige wägen sehr stark ab, ob sie es riskieren können, rechtlich legitime Wünsche nach „angemessenen Vorkehrungen" überhaupt anzusprechen. Eine muslimisch-gläubige Praktikantin berichtete von sehr großen Hemmungen, ihre Vorgesetzte zu fragen, ob sie in der Pause einen freien Raum zum Beten nutzen dürfe. Ungeachtet ihrer Kenntnis der zu ihren Gunsten ausfallenden Rechtslage, nach der Religionsfreiheit am Arbeitsplatz besteht, sofern dies beruflichen Erfordernissen nicht entgegensteht, war sie sich bewusst, gar nicht in der Position zu sein, diese einzufordern, und befürchtete sogar, ihren Praktikumsplatz zu verlieren.

Ein Grund dafür, dass der gelingende Umgang mit Diversität in religiös pluralen Arbeitskontexten eine Herausforderung darstellt, ist die häufig einseitige und *stereotype Wahrnehmung* von Muslim*innen. Dies haben alle von mir Befragten erfahren; sei es die türkischstämmige Altenpflegehelferin, die von den Mitschüler*innen ihrer Umschulungsklasse beim Rauchen in der Pause immer wieder darauf angesprochen wird, ob sie das als muslimische Frau überhaupt dürfe; sei es die Arzthelferin, die im Ramadan von ihren Kolleg*innen aufgefordert wird, zu trinken, schließlich werde sie am Arbeitsplatz nicht von ihrer Community beobachtet. Unterstellt wird jeweils, kulturellen bzw. religiösen Regeln unterworfen zu sein. Die unbewussten Wahrnehmungsroutinen simplifizieren die Realität und verstellen den Blick. Das Verhalten wird nicht als individuelles betrachtet, sondern es wird von einem gruppentypischen Verhalten ausgegangen. Damit werden den Betroffenen eigene Entscheidungen und Begründungen nicht zugestanden, was einem Absprechen von Selbstbestimmung gleichkommt.

Die folgenden Empfehlungen zielen auf die Entwicklung von Handlungskompetenz, die Berufstätigen dazu verhilft, Pluralität auf gelingende Art und Weise zu praktizieren. Handlungskompetenz in praktizierter Pluralität beinhaltet die Reflexion der eigenen Position (z.B. empfundene und wahrgenommene Zugehörigkeit zur Mehrheit oder Minderheit) und die Wahrnehmung der Situiertheit des Gegenübers. Insofern lässt sich sagen, dass Reflexionskompetenz eine Voraussetzung für Handlungskompetenz ist. Über kognitive Inhalte hinaus handelt es sich um ein praktisches Wissen, das in praktischer Umsetzung erworben wurde und dadurch untrennbar mit dem Habitus einer Person verbunden ist. Dieser weite Kompetenzbegriff entstammt einer Kritik an der sonst üblichen Aufteilung in Grundlagen- (bzw. Fach-), Methoden-, Sozial- und Reflexionskompetenz (Pfadenhauer 2010, 165). Ein wichtiger Aspekt von umfassender Handlungskompetenz ist die Einschätzung der Situation (ebd.). Dies erfordert Übung, Erfahrung und Praxis sowie die (motivierte) Zuwendung zum jeweiligen Geschehen (ebd.). Die Empfehlungen richten sich an alle Beteiligten in religiös diversen beruflichen Settings, ungeachtet ihrer Zugehörigkeit zu religiösen/weltanschaulichen Minderheiten oder Mehrheiten, ihrer gesellschaftlichen Position sowie ihrer Stellung in der betrieblichen Hierarchie. Angesprochen sind neben den Beschäftigten auch Führungskräfte, die in der Position sind, Maßnahmen zur Verbesserung des Umgangs mit religiöser Pluralität zu ergreifen.

- Arbeitgeber*innen, gewerkschaftliche Institutionen, gemeinnützige Einrichtungen und sonstige Akteur*innen des Arbeitsmarkts und der Arbeitsmarktpolitik sollten das *Bewusstsein für die Herausforderungen religiöser Pluralität* stärken. Diese Herausforderungen bestehen nicht allein aufgrund der Eigenschaften von Personen, die religiösen Minderheiten angehören, sondern aufgrund der Beziehungen zwischen Angehörigen von Mehrheiten und Minderheiten sowie damit einhergehenden Wahrnehmungen und Zuschreibungen.
- Durch Supervision sollten in beruflichen Kontexten *gemeinsame Analyse- und Reflexionsmöglichkeiten genutzt und geschaffen* werden. Im oben erwähnten Beispiel der Diversity-Schulung hätte die Gelegenheit bestanden, die unterschiedliche Wahrnehmung des Islams und des Christentums gemeinsam zu reflektieren.
- Es wird als sinnvoll erachtet, *individuelle Reflexionsmöglichkeiten zu fördern*. Denkbar wäre das Führen eines Pluralitätstagebuchs zu Fragen wie „Wo beobachte ich in meinem Arbeitsumfeld religiöse Pluralität?“ und „Welche Rolle nehme ich dabei ein?“ Dabei ließe sich durchaus an ein Element des Lehramtsstudiums anknüpfen, in dem ebenfalls praxisrelevantes Wissen erworben werden soll: dem Portfolio. Darin werden individuelle Lernprozesse dokumentiert, zusammengestellt, strukturiert und schließlich reflektiert (Bohl 2005, 99). Besonders wichtig ist dabei eine reflektierende Schreibpraxis. Das Portfolio soll dazu beitragen, Lernerfahrungen wahrzunehmen und die eigene Entwicklung sichtbar zu machen (ebd., 94). In religionssensiblen beruflichen Bereichen wäre zu überlegen, den Beschäftigten ähnliche Instrumente an die Hand zu geben.

Das diskutierte Beispiel lenkt den Blick auf fallspezifische Bedingungen dafür, produktiv, reflektiert und professionell mit Zuschreibungen und *Stereotypen* umzugehen. Diese Fähigkeit beinhaltet, Zuschreibungen und Zumutungen mit einer gewissen Distanziertheit, d.h. nicht aus dem emotionalen Zustand der Verletzung heraus, zu identifizieren und zurückzuweisen. Dies erfordert wiederum eine Perspektivübernahme im Wissen darum, dass diese spezifische religiöse Verortung aus Sicht der Mehrheitsgesellschaft eine Abweichung darstellt. Im Fall von Ece wurde deutlich, dass sie auf der Grundlage einer gefestigten und reflektierten religiösen Position und ausgehend von einer fundierten Auseinandersetzung mit gesellschaftlichen Islamdiskursen agiert. Die Herausbildung einer solch distanzierten und reflektierten Umgangsweise mit der eigenen Differenz beruht auf häufig langwierigen und krisenhaften, letztlich jedoch produktiven biografischen Prozessen. Einige der von mir befragten Musliminnen wurden durch ihre Eltern gezielt auf den Umgang mit der eigenen Differenz vorbereitet. Für die Entwicklung entsprechender Strategien erwiesen sich ferner gemeinsame Reflexionsräume wie ein stützendes Herkunftsmilieu oder die Einbindung in eine religiöse Gemeinschaft als förderlich.

Die Kompetenzentwicklung ist ein fortwährender Prozess, der beständige Reflexion erfordert. Am Beispiel von Ece wurde gezeigt, wie die Handlungskompetenz durch produktiv genutzte Reflexionsanlässe im beruflichen Kontext beständig erweitert wird. Erwähnenswert ist auch die Einbindung in Netzwerke, in denen Erfahrungen gemeinsam reflektiert und verarbeitet werden können. Ece teilt die Erfahrung, ungewollt zur Expertin der eigenen Religion gemacht zu werden, mit muslimischen Freundinnen in ähnlichen beruflichen Positionen und konnte gemeinsam mit ihnen Umgangsweisen reflektieren.

Aufgrund der notwendigen Bedingungen für den Erwerb von Handlungskompetenz kann der kompetente Umgang mit Differenz kaum bei allen Menschen, die einer wie auch immer gearteten Minderheit angehören, vorausgesetzt werden. Praktizierte religiöse Pluralität ist in verschiedenen Ausprägungen vorzufinden, von wenig routiniert und reflektiert bis hin zu sehr reflektiert und distanziert. Die oben erwähnte Arzthelferin, die aufgrund ihres Fastens bevormundet wird, verstrickt sich gegenüber ihren Kolleg*innen in Rechtfertigungen. Da es ihr nicht gelingt, ihre Religiosität zu vertreten bzw. in einem nichtmuslimischen Umfeld verständlich zu übersetzen, erlebt sie das berufliche Miteinander als sehr frustrierend. Schwierigkeiten damit, produktiv mit ihrer von der Norm abweichenden religiösen Zugehörigkeit umzugehen, lassen sich auf das Erleben und Erleiden von Diskriminierung und Abwertung zurückführen. Hinzu kommen weitere Spezifika aufgrund der Herkunft aus einer Migrationsfamilie mit häufig niedriger sozialer Herkunft. Die Verarbeitung der eigenen Migrationsgeschichte oder der – in vielen Fällen verwirklichte – Bildungsaufstieg[19] stellen biografische Herausforderungen dar, deren Bewältigung Zeit und Ressourcen erfordert. Auch die Schwierigkeit, als Muslim*in im Kontext von Islamdiskursen und permanenten gesellschaftlichen Zuschreibungen eine eigene religiöse Haltung zu entwickeln und zu vertreten, ist zu berücksichtigen, nicht zuletzt, da die Zugehörigkeit zum Islam permanent im Zentrum der Aufmerksamkeit steht und Muslim*innen häufig auf dieses Identitätsmerkmal reduziert werden.

Für ein gelingendes Miteinander in religiös pluralen Arbeitskontexten ist es unabdingbar, dass alle Beteiligten lernen, die eigene Positioniertheit reflexiv wahrzunehmen und diesen Faktor in die Praxis religiöser Pluralität einfließen zu lassen. Ebenso gilt es, implizite Wahrnehmungsroutinen (die auf *Stereotypen* beruhen) durch Supervision zu benennen und zu hinterfragen. Derartige Kompetenzen lassen sich kaum durch eine Lerneinheit einer Schulung vermitteln. Werden *künstliche* Übungssituationen und Planspiele eingesetzt, ergibt sich der Kompetenzerwerb vor allem durch daran anschließende Reflexionen.[20] Die Handlungsempfehlungen zielen daher auf eine Kompetenzentwicklung, die längere Lernprozesse gepaart mit Erfahrung und Reflexion erfordert (Thomaß/Hößler 2007, 73). Unabhängig von den Handlungskompetenzen, die religiöse und nicht religiöse Arbeitnehmer*innen durch biografische Erfahrungen bereits erworben haben, sollte auch die weitere Kompetenzentwicklung in beruflichen Kontexten stimuliert werden. Als vorteilhaft wird eingeschätzt, die in religionssensiblen Arbeitsmarktbereichen zahlreichen *natürlichen* Situationen praktizierter religiöser Pluralität zu nutzen und im Kontext von Supervision zu reflektieren.

4. Fazit und Ausblick

Der Beitrag basiert auf einem Beispiel von Good Practice im Umgang mit Differenz. Das zentrale Argument lautet, dass Handlungskompetenz den Umgang mit der (eigenen) religiösen Differenz sowie den stereotypen Wahrnehmungen und Zuschreibungen des sozialen Umfelds erleichtert. Praktizierte religiöse Pluralität wurde damit zunächst ausgehend von einer der beiden Seiten erörtert. Den Umgang mit Pluralität konsequent im Zwischenmenschlichen gedacht, wurde anschließend gefragt, wie alle Beteiligten Verantwortung für ein gelingendes Miteinander übernehmen können. Die Verantwortung allein denen zuzuweisen, deren religiöse Zugehörigkeit (und Praktiken) von der Mehrheit abweichen, schöpft das Potenzial erfolgreich praktizierter Pluralität nicht aus. Mit Blick auf „beide Seiten" wurde diskutiert, was Handlungskompetenz im Umgang mit religiöser Pluralität im sozialen Raum der Arbeitswelt ausmacht und wie diese von allen Beteiligten entwickelt werden kann, also sowohl von denen, die als religiös different gelten und deren Differenz zum Gegenstand von Konflikten wird, als auch von den Kolleg*innen und Vorgesetzten, die sich der Mehrheitsgesellschaft zurechnen lassen. Arbeitsplätze lassen sich als Mikrokosmos der Gesellschaft charakterisieren. In beruflichen Settings reproduzieren sich zwar einerseits die Spannungslagen, andererseits besteht die Chance eines produktiven Umgangs mit religiöser Vielfalt, gerade weil es dort nicht in erster Linie um Religion geht. Dies erfordert von allen Beteiligten viel Fingerspitzengefühl sowie Reflexions- und Handlungskompetenz.

Literatur

Alidadi, Katayoun (2012): Muslim Women Made Redundant. Unintended Signals in Belgian and Dutch Case Law on Religious Dress in Private Sector Employment and Unemployment. In: Alidadi, Katayoun/Foblets, Marie-Claire/Vrielink, Jogchum (Hg.): A Test of Faith? Religious Diversity and Accommodation in the European Workplace. Farnham, S. 145–282.

Bahle, Thomas (2007): Wege zum Dienstleistungsstaat. Deutschland, Frankreich und Großbritannien im Vergleich. Wiesbaden.

Barras, Amélie (2016): Exploring the Intricacies and Dissonances of Religious Governance. The Case of Quebec and the Discourse of Request. In: Critical Research on Religion, Bd. 4, Nr. 1, S. 57–71.

Bohl, Thorsten (2005): Wissenschaftliches Arbeiten im Studium der Pädagogik. Arbeitsprozesse, Referate, Hausarbeiten, mündliche Prüfungen und mehr ... Weinheim.

Böllert, Karin/Karic, Senka/Kaufmann, Elke/Oelkers, Nina/Schlegel, Monika/Schröer, Wolfgang (2013): Soziale Dienste und Glaubensgemeinschaften – Pfade regionaler Wohlfahrtsproduktion. In: Soziale Passagen, Bd. 5, Nr. 1, S. 145–149.

[BpB] Bundeszentrale für politische Bildung (2013): Beschäftigte im Gesundheitswesen. Online unter: www.bpb.de/nachschlagen/zahlen-und-fakten/soziale-situation-in-deutschland/61807/beschaeftigte.

Dälken, Michaela (2004): Islam und Arbeitswelt. Muslimische Arbeitnehmende in der Arbeitswelt – islamische Organisationen. Düsseldorf.

El-Mafaalani, Aladin (2012): BildungsaufsteigerInnen aus benachteiligten Milieus. Habitustransformation und soziale Mobilität bei Einheimischen und Türkeistämmigen. Wiesbaden.

Fadil, Nadia (2013): Performing the Salat [Islamic Prayers] at Work. Secular and Pious Muslims Negotiating the Contours of the Public in Belgium. In: Ethnicities, Bd. 13, Nr. 6, S. 729–750.

Foblets, Marie-Claire/Alidadi, Katayoun (2014): The RELIGARE Report. Religion in the Context of the European Union. Engaging the Interplay between Religious Diversity and Secular Models. In: Foblets, Marie-Claire/Alidadi, Katayoun/Nielsen, Jørgen S./Yanasmayan, Zeynep (Hg.): Belief, Law and Politics. What Future for a Secular Europe? Farnham, S. 11–50.

Goffman, Erving (1967): Stigma. Über Techniken der Bewältigung beschädigter Identität. Frankfurt/M.

Habermas, Jürgen (2005): Religion in der Öffentlichkeit. Kognitive Voraussetzungen für den „öffentlichen Vernunftgebrauch" religiöser und säkularer Bürger. In: Habermas, Jürgen (Hg.): Zwischen Naturalismus und Religion. Frankfurt/M., S. 119–154.

Hennig, Linda (2017): Aushandlungsprozesse zwischen Beruf und Religion – Fallstudien der Biografien praktizierender Musliminnen in Deutschland und Frankreich. In: Sammet, Kornelia/Benthaus-Apel, Friederike/Gärtner, Christel (Hg.): Religion und Geschlechterordnungen. Wiesbaden, S. 325–351.

Jähnichen, Traugott (2016): Im Spannungsfeld von Professionalisierung, Ökonomisierung und religiöser Pluralisierung – Konflikte um die evangelische Identität der Diakonie. In: Jähnichen, Traugott/Nagel, Alexander-Kenneth/Schneiders, Katrin (Hg.): Religiöse Pluralisierung. Herausforderung für konfessionelle Wohlfahrtsverbände. Stuttgart, S. 46–64.

Jähnichen, Traugott/Nagel, Alexander-Kenneth/Schneiders, Katrin (Hg.) (2016): Religiöse Pluralisierung. Herausforderung für konfessionelle Wohlfahrtsverbände. Stuttgart.

Khalfaoui, Mouez/Möhring-Hesse, Matthias (Hg.) (2015): Eine Arbeitsgesellschaft – auch für Muslime. Interdisziplinäre und interreligiöse Beiträge zur Erwerbsarbeit. Münster.

Koch, Anne/Tillessen, Petra/Wilkens, Katharina (2013): Religionskompetenz. Berlin.

Mair, Jane (2014): It's All about Relationships. In: Foblets, Marie-Claire/Alidadi, Katayoun/Nielsen, Jørgen S./Yanasmayan, Zeynep (Hg.): Belief, Law and Politics What Future for a Secular Europe? Farnham, S. 79–86.

Mihciyazgan, Ursula (1994): Die religiöse Praxis muslimischer Migranten. Ergebnisse einer empirischen Untersuchung in Hamburg. In: Lohmann, Ingrid/Weiße, Wolfgang (Hg.): Dialog zwischen den Kulturen. Erziehungshistorische und religionspädagogische Gesichtspunkte interkultureller Bildung. Münster, S. 195–206.

Mir-Hosseini, Ziba (2003): Neue Überlegungen zum Geschlechterverhältnis im Islam. Perspektiven der Gerechtigkeit und Gleichheit für Frauen. In: Rumpf, Mechthild/Gerhard, Ute/Jansen, Mechtild M. (Hg.): Facetten islamischer Welten. Geschlechterordnungen, Frauen- und Menschenrechte in der Diskussion. Bielefeld, S. 53–81.

Nagel, Alexander-Kenneth (2013): Pluralisierung als Chance. Religionssoziologische Perspektiven für eine „diverse Diakonie". In: Albrecht, Christian (Hg.): Wieviel Pluralität verträgt die Diakonie? Tübingen, S. 11–34.

Pfadenhauer, Michaela (2010): Kompetenz als Qualität sozialen Handelns. In: Kurtz, Thomas/Pfadenhauer, Michaela (Hg.): Soziologie der Kompetenz. Wiesbaden, S. 149–172.

Pollack, Detlef (2014): Wahrnehmung und Akzeptanz religiöser Vielfalt in ausgewählten Ländern Europas. Erste Beobachtungen. In: Pollack, Detlef/Friedrichs, Nils/Müller, Olaf/Rosta, Gergely/Yendell, Alexander (Hg.): Grenzen der Toleranz. Wahrnehmung und Akzeptanz religiöser Vielfalt in Europa. Wiesbaden, S. 13–34.

Schneiders, Katrin (2016): Personalrekrutierung in Zeiten religiöser Pluralisierung. In: Jähnichen, Traugott/Nagel, Alexander-Kenneth/Schneiders, Katrin (Hg.): Religiöse Pluralisierung. Herausforderung für konfessionelle Wohlfahrtsverbände. Stuttgart, S. 132–150.

Stichs, Anja (2016): Wie viele Muslime leben in Deutschland? Eine Hochrechnung über die Anzahl der Muslime in Deutschland zum Stand 31. Dezember 2015. Im Auftrag der Deutschen Islam Konferenz. Nürnberg. Online unter: https://www.bamf.de/SharedDocs/Anlagen/DE/Forschung/WorkingPapers/wp71-zahl-muslime-deutschland.pdf?__blob=publicationFile&v=12.

[SVR] Sachverständigenrat deutscher Stiftungen für Integration und Migration (2016): Viele Götter, ein Staat. Religiöse Vielfalt und Teilhabe im Einwanderungsland. Jahresgutachten 2016 mit Integrationsbarometer. Berlin.

Thomas, Alexander/Hößler, Ulrich (2007): Interkulturelle Qualifizierung an den Regensburger Hochschulen. Das Zusatzstudium Internationale Handlungskompetenz. In: interculture journal. Online-Zeitschrift für interkulturelle Studien, Bd. 6, Nr. 3, S. 73–96.

Topal, Semiha (2017): Female Muslim Subjectivity in the Secular Public Sphere. Hijab and Ritual Prayer as „Technologies of the Self". In: Social Compass, Bd. 64, Nr. 4, S. 582–596.

Wiemeyer, Joachim (2016): Caritas und interkulturelle Öffnung. In: Jähnichen, Traugott/Nagel, Alexander-Kenneth/Schneiders, Katrin (Hg.): Religiöse Pluralisierung. Herausforderung für konfessionelle Wohlfahrtsverbände. Stuttgart, S. 65–87.

Anmerkungen

1 Arbeitsmarktlich sind diese Berufe hochrelevant. Allein im Gesundheitswesen waren 2011 bundesweit 12% aller Erwerbstätigen beschäftigt. Der Frauenanteil betrug 74% (BpB 2013).

2 Vgl. www.caritas.de/fuerprofis/arbeitenbeidercaritas/arbeitgebercaritas/caritasalsarbeitgeber.aspx.

3 Vgl. www.diakonie.de/die-diakonie-in-zahlen/.

4 Vgl. www.caritas-nrw.de/magazin/2018/artikel/ein-starker-teil-von-kirche.

5 Vgl. www.diakonie-rwl.de/.

6 Das muslimische Kopftuch wird in christlichen Einrichtungen unterschiedlich gehandhabt (SVR 2016, 124ff.).

7 In Stellenausschreibungen von Caritas und Diakonie wurde die Mitgliedschaft zur jeweiligen Konfession seltener als Anforderung erwähnt (Schneiders 2016).

8 Foblets und Alidadi (2014, 17) unterscheiden religiös motivierte Wünsche bezüglich (1) der Kleidung, (2) Arbeitszeitänderungen, (3) der Befreiung von Arbeitspflichten (und sozialen Anlässen im beruflichen Kontext) bzw. deren Modifikation sowie (4) der Nutzung von (existierenden) Räumlichkeiten für Gebet oder Meditation.

9 Die Zahl beruht auf einer 2016 vorgenommenen Schätzung und berücksichtigt die zwischen Mai 2011 und Dezember 2015 circa 1,2 Millionen Eingewanderten muslimischer Zugehörigkeit (Stichs 2016, 28).

10 Relevant ist sowohl überstaatliches (Art. 9 „Gedanken-, Gewissens- und Religionsfreiheit" und Art. 14 „Diskriminierungsverbot" der Europäischen Menschenrechtskonvention, Richtlinie 2000/78/EG des Rats der Europäischen Union zur Festlegung eines allgemeinen Rahmens für die Verwirklichung der Gleichbehandlung in Beschäftigung und Beruf) als auch staatliches (Art. 4, 12, 14 Grundgesetz, Allgemeines Gleichbehandlungsgesetz) Recht.

11 Der rechtliche Rahmen wird fortlaufend modifiziert. Deutlich zeigt dies die Rechtsprechung des Gerichtshofs der Europäischen Union am 14.03.2017, wobei jeweils das islamische Kopftuch den Streitgegenstand darstellte. In der Rechtssache C-188/15 Bougnaoui und ADDH wurde entschieden, dass es gegen die Richtlinie 2000/78/EG verstößt, wenn religiöse Zeichen untersagt werden, um Kundenwünschen zu entsprechen. Mit der Entscheidung in der Rechtssache C-157/15 G4S Secure Solutions wurde Arbeitgeber*innen gleichwohl die Möglichkeit eingeräumt, religiöse Freiheiten per interner Regelung, die keine unmittelbare Diskriminierung darstelle, einzuschränken.

12 Es handelt sich um einen Rechtsbegriff. Angemessene Vorkehrungen waren ursprünglich für Menschen mit Behinderung vorgesehen (siehe Art. 5 der Richtlinie 2000/78/EG des Rats der Europäischen Union).

13 Das Interview mit der hier Ece genannten Arbeitnehmerin habe ich im Rahmen meines Dissertationsprojekts geführt. Aus Platzgründen werden der ausführlichen Fallrekonstruktion lediglich wesentliche Aspekte entnommen.

14 Abgesehen von dem Fauxpas bei der 12. Islam Konferenz, wo sich unter den nicht gekennzeichneten Häppchen Blutwurst befand (vgl. Frankfurter Allgemeine Zeitung, v. 30.11.2018, online unter: www.faz.net/aktuell/gesellschaft/menschen/innenministerium-serviert-blutwurst-auf-der-islamkonferenz-15917566.html).

15 Wörtliche Zitate werden in einem weitgehend von Fehlern bereinigten Alltagsdeutsch wiedergegeben.

16 Derartige Stereotype sind weit verbreitet. So belegt eine Untersuchung, dass unverschleierte von verschleierten Musliminnen ganz ähnlich als nicht religiös klassifiziert werden (Topal 2017, 589).

17 Ece argumentiert ähnlich wie muslimische Theologinnen. Demnach resultiert Ungleichheit aus der patriarchalen Gesellschaft und den Interpretationen (männlicher) Gelehrter (Mir-Hosseini 2003).

18 Mit dem Verweis auf die Islamwissenschaft optiert Ece für eine Außen- und nicht für eine Innenperspektive (z.B. als Gläubige oder Theologin). Ein möglicher biografischer Grund dafür ist, dass ihr ein Studium der Islamwissenschaft offengestanden hätte, wohingegen die Studiengänge Muslimische Religionspädagogik und Islamische Theologie erst 2000 bzw. 2011 eingerichtet wurden.

19 Dass allein schon der Bildungsaufstieg eine biografische Herausforderung darstellt, die zur Entfremdung vom Herkunftsmilieu führt, hat Aladin El-Mafaalani (2012) herausgearbeitet.

20 Einen derartigen Vorschlag unterbreiten Koch, Tillessen und Wilkens (2013) zum Erwerb von Religionskompetenz. Darunter verstehen die Autorinnen (1) Wissenskompetenz, d.h. ein kulturwissenschaftliches Religionsverständnis zur Identifikation von typisch religiösen, aber nicht typisch christlichen Aspekten; (2) Selbstkompetenz, d.h. die Reflexion der eigenen Verortung und (3) Interventionskompetenz, d.h. das Erkennen von Konfliktpotenzialen und Entwickeln von Lösungen (ebd., 2013, xiv).

ALEXANDRA DAVID, SILKE STEINBERG

Die Arbeitsmarktintegration von Zugewanderten. Die Rolle von sozialen Milieus, Habitus und religiöser Prägung[1]

1. Hintergrund und Fallbeschreibung

Die Zahl der internationalen Migrant*innen[2] weltweit ist im Laufe vergangener Jahre weiterhin gewachsen. Sie erreicht 2017 den Stand von 258 Millionen gegenüber dem Jahr 2010 mit 220 Millionen (UN 2017). Über 60 % aller internationalen Migrant*innen leben in Asien (80 Millionen), gefolgt von Europa (78 Millionen) (UN 2017). Laut UN-Bericht zur internationalen Migration (2017) gehört Deutschland zu den weltweit 20 Ländern, in denen insgesamt 67 % aller Migrant*innen leben.

Die Migrationsprozesse hierzulande der letzten Jahre wurden vor allem durch die starken Fluchtbewegungen nach Deutschland geprägt. Die Jahre 2015 bis 2017, mit ihrem Höhepunkt im Dezember 2016, sind aufgrund der starken Flüchtlingszuwanderung[3] in die deutsche Geschichte eingegangen (BAMF 2017). Sowohl die hohe Anzahl der Fluchtmigrant*innen als auch der kurze Zeitraum, in dem sie Deutschland betreten und damit einen hohen bürokratischen und strukturellen Aufwand ausgelöst haben, der bewältigt werden musste, stellten Deutschland vor Herausforderungen. Im Jahr 2016 lag die Zahl der Erstasylanträge bei 745.545 (BAMF 2017).

Nordrhein-Westfalen gehört bereits seit der Anwerbung von „Gastarbeiter*innen“ in der Nachkriegszeit zu den deutschen Regionen, die eine Großzahl zugewanderter Menschen aus verschiedenen inner- und außereuropäischen Ländern aufnahmen (David et al., 2019). Und auch bei den neuesten Migrationsbewegungen, wie der erhöhten Fluchtmigration der vergangenen Jahre, ist NRW laut Bundesamt für Migration und Flüchtlinge (BAMF 2017) das Bundesland mit den meisten Asylerstanträgen in Deutschland. So wurden im Zeitraum Januar bis Mai 2017 28,9 % aller Asylerstanträge in NRW gestellt. Als Vergleich: Bayern liegt auf Platz zwei mit 11,2 % und Baden-Württemberg auf Platz drei mit 10,3 % (BAMF 2017).

Ein großer Teil der Migrant*innen in Deutschland gehört einer anderen Konfession als der römisch-katholischen oder evangelischen Kirche an, in denen, mit etwas über 50%, die meisten Deutschen organisiert sind. So lebten bereits 2015 (BAMF 2015) zwischen 4,4 und 4,7 Millionen Muslim*innen in Deutschland. Gemessen an der Berechnung seit ca. 1972 ist diese Zahl mit kleinen Ausnahmen kontinuierlich gestiegen, und auch entsprechende Zukunftsprognosen sehen kein Abebben dieses Trends bis ins Jahr 2050. Auch die in den vergangenen Jahren nach Deutschland Geflüchteten gehören größtenteils dem Islam an.

Für die Bewältigung von Zuwanderung im Sinne erfolgreicher Integration ist die lokale Arbeitsmarktintegration ein zentraler Faktor, was durch die Migrationszuflüsse der vergangenen Jahre erneut offengelegt wurde (David et al. 2019). Als eines der für die Zielgruppen beliebtesten Zielländer versucht Deutschland, mit geplanten Maßnahmen internationale Wissensflüsse, die von Migrant*innen oft genutzt werden, für die hiesige Wirtschaftskraft einzusetzen. Strategien einer sozial und wirtschaftlich nachhaltigen Gestaltung beispielsweise der Flüchtlingsmigration vollziehen sich in NRW in enger Verschränkung von soziodemografischem, sozialstrukturellem und wirtschaftsstrukturellem Wandel. Dies birgt für Nordrhein-Westfalen besondere Chancen und Herausforderungen. Die Chancen liegen klar auf der Hand, wenn man den Fachkräftemangel hierzulande vor allem in Pflege- und Handwerksberufen beachtet (Steinberg 2018). Die Risiken hingegen liegen in einer eher schlechten gesellschaftlichen Integration und einem späten oder verhindertem Einmünden in die Arbeitswelt. Neben vielen Hürden, die Letzterem im Wege stehen (wie etwa Sprachbarrieren, Probleme bei der Anerkennung von im Ausland ausgestellten Qualifikationen, Geschlecht), spielt das kulturelle Verständnis der Arbeitswelt, basierend auf dem Habitus einer Person, eine starke Rolle. Im Habitus vereinen sich soziokulturelle und damit auch religiöse Einstellungen zur Welt, die ein Individuum von Kind auf prägen. Diese beeinflussen den Blick der Individuen auf die Arbeit und können verhindernd wirken, z.B. wenn unterschiedliche Sichtweisen aufeinandertreffen.

Die drei Branchenfelder Pflege, IT-Wirtschaft und Handwerk sind in Nordrhein-Westfalen in unterschiedlicher Weise bereits heute für die Arbeitsmarktintegration von Geflüchteten von hoher Bedeutung. Dies ist auch zurückzuführen auf die Erfahrung der drei Branchen mit vorangegangenen Migrationsgruppen, die in den vergangen Jahren Zugang zur Arbeit in diesen Wirtschaftszweigen gefunden haben. Die Sensibilisierung, Deutung und der Umgang mit (fachlich-)kulturellen und darunter religiösen Differenzen im Kontext spezifischer Branchen-, Berufs- und Arbeitskulturen ist ein kritischer Erfolgsfaktor im Integrationsprozess. Dabei müssen sowohl Prozesse der Einmündung in die Arbeitswelt als auch die Entwicklungsperspektiven in der Arbeitswelt analysiert werden.

Vorliegende Daten weisen u.a. darauf hin, dass es trotz erfolgreicher Aufnahme eines Ausbildungs- oder Arbeitsplatzes nach wie vor häufig zu Drop-Out-Effekten[4] kommt. Branchenspezifische Arbeitswelten sind derzeit nur bedingt in der Lage, einen ressourcen- und potenzialorientierten Integrationsprozess zu unterstützen. Unberücksichtigt bleibt zudem, welche komplexen Erwerbs- und Entwicklungsbiografien, aber auch Interessenskonflikte z.B. durch Religionszugehörigkeit motiviert sind, welche Erwartungen die Individuen mitbringen und wie diese ressourcen- und potenzialorientiert in der lokalen Arbeitswelt fortgeschrieben werden können (David et al. 2019). Eine sich anschließende Fragestellung ist, in wieweit religiöse Vielfalt die Prozesse der Arbeitsintegration in diesen Branchen sogar positiv beeinflusst und welche Potenziale sich hieraus ergeben.

Angelehnt an das Forschungsvorhaben SELMA[5] setzt der Artikel hier an und untersucht die folgenden Fragen in Bezug auf die Integration von Geflüchteten in die Arbeitswelt:

- Wie selektiv verlaufen Prozesse der *Einmündung* in betriebliche Arbeitswelten in den drei Branchen Pflege, IT-Wirtschaft und Handwerk bestimmt durch Hemmnisse und Befähigungen, und welchen Einflussfaktor hat dabei die religiöse Herkunft einer Person?
- Erschweren Mehrdeutigkeiten, bedingt durch die religiöse Herkunft, den Entwicklungsprozess in der Arbeitswelt (und wenn ja, wie) oder generieren sie Potenziale, die diesen Entwicklungsprozess sogar unterstützen?
- Und können (falls ja, wie) Regulierungen dazu beitragen, Barrieren zu überwinden und Potenziale hervorzuheben?

Dazu wird im Folgenden kurz der Rahmen des Forschungsprojekts skizziert, um dann anhand von Praxisbeispielen aus den drei genannten Branchen zu zeigen, wie bestehende Regulierungen teilweise verhindernd für die Integrationsprozesse wirken und wie die Transformationen von Regulierungen zu einem potenzialorientierten Umgang mit religiöser und kultureller Diversität beitragen. Regulierung wird dabei im Sinne der Veröffentlichung, und wie von den Herausgeber*innen bereits dargelegt, als Prozess verstanden, der durch die Normen des legitimen und nicht legitimen Handelns, die ihrerseits unter anderem durch Religion reguliert werden, geprägt wird.

Durch diese Herangehensweise zeigen wir, wie religiöse Vielfalt im Bereich der Arbeitswelt in den drei untersuchten Branchen hervortritt und wie die drei

Branchen mit religiöser Pluralität jeweils umgehen, indem sie Regulierungsbedarfe aufzeigen sowie selbst situative Regulierungsmöglichkeiten und dadurch Handlungsperspektiven für die Praxis entwerfen.

2. Problemlagen und Lösungsansätze

2.1 Problemlagen der Integration in die Arbeitswelt

Es ist unumstritten, dass die Integration von Migrant*innen im Allgemeinen, und vor allem die Integration der hier im Fokus stehenden Fluchtmigrant*innen, in den Arbeitsmarkt von hoher Relevanz ist (David et al. 2019). Für die Zielgruppe bedeutet der Eintritt in die Erwerbsarbeit eine Chance zur aktiven Teilnahme am sozialen und ökonomischen Geschehen im Ankunftsland (David et al. 2019). Sie vermittelt zugleich Wertschätzung und kann dazu beitragen, die Zukunft in der neuen Heimat sinnvoll und ein Stück weit nach eigenen Vorstellungen zu gestalten. Erwerbsarbeit bildet den Rahmen für die Freisetzung von individuellen Ressourcen, Potenzialen und Kreativität (David et al. 2019). Arbeit ist demnach wesentlicher Bestandteil des Menschseins und somit auch an die menschliche Evolution gekoppelt (UN Human Development Report 2015). Knuth (2016) argumentiert, dass es in Deutschland keine deutschsprachigen Teehäuser und Basare gibt, daher primär als sprachförderlicher Handlungskontext die Arbeit und der Arbeitsplatz infrage kommen. Darüber hinaus ist ein wachsendes Engagement der Zielgruppe in der Erwerbsarbeit mittel- und kurzfristig unerlässlich dafür, die wirtschaftliche und sozialstaatliche Leistungsfähigkeit Deutschlands zu garantieren. Der Eintritt in die Arbeitswelt ist aber nicht nur ein Integrationsinstrument im Ankunftsland. Es ist auch ein Zeichen für das Herkunftsland und die dort zurückgelassene Familie und Freunde: der Migrationsprozess ist gelungen und hat den Aufwand gelohnt. Dies ist nicht unerheblich, wenn man bedenkt, dass oft materielle Ressourcen der ganzen Familie, gar ganzer Dorfgemeinschaften, der/dem Geflüchteten zur Verfügung gestellt werden, damit die Migration in den Westen und damit in eine hoffentlich bessere Zukunft gelingen kann. Darüber hinaus ist diese Art von Vorfinanzierung nicht uneigennützig, da von der/dem Migrant*in *remittances*, sprich Geldüberweisungen, in die Herkunftsländer nach Ankunft in der neuen Heimat als Gegenleistung erwartet werden. Somit ist ein schneller Eintritt in die Arbeitswelt nicht nur erstrebenswert, sondern er ist Gegenstand der sozialen Erwartungen an die Person.

Dennoch klaffen, ungeachtet des Wissens um die Wichtigkeit der Arbeitsintegration, Theorie und Praxis auseinander. Trotz vieler Maßnahmen, trotz der

Erfahrungen der Vergangenheit und den daraus gezogenen Lehren, trotz unbesetzter Stellen in diversen Branchen, die massiv am Fachkräftebedarf leiden, gelingt nach wie vor nur wenigen eine erfolgreiche, dauerhafte und zukunftsträchtige Integration in die hiesige Arbeitswelt. Auch wenn Studien wie Brücker et al. (2019) zeigen, dass immer mehr Geflüchtete der letzten Monate eine Arbeitsstelle finden, muss hier klar hinterfragt werden, in welchen Arbeitsverhältnissen, in welchen Branchen, zu welcher Vergütung und mit welchen Langzeitperspektiven.

So zeigt beispielsweise eine IAB-Studie (2015), dass ein großer Teil der Geflüchteten, die vor 15 Jahren nach Deutschland gekommen sind, noch heute nicht im Arbeitsmarkt angekommen ist. Nach zehn Jahren Aufenthalt in Deutschland schafften es gerade einmal 60 % der damals Eingereisten, in Arbeit zu sein (IAB 2015). Eine verlangsamte Arbeitsmarktintegration von Geflüchteten in den ersten Monaten bis eineinhalb Jahren ist mit der Dauer des Asylverfahrens und der Teilnahme an integrationsvorbereitenden Maßnahmen zu erklären (OECD 2017). Durchgeführte Studien, die auf Interviews und Erwerbsbiografien basieren (vgl. das SELMA-Projekt), zeigen, dass erfolgreiche Strategien der Arbeitsmarktintegration einen Wandel auf gesellschaftlicher, organisatorischer (betrieblicher) und institutioneller Ebene erfordern, der durch Regulierungen begleitet werden muss.

Zu den vielen Hemmnissen, denen die Geflüchteten in der Arbeitswelt begegnen, gehören nach wie vor auf der institutionellen Ebene die sogenannte Bleibeperspektive und der Status als „Flüchtling", der eine gesellschaftliche Anerkennung verhindert und selbst noch im besten Fall eine positive Diskriminierung darstellt. Daneben haben Jobcenter und Arbeitsagenturen nach wie vor Probleme mit der Klärung von Zuständigkeiten. Trotz massiver Bemühungen und einiger Veränderungen, stellt die Anerkennung von ausländischen Qualifikationen nach wie vor ein weiteres Hindernis dar. Die organisatorische Ebene zeigt auf den ersten Blick auch Probleme, die ihren Ursprung in der ungewissen Bleibeperspektive haben. Und auch wenn, nach neuen Regelungen, Geflüchtete z.B. in der Zeit der Lehre nicht abgeschoben werden dürfen, stellt sich hier die Frage, welches Unternehmen gern ausbildet, wenn es nicht sicher sein kann, den oder die Auszubildende*n nach der Zeugnisvergabe als Arbeitskraft zu verlieren. Außerdem bedeutet für jedes Unternehmen die Aufnahme von Geflüchteten in den Mitarbeiter*innenpool einen Mehraufwand. Mangels spezifischen Wissens und Spracherwerbs müssen diese Arbeitskräfte anders betreut werden, was ein „Mehr" an finanzieller und personeller Ressource bedeutet. Dazu sind Unternehmen in der Regel nur dann bereit, wenn es sich um eine Investition im Hinblick auf die Fachkräftesicherung handelt.

Zu den hier genannten Barrieren, die bereits schwierig zu überwinden sind, kommen diejenigen auf der individuellen Ebene hinzu. Dazu gehören vor allem eigene Wünsche der Geflüchteten, sich in einem fremden Land verwirklichen zu können; einen Beitrag leisten zu wollen, darin aber gehemmt zu werden. Das „Nichtkönnen" hängt zum einen mit dem Bildungsniveau und den nicht anerkannten Qualifikationen zusammen, aber auch von den individuellen Einstellungen, Vorstellungen und kulturellen Rahmen, die sich nicht immer leicht in die westeuropäischen und damit auch deutschen Konzepte unterbringen und mit ihnen zusammenbringen lassen. Darunter sind es vor allem, wie das Projekt SELMA herausfand, soziokulturelle Faktoren, die unter dem Begriff Habitus zusammengefasst werden können, die im Alltag und in der Arbeitswelt unüberwindbar scheinen, und daher die Integration der Zielgruppe nicht nur erschweren, sondern vor allem gänzlich scheitern lassen. Da der Habitus einer Person auch durch die religiöse Herkunft geprägt wird, soll er hier nähere Beachtung finden.

2.2 Die Rolle von sozialen Milieus, Habitus und religiöser Prägung

Das SELMA-Projekt hat neben den beschriebenen institutionellen, organisatorischen und individuellen Hemmnissen weitere Hindernisse identifiziert, die den Zugang zur Ausbildung und zum Arbeitsmarkt der Zielgruppe erschweren. Darunter fallen vor allem, wie oben erwähnt, soziokulturelle Faktoren, die sich in Ambiguitäten in Bezug auf die Wahrnehmung von Arbeitskulturen, -plätzen, -rahmen, -welten und -milieus seitens der Individuen widerspiegeln. Der Habitus der Zielgruppe Geflüchteter trifft in einem spezifischen Arbeitsmilieu, in das die Personen im Ankunftsland einmünden, auf den Habitus von Beschäftigten in der Ankunftsgesellschaft. Dies ergibt ein komplexes Bild der Arbeitsintegrationsprozesse, das im Projekt in den Blick genommen wurde. Der Begriff des Habitus und der des Milieus wurden im Forschungsprojekt genutzt, um die komplexen soziokulturellen Prägungen zu beschreiben, die sich sowohl auf der Ebene des Individuums als auch auf der der Organisationen und Institutionen ausmachen lassen (David et al. 2019). Dabei beschreibt der Begriff des Habitus diese Prägungen auf individueller Ebene, der des Milieus die auf der Ebene von Organisationen und Institutionen.

Bourdieu (1992 und 1997) prägt den Begriff *Habitus* und definiert ihn anhand eines Individuums bestehend aus Denk- und Handlungsmustern, die die Möglichkeiten und Grenzen des Denkens und Handels eines Menschen bestimmen. Der Habitus bestimmt somit u.a., was ein Mensch sich zutraut, welche Wahrnehmungskategorien (im Sinne von Ambiguitäten) er besitzt, was denkbar ist sowie welches Verhalten für ihn als selbstverständlich erscheint. Die Differenzen im Habitus von Menschen zeigen sich im Alltag z.B. durch unterschiedliche Arten zu essen, sich zu kleiden, sich zu bewegen, zu sprechen, zu urteilen, aber auch in unterschiedlicher Lebensführung, unterschiedlichen Lebenszielen, im Selbstverständnis und der Weltsicht (David et al. 2019). Die religiöse Orientierung eines Menschen bestimmt neben seinem sozialen Status und weiteren Faktoren sowohl das Bewusstsein des Menschen von sich selbst als auch den Habitus.

Bremer (2005) erklärt den Habitus nach Bourdieu als eine „allgemeine Grundhaltung, eine Disposition gegenüber der Welt" (Bremer 2005). Im Habitus sind demzufolge Arbeitswege und die Sicht auf die sich dort repräsentierenden Welten eingebettet. Dabei umfasst der Habitus mehr als die kognitive Ebene. Nach Bourdieu (1992, 1997) ist er dem Individuum mehr „einverleibt" und „verinnerlicht" (Krais/Gebauer 2002). Der Habitus hat zwar Einfluss darauf, was ihn selbst umformt und verändert, zugleich sind diese Veränderungen aber nicht unendlich und auch nicht unendlich flexibel. Bourdieu sieht diesen Zusammenhang eher an Integrationsstufen gebunden (Bourdieu 2001). Nicht zuletzt kann der Habitus zwar durch das aktive Potenzial jedes Einzelnen die Praxis „neu" konstruieren, die Frage der Prinzipien spielt dabei aber eine große Rolle (David et al. 2019). Prinzipien wiederum sind gebunden an den sozialen Raum des Individuums und damit an seine Ressourcen, Chancen und Notwendigkeiten, woraus sich Differenzen und nicht zuletzt Milieus (re-)produzieren.

Individuen einer heterogenen Gesellschaft unterscheiden sich über den Habitus. Bei der Zielgruppe Geflüchteter wurde der Begriff des Habitus weiter gefasst, da sie sich nicht nur durch den sozialen Raum der Mehrheitsgesellschaft unterscheiden, sondern einvernehmlich durch einen anderen soziokulturellen und mehrheitlich durch einen differenten religiösen Rahmen (David et al. 2019). Hinzu kommt, dass Habitus durch Erfahrungen geformt wird, die ein Mensch im Laufe seines Lebens macht. Bei Geflüchteten unterscheiden sich diese Erfahrungen grundsätzlich von Individuen, die in der hiesigen Mehrheitsgesellschaft sozialisiert worden sind. Allein die Fluchterfahrung hinterlässt tief greifende Spuren im Leben einer geflüchteten Person. Zugleich ist der Habitus „strukturierende Struktur" insofern, als er das Handeln eines Menschen generiert, das dann die Umwelt und die Gesellschaft, in der er lebt, bis zu einem gewissen Grad strukturiert (David et al. 2019). Somit prägt nicht nur das soziale Umfeld den Menschen, sondern der Mensch prägt seine Umwelt den Strukturen seines Habitus entsprechend.

Die Art der sozialen Erfahrungen, die ein Individuum macht, wird vor allem durch die Kategorien (Klasse, Geschlecht, Ethnizität, Konfession etc.), in die ein Mensch von der Gesellschaft eingeordnet wird, mitbestimmt. Diese Kategorien können die Selektionsprozesse der Arbeitsmarktintegration mitgestalten, so die SELMA-Erfahrungen. Würden verschiedene Menschen, z.B. aus der Mehrheitsgesellschaft, in den genannten Kategorien ähnlichen Zuschreibungen zugeordnet werden, ist die Wahrscheinlichkeit relativ hoch, dass sie viele ähnliche soziale Erfahrungen machen und deshalb auch einen ähnlichen Habitus entwickeln würden.

Es lässt sich also festhalten, dass Menschen auch einen bestimmten Habitus benötigen, um zu einer bestimmten Klasse oder Gruppe dazuzugehören. Für Geflüchtete könnte dies bedeuten, dass sie sich selbst stigmatisieren, wenn sie von der Mehrheitsgesellschaft stigmatisiert werden, und mit der Zeit dem geformten Bild folgen und dieses zu ihrem Habitus rekonstruieren, was von vielen im SELMA-Projekt bestätigt worden ist. Dieser Aspekt der Ausformung entwickelt das komplexe Gefüge an Erfahrungen, Erlebnissen und Prägungen, das Geflüchtete mitbringen, weiter. Dieser wiederum beeinflusst intrinsisch deren Herangehen an Ausbildung und Arbeit. Es ist also nicht allein eine religiöse und kulturelle Prägung, die den Raum der Begegnung füllt, sondern ein ganzes Spektrum an Einflussfaktoren, die im Projekt unter dem Begriff des Habitus vereint wurden.

Dem Habitus gegenüber steht der Begriff *Milieu* (vgl. z.B. Durkheim 1988). Im Allgemeinen bezeichnet das soziale Milieu Normen, Gesetze und Werte einer Gruppierung, die sich ebenso über soziokulturelle Faktoren wie auch über Religionszugehörigkeit definieren. Nach Weber hat Religion keine universelle Bedeutung (Bremer/Teiwes-Kügler 2006), daher kann Religion verschiedenen Milieus zugeordnet werden. Religiöse Bedürfnisse, Motive und Handlungsmuster unterscheiden sich nach sozialen Kontexten, sodass sich Varianten religiöser Lebensführung unterscheiden lassen. Religion nimmt nicht nur

> auf den verschiedenen Stufen des sozialen Raumes eine andere Bedeutung und Praxisform an. Es gibt vielmehr auch eine Ebene der objektiven Herrschaftsbeziehungen, durch die das Handeln der Akteure mit strukturiert ist. Das Wesen der Religion selbst, also das, was als heilig oder profan zu gelten hat, ist umkämpft zwischen unterschiedlichen Laiengruppen und professionellen religiösen Spezialisten (Bremer/Teiwes-Kügler 2006, 2373).

Menschen, die ähnliche Lebensweisen teilen, ähnlich denken und so als Gemeinschaft das Verhalten des Einzelnen auf die gleiche Weise prägen, werden als Teilnehmer*innen eines bestimmten „sozialen Milieus" bezeichnet. Daran orientiert, sprechen wir im Weiteren von Arbeitsmilieus, die bestimmte Arbeitswelten, Arbeitsrahmen und Arbeitskulturen definieren. In SELMA wurden vier Ebenen des Arbeitsmilieus identifiziert: (a) Branche; (b) Beruf; (c) Betrieb und (d) Belegschaft (siehe Abbildung 7). Die Annahmen entsprangen den drei im Projekt gewählten Branchen, die sich in Traditionen, Erfahrungen, Werten und Normen sowie Handlungskontexten unterscheiden (IT-Wirtschaft, Pflege und Handwerk) und die zum Teil auch aufgrund ihrer Unterschiede gewählt wurden.

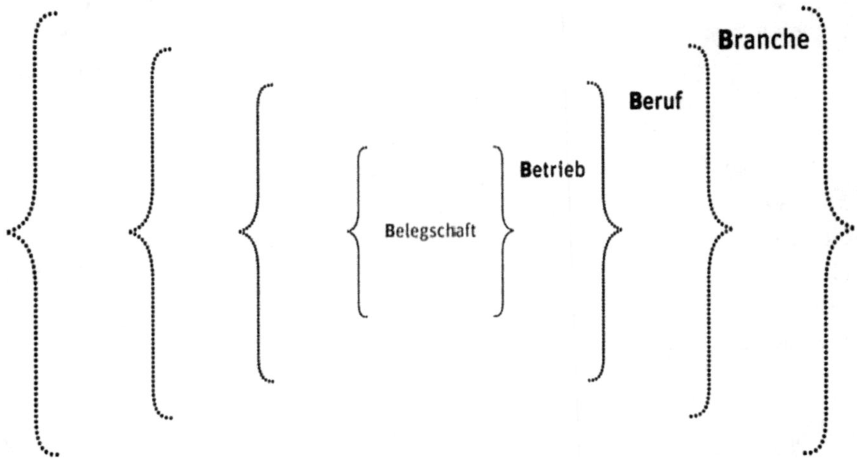

Abbildung 7: Arbeitsmilieus
Quelle: In Anlehnung an David et al., 2019

3. Regulierungsmöglichkeiten und -bedarfe

Im Folgenden skizzieren wir auf Basis von Interviews anhand von Beispielen in den drei Branchen Mehrdeutigkeiten, die bedingt durch die religiöse Herkunft den Entwicklungsprozess in der Arbeitswelt erschweren, aber auch Potenziale generieren, und diskutieren anschließend, wie Regulierungen dazu beitragen können, Barrieren zu überwinden.

3.1 Branchenfeld Handwerk

Negativbeispiel Handwerk

Der Inhaber eines Handwerksunternehmens in der Stadt Gelsenkirchen, der zudem stark in die Flüchtlingshilfe eingebunden ist, nahm im Jahr 2016 einen Geflüchteten aufgrund seiner Vorausbildung in seinen Baubetrieb auf. Mohammed war zu dem Zeitpunkt 39 Jahre alt und kam aus Damaskus, wo er selbst eine Baufirma geleitet hatte. Er floh allein nach Deutschland. Es gelang ihm ein paar Monate später, seine Frau und die beiden Söhne nachzuholen. Mohammed war im Bauhandwerk ausgewiesen und hat seine Arbeit schnell und sorgfältig erledigt. Dennoch sind sowohl ihm als auch seinem Chef bereits nach einigen Tagen Unstimmigkeiten im Team aufgefallen, die wie folgt beschrieben werden können:

Mohammed kam an manchen Tagen später als zum vereinbarten Arbeitsbeginn und konnte auch einige Aufträge zu bestimmten Zeiten nur selten anfahren. Darauf angesprochen argumentierte er, dass er seine Gebetspraxis ausüben möchte, die an bestimmte festgelegte Tageszeiten geknüpft wäre. Nicht nur hat dies bei seinen neuen Kollegen schlechte Stimmung ausgelöst, sondern war auch für die Kund*innen verwirrend. Dabei ist der Umstand wichtig, dass die anderen Mitarbeiter nicht die Religionspraxis an sich kritisiert haben, sondern diese eher als zusätzliche Ruhezeiten und Pausen interpretierten, die ihnen dementsprechend auch zustünden.

Der Firmeninhaber versuchte in der Situation so zu argumentieren, dass Mohammed schließlich Gebetspausen gewährt werden können, so wie den anderen Handwerkern eben Zigarettenpausen erlaubt seien. Dem gegenüber wurde seitens der Handwerker dann einheitlich die Dauer einer Zigarettenpause mit der Dauer der Gebetszeit verglichen. Da die Gebetseinheiten länger dauerten, konnte der Firmeninhaber keine weiteren Argumente vorlegen.

Es sollte aber nicht nur dabei bleiben. In dem Team, das aus sieben Handwerkern inkl. Mohammed bestand, wurden des Öfteren Witze auf Kosten von Ausländern, religiösen Merkmalen wie der weiblichen Kopfbedeckung sowie zugleich auch sexistische Witze gemacht. Mohammeds religiös geprägte Weltanschauung und Einstellung erlaubte es ihm nicht, auch wenn er zu dem Zeitpunkt nur die Hälfte verstand, sich den Kollegen anzunähern und ihre Weltanschauung zu teilen. Es berührte ihn nicht nur peinlich, sondern schreckte ihn davon ab, Kollegialität aufzubauen. Mohammed bat seinen Chef mehrmals um selbstständiges und vor allem um Arbeiten, das nicht im Team stattfinden sollte. Nach einem halben Jahr haben sich Mohammed und sein Chef einvernehmlich voneinander getrennt.

Positivbeispiel Handwerk

Im Projekt SELMA wurden in den drei Branchen regelmäßig Unternehmensworkshops durchgeführt, die Raum boten, um Erfahrungen bei der Arbeitsintegration von Geflüchteten auszutauschen, um Instrumente für eine Überwindung der Barrieren kennenzulernen und um gemeinsam Lösungsansätze zu entwickeln. In den Workshops wurden ebenfalls häufig Probleme thematisiert, die sich durch das Aufeinandertreffen der durch die im Habitus verankerten, durch religiöse und kulturelle Sichtweisen geprägten Verhaltensnormen der Geflüchteten und durch die der anderen Mitarbeiter*innen ergaben. Die durch das spezifische Arbeitsmilieu geprägten Erwartungen können diese Problematik verstärken. Auf der anderen Seite stellten viele Unternehmen gerade im Handwerk aber auch die Potenziale dar, die sich durch die kulturelle Diversität der neuen Mitarbeiter*innen ergaben. Beispielsweise berichtete ein Fliesenfachbetrieb von einem Mitarbeiter, der durch sein kunsthandwerkliches Geschick andere Kollegen in neuen Techniken unterwies, und dass das Unternehmen seine Angebotspalette so erweitern konnte. Auch andere Unternehmen berichteten von Mitarbeiter*innen, die über besondere Fähigkeiten verfügten, die für das Unternehmen wichtig waren. Die Unternehmer*innen waren sich einig, dass sie diese neuen Mitarbeiter*innen nicht verlieren wollten. Zusammen entwickelten sie einen Leitfaden für ein unternehmensinternes Event, an dem gemeinsam mit allen Mitarbeiter*innen die individuellen Bedarfe der Mitarbeiterschaft, die sich aus der religiösen oder kulturellen Prägung jeder/s Einzelnen ergeben (z.B. Essgewohnheiten, Gebetszeiten, Sprachgebrauch), gegenübergestellt wurden, und wo gemeinsam nach Möglichkeiten gesucht wurde, diese in den Arbeitsalltag zu integrieren. Der partizipative Charakter dieses Events führte zu einer hohen Bereitschaft der/s Einzelnen, Kompromisse einzugehen und Zugeständnisse zu machen. Stereotype und Erwartungshaltungen wurden offen angesprochen und reduziert. In einigen Unternehmen gab es weitere Veranstaltungen, die zum Teil auch außerhalb der Arbeitszeit stattfanden, die dazu beitrugen, dass sich die einzelnen Mitarbeiter*innen mehr und mehr mit der Diversität innerhalb des Unternehmens identifizierten und bereit waren, die durch den persönlichen Habitus geprägten Normen weiterzuentwickeln.

Die anfängliche Schwierigkeit, die Mitarbeiter*innen für die Teilnahme an den Events zu motivieren, wurde in einigen Unternehmen durch Arbeitsanweisungen gelöst. Die Mitarbeiter*innen wurden dazu verpflichtet, an den Veranstaltungen teilzunehmen. Selbst in diesen Unternehmen hat die Maßnahme zu einer Verbesserung der Zusammenarbeit und zu einer erfolgreichen Integration der geflüchteten Mitarbeiter*innen geführt.

Ein weiterer Lösungsansatz beruhte auf dem Bilden von Tandems. Den geflüchteten Mitarbeitern wurde ein deutscher Mitarbeiter zur Seite gestellt. Der deutsche Mitarbeiter hatte vor allem die Aufgabe, Unterschiede zu identifizieren und zu erklären. Dabei ging es häufig auch darum, dass der neue Mitarbeiter gegenüber den anderen Kollegen Stellung beziehen und ihnen sein „Anderssein" erklären sollte. Auch dieses Konzept hatte großen Erfolg. Das Verständnis füreinander und die Bereitschaft, auch abweichende Verhaltensweisen zu akzeptieren, wuchs.

3.2 Branchenfeld Pflege

Negativbeispiel Pflege

Das Beispiel aus der Pflege ist nicht so eindeutig wie das aus dem Handwerk. Amir kam mit 24 Jahren als Geflüchteter aus Syrien nach Deutschland. In Syrien hatte er Anglistik studiert und sogar einen längeren Aufenthalt in London genossen. Er arbeitete danach in einer Bank und war dort für das Tagesgeschäft zuständig. In Deutschland erhielt er relativ schnell vom Jobcenter die Möglichkeit, in einem Altenheim ein dreimonatiges Praktikum zu absolvieren, verbunden mit der Perspektive, danach an einem Vorbereitungskurs teilzunehmen, der (im besten Fall) in einer Ausbildung zum Pfleger/Altenpfleger mündet.

In Syrien, so die Beschreibung von Amir, sei Pflege nicht wirklich ein Beruf, eher eine „Familiensache", und dazu eine, die von Frauen organisiert und ausgeübt wird. Seiner zurückgelassenen Familie hat er demnach erzählt, er würde in einer Bank in Deutschland ein Praktikum machen. Seiner Aussage nach würde vor allem sein Vater den Pflegeberuf nicht akzeptieren. Nicht nur, dass es ein „Frauenberuf" sei, sondern seine religiöse Einstellung würde es ihm verbieten, an und mit weiblichen Patientinnen zu arbeiten. Die Leitung des Pflegeheims berichtete zugleich, dass es wiederum und gerade bei den weiblichen Patientinnen einen Aufstand gebe, weil Männer anderer Kulturkreise sie pflegen würden, was bei ihnen Unmut verursachte.

Amir hat, wie viele andere, das Praktikum zwar aus Angst vor Sanktionen zu Ende gebracht, danach aber nie mehr ein Pflegeheim betreten, sondern sich an einer deutschen Universität eingeschrieben.

Positivbeispiel Pflege

Akteure in Pflegeberufen benötigen Kultursensibilität in Bezug auf heterogene Kund*innen, aber auch in Bezug auf die kulturell diversen Belegschaften (vgl. dazu auch den Artikel von Stentenbach-Petzold in diesem Band). Dies gilt in Bezug auf kulturelle und religiöse Normen, die den Habitus der Personen auf den unterschiedlichen Ebenen des Arbeitsmilieus prägen. Pflege ist eine personennahe Dienstleitung, die direkt auf die persönlichen Bedarfe des Individuums reagieren muss. Gerade in Regionen mit hoher kultureller Diversität kann eine kulturelle und religiöse Diversität der Belegschaft bedeuten, dass das unternehmensinterne Wissen über die Bedürfnisse und Wünsche der Kund*innen höher ist und die angebotenen Dienstleistungen direkt auf dieser Basis gestaltet werden können. Unternehmen, die die kulturelle und religiöse Vielfalt ihrer Mitarbeiter*innen in diesem Sinne nutzen, haben einen eindeutigen Wettbewerbsvorteil. Dies haben einige Unternehmen im Pflegesektor erkannt und sehen die religiöse Diversität der Mitarbeiterschaft als Ressource. Diese Unternehmen waren im Projekt SELMA wertvolle Kooperationspartner, weil in ihren Arbeitsprozessen beobachtet werden konnte, wie sie Diversität als Potenzial umsetzen, und so die Kollision zwischen den durch den persönlichen Habitus bedingten Verhaltensnormen und den Erwartungen auf den verschiedenen Ebenen des Milieus verhindern.

Ein großes Pflegeunternehmen im Ruhrgebiet hat dazu ein Format entwickelt, in dem Mitarbeiter*innen aus spezifischen religiösen Zusammenhängen an der Konzeption von Dienstleistungen, die direkt auf die Zielgruppe der gleichen religiösen Herkunft abgestimmt sind, beteiligt sind. Neue Mitarbeiter*innen werden gezielt im Hinblick auf religiöse/kulturelle Diversität vorbereitet. Die Wahrnehmung dieser Mitarbeiter*innen, deren kulturelles, religiöses Wissen als Kapital des Unternehmens gilt, verändert sich grundlegend zunächst auf der Ebene der Führungspersonen, nach und nach aber auch auf der Ebene der gesamten Belegschaft. Diese neue Wahrnehmung führt zu einer Transformation der Regulierungen. Wenn kulturelle und religiöse Diversität als Potenzial definiert werden, führt dies dazu, dass auch die individuellen Bedarfe der Mitarbeiterschaft selbst, die sich eben aus ihrer Diversität ergeben, eher akzeptiert werden.

3.3 Branchenfeld IT-Wirtschaft

Die IT-Branche nun unterscheidet sich grundlegend von den beiden anderen eher traditionell geprägten Branchen. Folgt man der Argumentation aus den vorangegangenen Beispielen, erkennt man auch in dieser Branche einen potenzialorientierten Blick auf Diversität als Motor für die Ausbildung von Regulierungen im Denken, die eine positive Wahrnehmung des Handelns von Menschen mit anderen religiösen/kulturellen Backgrounds ermöglichen. Die IT-Branche ist mehrheitlich durch diese Form der Regulierung geprägt.

Die IT-Branche gilt als eine junge und innovative Branche, in der der Umgang mit neuen technischen Infrastrukturen auch zu einer besonderen Prägung der Arbeitsmilieus geführt hat. Hier stehen kollaborative Prozesse mit heterogenen Partner*innen im Zentrum des Arbeitens. Der Habitus der Individuen ist über eine starke Identifizierung mit der Branchenkultur (die oft auch die Privatperson miteinschließt) verknüpft. Kulturelle und religiöse Unterschiede sind für die Zusammenarbeit zweitrangig bis irrelevant, weil die Beruflichkeit der Personen überwiegt. Damit ist gemeint, dass der Fokus auf die Ausübung des Berufs so stark ist und durch den Arbeitsrahmen – in dem der Kund*innen- und Mitarbeiter*innenkontakt oft nur durch einen Einsatz von digitalen Medien geprägt ist und nicht „persönlich" – so entkoppelt vom restlichen Habitus ist, dass religiöse Unterschiede gar nicht oder nur selten auffallen und damit auch nur selten zu Problemlagen werden. In Bezug auf die Entwicklung von Produkten und Dienstleistungen wird sie am ehesten als Potenzial im oben genannten Sinne verstanden. IT-Firmen agieren häufig global, ihre Unternehmenskultur bestimmt sich über Diversität, sodass auch unterschiedliche Gewohnheiten und Sichtweisen nicht als Problem erscheinen. Die Branche ist somit ein Vorreiter im Bereich der Arbeitsintegration. Probleme in den Integrationsprozessen ergeben sich höchstens über veraltetes technisches Wissen bei Geflüchteten, das aber im Nachhinein z.B. durch Weiterbildungen entwickelt werden kann. In den Interviews wurde deutlich, dass kulturelle und religiöse Diversität zu einem Hauptaspekt in den Identifikationsmustern der Angehörigen dieser Branche gehört. Kulturelle und auch religiöse Unterschiede werden als selbstverständlich akzeptiert, weil sie sich in der starken Ausprägung der Branchenkultur aufheben.

Anhand der vorliegenden Beispiele wird sichtbar, dass Religion und somit auch religiöse Pluralität nach wie vor, vor allem in traditionsreichen Branchen wie dem Handwerk und dort, wo starker Kund*innenkontakt vorhanden ist, am Ende der Vielfaltsskala rangieren (Antidiskriminierungsstelle des Bundes 2016). Dies ist nachvollziehbar, da gerade religiöse Themenbereiche – als Teil des beschriebenen Habitus – eine eher indirekte Benachteiligung, wie im Diskriminierungsschutz des AGG beschrieben, darstellen. Dies liegt daran, dass sie nicht immer deutlich erkennbaren Symbolcharakter (z.B. eine Kopfbedeckung oder eine Gebetskette etc.) vorweisen, sondern eher intrinsisch manifestiert sind und damit nicht immer auf den ersten Blick im Arbeitskontext als religiös auffallen, sondern eher als individuelle Verhaltensweisen abgetan werden. Schwierig ist es vor allem in kleinen und mittleren Unternehmen mit weniger als zehn Mitarbeiter*innen, bewährte Verfahren für einen diskriminierungsfreien Umgang mit religiöser Pluralität zu identifizieren und bei Bedarf einzuführen. Viele mittelständische Unternehmen haben weiterhin kein strategisches *Diversity Management* aufgrund von Ressourcenmängeln jeglicher Art (Zeit, Finanzen, Personal). Dabei sind es aber vor allem die kleinen Teams, wie unsere Beispiele zeigen, die den höchsten Grad an Konflikten aufzeigen, wenn es Missverständnisse gibt, und die daher auch den größten Regulierungsbedarf haben. Neben dem AGG sollten vor allem Maßnahmen als eine Art „gute Praxis“ eingeführt werden, die sich an gemeinsamen Leitbildern orientieren, die außerhalb religiöser Themen liegen. Die bekannte *Charta der Vielfalt* ist ein Beispiel dafür, wie sich Unternehmen positionieren können (vgl. dazu auch den Artikel von Jahn in diesem Band). Sie wurde im Dezember 2006 von vier Unternehmen ins Leben gerufen und wird von der Beauftragten der Bundesregierung für Migration, Flüchtlinge und Integration, Staatsministerin Annette Widmann-Mauz, unterstützt. Ziel dieser Initiative ist es, die Anerkennung, Wertschätzung und Einbeziehung von Vielfalt in der Arbeitswelt in Deutschland voranzubringen, indem Organisationen ein Arbeitsumfeld schaffen, das frei von Vorurteilen ist. So könnten z.B. in der Arbeitspraxis Anfänge gemacht werden, indem in Betriebsvereinbarungen gemeinsame „sozial“ orientierte Ziele ausgearbeitet und festgelegt werden wie z.B. flexible und transparente Arbeitsgestaltung, gemeinsames, respektvolles Essen, Einführung von Vertrauensmitarbeiter*innen (neben den nach § 13 AGG internen Beschwerdestellen) etc. Insgesamt sollte das Ziel der Vertrauensarbeit als wichtiger angesehen werden als externe und interne Regulierungen.

Die Beispiele aus den Branchen zeigen, wie eine Transformation der Wahrnehmung von Diversität, die im oben beschriebenen Sinne als Regulierung bezeichnet werden kann, Integrationsprozesse positiv beeinflussen und Konflikte, die durch das Aufeinandertreffen von Individuen mit stark unterschiedlicher Ausprägung des Habitus innerhalb spezifischer Milieus entstehen, verhindern kann. Die Beispiele aus dem Handwerk zeigen, dass sich regulierende Normen im Denken unterschiedlicher Mitarbeiter*innen, die andere Sichtweisen, Werte und Gewohnheiten ablehnen, durch einen offenen Austauschprozess und eine partizipative Gestaltung des Arbeitsalltags beeinflussen und transformieren lassen. Das „Andere“ erscheint dann nicht mehr als falsch, sondern nur als anders. In den Beispielen der Pflege zeigt sich, dass ein konsequenter Blick auf die Diversität als Potenzial zu neuen Regulierungen im Denken von Unternehmen und ihren Belegschaften führen kann. Unterschiede und Abweichungen vom eigenen Verhalten und auch von milieuprägenden Verhaltensweisen werden nicht mehr als falsch angesehen, sondern als eine andere Sichtweise der Welt.

Anhand der Beispiele konnte illustriert werden, dass staatliche Regulierungen auf der menschlich-persönlichen Ebene, gerade in der Zusammenkunft von Habitus und sozialem Milieu, zu kurz greifen. Dies bedeutet aber keinesfalls ein Versagen des Staats, sondern eine Chance für Unternehmen, sich mit der eigenen Unternehmenskultur und Mitarbeiterschaft aktiv zu befassen. Im besten Fall können aus gelungenen Diversitätskonzepten gelungene Diversitätsrealitäten werden, die nicht nur den Grundstein für ein erfolgreiches Team legen, sondern auch neue Wege im Umgang mit Kund*innen eröffnen, und zwar als Teil unternehmerischer Strategie und eines neuen Businessplans. Ganz im Sinne von: Diversität als Ressource verstehen.

4. Fazit und Ausblick

Die Ergebnisse des Projekts SELMA zeigen, dass die drei Branchen zunächst offen für die Integration der Zielgruppe sind und vor dem Hintergrund des Fachkräftemangels sogar ein starkes Interesse daran haben. Zugleich wird auch deutlich, um die zu Anfang gestellten Fragen zu beantworten, dass die Prozesse der Einmündung selektiv sind und durch einen „andersartigen" Habitus der Geflüchteten zusätzliche Hemmnisse zu den bereits beschriebenen ausgerufen werden können. Gezeigt werden konnte auch, dass Mehrdeutigkeiten, vor allem religiöser Art, zu erschwertem Verständnis der Arbeit und des Arbeitsrahmens führen können, wie das Negativbeispiel in der Pflege illustriert. Dennoch kann gerade religiöse Pluralität auch Vorteile schaffen (vgl. Positivbeispiel Pflege), die zu einer Ressource für den Betrieb, die Zielgruppe und den Kundenstamm werden.

So versuchen branchenübergreifende Akteure und Netzwerke die Integrationsprozesse zu unterstützen, um die Barrieren zu überwinden und vorhandene Potenziale stärker zu nutzen. Gespräche und Interviews mit Expert*innen verorten die Barrieren, die in den Negativbeispielen beleuchtet wurden, eher auf der Ebene der Betriebe und Belegschaften (sprich der Meso- und Mikroebene). Hierbei lässt sich beobachten, dass es für Außenstehende umso schwerer ist, sich in Gruppen einzumünden, je kleiner diese Gruppen sind. Hier greifen auch die gängigen gesetzlichen und betrieblichen Arbeitsregulierungen nur bedingt, um die dritte, eingangs gestellte Frage zu beantworten, ob Regulierungen dazu beitragen, Barrieren zu überwinden und Potenziale hervorzuheben. Regulierungen unterstützen zwar die religiöse Vielfalt am Arbeitsplatz und schaffen Voraussetzungen für diverse Belegschaften (Antidiskriminierungsstelle des Bundes 2016), doch auf den Ebenen Betrieb und vor allem Belegschaft wird die Integration immer schwieriger und daher auch weniger von außen regulierbar, da die Gruppen der Zugehörigen auch kleiner werden und die Geflüchteten direkt in Integrationsprozesse einbezogen sind. Dabei hängt der Erfolg des Integrationsprozesses selbstverständlich gerade auf der Ebene des Betriebs von dessen kulturellen Rahmenbedingungen ab. Aber es zeigen sich auch gravierende Unterschiede in Bezug auf die Größe von Organisationen, so etwa zwischen Familienunternehmen und sogenannten Global Players (vgl. Clifton et al. 2014).

Die Beispiele aus dem SELMA-Projekt zeigen, dass jede der vier Ebenen des Arbeitsmilieus ein soziales System in einem größeren Kontext darstellt. Diese Kontexte sozialisieren die ihnen zugehörigen Individuen auch im Hinblick auf ihren Habitus und achten dabei besonders auf „Kontinuitätswahrung", die von Vorgänger*innen auf Nachfolger*innen übertragen werden (Breuer 2000). So besitzen z. B. transgenerationale Weitergabe- und Übernahmeprozesse Strukturcharakteristika, die einen Rahmen vorgeben, der mehr oder weniger strikt beibehalten wird, und innerhalb dessen die Beteiligten agieren (Breuer 2000, 457).

Für das Individuum, das von außen kommt, ist es extrem schwer, in solch ein Arbeitsmilieu hineinzukommen, das den kontextuellen Rahmen vorgibt und das mit dem Habitus des Individuums, das von außen kommt, kollidiert. Wenn man nicht versteht, aus welchem historischen und tradierten Rahmen das Milieu gewachsen ist, die Normen aus diesem Rahmen nicht herleiten kann, ist ein Zugang praktisch nicht möglich oder extrem stark von der Offenheit und den Bemühungen der Gruppe abhängig. Auf der Ebene der Branchen und Berufe kann eine Recherche und Informationsbeschaffung oder auch gezielte Vorbereitung und Beratung als Orientierungshilfe vorab dienen (David et al. 2019). Bei den Ebenen Betrieb und Belegschaft bewegt sich der individuelle Habitus der Akteure allerdings in einer Ebene des Arbeitsmilieus, das einer eigenen Logik folgt und auch nicht immer sichtbar erfasst werden kann.

Dass die Beruflichkeit immer etwas mit Identifikation und dem Habitus des Individuums zu tun hat, sollte in Unternehmen daher stärker berücksichtigt werden. Durch die Interviews mit Geflüchteten im SELMA-Projekt wurde deutlich, dass es offensichtlich keinen roten Faden in den Erwerbsbiografien der meisten Geflüchteten gibt und somit häufig eine Diskontinuität vorherrscht. In den meisten Fällen wird nur durch spezifische Interessen und Erwartungen eine Kontinuität hergestellt, wodurch ein Bezug zum Habitus schwer zu erfassen ist. Der traditionsreiche und historische Rahmen ist in den drei Branchen Pflege, Handwerk und IT unterschiedlich geprägt. So stellt der Rahmen im Hinblick auf die Pflege einen wichtigen Bezugspunkt dar, da diese Branche in ihrer so ausgeprägten Form bei den Geflüchteten oftmals vollkommen unbekannt ist und erst einmal verstanden werden muss. Deshalb wird auch in den Kursen bei Unternehmen aus der Pflegebranche darauf geachtet, diesen Hintergrund Geflüchteten zu vermitteln. Beim Handwerk ist der Rahmen weniger wichtig, da hier oftmals nur zählt, dass jemand ordentlich und gewissenhaft seine Arbeit ausführt. Der Rahmen ist somit auch vielen anderen Beschäftigten in dieser Branche nicht bewusst. Da der IT-Bereich sehr offen und nicht so traditionell wie das Handwerk oder die Pflege organisiert ist, ist hier die kleinste Problematik zu erkennen.

Zusammenfassend kann festgehalten werden, dass gerade anhand des Zusammenspiels von Habitus und Milieu deutlich wird, dass staatliche Regulierungen, die die Arbeitswelt avisieren, sich zwar als rechtlicher Rahmen meistens gut bewähren, es aber auf der menschlich-persönlichen Ebene mehr Interventionen bedarf. Im interkollegialen Miteinander wird weniger reguliert, sondern eher auf der täglichen Basis verhandelt. Diversitätskonzepte, die auf der betrieblichen Ebene bestehen, sollten daher immer als ko-kreativer Prozess ausgehandelt werden, in dem sich alle Beteiligten mit ihren Wünschen und Anliegen wiederfinden.

Literatur

Antidiskriminierungsstelle des Bundes (2016): Religiöse Vielfalt am Arbeitsplatz. Grundlagen und Praxisbeispiele. Berlin. Online unter: https://www.antidiskriminierungsstelle.de/SharedDocs/Downloads/DE/publikationen/Leitfaeden/Religioese_Vielfalt_am_Arbeitsplatz.pdf?__blob=publicationFile&v=2.

[BAMF] Bundesamt für Migration und Flüchtlinge (2017): Das Bundesamt in Zahlen 2016. Asyl, Migration und Integration. Nürnberg. Online unter: https://www.bamf.de/SharedDocs/Anlagen/DE/Statistik/BundesamtinZahlen/bundesamt-in-zahlen-2016.html?view=renderPdfViewer&nn=284738.

Bourdieu, Pierre (1992): Die verborgenen Mechanismen der Macht. Hamburg.

Bourdieu, Pierre (1997): Zur Genese der Begriffe Habitus und Feld. In: Ders.: Der Tote packt den Lebenden. Hamburg, S. 59–78.

Bremer, Helmut (2005): Habitus, soziale Milieus und die Qualität des Lebens, Lernens und Lehrens. In: Dewe, Bernd/Wiesner, Gisela/Zeuner, Christine (Hg.): Literatur- und Forschungsreport Weiterbildung. Theoretische Grundlagen und Perspektiven der Erwachsenenbildung, Ausgabe 1, S. 55–62.

Bremer, Helmut/Teiwes-Kügler, Christel (2006): Soziale Milieus, Religion und Kirche. Beziehungen und Konflikte im religiösen Feld. In: Rehberg, Karl-Siegbert (Hg.): Soziale Ungleichheit, kulturelle Unterschiede. Verhandlungen des 32. Kongresses der Deutschen Gesellschaft für Soziologie in München. Teilbd. 1 und 2. Frankfurt/M., S. 2370–2382.

Breuer, Franz (2000): Vorgänger und Nachfolger. Weitergabe von/in Betrieben und Organisationen als sozialwissenschaftliches Phänomen. In: Gruppendynamik und Organisationsberatung, Bd. 31, Nr. 4, S. 451–483.

Brücker, Herbert/Croisier, Johannes/Kosyakova, Yuliya/Kröger, Hannes/Pietrantuono, Giuseppe/Rother, Nina/Schupp, Jürgen (2019): Zweite Welle der IAB-BAMF-SOEP-Befragung. Geflüchtete machen Fortschritte bei Sprache und Beschäftigung. IAB-Kurzbericht Nr. 3. Nürnberg.

Brücker, Herbert/Hauptmann, Andreas/Vallizadeh, Eshan/Institut für Arbeitsmarkt- und Berufsforschung (Hg.) (2015): Flüchtlinge und andere Migranten am deutschen Arbeitsmarkt. Der Stand im September 2015. In: Institut für Arbeitsmarkt und Berufsforschung, Nr. 14.

Clifton, Nick/David, Alexandra/Gärtner, Stefan/Rehfeld, Dieter (2014): Epilogue: Reflecting on Regional Culture, Company Culture, their Interactions and the Challenges Emerging from the Crisis. In: Clifton, Nick/Gärtner, Stefan/Rehfeld, Dieter (Hg.): Companies, Cultures, and the Region. Interactions and Outcomes. New York, S. 155–166.

David, Alexandra/Echterhoff, Jana/Evans, Michaela/Goch, Stefan/Hilbert, Josef/Jégu, Maria/Klatt, Rüdiger/Livi, Massimiliano/Röhl, Mira/Schmidt, Christoper/Schmidt, Daniel/Steinberg, Silke (2019): Selektivität und Mehrdeutigkeit in Arbeitskulturen. Eine Ressourcen- und potenzialorientierte Gestaltung der Arbeitswelt für Flüchtlinge in den Branchen (Alten)Pflege, IT-Wirtschaft und (Bau)Handwerk; Abschlussbericht SELMA. Gelsenkirchen. Online unter: https://www.iat.eu/aktuell/veroeff/2019/selma-abschlussbericht.pdf.

David, Alexandra/Evans, Michaela/Hamburg, Ileana/Terstriep, Judith (Hg.) (2019): Migration und Arbeit. Herausforderungen, Problemlagen und Gestaltungsinstrumente. Leverkusen.

Durkheim, Émile (1988): Über soziale Arbeitsteilung. Frankfurt/M.

Knuth, Matthias (2016): Arbeitsmarktintegration von Flüchtlingen. Arbeitsmarktpolitik reformieren, Qualifikationen vermitteln (WISO Diskurs, Bd. 21). Bonn.

Krais, Beate/Gebauer, Gunter (2002): Habitus. Bielefeld.

[OECD] Organisation für wirtschaftliche Zusammenarbeit und Entwicklung (2017): Nach der Flucht: Der Weg in die Arbeit. Arbeitsmarkt von Flüchtlingen in Deutschland. o. O. Online unter: https://www.oecd.org/berlin/publikationen/Arbeitsmarktintegration-von-Fluechtlingen-in-Deutschland-2017.pdf.

Steinberg, Silke (2018): Arbeitsintegration ko-kreativ? – Empowerment und kollaborative Wertschöpfung in transkulturellen Interaktionssystem. In: TRANSITION. Publication Series for Participative Innovation and Transfer, Nr. 1, S. 6–8.

[UN] United Nations (2017): International Migration Report 2017, Department of Economic and Social Affairs, Population Division (ST/ESA/SER.A/403). Online unter: https://www.un.org/en/development/desa/population/migration/publications/migrationreport/docs/MigrationReport2017.pdf.

UN Human Development Report (2015): Work for Human Development. Published for the United Nations Development Programme (UNDP), New York.

Anmerkungen

1 Die vorliegende Publikation basiert auf dem Projektbericht SELMA (David et al. 2019).

2 Unter dem Terminus Migrant*in meinen die Autor*innen alle Menschen, die freiwillig oder unfreiwillig ihren Lebensmittelpunkt von einem in ein anderes Land verlegen.

3 Die Begriffe Flüchtling und Geflüchtete (im Singular und Plural) werden hier je nach kontextuellen Rahmen synonym benutzt.

4 Drop-Out bezeichnet einen vorzeitigen Abbruch einer aufgenommenen Tätigkeit. Im vorliegenden Fall meint es die vorzeitige Beendigung einer angefangenen Ausbildung oder eines Arbeitsarrangements.

5 SELMA – Selektivität und Mehrdeutigkeit in Arbeitskulturen – Eine Ressourcen- und potenzialorientierte Gestaltung der Arbeitswelt für Flüchtlinge in den Branchen Altenpflege, IT-Wirtschaft und Bauhandwerk wird gefördert vom Ministerium für Kultur und Wissenschaft des Landes NRW. Ein Verbundprojekt durchgeführt seitens des Instituts Arbeit und Technik, Westfälische Hochschule als Leitungsorganisation und des Forschungsinstituts für innovative Arbeitsgestaltung und Prävention e.V. und des Instituts für Stadtgeschichte Gelsenkirchen als Partnerorganisationen.

III. Religion in Politik und Verwaltung

JÖRG BOGUMIL

Einleitung „Religion in Politik und Verwaltung"

Politik kann als Prozess beschrieben werden, in dem „lösungsbedingte Probleme artikuliert, politische Ziele formuliert, alternative Handlungsmöglichkeiten entwickelt und schließlich als verbindliche Festlegung gewählt werden" (Scharpf 1973, 15). Aufgrund der starken Verflechtungen zwischen Politik und Verwaltung wird oftmals nicht zwischen diesen beiden Teilsystemen unterschieden, sondern vom „politisch administrativen System" gesprochen (vgl. Easton 1965, Mayntz 1982, Bogumil/Jann 2009). Insbesondere bei der Politikumsetzung nehmen die öffentlichen Verwaltungen wichtige und häufig unterschätzte Funktionen wahr. Im deutschen Verwaltungsföderalismus haben dabei die Bundesländer und Kommunen eine zentrale Rolle auf der Vollzugsebene von politischen Setzungen: Der Bund bedient sich einerseits der Verwaltung aus Ländern und Kommunen und liefert andererseits durch bundeseinheitliche Gesetzgebung die Rahmenbedingung für Verwaltungshandeln der anderen beiden Verwaltungsebenen.

Für die in diesem Handbuch relevante lokale und regionale Ebene bedeutet dies, dass die Politik und Verwaltung der Länder und Kommunen neben regionalspezifischen Gegebenheiten auch gesamtgesellschaftliche Veränderungen und bundespolitische Entscheidungen in ihrem Handeln aufgreifen. Gesellschaftliche Veränderungen sind dabei einerseits Gegenstand von Verwaltungshandeln, das organisiert bzw. reguliert werden muss, Veränderungsprozesse können sich aber andererseits auch in Veränderungen der kommunalen Verwaltungsstruktur niederschlagen. Als einen solchen gesellschaftlichen Veränderungsprozess lässt sich auch die jüngst vor allem durch Zuwanderung bedingte und stetig ansteigende kulturelle und religiöse Pluralisierung der deutschen Gesellschaft verstehen. Gerade in der Zeit der starken fluchtbedingten Zuwanderung zwischen 2015 und 2017 wurden die Verwaltungen in ihrer Aufgabenerfüllung vor Ort (z.B. bei der Aufnahme und Unterbringung von Geflüchteten) auch immer wieder mit Herausforderungen konfrontiert, die sich auf die religiöse Zugehörigkeit der Zugewanderten beziehen und im Konflikt mit üblichen Abläufen und Denkweisen des Verwaltungshandelns stehen. Dabei ist zu berücksichtigen, dass Verwaltungshandeln verschiedenen Rationalitäten unterliegt, die zum Teil miteinander konkurrieren:

- Juristische Rationalität – *Legalität*, Gesetzmäßigkeit, Gleichbehandlung und Rechtsschutz
- Ökonomische Rationalität – *Effizienz* staatlichen Handelns
- Politische Rationalität *(politics)* – *Legitimität* der Verwaltung
- Politische Rationalität *(policy)* – *Effektivität* politischer und administrativer Maßnahmen (Bogumil/Jann 2009, 55)

Die Aushandlung zwischen den verschiedenen Rationalitätskriterien lässt sich auch bei der Aufgabenerfüllung von Politik und Verwaltung vor dem Hintergrund einer religiös pluralen Gesellschaft und ihren entsprechenden Herausforderungen feststellen. Plant eine Gemeinde, einer Religionsgemeinschaft ein Baugrundstück für den Bau eines eigenen Gebäudes zur Verfügung zu stellen oder möchte sich an den Kosten des Baus beteiligen, konkurrieren hier möglicherweise politische, juristische und ökonomische Rationalitätskriterien miteinander.

Die Herausforderungen religiöser Pluralität zeigen sich jedoch nicht nur als Gegenstand von Verwaltungshandeln, wie bei dem Bau von Gotteshäusern, sondern auch in den Anforderungen an Verwaltungsmitarbeiter*innen. Ausgehend von dem Anspruch der interkulturellen Öffnung von Verwaltungen geht Sarah Jahn in ihrem Beitrag der Frage nach, welche Rolle religiöse Pluralität im Arbeitsalltag von Mitarbeiter*innen in Kommunalverwaltungen spielt. Aufbauend auf den Ergebnissen einer Beschäftigtenbefragung in der Stadtverwaltung Bochum diskutiert sie den Bedarf an Kompetenzvermittlung hinsichtlich religiöser Pluralität und zeigt, inwiefern Problemen, die beispielsweise auf fehlendem Wissen oder stereotypen Einstellungen beruhen, anhand formaler und informeller Regulierungsmöglichkeiten entgegengewirkt werden kann.

Den Aspekt der interkulturellen Kompetenz greift auch Natalie Powroznik in ihrem Beitrag auf. Im Kontext der Fluchtzuwanderung und Unterbringung von Geflüchteten zeigt sie, wie vermeintlich religionssensibles Handeln von Mitarbeiter*innen einer Unterbringungseinrichtung fehlschlägt bzw. nicht intendiertes Verhalten hervorbringt. Außerdem nimmt sie in ihrer Forschung die Binnenperspektive auf religiöse Pluralität innerhalb einer Einrichtung und die Wahrnehmung durch die Bewohner*innen ein und zeigt die Konflikte, die durch die unterschiedlichen Wahrnehmungen entstehen.

Während sich die Binnenperspektive auf religiöse Zugehörigkeiten für Bewohner*innen und Mitarbeiter*innen als heterogen darstellt, kann die Wahrnehmung von außen durch die Bewohner*innen eines Stadtteils, in dem sich eine Unterkunft befindet, eine völlig andere sein, in dem die neu Hinzugezogenen z.B. als einheitliche fremde Gruppe gesehen werden. André Kastilan untersucht in seinem Beitrag am Beispiel der Stadt Bochum und der Errichtung einer Unterbringungseinrichtung für Geflüchtete in einem bestimmten Stadtteil, welche Relevanz empfundene Benachteiligungen durch kommunale Institutionen für die Bewertung religiöser Pluralisierung durch den Zuzug von Geflüchteten haben. Darauf aufbauend macht er Vorschläge, wie sich vermeiden ließe, dass insbesondere Bewohner*innen in (aus ihrer Sicht von der Kommunalpolitik) benachteiligten Stadtteilen Pluralisierung nur als Bedrohung empfinden.

Literatur

Bogumil, Jörg/Jann, Werner ([2]2009): Verwaltung und Verwaltungswissenschaft in Deutschland. Einführung in die Verwaltungswissenschaft. (= Grundwissen Politik, 36). Wiesbaden.

Easton, David (1965): A Systems Analysis of Political Life. New York.

Mayntz, Renate (1982): Problemverarbeitung durch das politisch-administrative System. Zum Stand der Forschung. In: Hesse, Joachim Jens (Hg.): Politikwissenschaft und Verwaltungswissenschaft. Wiesbaden, S. 74–89.

Scharpf, Fritz W. (1973): Planung als politischer Prozeß. Aufsätze zur Theorie der planenden Demokratie. Frankfurt/M.

ANDRÉ KASTILAN

Religiöse Pluralisierung durch Zuwanderung in der Stadt

1. Hintergrund und Fallbeschreibung

Durch unterschiedliche Migrationsströme hat die deutsche Gesellschaft zunehmend an Heterogenität gewonnen. Diese Migrationsströme führen auch immer wieder zu Veränderungen der sozialstrukturellen Zusammensetzung einer Gesellschaft. Neben Veränderungen der Demografie oder der Erwerbsstruktur hat Zuwanderung auch einen Einfluss auf die kulturelle bzw. religiöse Zusammensetzung der Bevölkerung. Diese Pluralisierungsproszesse können sich zwischen einzelnen Orten (z.B. Regionen, Städten und Stadtteilen) in einem unterschiedlichen Maß an religiöser Pluralität niederschlagen. In einer Studie zur Messung der religiösen Vielfalt in Nordrhein-Westfalen haben Hero/Krech/Zander (2008, 31) festgestellt, dass es etwa 8.500 religiöse Gemeinden oder Ortsgruppen gibt, die einer von 228 religiösen Organisationen angehören. Religiöse Pluralisierung beschreibt so die „Ausdifferenzierung verschiedener religiöser Sozialgruppen“ (Hero/Krech 2011, 28). In Bezug auf Zuwanderung bezieht sich religiöse Pluralisierung jedoch weniger auf die Veränderung der Anzahl religiöser Gruppen, sondern vielmehr auf die Erhöhung der Anzahl an Personen, die bestimmten religiösen Gruppen angehören (Pickel/Yendell/Jaeckel 2017, 275).

Seit der Industrialisierung ist Nordrhein-Westfalen in besonderer Weise immer wieder durch Zuwanderung – zunächst aufgrund von Arbeitsmigration – und somit auch durch die verschiedenen Kulturen der Zuwanderungsgruppen geprägt worden. Während die Zuwanderung bis Mitte des 20. Jahrhunderts im Wesentlichen zu einer örtlichen Pluralisierung des Christentums in zuvor konfessionell homogenen Gebieten führte, kamen durch die Anwerbeabkommen in den 1950er und 1960er Jahren mit den sogenannten „Gastarbeitern“ vermehrt Menschen aus nicht christlich geprägten Ländern nach Nordrhein-Westfalen.

Mit den Zugewanderten aus beispielsweise der Türkei, Marokko und Tunesien gewann der Islam seit den 1960er Jahren an Bedeutung in der deutschen und der nordrhein-westfälischen Gesellschaft. Nach dem Anwerbestopp 1973 verblieben vor allem Türkeistämmige dauerhaft in Deutschland, was dazu führte, dass sich der Islam auch auf einer strukturellen Ebene, etwa durch die Gründung von Vereinen und Verbänden, in Nordrhein-Westfalen etablierte. Mit dem Zuzug der „(Spät-)Aussiedler", die heute mit ca. 800.000 Menschen eine bedeutende Gruppe in Nordrhein-Westfalen darstellen, differenzierte sich das Christentum durch die Gründung vieler Freikirchen weiter aus (Canan et al. 2016, 21; Ens 2017). Des Weiteren kam mit den Zugewanderten aus der ehemaligen Sowjetunion eine größere Zahl von Menschen mit jüdischem Glauben nach Nordrhein-Westfalen (Canan et al. 2016, 20).

Nach der fluchtbedingten Zuwanderung vor allem aus dem ehemaligen Jugoslawien in den 1990er Jahren erreichte in den Jahren 2015 und 2016 eine weitere Phase der Fluchtzuwanderung ihren Höhepunkt.

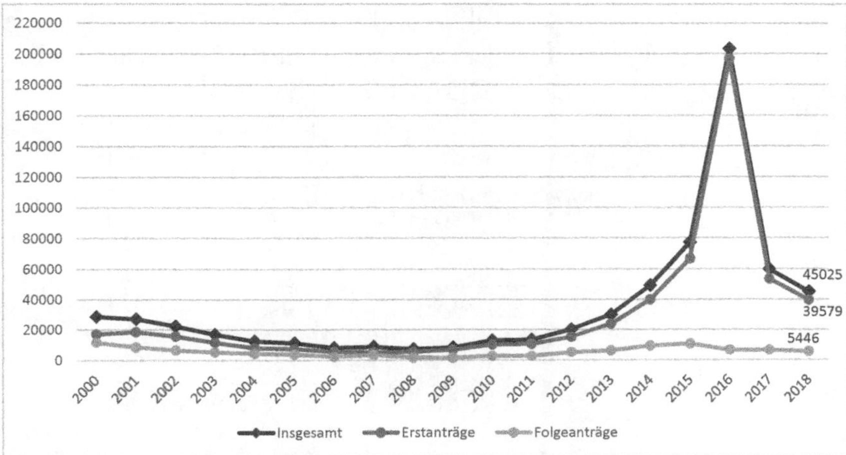

Abbildung 8: Asylerstantragssteller*innen 2008 bis 2017 in NRW
Quelle: MKFFI 2019, eigene Darstellung

Der größte Teil der Asylerstantragssteller*innen zu dieser Zeit kam aus den Herkunftsstaaten Syrien, Irak und Afghanistan, also aus Regionen, die hauptsächlich islamisch geprägt sind. So gaben im Jahr 2016 bei der Befragung von Asylerstantragssteller*innen durch das Bundesamt für Migration und Flüchtlinge (BAMF) 75,9 % der Befragten an, einem islamischen Glauben anzugehören (BAMF 2017, 25). Überträgt man dies auf die 203.129 Erstanträge (MKFFI

2018a, 18) im Jahr 2016 und berücksichtigt, dass auch Personen mit abgelehnten Asylanträgen mindestens mittelfristig einen Aufenthalt in Deutschland haben werden, stellt der Anstieg der muslimischen Bevölkerung – zumindest was die Anzahl der Mitglieder angeht – einen Bedeutungsgewinn des Islams in Deutschland und Nordrhein-Westfalen dar.

Während sich bei den beiden großen christlichen Kirchen ein Rückgang der Mitglieder feststellen lässt, gewinnen andere Religionsgemeinschaften also durch Zuwanderung an Bedeutung. Dies stellt für Politik und Verwaltung auf unterschiedlichen Ebenen Herausforderungen in Bezug auf die Regulierung religiöser Pluralität dar (vgl. Willems 2016). Außerdem rücken Religion und religiöse Gemeinschaften immer häufiger in den Fokus der öffentlichen Debatte um Zuwanderung und die Integration von Zugewanderten (ebd.). Die aus Zuwanderungsbewegungen resultierende religiöse Pluralität und daraus entstehende Konsequenzen zeigen sich am ehesten in städtischen Räumen. Zum einen wird Diversität im urbanen Raum aufgrund der Verdichtung am stärksten sichtbar und zum anderen sind Großstädte und deren Quartiere wesentlich häufiger das Ziel von Migrationsbewegungen als ländliche Räume. Abbildung 9 zeigt, dass mit zunehmender Verstädterung der Räume der Anteil der Bevölkerung mit Migrationshintergrund zunimmt (DESTATIS 2018, 39).

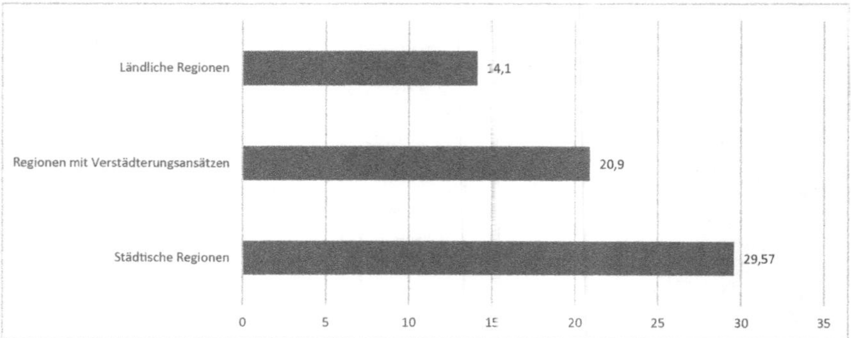

Abbildung 9: Anteil der Bevölkerung mit Migrationshintergrund an der Gesamtbevölkerung nach nicht administrativen Gebietseinheiten (Mikrozensus 2017)
Quelle: DESTATIS 2018, 39, eigene Darstellung

Bei der Integration von Geflüchteten auf kommunaler Ebene sind für das Handeln von politischen Akteuren und der Verwaltung neben Maßnahmen, die sich etwa auf die strukturelle und kulturelle Integration beziehen, auch Einstellungen und Wahrnehmungen der sogenannten „Aufnahmegesellschaft" von Bedeutung.

Zwar lassen sich deutsche und vor allem nordrhein-westfälische Städte in Gänze als eher kulturell heterogen beschreiben, jedoch kann sich dies auf einer kleinräumigen Ebene zum Beispiel in einzelnen Stadtteilen vollkommen anders darstellen. Das plötzliche Aufkommen anderer Religionen in einem bislang religiös-kulturell homogenen Quartier kann beispielsweise bei der Unterbringung einer großen Zahl Geflüchteter das Gefühl einer Bedrohung der eigenen Kultur hervorrufen (siehe Einführungskapitel in diesem Band sowie Pickel/Yendell/Jaeckel 2017, 277). Die in der Kommune handelnden Akteur*innen sind bei der Aufnahme und Unterbringung von Geflüchteten in Bezug auf religiöse Pluralisierung je nach Ebene mit unterschiedlichen Herausforderungen konfrontiert. Auf städtischer Ebene kann es etwa darum gehen, dass das Schulverwaltungsamt Schulsozialarbeit organisieren muss, um mögliche neu entstehende interkulturelle Konflikte aufzugreifen. Auch kann sich die Wahrnehmung der Zugewanderten zwischen den Handlungsebenen unterscheiden, wodurch dann andere regulative Maßnahmen relevant werden. Während es beispielsweise bei der Organisation von Unterbringungseinrichtungen um die Heterogenität innerhalb der Gruppe der Bewohner*innen und den Umgang hiermit geht, wird diese Gruppe aus der Sicht der Bewohner*innen eines Stadtteils oder Quartiers möglicherweise in ganz anderer Weise, so z.B. als homogene Gruppe muslimischer Zugewanderter, wahrgenommen. Neben Einstellungen, die sich auf die Neuzugewanderten selbst beziehen, ist für mit der Unterbringung im Zusammenhang stehende Konflikte auch das Verhältnis der Bevölkerung im Stadtteil zu relevanten Akteur*innen und Institutionen aus der kommunalen Politik und Verwaltung von Bedeutung. Wie bereits erwähnt, kann der Zuzug von Mitgliedern anderer religiöser Gruppen in ein zuvor eher kulturell homogenes Gebiet zu einer Verunsicherung der Bevölkerung führen. Wenn Teile der Bevölkerung eines Stadtteils den zuständigen Institutionen und Akteur*innen die Kompetenz für das Management dieser durch Pluralisierung hervorgerufenen Verunsicherung absprechen, werden religiöse Pluralisierung und die Mitglieder der anderen religiösen Gruppe möglicherweise als Bedrohung wahrgenommen. Im Folgenden soll am Beispiel der Stadt Bochum und der dortigen Errichtung einer Unterbringungseinrichtung für Geflüchtete dargestellt werden, welche Relevanz wahrgenommene Benachteiligungen durch kommunale Institutionen für die Bewertung von religiöser Pluralisierung durch den Zuzug von Geflüchteten haben.

2. Problemlage und Lösungsansatz

2.1 Unterbringungssituation in Bochum 2016/17

Wie in vielen anderen deutschen Städten war auch die Bochumer Kommunalverwaltung in der Hochphase der Fluchtzuwanderung 2015 und 2016 mit den hohen Fallzahlen der ankommenden Geflüchteten teilweise überlastet. Für die Stadt Bochum sind für das Jahr 2016 2.428 Zuzüge aus dem Ausland verzeichnet worden (vgl. MKFFI 2018b). Die tatsächliche Zahl der zwischenzeitlich in Bochum lebenden Geflüchteten war mit fast 6.000 Personen bei einer Gesamtbevölkerung von ca. 369.000 jedoch noch wesentlich höher (Baston 2016). Die Unterbringung dieser hohen Anzahl an Personen stellte vor allem aufgrund des Bedarfs an kurzfristigen Lösungen eine sehr große Herausforderung dar. Um diese große Personenzahl unterbringen zu können, wurden zeitweise ca. 260 entsprechende Einrichtungen über das Stadtgebiet verteilt. Aufgrund sinkender Ankunftszahlen und weil durch die Umsetzung der Wohnsitzauflage ein großer Teil der Geflüchteten auf andere Kommunen verteilt wurde, konnten durch die Stadt längerfristige Maßnahmen zur Unterbringung bzw. Planung von Wohnraum über die verschiedenen Stadtteile stattfinden.

Neben anderen Bau- und Wohnkonzepten hatte die Stadt Bochum entschieden, eine größere Unterbringungseinrichtung für ca. 450 Menschen zu errichten. Diese Unterkunft ist einerseits als Übergangslösung für die Personen angedacht, die langfristig in Privatwohnungen untergebracht werden sollen, aber bisher noch keine Wohnung gefunden haben, andererseits werden dort auch Personen untergebracht, die einen negativen Entscheid über ihren Asylantrag vom BAMF erhalten haben und nur geduldet sind oder dort auf ihre Rückführung warten. Für diesen Personenkreis ist im Prinzip keine sogenannte „Privatwohnungsnahme" vorgesehen, da aufgrund ihres Aufenthaltsstatus eine mittelfristige freiwillige Ausreise oder Rückführung angenommen wird. De facto verbleibt jedoch ein nicht unerheblicher Teil (z.B. wegen Abschiebehindernissen) längerfristig in Deutschland, und durch die nicht vorgesehene Privatwohnungsnahme damit möglicherweise auch in der Unterkunft. Zum Zeitpunkt der Planung dieser Unterkunft war also bereits zu erwarten, dass sich, je nachdem, welches Quartier als Standort ausgewählt würde, der Zuzug einer großen Zahl von Geflüchteten für die Nachbarschaft als eine wahrnehmbare Steigerung an Diversität darstellen könnte und dass ein Kern der Bewohner*innen dieser Unterkunft auch langfristig dort wohnen bleiben wird.

2.2 Pluralisierung als wahrgenommene Bedrohung

Der für die Unterkunft gewählte Standort liegt in einem Quartier, das zu einem großen Teil aus einer „Großwohnsiedlung“ besteht, die in den 1960er Jahren entstanden ist. Anders als in vergleichbaren Gegenden mit Großwohnsiedlungen ist der Anteil an Menschen mit einem Migrationshintergrund zumindest auf der Ebene des gesamten statistischen Viertels nicht auffallend hoch und liegt sogar unter dem Gesamtdurchschnitt der Stadt. Dabei ist jedoch zu bedenken, dass ein Unterschied zwischen dem restlichen Viertel und der Großwohnsiedlung selbst liegt. Die hier lebenden Menschen mit einem Migrationshintergrund kommen zu großen Teilen aus Osteuropa, worunter sich auch viele der sogenannten „(Spät-)Aussiedler“ befinden. Obwohl es über die genaue Verteilung auf Religionsgemeinschaften keine statistischen Daten gibt, lässt sich aufgrund der Tatsache, dass viele der Migrant*innen aus Osteuropa stammen, vermuten, dass sie eher einer christlichen Religionsgemeinschaft angehören. Vor dem Hintergrund religiöser Pluralisierung ist also anzunehmen, dass dieses Quartier von manchen Bewohner*innen eher als religiös-kulturell homogen wahrgenommen wird. Der geplante Zuzug von bis zu 450 Menschen, denen aufgrund ihrer Herkunft eine gewisse kulturelle Distanz unterstellt wurde, sorgte bei Teilen der Bevölkerung des Stadtteils für Verunsicherung, die sich auch schnell in öffentlich bekundetem Unmut über das geplante Bauvorhaben äußerte. Sehr deutlich äußerte sich dies bei einer Informationsveranstaltung, die von der kommunalen Politik und Verwaltung organisiert wurde, um die Bevölkerung des Quartiers über das Bauvorhaben zu informieren. Die dort vorgetragenen Bedenken deckten sich weitgehend mit den Berichten von Verwaltung und Sozialarbeit. Da es eine Aufzeichnung der Veranstaltung gibt und sich dort Konflikte auf verschiedenen Ebenen konzentriert zeigten, sollen im Folgenden einige Äußerungen sinngemäß wiedergegeben werden. Zum Bau der neuen Unterkunft wurden einerseits Befürchtungen geäußert, die Unterbringung verbrauche erhebliche finanzielle Ressourcen, die an anderer Stelle fehlen, wodurch sozialer Unfrieden im Stadtteil entstehe. Andererseits wurden auch immer wieder kulturelle beziehungsweise religiöse Aspekte aufgegriffen. So wurde z.B. thematisiert, dass das Quartier zwar ein Stadtteil sei, in dem viele Migrant*innen lebten, diese jedoch seit Jahrzehnten „zusammengewachsen“ seien und dort freiwillig leben. Die in der Unterkunft untergebrachten Geflüchteten seien kulturell völlig fremd und würden den anderen Bewohner*innen des Stadtteils „einfach vor die Nase gesetzt“. Mit der Ansiedlung der Geflüchteten würde die positive Entwicklung, die das Quartier in den letzten Jahren genommen hat, „kaputt“ gemacht. Außerdem wurden Befürchtungen geäußert, dass man durch die Anwesenheit der Geflüchteten in der eigenen Lebensweise eingeschränkt sei, wobei man sich z.B. auf religiös begründete Bekleidungsvorschriften bezog.

Eine quantitative Befragung, die unter den Bewohner*innen des Stadtteils durchgeführt wurde, zeigt, dass auch 2019 individuelle ökonomische Bedrohungsgefühle bei der Aufnahme und Unterbringung von Geflüchteten eine eher untergeordnete Rolle spielten.

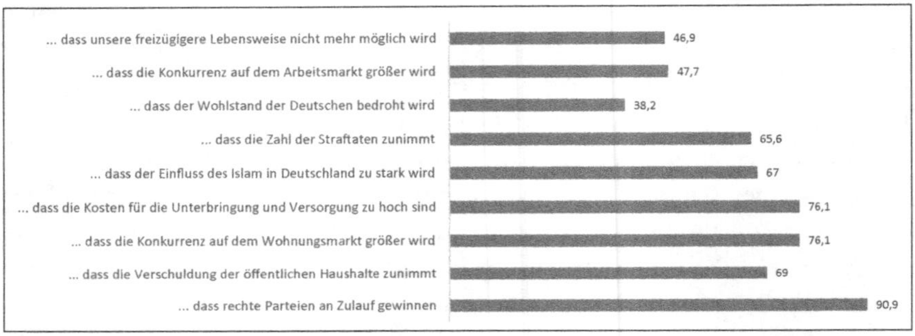

Abbildung 10: Befürchtungen in Bezug auf die Zuwanderung von Geflüchteten (in %)
Angabe der Zustimmung: 1 „stimme voll und ganz zu", 2 „stimme eher zu", 3 „stimme eher nicht zu", 4 „stimme überhaupt nicht zu"; dargestellte Werte beziehen sich auf Personen, die „eher" oder „voll und ganz" zugestimmt haben; die Fallzahl (n) der verschiedenen Fragen variiert zwischen 306 und 310 Personen; eigene Erhebung, 2019.

Aus Abbildung 10 wird deutlich, dass neben Sorgen um Ressourcen im öffentlichen Haushalt auch Sicherheitsbedenken und ein befürchteter „zunehmender Einfluss des Islams" für einen großen Teil der befragten Personen von Relevanz sind. Erstaunlich ist, dass gut 90 % der befragten Personen befürchten, dass rechte Parteien durch den Zuzug von Geflüchteten an Zulauf gewinnen. Dieses Ergebnis fügt sich jedoch in die Bedenken ein, die schon vor bzw. während des Baus der Unterkunft geäußert wurden. Es wurde thematisiert, dass für Teile der Bevölkerung die Ansiedlung der Geflüchteten vor Ort, aufgrund der zuvor wahrgenommenen Vernachlässigung des Stadtteils, eine Provokation und eine Verunsicherung darstellt, durch die die kommunale Politik und Verwaltung eine Art „Pulverfass" schaffe. Im Folgenden soll vor dem Hintergrund der in Abschnitt 1 beschriebenen Zusammenhänge dargestellt werden, inwiefern sich in diesem konkreten Fall wahrgenommene Benachteiligungen durch kommunale Institutionen äußern.

2.3 Wahrgenommene Benachteiligung durch kommunale Institutionen

Auf dem Gelände, auf dem die Unterkunft gebaut wurde, stand früher ein öffentliches Schwimmbad, das nach einer teilweisen Schließung in den 1980er Jahren vor einigen Jahren von der Stadt abgerissen wurde. Dieser Umstand allein stellt für einen Teil der Bevölkerung schon eine Provokation dar und steht damit sinnbildlich für die von der Bevölkerung wahrgenommene Vernachlässigung des Stadtteils bzw. Nichtbeachtung der Bürger*inneninteressen durch die kommunalen Behörden. Die subjektiv empfundene Benachteiligung und Vernachlässigung führt nicht selten zu einer Konzentration auf die „eigene Gruppe", die sich wiederum negativ auf die Bewertung von „anderen" auswirkt. Dies zeigt sich in konzentrierter Form in den Äußerungen, die bei der schon zuvor thematisierten Informationsveranstaltung zur Planung der Unterkunft gemacht wurden. Dort wurde immer wieder die Distanz zwischen den Neuankommenden und den bereits etablierten Bewohner*innen des Stadtteils und die Notwendigkeit, sich zunächst um Letztere zu kümmern, thematisiert.[1]

Führen Pluralisierungsprozesse wie der Zuzug einer großen Anzahl Geflüchteter innerhalb der Nachbarschaft zu Verunsicherung, ist das Vertrauen in handelnde Akteure und Institutionen bzw. die Zuschreibung von Problemlösungskompetenzen von besonderer Bedeutung. Der kommunalen Politik und Verwaltung wurde vorgeworfen, sie würden intransparent an den Bürger*innen vorbei agieren, indem sie ihnen bereits vorhandene Informationen vorenthalten. Die Absprache der Kompetenz und das fehlende Vertrauen zeigt sich besonders in einer Äußerung eines Bürgers gegenüber den Mitarbeiter*innen der kommunalen Verwaltung:

> Die Wahrheit, sagen Sie doch einfach die Wahrheit, Sie können nicht planen, Sie können nicht integrieren, Sie können das Chaos nur noch verwalten. Und wenn Sie das sagen und offen und ehrlich zugeben, werden Sie mehr Sympathien haben, als Sie jetzt haben, indem Sie irgendwelche Pläne vorstellen, die Sie eh nicht einhalten können.

Die in Abbildung 11 (s. folgende Seite) dargestellten Ergebnisse aus der Quartiersbefragung zeigen ebenfalls ein relativ geringes Vertrauen in die kommunale Politik und Verwaltung bei gleichzeitig relativ hohem Anteil an Personen, die sich für die kommunale Politik interessieren. Für die in diesem Fall beschriebenen Probleme ist davon auszugehen, dass sich der Vertrauensverlust verstärkt auswirkt, wenn große Aufmerksamkeit und Interesse für eine bestimmte Sachlage vorliegen.

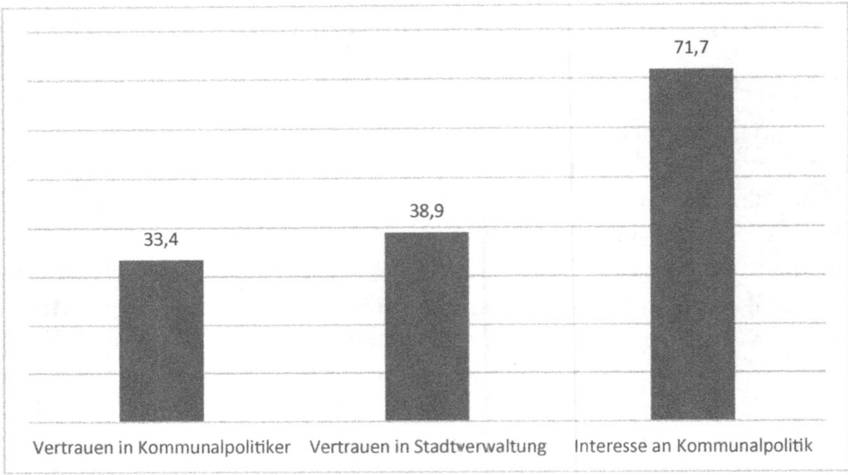

Abbildung 11: Vertrauen in Politik und Verwaltung sowie kommunalpolitisches Interesse (in %)
Angabe Vertrauen: Vierstufige Skala 1 „großes Vertrauen bis 4 „kein Vertrauen"; Interesse an Kommunalpolitik: 1 „interessiere mich sehr", 2 „interessiere mich eher", 3 „interessiere mich eher nicht", 4 „interessiere mich gar nicht"; für die dargestellten Werte wurden jeweils die Kategorien 1 und 2 zusammengefasst; eigene Erhebung, 2019.[2]

Bezüglich des Verhältnisses zu den relevanten kommunalen Akteur*innen und des Vertrauens, das ihnen entgegengebracht wird, lassen sich in anderen Stadtteilen ähnliche Ergebnisse feststellen. Verstärkend wirkt sich jedoch im beschriebenen Fall die seit Jahren, teilweise seit Jahrzehnten, durch die Bevölkerung wahrgenommene Vernachlässigung des Stadtteils durch Politik und Behörden aus. Für den Umgang mit Verunsicherung durch Projekte, wie dem Bau einer Unterkunft für Geflüchtete und damit einhergehender kulturelle und religiöser Pluralisierungsprozesse, lässt sich also für Politik und Verwaltung auf kommunaler Ebene ein gewisses Handlungspotenzial feststellen.

3. Regulierungsmöglichkeiten und -bedarfe

Auch wenn Religion nicht immer explizit angesprochen wird, zeigt sich, dass religiöse Pluralisierung durch Zuwanderung und die religiöse Pluralität innerhalb eines Stadtteils immer wieder in Konflikten thematisiert werden, auch wenn es sich bei diesen Konflikten um zunächst nicht mit Religion im Zusammenhang stehende Problemlagen zu handeln scheint. In Bezug auf religiöse Pluralität und das Arbeitsfeld der Migration und Unterbringung ergeben sich also für die Handelnden auf kommunaler und darunter liegender Ebene Regulierungsbedarfe, wobei Regulierung in diesem Zusammenhang weniger als eine formelle Reglementierung zu verstehen ist. Vielmehr ist Regulierung allgemein als Umgang mit Herausforderungen, die aufgrund religiöser und kultureller Vielfalt entstehen, zu begreifen. Im Speziellen meint Regulierung den Umgang mit Problemen und Konflikten, die sich aus ablehnenden Haltungen gegenüber der Unterbringung von Geflüchteten und der Thematisierung wahrgenommener religiöser bzw. kultureller Differenzen ergeben.

Das im vorherigen Kapitel beschriebene Beispiel zeigt zwei Problemlagen, die im folgenden Abschnitt aufgegriffen und für die auf der Grundlage wissenschaftlicher Arbeiten und anhand bereits durchgeführter Maßnahmen Möglichkeiten der Regulierung solcher Situationen dargestellt werden sollen. Einstellungen der Wohnbevölkerung zur kommunalen Politik und Verwaltung haben Einfluss darauf, wie kompetent kommunale Akteure hinsichtlich des Managements von Zuwanderung in den Stadtteil eingeschätzt werden und inwiefern somit Zuwanderung als mögliche kulturelle Bedrohung wahrgenommen wird. Daher wird erstens an der Verbesserung des Verhältnisses zwischen Wohnbevölkerung und kommunaler Verwaltung angesetzt, was durch Einbeziehung der Wohnbevölkerung in Verwaltungshandeln und durch Transparenz über entsprechende Verfahren und Entscheidungen auf kommunaler Ebene erreicht werden soll. Häufig ist eine über längere Zeit wahrgenommene Vernachlässigung des Stadtteils und seiner Bevölkerung ursächlich für negative Einstellungen gegenüber kommunalen Akteur*innen und Institutionen. Daher soll zweitens die Verbesserung der Situation innerhalb des Stadtteils durch Quartiersmanagement aufgegriffen werden.

3.1 Transparenz durch Information und Einbeziehung der Bürger*innen

Aumüller/Daphi/Biesenkamp (2015, 122) zeigen in ihrer Studie zur Reaktion der Bevölkerung auf den Bau von Flüchtlingsunterkünften in verschiedenen deutschen Städten, dass neben Wohlstand, Bildung und anderen Faktoren, die Einstellungen gegenüber Mitgliedern anderer Gruppen beeinflussen, auch lokale Dynamiken von großer Relevanz sind. Häufig werden auch die Größe und Art der Unterkunft als Bedingungsfaktor für Einstellungen der Bevölkerung genannt, wobei mit steigender Größe der Unterkunft die Akzeptanz in der Bevölkerung abnehmen soll. Aumüller/Daphi/Biesenkamp zeigen jedoch, dass sowohl in wohlhabenden Stadtteilen als auch in solchen mit kleineren Unterkünften Widerstand gegen den Bau auftritt (ebd.). Sie machen darauf aufmerksam, dass eine *frühzeitige* und *umfassende* Kommunikation zur Unterbringung einer Ablehnung entgegenwirken kann, da hierdurch Ängste und Vorurteile abgebaut und falsche Informationen ausgeräumt werden können (Aumüller/Daphi/Biesenkamp 2015, 129).

In dem in Abschnitt 2 beschriebenen Beispiel haben die Verantwortlichen aus Politik und Verwaltung aufgrund der von den Bürger*innen geäußerten Kritik Informationsveranstaltungen organisiert. Neben den Informationsveranstaltungen fand nach dem Bau der Anlage ein „Tag der offenen Tür" statt, an dem Bürger*innen ebenfalls mit der Verwaltung und dem Träger der Einrichtung ins Gespräch kommen konnten. Einerseits hatten diese Veranstaltungen das Ziel, die Bewohner*innen des Stadtteils über das Vorhaben und den Stand der Planung zu informieren, andererseits diente die Veranstaltung dazu, sich einen Überblick über die Bedenken der Bewohner*innen bezüglich des Vorhabens zu schaffen. Die Veranstaltung wurde sowohl aus Sicht der Kommune als auch aus Sicht der Wohnbevölkerung als eine Art Ventil wahrgenommen, durch das der „Druck" abgelassen werden konnte, der sich unter den Bewohner*innen aufgebaut hatte. Obwohl die Veranstaltung speziell in dem beschriebenen Fall von Mitarbeiter*innen des Sozialamts als „brenzlig" beschrieben wurde, werden die Veranstaltung als solche und die Strategie, transparent zu arbeiten, insgesamt positiv bewertet. Die Veranstaltung habe dazu geführt, dass erste Ängste und Bedenken aus dem Weg geräumt werden konnten. Einwänden, die sich darauf bezogen, dass Geflüchtete zwar aufgenommen werden müssten, sie jedoch nicht in diese Nachbarschaft passten, wurde vonseiten der Verwaltung mit der Rechtslage und der Verpflichtung, Geflüchtete aufzunehmen und unterzubringen (z.B. Königsteiner Schlüssel), entgegnet. Der Planung solcher Informationsveranstaltungen sollte jedoch seitens der kommunalen Akteure ausreichend Zeit und Aufmerksamkeit eingeräumt werden, wie das Beispiel einer Unterkunft in Berlin-Hellersdorf zeigt: Dort ist eine Veranstaltung zum Bau einer Unterkunft eskaliert, indem diese durch rassistische Zwischenrufe und Sprechchöre gestört wurde, sodass eine Informationsübermittlung kaum möglich war (ebd., 146). Die Veranstaltung wurde aus der Sicht von Aumüller et al. sogar zum Nährboden für fremdenfeindliche Einstellungen (ebd.). Als Gründe für das Scheitern der Veranstaltung werden die kurzfristige Planung und die fehlerhafte Kommunikation der Organisatoren genannt. So haben rechtsextreme Akteure im Vergleich zu den Organisatoren aus den kommunalen Behörden relativ stark für die Teilnahme an der Veranstaltung mobilisiert, wodurch für viele Bewohner*innen des Stadtteils nicht eindeutig war, ob es sich um eine Veranstaltung der kommunalen Verwaltung oder rechtsextremer Gruppierungen handelte (ebd.). Darüber hinaus sei es wichtig, relevante Akteur*innen aus dem Stadtteil und aus dem Bereich Unterbringung und Integration in die Kommunikation im Allgemeinen, aber auch in die Planung und Durchführung entsprechender Veranstaltungen im Speziellen miteinzubeziehen. Diese können dazu beitragen, im Vorfeld und bei der Veranstaltung selbst Fragen zu klären und Bedenken aus dem Weg zu räumen. So ist es für die Kommunikation und den Abbau von Vorurteilen in Bezug auf kulturelle Differenzen und die religiöse Überzeugung der Zugewanderten möglicherweise sinnvoll, Vertreter von Religionsgemeinschaften einzubeziehen.

Auch wenn sich Verunsicherung bezüglich religiöser Pluralisierung nicht direkt durch die beschriebenen Maßnahmen reduzieren lässt, dienen sie dem besseren Verständnis für Verwaltungshandeln und damit der Verbesserung des Verhältnisses zu den verantwortlichen Akteur*innen. Wenn den Institutionen und ihren Akteur*innen mehr Vertrauen entgegengebracht wird, traut man ihnen auch eher das Management sozialstruktureller Veränderungen zu, wie z.B. einem starken Anstieg des Anteils von Menschen mit anderen religiösen Überzeugungen innerhalb eines Stadtteils.

3.2 Etablierung von Sozialarbeit und Quartiersmanagement im Stadtteil

Hinsichtlich des Verhältnisses zwischen etablierter und neu zugezogener Wohnbevölkerung beobachtet das Sozialamt, dass es an manchen Standorten gar nicht erst zu Bedenken bezüglich religiöser Pluralität und Angst vor Konflikten kommt, da die Bevölkerung überhaupt nicht mitbekommt, dass sich in der Nachbarschaft eine Unterkunft befindet, und sich die beiden Gruppen auch nicht begegnen. Auch wenn hierdurch kurzfristig keine Konflikte entstehen, ist dies keine grundsätzlich geeignete Strategie. Denn vor dem Hintergrund, dass sich durch den Zuzug von Mitgliedern verschiedener Religionen die religiös-kulturelle Landschaft de facto verändert, zielt dieses Handeln lediglich auf die Vermeidung von Konflikten statt auf die ihnen zugrunde liegenden Ursachen ab. Aus diesem Grund ist es sinnvoller, Maßnahmen zu erarbeiten, die das Zusammenleben im Stadtteil verbessern und Kontakte zwischen den verschiedenen Bevölkerungsgruppen herstellen.

Vor dem Hintergrund der ablehnenden Einstellungen gegenüber kommunalen Akteur*innen und Institutionen und der wahrgenommenen Benachteiligung durch diese ist es von besonderer Bedeutung, dass das Quartiersmanagement die gesamte Bevölkerung eines Stadtteils und nicht nur die Integration von Migrant*innen in den Blick nimmt. Obwohl alle objektiven Kriterien dafürsprechen, gab es bis 2017 kein ganzheitliches Quartiersmanagement für das beschriebene Fallbeispiel. Die geäußerte Kritik in Bezug auf die Vernachlässigung des Stadtteils und die ablehnende Haltung gegenüber der neuen Unterkunft für Geflüchtete haben zum Aufbau eines solchen geführt. Laut Selbstbeschreibung auf der Webseite beinhalten die Aufgaben des Quartiersmanagements z.B. die Aktivierung der Nachbarschaft, das Miteinander zwischen „Neu- und Altbürgern" sowie die Verbesserung des Wohnumfelds. Gleichzeitig finden in einer zentralen Anlaufstelle Angebote statt, die die „Verbesserung des Miteinanders der Kulturen und Förderung der interkulturellen Kompetenzen, um den Zusammenhalt der Kinder und Jugendlichen im Quartier zu stärken", zum Ziel haben.

In den einzelnen Stadtbezirken wurden durch das Sozialamt sogenannte „Flüchtlingsbüros" eingerichtet, in denen zum einen Geflüchtete auch nach Ablauf ihres Asylverfahrens sozialarbeiterisch betreut werden, zum anderen stehen die Sozialarbeiter*innen in den jeweiligen Stadtteilen mit den Bewohner*innen im Allgemeinen in Kontakt und sind Vermittler*innen zwischen den Alteingesessenen und Zugezogenen. In diesem Rahmen wurde auch eine Art „Beschwerdemanagement" geschaffen: Sozialarbeiter werden bei bestimmten Konflikten kontaktiert und suchen die entsprechenden Personen auf, um zur Lösung dieser Konflikte beizutragen. So erreichen die Sozialarbeiter beispielsweise während des Ramadans häufig Beschwerden wegen sehr früher oder sehr später Zusammenkünfte der Nachbar*innen. Die Sozialarbeiter*innen nehmen hier in gewisser Weise die Rolle eines interkulturellen Mediators ein. Mitarbeiter*innen des Sozialamts berichteten, dass in diesen Fällen bereits die Information über den Grund der Zusammenkunft und die Sensibilisierung über die unterschiedlichen Wahrnehmungen der beiden Parteien häufig ausreichend seien, um die Konfliktsituation zu entschärfen.

4. Fazit und Ausblick

Studien, die sich auf quantitative Erhebungen stützen, zeigen, dass wahrgenommene Benachteiligungen einen negativen Einfluss auf die Beurteilung von religiöser Pluralität haben (Yendell 2014; Pickel 2017; Pickel/Yendell/Jaeckel 2017). Hinsichtlich allgemeiner Einstellungen gegenüber Mitgliedern von „Fremdgruppen" zeigt sich außerdem, dass vor allem die wahrgenommene Benachteiligung auf einer institutionellen/politischen Ebene einen Effekt ausübt (Rippl/Baier 2005). Das bedeutet, dass die Entfremdung von politischen Eliten und die wahrgenommene Benachteiligung durch Institutionen in einem negativen Zusammenhang zu der Bewertung von Mitgliedern anderer sozialer Gruppierungen stehen. Vor diesem Hintergrund sind Maßnahmen, die sich auf die Verbesserung der Situation des Stadtteils beziehen, positiv zu bewerten. Sie wirken sich positiv auf Zufriedenheit und Sicherheitsempfinden aus, wodurch wiederum Veränderungen, wie der Zuzug von Menschen anderer religiöser Orientierungen, als weniger konflikthaft wahrgenommen werden. Für das hier beschriebene Beispiel hat sich in der Praxis gezeigt, dass zumindest seitens der Verwaltung und der Angestellten im Quartiersmanagement eine Verbesserung der Situation in dem Stadtteil empfunden wird. Die Arbeit im Quartier sorgt dafür, dass zwischen den neuen und den etablierten Bewohner*innen des Quartiers ein Austausch entsteht, wodurch Konflikte reduziert werden können. Im Quartiersmanagement ist zu berücksichtigen, ob die Thematisierung religiöser oder kultureller Differenzen tatsächlich aus unterschiedlicher Religiosität, und damit einer wahrgenommenen kulturellen Differenz, hervorgeht, oder der Ursprung des Konflikts in einer anderen Problemlage zu suchen ist. Beziehen sich die Konflikte auf Ängste vor dem Neuen und Fremden, können diese beispielsweise durch Quartiersarbeit, die den Austausch von Informationen und Kontakte fördert, abgebaut werden. Möglicherweise handelt es sich bei geäußerten ablehnenden Haltungen und Verunsicherungen gegenüber Zuwanderung und Unterbringung im Stadtteil jedoch um lediglich kulturell inszenierte Konflikte. Liegt der eigentliche Ursprung der Verunsicherung darin, dass den handelnden Akteur*innen und Institutionen die Managementkompetenz für diesen Veränderungsprozess abgesprochen wird, sollten Maßnahmen neben dem Verhältnis zwischen den Etablierten und Neuzugezogenen auch das Quartier und die dortigen Lebensbedingungen als Ganzes in den Blick nehmen. Wichtig ist hier das Vertrauen zwischen Bevölkerung und kommunaler Verwaltung bzw. anderen relevanten Institutionen zu intensivieren, um Verunsicherung über die neue Situation bei der Bevölkerung im Stadtteil abzubauen. Grundsätzlich sollten sich die handelnden Akteur*innen in der Planung und Informationsstrategie bewusst machen, dass die Unterbringung von Geflüchteten je nach Stadtteil in einem unterschiedlichen Maß eine religiöse und kulturelle Pluralisierung darstellt und somit auch unterschiedlich stark als Verunsicherung wahrgenommen wird. Dabei ist es wichtig, transparent mit Vorhaben bzw. Entscheidungen umzugehen und gegebenenfalls auch deutlich zu machen, dass es sich mit der Unterbringung und der neuen Pluralität nicht um einen kurzfristigen Zustand handelt, sondern um eine Situation, mit der alle Beteiligten umgehen müssen. Wird eher defensiv kommuniziert und die Ansiedlung oder Unterbringung von Geflüchteten sogar – möglicherweise aus Angst vor der Reaktion der Bevölkerung – als ein kurzfristiger Zustand dargestellt, verhindert dies unter Umständen das Zustandekommen von zivilgesellschaftlichem Engagement und Austausch zwischen der etablierten und neu zugezogenen Bevölkerung (Glorius/Schondelmayer 2018).

Literatur

Aumüller, Jutta/Daphi, Priska/Biesenkamp, Celine (2015): Die Aufnahme von Flüchtlingen in den Bundesländern und Kommunen. Behördliche Praxis und zivilgesellschaftliches Engagement. Stuttgart. Online unter: https://www.bosch-stiftung.de/sites/default/files/publications/pdf_import/Studie_Aufnahme_Fluechtlinge_2015.pdf.

[BAMF] Bundesamt für Migration und Flüchtlinge (Hg.) (2017): Bundesamt in Zahlen 2016. Asyl, Migration und Integration. Nürnberg. Online unter: https://www.bamf.de/SharedDocs/Anlagen/DE/Statistik/BundesamtinZahlen/bundesamt-in-zahlen-2016.pdf?__blob=publicationFile&v=16.

Baston, Lauke (2016): Aktuelle Flüchtlingszahlen für Bochum und Wattenscheid. Lokalkompass (Hg.) Online unter: www.lokalkompass.de/wattenscheid/c-ueberregionales/aktuelle-fluechtlingszahlen-fuer-bochum-und-wattenscheid_a644886.

Canan, Coşkun/Simon, Mara/Foroutan, Naika/Beigang, Steffen/Hänig, Albrecht/Kalkum, Dorina/Sollorz, Rafael (2016): Nordrhein-Westfalen postmigrantisch. Einstellungen der Bevölkerung Nordrhein-Westfalens zu Musliminnen und Muslimen in Deutschland. Humboldt-Universität zu Berlin. Berlin.

DESTATIS (2018): Bevölkerung und Erwerbstätigkeit. Bevölkerung mit Migrationshintergrund – Ergebnisse des Mikrozensus 2017. Statistisches Bundesamt. Wiesbaden. Online unter: https://www.destatis.de/DE/Themen/Gesellschaft-Umwelt/Bevoelkerung/Migration-Integration/Publikationen/Downloads-Migration/migrationshintergrund-2010220177004.pdf?__blob=publicationFile&v=4.

Ens, Kornelius (2017): Religiosität unter Russlanddeutschen. Geschichte, religiöse Identität und Integration. In: Bundeszentrale für politische Bildung (Hg.): Kurzdossiers. Online unter: www.bpb.de/gesellschaft/migration/kurzdossiers/252539/religiositaet-unter-russlanddeutsche.

Glorius, Birgit/Schondelmayer, Anne-Christin (2018): Perspektiven auf Fluchtmigration in Ost und West. In: Zeitschrift für Vergleichende Politikwissenschaft, Bd. 12, Nr. 1, S. 75–92.

Hero, Markus/Krech, Volkhard (2011): Die Pluralisierung des religiösen Feldes in Deutschland. Empirische Befunde und systematische Überlegungen. In: Pickel, Gert/Sammet, Kornelia (Hg.): Religion und Religiosität im vereinigten Deutschland. Zwanzig Jahre nach dem Umbruch. Wiesbaden, S. 27–41.

Hero, Markus/Krech, Volkhard/Zander, Helmut (Hg.) (2008): Religiöse Vielfalt in Nordrhein-Westfalen. Empirische Befunde, Entwicklungen und Perspektiven der Globalisierung vor Ort. Paderborn.

[MKFFI] Ministerium für Kinder, Familie, Flüchtlinge und Integration des Landes Nordrhein-Westfalen (Hg.) (2018a): 6. Kommentierte Zuwanderungs- und Integrationsstatistik Nordrhein-Westfalen. Düsseldorf.

[MKFFI] Ministerium für Kinder, Familie, Flüchtlinge und Integration des Landes Nordrhein-Westfalen (Hg.) (2018b): Integrationsprofil Bochum. Daten zu Zuwanderung und Integration. Düsseldorf.

Pickel, Gert (2017): Religiosität in Deutschland und Europa – Religiöse Pluralisierung und Säkularisierung auf soziokulturell variierenden Pfaden. In: Zeitschrift für Religion, Gesellschaft und Politik, Bd. 1, Nr. 1, S. 37–74.

Pickel, Gert/Yendell, Alexander/Jaeckel, Yvonne (2017): Religiöse Pluralisierung und ihre gesellschaftliche Bedeutung. In: Winkel, Heidemarie/Sammet, Kornelia (Hg.): Religion soziologisch denken. Reflexionen auf aktuelle Entwicklungen in Theorie und Empirie. Wiesbaden, S. 273–300.

Rippl, Susanne/Baier, Dirk (2005): Das Deprivationskonzept in der Rechtsextremismusforschung. In: Kölner Zeitschrift für Soziologie und Sozialpsychologie, Bd. 57, Nr. 4, S. 644–666.

Willems, Ulrich (2016): Herausforderung Religiöse Vielfalt. In: Bundeszentrale für politische Bildung (Hg.): Aus Politik und Zeitgeschichte. Reformation. Bd. 66, Nr. 52, S. 41–46. Online unter: www.bpb.de/shop/zeitschriften/apuz/239253/reformation.

Yendell, Alexander (2014): Warum die Bevölkerung Ostdeutschlands gegenüber Muslimen ablehnender eingestellt ist als die Bevölkerung Westdeutschlands. In: Pollack, Detlef/Müller, Olaf/Rosta, Gergely/Friedrichs, Nils/Yendell, Alexander (Hg.): Grenzen der Toleranz. Wahrnehmung und Akzeptanz religiöser Vielfalt in Europa (Veröffentlichungen der Sektion Religionssoziologie der Deutschen Gesellschaft für Soziologie). Wiesbaden, S. 59–78.

Anmerkungen

1 Ein Teilnehmer äußerte sich dazu, dass in dem Stadtteil z.B. die Versorgung mit Kita-Plätzen schon vor der Zuwanderung von Geflüchteten nicht gewährleistet worden sei. Unter größerer Zustimmung des Saals ergänzte er: „Ich habe keinen Kita-Platz gekriegt, die Begründung war – und jetzt hört genau zu, Leute – die Begründung war, Flüchtlinge oder beziehungsweise Andersartige werden vorgezogen."

2 Fragetexte:
- Im Folgenden geht es um Ihre Bewertung der Politik und Verwaltung der Stadt Bochum. Bitte geben Sie zunächst an, wie groß Ihr Vertrauen zu den genannten Personen und Institutionen ist.
- Wie sehr interessieren Sie sich für die Stadtpolitik von Bochum?

NATALIE POWROZNIK

Erscheinungsformen von „Religion" und ihre Regulierung in Flüchtlingsunterkünften Nordrhein-Westfalens[1]

1. Hintergrund und Fallbeschreibung

Flüchtlingsunterkünfte stellen einen besonderen Raum des Zusammenlebens für die Menschen dar, deren Bewohner*innen nach dem Religionswissenschaftler Alexander-Kenneth Nagel hauptsächlich Muslim*innen sind (Nagel 2018, 71). Laut der Statistik des Bundesamts für Migration und Flüchtlinge (BAMF) überwiegen zudem sunnitische Muslim*innen, die 2014/15 eingewandert sind (BAMF 2016, 22). Das heißt einerseits, dass es in Flüchtlingsunterkünften eine religiöse Mehrheit zu geben scheint, andererseits bedeutet es für die Praktiker*innen in den Unterkünften, dass sie es mehrheitlich mit einer religiösen Kultur zu tun haben, die ihnen fremd ist. Gerade in Flüchtlingsunterkünften stellen nach Nagel und seiner Projektmitarbeiterin Veronika Rückamp „[…] der Umgang mit religiöser Praxis und Festen sowie die Deutung und Regulierung religiöser und ethnisch-nationaler Konflikte […]" (Nagel/Rückamp 2018, 1) eine große Herausforderung dar. Doch gerade vor dem Hintergrund unterschiedlich religiöser und kultureller Prägung der Bewohner*innen stellt sich, laut Nagel, die Frage „[…] welche Rolle […] Religion überhaupt im Leben der Flüchtlinge" spielt (Nagel 2018, 72).

Der vorliegende Artikel geht dieser Frage nach. Er basiert auf einer ethnografischen Studie, die in zwei unterschiedlichen Unterkunftsarten in Nordrhein-Westfalen durchgeführt wurde: Es wurde sowohl in einer Erstaufnahmeeinrichtung des Landes als auch in einer kommunalen Familienunterkunft für Geflüchtete geforscht. Die beiden Einrichtungen unterscheiden sich auf verschiedenen Ebenen: Hinsichtlich der Anzahl der Bewohner*innen beherbergt die Erstaufnahmeeinrichtung durchschnittlich etwa 800 Personen. Die Familienunterkunft stellt einen von etwa 70 Standorten der Kommune dar und bietet etwa 150 Personen Platz zum Leben. Auch das Alltagsleben in den beiden Einrichtungen unterscheidet sich. Während die Menschen in der Erstaufnahmeeinrichtung, die noch auf die Prüfung ihres Asylantrags warten, keine Möglichkeiten haben, eigenes Essen zuzubereiten, und auf ein zentral organisiertes Catering angewiesen sind, können die Bewohner*innen der kommunalen Unterkunft die Gemeinschaftsküche nutzen und sich selbst verpflegen. Weiterhin haben die Kinder der Familien in der kommunalen Unterkunft die Möglichkeit, eine Kindertagesstätte und die Schule zu besuchen, während die Kinder, die in der Erstaufnahmeeinrichtung leben, ihren Tag auf dem Gelände verbringen und miteinander spielen oder das wöchentliche Spielangebot der Ehrenamtlichen wahrnehmen. Hinsichtlich des Auslebens der eigenen Religiosität bietet keine der beiden Einrichtungen gesonderte Räume, wie zum Beispiel Gebetsräume, an. Jedoch besteht in der kommunalen Unterkunft für Familien die Möglichkeit für kulturell-religiöse Feierlichkeiten, die von Ehrenamtlichen und den Sozialarbeiter*innen organisiert werden: So wird zum Beispiel ein gemeinsames Weihnachtsfest veranstaltet, zu dem ein Weihnachtsmann kommt und Geschenke an die in der Einrichtung wohnenden Kinder verteilt. Auch werden Weihnachtslieder gemeinsam gesungen.

Im Rahmen der Studie wird grundsätzlich deutlich, dass Religion im Alltag der Unterkünfte unterschiedliche Erscheinungsformen hat und auf unterschiedliche Weisen unter den Bewohner*innen und Beschäftigten „verhandelt" wird. Welche Unterschiede hierbei deutlich werden, wird folgend anhand von drei Problemlagen dargestellt. Dabei wird insbesondere gezeigt, dass sich die Wahrnehmung der Praktiker*innen in den Unterkünften zuweilen sehr von der Bewohner*innenperspektive unterscheidet. Die religiöse Pluralität der Geflüchteten wiederum kann für Sozialarbeiter*innen unübersichtlich und somit schwer zugängig sein. Dennoch müssen im Alltag Lösungen gefunden werden, um das Zusammenleben in den Einrichtungen zu regulieren. Dass also gegebenenfalls vonseiten der Sozialarbeiter*innen so in den Alltag eingegriffen werden kann, dass ein gemeinsames, konfliktarmes Miteinander ermöglicht wird, in dem ein Verstehen des jeweils anderen möglich ist. Die Komplexität der Hintergründe in der Gegenüberstellung der beiden Sichtweisen von Bewohner*innen und Praktiker*innen illustrieren diese alltägliche Herausforderung im Umgang mit Religion.

Anhand der folgenden Fallbeispiele wird verdeutlicht, welche Phänomene und Herausforderungen im Alltag von Flüchtlingsunterkünften auftreten können und wie mit diesen umgegangen wird. Dabei werden zunächst die Problemlagen und dann die Lösungsansätze, die im jeweiligen Beispiel gefunden wurden, vorgestellt. Am Beispiel des Süßigkeitenautomaten wird der Prozess einer Bedarfsermittlung um das Fasten der Bewohner*innen einer Erstaufnahmeeinrichtung geschildert. Im Beispiel um den Putzplan werden religiöse Zugehörigkeiten unter den Bewohner*innen verhandelt und schließlich durch die Sozialarbeiter reguliert. Am Beispiel des Eid-al-Fitr, des Fests zum Fastenbrechen, wird deutlich, welche unterschiedlichen Erwartungshaltungen Sozialarbeiter*innen und Bewohner*innen mitunter haben können und wozu diese Unterschiede führen können.

2. Problemlagen und Lösungsansätze

2.1 Der Süßigkeitenautomat und das Outing zum Fasten

Im Mittelpunkt des Fallbeispiels steht die Erstaufnahmeeinrichtung für Flüchtlinge, die in den Jahren 2015 und 2016 die Kommune Mittstadt erreichen. Die zentrale Unterkunft regelt die Aufnahme und spätere Umverteilung der Antragssteller*innen und ist währenddessen Bleibe für etwa 800 Bewohner*innen, die mehrheitlich aus Syrien, Afghanistan, dem Irak, dem Iran und aus Eritrea kommen. Doch nur wenige von ihnen bleiben letztlich in Mittstadt. Einige werden in ihre Heimatländer abgeschoben, andere werden auf nahe gelegene Kommunen innerhalb Nordrhein-Westfalens umverteilt, in denen sie dann in kommunalen Unterkünften leben. Während ihres Aufenthalts in der Erstaufnahmeeinrichtung nehmen die Bewohner*innen häufig von ehrenamtlichen Mitarbeiter*innen durchgeführte Sprachkurse wahr. Es steht ihnen frei, die Einrichtung zu verlassen, allerdings bewegen sich nur wenige außerhalb des Stadtviertels, da ein Busticket in Richtung der Innenstadt für die meisten Bewohner*innen zu teuer ist. Familien geben ihr Geld eher für Spiel- und Malsachen für ihre Kinder im nahe gelegenen Ein-Euro-Shop aus und verbringen ihre Zeit ansonsten größtenteils auf dem Gelände der Unterkunft. Andere verwenden ihr Geld für ein neues Mobiltelefon, für Guthabenkarten, die beim fußläufig zu erreichenden Discounter zu erwerben sind, oder kaufen sich die notwendigen Utensilien, um selbst gedrehte Zigaretten rauchen zu können. Als prägnantestes Kennzeichen des Alltags der Bewohner*innen wird jedoch immer wieder das Warten angegeben. So halten Dilger et al. (2017) fest:

> Der Alltag der Geflüchteten zeichnet sich durch die Ambivalenz aus, einerseits aufgrund von Verwaltungsangelegenheiten und Kinderbetreuung (gefühlt) keine Zeit zu haben, andererseits jedoch im Zustand von Ereignislosigkeit, Lethargie und des ständigen Wartens verhaftet zu sein. Dieser liminale Zustand des in-between führt dazu, dass sich die Erwartungen an die Zukunft bis ins Unrealistische projizieren […]. (Dilger et al. 2017, 131; siehe auch Bruhn et al. 2016)

Diese Unsicherheit ist weiterhin geprägt von der hohen Fluktuation in der Erstaufnahmeeinrichtung. Einige Bewohner*innen verbringen nur wenige Wochen hier, andere bis zu vier Monate. Gerade in den Wintermonaten und hinsichtlich der beengten Wohnsituation wird dieser Zustand von vielen als Belastung wahrgenommen. Die Kinder haben kaum oder wenig warme Kleidung und halten sich daher hauptsächlich in den Räumlichkeiten der Einrichtung auf. Es kommt zum Lagerkoller aufgrund der Überfüllung der Einrichtung sowie aufgrund der Unsicher- und Unklarheiten der eigenen Perspektive. Im Mai 2016 fand für die meisten Bewohner*innen der erste Ramadan in Deutschland statt. Anlässlich des Ramadans geht die Einrichtungsleitung der Erstaufnahmeeinrichtung davon aus, dass aufgrund der überwiegend muslimischen Herkunftsländer der etwa 800 Bewohner*innen ein Bedarf bestehen könnte, statt der üblichen Mahlzeiten ein abendliches Fastenbrechen stattfinden zu lassen. Dabei orientiert sich der Leiter der Einrichtung an anderen nordrhein-westfälischen Aufnahmeeinrichtungen, mit denen er in Kontakt steht. Er prüft zunächst mit verschiedenen Cateringunternehmen die Möglichkeit, abends Essen anliefern zu lassen, da das selbstständige Kochen den Bewohner*innen aus Hygiene- und Brandschutzgründen auf dem Gelände untersagt ist. Als sich ein Caterer findet und nach konkreten Zahlen zum Lieferumfang fragt, bespricht der Einrichtungsleiter die Bedarfsermittlung unter den Bewohner*innen mit zwei Sozialarbeiterinnen. Dabei fragen sie sich konkret: Wie erreicht man die Bewohner*innen, um den Bedarf abzufragen? Die Entscheidungsfindung stellt sich anschließend in Form zweier Wege dar. Entweder soll es ein Fragebogenverfahren geben oder eine mündliche Abfrage.

Die erste Idee ist die Verteilung von Fragebögen, die von den Bewohner*innen ausgefüllt werden müssten. Es stellt sich jedoch schnell heraus, dass die Sozialarbeiterinnen dies nicht in ihre üblichen Arbeitsabläufe integrieren können und hier ein enormer Zeitaufwand notwendig wäre. Somit müssten die ehrenamtlichen Mitarbeiter*innen der Unterkunft mit einbezogen werden, um die Aufgabe der Verteilung an die Bewohner*innen zu übernehmen. Allerdings wird auch dieser Vorschlag mit der Begründung der Überlastung der freiwilligen Helfer*innen verworfen. Weiterhin wird überlegt, die Reinigungskräfte oder die Mitarbeiter*innen des Sicherheitsdiensts auf dem Gelände damit zu beauftragen, die Fragebögen während ihrer Rundgänge zu verteilen. Doch auch diese Idee wird nicht weiterverfolgt, da eine solche Tätigkeit nicht im Aufgabenprofil der Mitarbeiter*innen vorgesehen sei, so der Einrichtungsleiter. Darüber hinaus zeigt das gemeinsame Erfahrungswissen der beiden Sozialarbeiterinnen, dass die Alphabetisierungsrate unter den geflüchteten Bewohner*innen unklar ist und auch die Sprachkenntnisse uneinheitlich seien. Schließlich wird auch aufgrund des organisatorischen und potenziellen finanziellen Aufwands gegen die schriftliche Abfrage argumentiert.

Alternativ wird überlegt, eine mündliche Abfrage zu einem Zeitpunkt durchzuführen, an dem möglichst viele Bewohner*innen anzutreffen seien. So kommen die Zeiträume der Mahlzeiten ins Gespräch. Damit wäre mit dem Zelt der Essensausgabe mitten auf dem Gelände auch ein zentraler Ort gefunden. Da die Teilnahme der Bewohner*innen am Frühstück am höchsten sei, solle die Abfrage mit Beginn des Frühstücks von 7:30 Uhr bis 8:30 Uhr erfolgen und dann weiter bis zum Ende des Mittagessens um 14 Uhr durchgeführt werden.

Der alternative Weg wird dann schlussendlich umgesetzt, etwa zwei Wochen nach dem Gespräch zwischen dem Einrichtungsleiter und seinen beiden Mitarbeiterinnen. Morgens stellen die Sozialarbeiterinnen gegen 7 Uhr einen Tisch mit einem Stuhl im Essenszelt auf. Die vorbereitete Abfrage besteht aus einer Liste mit zwei Spalten. Auf der linken Seite stehen Nachnamen und in Klammern dahinter eine Zahl, die sich auf die Personenanzahl der jeweiligen Familie bezieht. Die rechte Spalte ist mit „Fasten?“ übertitelt. Hier soll angekreuzt werden, ob und wie viele Personen während des Ramadans fasten werden. Kurz vor 7:30 Uhr, als bereits viele Bewohner*innen zur ersten Essensausgabe vor dem Einlass stehen, wird ein zweiter Stuhl herangetragen. Hier sitzt ein junger Mitarbeiter vom Sicherheitspersonal, der kurzfristig unterstützen konnte. Er übernimmt die Abfrage, die aufgrund seiner Arabischkenntnisse zügig vorangeht. Die Bewohner*innen antworten und gehen dann weiter zum Büffet. Einige Männer plaudern noch etwas länger mit dem Sicherheitsmitarbeiter, dann befragt er die Nächsten. Gegen 14:15 Uhr endet die Befragung. Der Einrichtungsleiter, mit dem das Ergebnis der Umfrage später ausgewertet wird, ist froh, dass „alles geklappt“ habe. Er benötige „das Ergebnis“ schließlich sofort zur Auswertung, um sich erneut mit dem Caterer in Verbindung setzen zu können. Auch werde keine weitere Umfrage durchgeführt. Dafür hätten die Sozialarbeiterinnen „keine Zeit“, schließlich sei „fast der ganze Arbeitstag dafür draufgegangen“. Auch wenn etwas weniger als die Hälfte der Bewohner*innen befragt werden konnte, zeige „das Ergebnis“ die Bedeutung des Fastens für diese, was ihn darin bestätige, eine Umstellung der Mahlzeiten mit dem Caterer zu organisieren.

Später berichtet ein weiterer Mitarbeiter der Sicherheitsfirma, dass sich seit Beginn des Ramadans tagsüber mehrere Kindergruppen plötzlich große Mengen Süßigkeiten aus dem einzigen Automaten auf dem Gelände besorgen würden.

2.2 Der Putzplan und die religiöse Zugehörigkeit

In der zweiten Problemlage geht es um religiöse Zugehörigkeit. Diese kann Grundlage für einen offen ausgetragenen Konflikt sein. Das wird am Beispiel einer kommunalen Familienunterkunft für Geflüchtete um den Putzplan ersichtlich. Hierbei wird deutlich, dass es entscheidend ist, ob ein Konflikt vonseiten der Bewohner*innen als religiös oder als ethnisch oder vonseiten der Sozialarbeiter*innen als Stellvertreterkonflikt markiert wird und welche Dynamiken unter den Menschen in der Einrichtung in der Konsequenz zu beobachten sind.

Die Ausgangslage ist, dass sich zwei Nachbarsfamilien, eine sunnitische Familie aus Syrien und eine christliche Familie aus Eritrea, den Flur einer kommunalen Unterkunft teilen, den sie, gemäß den Vorgaben der leitenden Sozialarbeiter*innen, gemeinsam sauber halten sollen, sodass der Brandschutz gewährleistet ist. Die sunnitische Familie hat eine Abneigung gegenüber der Nachbarsfamilie aufgrund deren Zugehörigkeit zum Christentum sowie aufgrund ihrer Hautfarbe. Dies wird auf deren Putzverhalten übertragen, womit wiederum die Überzeugungen der muslimischen Familie legitimiert werden. Das wird unter anderem anhand der Aussage der Mutter der muslimischen Familie deutlich:

> Die Familie ist nicht gut. Sie macht den Flur nicht sauber. Immer machen meine Schwester und ich den Flur sauber. Sie stellen die Schuhe vor der Tür ab. Das macht viel Schmutz. Sie waschen nicht. Ihre Kinder sind nicht sauber. Sie riechen nicht gut. Ihre Haare sind schmutzig. Das ist, weil die Familie aus Afrika kommt. Ja, aus Eritrea. Viele Menschen leben da. Nicht viele Christen, glaube ich. Nur wenig. Aber diese Familie gehört zu den Christen. In Deutschland Christen sind sauber, weil deutsche Menschen sauber sind. Sehr sauber. Aber in Afrika sind Christen nicht sauber. Wir Muslime sind sauber. Wir sind saubere Familien. Wir kochen und machen sauber. Unsere Wohnungen sind sauber. Unsere Kinder sind sauber. Ich gehe nicht an die Tür von dieser Familie. Ich kann nicht, weil ich Muslima bin. Das ist nicht gut für mich und für mein[e] Familie. Im Islam ist das einfach so.

Aus Sicht der Sozialarbeiter*innen der Einrichtung besteht das Problem wiederum nicht nur darin, dass der Putzplan von beiden Familien nicht eingehalten wird, sondern vor allem auch darin, dass sich der Konflikt zwischen den Familien zunehmend verschärft. Dies zeigt sich zunächst durch Mimik und Gesten, die die christliche Familie bei der sunnitischen Familie wahrnimmt, und die eindeutig die christliche Familie adressieren. Weiterhin wird ein bewusstes Ignorieren der eritreischen Familie von ihren direkten Nachbarn praktiziert, was in der Familienunterkunft, in der nur 150 Personen leben, sehr ungewöhnlich ist. Es folgen offen geäußerte Beschimpfungen auf Arabisch sowie regelmäßige Beschwerden über das Putzverhalten der eritreischen Familie im Büro der Sozialarbeiter*innen. Schließlich werden weitere Familien als Unterstützung von der sunnitischen Familie einbezogen. Die Erwachsenen befragen sogar die Kinder ihrer Freunde über die schulischen Leistungen des ältesten Sohns der christlichen Familie, der mit diesen eine Klasse besucht. Es wird intrigiert und es kommt zu Gerüchten. Schließlich wird auch sabotiert, indem Putzutensilien vor der eritreischen Familie versteckt werden. Die Sozialarbeiter*innen behandeln den Konflikt als Stellvertreterkonflikt. Es gehe gar nicht ums Putzen, sondern um andere Konflikte, die über das Putzen ausgetragen würden. Geputzt werden müsse aber trotzdem. Ihre Lösung besteht dann in einer Strafe, indem die Sozialarbeiter*innen das WLAN-Passwort an keine der beiden Familien herausgeben. Die Maßnahme begründen sie wie folgt:

> Da muss man dann mal über seinen Schatten springen. In ihrer Wohnung müssen sie ja auch putzen – und wenn es drinnen tipptopp aussieht, kann es draußen [im Flur] ja nicht aussehen wie Sau.

2.3 Das Fest des Fastenbrechens und die verschiedenen Erwartungen

Die Sozialarbeiterin einer kommunalen Flüchtlingsunterkunft für Familien geht davon aus, dass alle muslimischen Bewohner der Unterkunft nach Ende des Ramadan gemeinsam ein großes Fest zu diesem Anlass feiern werden. Sie reserviert dafür den größten Aufenthaltsraum im Gebäude. Zuvor spricht sie diejenigen Familien an, von denen sie aus persönlichen Gesprächen weiß, „dass das Muslime sind“. Hierfür nutzt sie unter anderem die Sprechzeiten im Büro, wenn Bewohner*innen mit bürokratischen Anliegen zu ihr kommen, das tägliche Verteilen der Post oder kurze Gespräche in den Fluren der Unterkunft. Auch drei Nachbarsfamilien werden dabei mehrmals auf ein gemeinsames Fest des Fastenbrechens angesprochen.

Aus ihren Beobachtungen schließt die Sozialarbeiterin, dass die drei Familien muslimisch und befreundet sind. Dies führt sie unter anderem auf die Gemeinsamkeiten der Familien zurück, da zum Beispiel die Söhne aus zwei der Familien, beide sechs Jahre alt, morgens gemeinsam zur Schule gehen, und auch die beiden 17-jährigen Söhne zweier Familien morgens gemeinsam zur Berufsschule fahren. Weiterhin stellt die Sozialarbeiterin fest, dass sich die Familien im regen Austausch befinden, da sie die drei Mütter häufig bei den Vorbereitungen zum gemeinsamen Teetrinken sieht. Daher geht sie davon aus, dass die drei Familien gemeinsam mit anderen muslimischen Familien aus der Unterkunft ein Fest ausrichten werden, um das Ende des Ramadans und somit das Fastenbrechen zu feiern. Die Sozialarbeiterin, als Leiterin der kommunalen Flüchtlingsunterkunft, möchte für die Bewohner*innen ihrer Einrichtung das Fest zum Fastenbrechen ausrichten. Sie reserviert einen Raum in der Unterkunft, schließt diesen am Tag des Fastenbrechens auf, den sie einem interkulturellen Kalender entnommen hat, und ist anschließend irritiert darüber, dass keiner der Bewohner*innen sich an diesem Tag in dem Raum einfindet. Weiterhin zeigt sie sich enttäuscht, weil „nicht mal was dekoriert" wurde.

Ein religiöses Fest, wie sie es erwartet hat, findet nicht statt, obgleich sie sich sicher ist, dass viele der Bewohner*innen Muslime sind und dass einige von ihnen gefastet haben. Besonders irritiert ist sie über das Verhalten einer irakischen Bewohnerin. Sie gratuliert ihr an diesem Tag und kann nicht verstehen, weshalb diese den Tag nicht mit ihren muslimischen Nachbar*innen verbringt, mit denen sie gut befreundet zu sein scheint.

Es wird deutlich, dass die Sozialarbeiterin besonders religionssensibel agieren möchte, indem sie die Planung und das Stattfinden des Fests in ihre Arbeitsabläufe integriert. Jedoch zeigt sich auch ihre Enttäuschung, indem sie äußert: „Ich hätte mich halt auch gefreut, das mal zu feiern." Hieraus geht ihre Erwartungshaltung hervor, ein kulturell fremdes, exotisches Fest mitsamt der Aspekte Gastfreundlichkeit, Essen, Musik und Tanz zu erleben. Weiterhin kann sie nicht nachvollziehen, weshalb die befreundeten Nachbarsfamilien diesen Tag nicht miteinander feiern. All diese Enttäuschungen ihrer Erwartungen frustrieren sie. Die konkreten Zugehörigkeiten und Beziehungsgeflechte der Familien bleiben ihr unklar. Vonseiten der Familien wird im Fallbeispiel deutlich, dass religiöse Zugehörigkeit (Muslimsein) ein Verbundenheitsgefühl fördern, einen Bezug zum Vertrauten herstellen und für ein Kollektivgefühl sorgen kann. Es erfordert jedoch auch soziale Anstrengungen der Bewohner*innen, um diese Mitgliedschaft stets zu bekräftigen (Pfaff-Czarnecka 2012). Dies bedeutet auch, dass der Zusammenhalt auf Grundlage einer geteilten religiösen Zugehörigkeit unter den Bewohner*innen der kommunalen Unterkunft auch Anlass für Missverständnisse, Irritationen und sogar für Enttäuschungen sein kann. So zeigt sich, dass das Fastenbrechen für den ältesten Sohn der irakischen Familie vor allem ein kulturelles Fest mit starken Bezugspunkten zu seiner Heimat und der dort ansässigen Familie darstellt. Weiterhin stellt sich heraus, dass es kurz zuvor einen Anschlag auf einen schiitischen Schrein in der gemeinsamen Heimat der beiden irakischen Familien gegeben hat. Die schiitische Familie ist enttäuscht, dass die sunnitische Familie diesbezüglich keine Anteilnahme zeigt. Dies bedeutet einen Vertrauensbruch für sie und lässt sie die Beziehung zu ihren Nachbarn infrage stellen.

3. Regulierungsmöglichkeiten und -bedarfe

In den drei formulierten Problemlagen und unterkunftsinternen Lösungsansätzen werden unterschiedliche Regulierungsmöglichkeiten und -bedarfe in Bezug auf die Erscheinungsformen von „Religion" in Flüchtlingsunterkünften deutlich. Bei der ersten Problemlage scheint aus einer religionsfreundlichen Haltung heraus ein Bedarf der Einrichtung zur konkreten Erfassung derjenigen Bewohner*innen zu bestehen, die tatsächlich fasten möchten. Hierzu werden jedoch funktionierende Lösungsansätze auf Grundlage konkreter Erfahrungswerte benötigt. Die Bedarfsermittlung selbst muss stattfinden, um einen Caterer beauftragen zu können, und ist daher notwendig. Die Art der Abfrage soll vonseiten der Einrichtung möglichst religionssensibel sein, indem sie den Befragten die Möglichkeit lässt, sich mit Ja oder Nein für oder gegen das Fasten zu entscheiden. Tatsächlich wird durch die Art der Durchführung die Befragung zum Fasten für die Bewohner*innen zum Bekenntnisinstrument, da sie eine Entscheidung abverlangt, die nicht nur untereinander und hinsichtlich der Zugehörigkeit zu einem Kollektiv und den damit verbundenen Privilegien, sondern auch vor dem Mitglied des Sicherheitspersonals Bestand haben muss, das die Befragung durchführt. So entsteht ein sozialer Druck unter den Befragten, einem bestimmten Ideal zu entsprechen und sich als zugehörig zu einer Gruppe zu zeigen, indem man behauptet zu fasten. Weiterhin umgehen die Befragten damit auch Konflikte untereinander. Es kann davon ausgegangen werden, dass viele Bewohner*innen ein Verständnis von Bekenntnisreligiosität teilen, das sich durch den öffentlichen Vollzug sozialer Praktiken äußert (Stauth 1993; Tezcan 2019). Das heißt, dass diesem Verständnis nach das Fasten bzw. Nichtfasten an Ramadan keine private Entscheidung, sondern vielmehr eine öffentlich vollzogene Handlung darstellt, die Reaktionen erwarten lässt. Es kann gemutmaßt werden, dass die Kinder, die sich am Süßigkeitenautomaten in der Zeit des Ramadan bedienen, die Süßigkeiten für sich und ihre Familien besorgen, die möglicherweise nur vorgegeben haben zu fasten. In der zweiten Problemlage wird deutlich, dass ein Konflikt zwar als „Stellvertreterkonflikt" von außen aufgefasst werden, für die beteiligten Akteure jedoch durchaus religiös und ethnisch markiert sein kann. Dies zeigt, dass „Ethnie" und „Religion" zuweilen stark miteinander verwobene Kategorien sind, die sich in bestimmten Zugehörigkeitsverständnissen kaum voneinander trennen lassen (Pfaff-Czarnecka 2012; siehe auch Pfaff-Czarnecka 2011).

Aus Praktiker*innenperspektive sind hier vor allem deren strukturelle Rahmenbedingungen relevant. Dabei spielt besonders die Ressource Zeit eine zentrale Rolle. Konflikte, die von Bewohner*innen als religiös markiert werden, werden von den Sozialarbeiter*innen nicht per se als solche wahrgenommen, sondern vielmehr als Stellvertreterkonflikte betrachtet. Dies kann auf das Konzept der „religious illiteracy", des religiösen Analphabetismus (Nagel/Rückamp 2018, 19), zurückgeführt werden, welcher Verunsicherungen im Umgang mit religionsbezogenen Themen für die Mitarbeiter*innen in Unterkünften umschreibt. In diesem Zusammenhang wird auch verständlich, weshalb Begriffe wie „Nationalität", „Ethnie" und „Religion" beinahe austauschbar verwendet werden.

Am Beispiel des Putzplans wird so deutlich, dass Erscheinungsformen von Religion, die als konfliktbehaftet wahrgenommen werden, von Praktiker*innen als Stellvertreterkonflikt gehandhabt und durch Sanktionen gelöst werden. Dieses Vorgehen ist jedoch problematisch für die Bewohner*innen, die sich nicht ernst genommen fühlen und einen individuellen Umgang miteinander finden, in dessen Folge sie die Sozialarbeiter*innen künftig weniger einbeziehen, um weitere Sanktionen zu vermeiden. Aus Sicht der Sozialarbeiter*innen ist dieses Vorgehen jedoch nachvollziehbar, da diese sich somit durch ihr Handeln absichern und ihrer Aufgabe nachkommen, eine Ordnung in der Unterkunft zu gewährleisten. Hier besteht ein Bedarf, zusätzliche Zeitfenster und Austauschmöglichkeiten zu schaffen, oder kultur- und religionssensibel geschultes Personal einzusetzen, das erfahren im Umgang mit derartigen Dynamiken ist und gemeinsam mit den Betroffenen dem Konflikt auf den Grund geht und eine Lösung erarbeitet. In der dritten Problemlage wird deutlich, dass die Sozialarbeiterin besonders religionssensibel sein möchte. Jedoch scheint hier ein Bedarf an mehr Expertenwissen zu bestehen. Ein religionskundliches Wissen hätte die Sozialarbeiterin darin unterstützen können, die konkrete Situation besser zu erfassen und handhabbar zu machen. Auch wäre es aus ihrer Perspektive günstiger, einzelne Familien anstatt „die Muslime" zu befragen. Es wird deutlich, dass „die Muslime" von ihr vor allem als Organisationskategorie wahrgenommen werden. Dabei ist es jedoch auch ihr Wunsch, den Bewohner*innen persönlich nahe zu sein, sich mit diesen auszutauschen und Tee zu trinken, was jedoch im Arbeitsalltag nicht immer möglich zu sein scheint. Die Sozialarbeiterin hat demnach nicht den Anspruch, „Dienst nach Vorschrift" zu machen, sondern zeigt vielmehr persönliches Engagement. Damit gehen jedoch auch Enttäuschungen einher, und es kommt zu einer „Verpersönlichung" des Verhaltens. Das heißt, dass die Sozialarbeiterin das Verhalten der Bewohner*innen ihr gegenüber persönlich nimmt, was diskutieren lässt, ob mit zunehmender Empathie zwangsläufig mit Einbußen der Professionalität der Praktiker*innen zu rechnen sein muss und ob dies auch auf Kosten ihrer oder seiner Autorität geht.[2]

Umso mehr wird nachvollziehbar, dass die Sozialarbeiterin in Gesprächen über ihren Berufsalltag oftmals auf ihr Aufgabenfeld verweist, indem sie thematisiert, dass es in erster Linie ihre Aufgabe sei, Ordnung und Sicherheit in der Unterkunft zu gewährleisten. Ihre Erwartungen sind demnach auf verschiedenen Ebenen einzuordnen, indem sie ihre Vorstellungen auf die Art des Fests, auf die Institution und die Art der Gemeinschaft projiziert, und resultieren in einem Empfinden der Undankbarkeit der Bewohner*innen. Eine Überforderung der Sozialarbeiterin könnte, neben ihrer Erwartungshaltung, ihre Enttäuschung erklären, die damit korreliert, stets in alle Richtungen bemüht zu sein, um es allen „recht zu machen". Dabei scheint es für die Sozialarbeiterin besonders herausfordernd zu sein, wenn sich durch persönliche Beziehungen, die in ihrem Berufsfeld entscheidend sind, die professionelle und private Ebene vermischen, zum Beispiel durch Duzen oder die alltägliche Teilhabe am Leben der anderen. Der professionelle Rahmen der formalen Institution schützt hierbei auch vor Enttäuschungen. Ebenso schützen Distanz und Anonymität, was das Berufsbild jedoch möglicherweise nicht zulässt. Die sich im Fallbeispiel zeigende Kehrseite des Engagements als emotionale Reaktion ist die Moralisierung der Beziehungen durch die Sozialarbeiterin. Diese changiert zwischen pragmatischen Lösungen in ihren Handlungen und emotionalen Reaktionen.

4. Fazit und Ausblick

Die Problemlagen zeigen ausschnittsweise, wie Religion in nordrhein-westfälischen Flüchtlingsunterkünften in Erscheinung treten kann, welche Lösungsansätze für unterschiedliche Situationen gefunden werden, und welche Regulierungsbedarfe und -möglichkeiten jeweils bestehen. Die Praktiker*innen versuchen jeweils deutlich religionssensibel zu regulieren, um ein gutes Zusammenleben in der Unterkunft zu gewährleisten, das möglichst konfliktarm ist. Sie bauen persönliche Beziehungen zu den Bewohner*innen auf oder holen religiöses Wissen ein, wie etwa im Fallbeispiel des Zuckerfests. Sie versuchen Lösungsansätze für neu entstandene Herausforderungen zu finden, wie im Beispiel des Süßigkeitenautomaten deutlich wird, sanktionieren aber auch, wie das Beispiel des Putzplans zeigt. Aus all den verschiedenen Ansätzen geht hervor, dass es keine bestehende Verhaltens- oder „Maßnahmen-Schablone" im Umgang mit Religion für Praktiker*innen in Flüchtlingsunterkünften zu geben scheint. Vielmehr haben die Ausführungen gezeigt, dass es nicht einfach ist, unproblematische

Wege zu finden. Auch tritt Religion nicht immer direkt und offensichtlich in Erscheinung. Sie zeigt sich eher situationsspezifisch und nicht immer eindeutig. Somit kann auch der Umgang mit ihr nicht immer nach einem Muster verlaufen. Zusätzlich weisen die Unterkünfte unterschiedlichste Rahmenbedingungen auf: die Größe der Unterkünfte und damit einhergehend die Anzahl der Bewohner*innen; die unterschiedlichen Standorte und Anbindungsmöglichkeiten zu Bildungsträgern, Vereinen und Behörden; die verschiedenen Verantwortungsbereiche der Sozialarbeiter*innen und die unterschiedlichen Entscheidungsmöglichkeiten für ein eigenständiges Leben aufseiten der Bewohner*innen.

Auch die Bewohner*innen samt ihrer Beziehungsgeflechte variieren stets. Je nach Unterkunftsart gibt es häufig (Erstaufnahmeeinrichtung) oder seltener (kommunale Unterkunft) Ein- und Auszüge. Auch in anderen Studien werden die Rahmenbedingungen der verschiedenen Unterbringungsarten problematisiert. So wird beispielsweise davon ausgegangen, dass es vor allem aufgrund beengter Wohnverhältnisse zu religiösen Konflikten zwischen unterschiedlichen Gruppen käme (Christ/Meininghaus/Röing 2017, 40). Andere Studien sehen religiöse Konflikte im Rahmen des Sammelbeckens der Ethnie, in dem sich „auf diffuse Weise kulturalistische, religiöse, nationalistische und teilweise auch rassistische Deutungen gruppenbezogener Differenz" (Nagel/Rückamp 2018, 17) zeigten. So bieten die aufgeführten Beispiele eine Chance, Schlaglichter auf das zu werfen, was im Alltag in nordrhein-westfälischen Flüchtlingsunterkünften geschieht, was nicht immer mit dem Etikett „Religion" markiert wird, weil Religionszugehörigkeiten schwierig zuzuordnen oder auseinanderzuhalten sind (wie im Fallbeispiel um das Fest des Fastenbrechens). Außerdem existiert ein Mangel an Ressourcen wie Zeit, und es fehlt an Expertenwissen, sodass es zur Herausforderung wird, Problematiken zu artikulieren, sich darüber auszutauschen und diese anzugehen. Beide Gruppen, Bewohner*innen als auch Sozialarbeiter*innen, müssen ihren gemeinsamen Alltag gestalten. Herausforderungen um Religion hinsichtlich ihres Zusammenlebens werden dabei nicht einfach verschwinden, sondern sollten gerade jetzt einen Anlass bieten, sich ernsthaft mit diesen auseinanderzusetzen. Strukturelle Rahmenbedingungen als Stellschrauben der Sozialen Arbeit mit Geflüchteten sind nichts Neues (vgl. Brandmaier/Friedmann 2019, 67 ff.). Um dies zu gewährleisten, könnte es für die Sozialarbeiter*innen in erster Linie hilfreich sein, schnell und niedrigschwellig an Informationen zu religionsspezifischen Fragestellungen zu gelangen und Unterstützung durch Expert*innen zu erfahren. Weiterhin sollten größere Zeitfenster zum Austausch mit Bewohner*innen vorgesehen sein, um zum Beispiel zielgruppengerechte Angebote konzipieren zu können. Zudem sollten mehr Austauschmöglichkeiten im Team und vor allem Reflexionsräume zum themenspezifischen, stadtteilübergreifenden Austausch mit Kolleg*innen zur Verfügung stehen, sodass klar ist, wer welchen Erfahrungsschatz mit religionsbezogenen Herausforderungen hat, um eine bessere gegenseitige Unterstützung zu ermöglichen. Flüchtlingsunterkünfte – als besondere Räume des Zusammenlebens – werden dauerhaft Teil des kommunalen Stadtbilds bleiben. Wie in allen Bereichen des gesellschaftlichen Miteinanders werden auch in dieser Lebensform Solidarität und Freundschaft, Akzeptanz und Toleranz, aber auch Irritationen, Spannungen und Konflikte auszumachen sein. Besonders hilfreich wäre es für Sozialarbeiter*innen, offen, ohne ein Gefühl von Unsicherheit, mit Herausforderungen um religiöse Gemeinschaften, Zugehörigkeiten und Feierlichkeiten umgehen zu können und stets im Austausch mit Kolleg*innen darüber bleiben zu können.

Literatur

[BAMF] Bundesamt für Migration und Flüchtlinge (2016): Das Bundesamt in Zahlen 2015: Asyl. Migration. Integration. Nürnberg. Online unter: https://www.bamf.de/SharedDocs/Anlagen/DE/Statistik/BundesamtinZahlen/bundesamt-in-zahlen-2015.pdf?__blob=publicationFile&v=16

Brandmaier, Maximiliane/Friedmann, Lisa (2019): Menschenrechtsbasierte Arbeit in Sammelunterkünften. Widersprüche – Handlungsgrenzen – Handlungsmöglichkeiten. Göttingen.

Bruhn, Rebecca/Cavalcanti, Rodrigo/Epstude, Katharina/Färber, Clara/Jose Goncalvez Montero, Gabriela/Mysorekar, Maya Perusin/Ramm, Ronda/Strott, Laura/Wandke, Rebecca (2016): „Waiting Kills Me" – Life in a Factory Building. In: Dilger, Hansjörg/Dohrn, Kristina (Hg.): Living in Refugee Camps in Berlin. Berliner Beiträge zur Ethnologie, Bd. 40. Berlin, S. 63–108.

Christ, Simone/Meininghaus, Esther/Röing, Tim (2017): „All Day Waiting": Konflikte in Unterkünften für Geflüchtete in NRW. Bicc-Workingpaper Nr. 3. Bonn.

Dilger, Hansjörg/Dittmer, Cordula/Dohrn, Kristina/Lorenz, Danile F./Voss, Martin (2017): Studentisches Forschen in Not- und Sammelunterkünften für Geflüchtete. (Selbst-)Kritische Reflexionen aus der Sozial- und Kulturanthropologie und Katastrophenforschung. In: Z'Flucht. Zeitschrift für Flüchtlingsforschung, Bd. 1, Nr. 1, S. 124–139.

Nagel, Alexander-Kenneth (2018): Religiöse Pluralisierung im Schatten der „Flüchtlingskrise". Wie Migration und Flucht die deutsche Religionslandschaft verändern. In: Beilschmidt, Theresa (Hg.): Flucht, Religion und Integration. Interreligiöse Impulse. Berlin/Münster, S. 65–76.

Nagel, Alexander-Kenneth/Rückamp, Veronika (2019): Religiöse Diversität und Praxis in Flüchtlingsunterkünften. In: Zeitschrift für Religion, Gesellschaft und Politik, Nr. 3, S. 7–27.

Pfaff-Czarnecka, Joanna (2011): From „Identity" to „Belonging" in Social Research. Plurality, Social Boundaries, and the Politics of Self. In: Albiez, Sarah/Castro, Nelly/Jüssen, Lara/Youkhana,

Eva (Hg.): Ethnicity, Citizenship, and Belonging. Practices, Theory, and Spatial Dimensions. Madrid, S. 199–219.

Pfaff-Czarnecka, Joanna (2012): Zugehörigkeit in der mobilen Welt. Politiken der Verortung. In: Steinmetz, Willibald (Hg.): Das Politische als Kommunikation. Bd. 3. Göttingen, S. 7–110.

Stauth, Georg (1993): Islam und westlicher Rationalismus. Der Beitrag des Orientalismus zur Entstehung der Soziologie. Frankfurt/M.

Tezcan, Levent (2019): From Serene Certainty to the Paranoid Insecurity of Salvation.

Remarks on Resentment in the Current Muslim Culture. In: von Scheve, Christian/Berg, Anna Lea/Haken, Meike/Ural, Nur Yasemin (Hg.): Affect and Emotion in Multi-Religious Secular Societies. London.

Anmerkungen

1 Jegliche Namen und Ortsbezeichnungen sind im Artikel aus Gründen des Schutzes der Individuen anonymisiert beziehungsweise verfremdet worden. Weiterhin sind wiedergegebene Zitate sprachlich geglättet und im Sinne der inhaltlichen Wiedergabe gekürzt worden.

2 Hiermit geht unter anderem die Herausforderung von Nähe und Distanz in der sozialarbeiterischen Tätigkeit mit den Bewohner*innen einher.

SARAH J. JAHN

Kommunale Integrationszentren als Regulierungsakteure von religiöser Pluralität? Regulierungsmöglichkeiten und -grenzen in der Stadtverwaltung

NRW ist wie kein anderes Land von Einwanderung geprägt – rund ein Viertel der Bevölkerung hat Wurzeln in anderen Ländern. Auch die Landesregierung muss sich den damit verbundenen Anforderungen im Sinne einer interkulturellen Öffnung widmen.

(Ministerium für Kinder, Familie, Flüchtlinge und Integration des Landes Nordrhein-Westfalen 2019)

1. Hintergrund und Fallbeschreibung

Das Eingangszitat stammt von der Startseite der Website des Ministeriums für Kinder, Familie, Flüchtlinge und Integration des Landes Nordrhein-Westfalen (MKFFI) im Sommer 2019. Es stellt gleichermaßen ein Bekenntnis zur Pluralität des Bundeslandes und eine Zielstellung im Umgang mit Pluralität dar. Interkulturelle Öffnung wird hier zentral als Lösungsansatz im Umgang mit Pluralität genannt. Auf der Website heißt es weiter, dass die Ziele der Landesregierung darin bestehen, „den Anteil von Menschen mit Einwanderungsgeschichte in der Landesverwaltung zu erhöhen und möglichen Zugangsbarrieren bei der Besetzung ausgeschriebener Stellen entgegen zu wirken" (https://www.mkffi.nrw/interkulturelle-oeffnung). Hierfür schafft die Landesregierung „Angebote, damit die Landesbeschäftigten ihre interkulturellen Kompetenzen aufbauen und weiterentwickeln können" (ebd.).

Die Homepage des MKFFI ist eine Momentaufnahme eines Prozesses von öffentlichen Verwaltungen in Deutschland, die sich der *Charta der Vielfalt* verpflichten. Die *Charta der Vielfalt* wurde 2006 als Arbeitgeberinitiative „zur Förderung von Vielfalt in Unternehmen und Institutionen" (Charta der Vielfalt e.V. 2019) gegründet und von der damaligen Beauftragten der Bundesregierung für Migration, Flüchtlinge und Integration, Staatsministerin Annette Widmann-

Mauz, mitgetragen. Seit 2010 führt der gemeinnützige Verein Charta der Vielfalt e.V. die Geschäfte. Die Schirmherrschaft hat seit 2011 Angela Merkel inne (ebd.). 2019 haben laut Selbstauskunft des Vereins über 3.000 Unternehmen und Institutionen die *Charta der Vielfalt* unterzeichnet. Das Land Nordrhein-Westfalen gehört seit Mai 2013 dazu. Die Unterzeichnung gilt als ein Baustein im Umgang mit Pluralität. Bereits 2012 ist in Nordrhein-Westfalen das „Gesetz zur Förderung der gesellschaftlichen Teilhabe und Integration" (Integrationsgesetz) in Kraft getreten, das insbesondere die Aufgaben des Landes in der Regulierung von Pluralität benennt (Ministerium des Innern NRW 2012, 95 ff.). Grundlegendes Ziel des Gesetzes ist es gemäß § 1 Abs. 1 „eine Grundlage für ein gedeihliches und friedvolles Zusammenleben der Menschen mit und ohne Migrationshintergrund zu schaffen". Zur Umsetzung der Ziele wurde in den vergangenen Jahren eine Infrastruktur auf allen Ebenen des Bundeslandes eingerichtet. Die kommunale Verwaltung soll hier als zentraler Regulierungsakteur vor Ort fungieren, angefangen bei den Kommunalen Integrationszentren (KI) als Teil der öffentlichen Verwaltung, bis hin zu den Integrationsagenturen als organisierter Teil der Zivilgesellschaft und direkter Partner für die öffentliche Verwaltung.

Unabhängig von der NRW-spezifischen Infrastruktur fungieren Stadtverwaltungen in der Bundesrepublik Deutschland allgemein und unabhängig von föderalen Besonderheiten als Schnittstellen im Umgang mit religiöser Pluralität. Sie sind Teil der öffentlichen Verwaltung, haben staatliche Repräsentationsfunktion und verkörpern Verfassungswerte (Bogumil/Holtkamp 2013, 15 ff.). Durch ihre Zweckbindung als Selbstverwaltung und ihre Allzuständigkeit in behördlichen Angelegenheiten für Bürger*innen müssen sie sich aber auch den dynamischen Wandlungsprozessen und unterschiedlichen Bedingungen des gesellschaftlichen Zusammenlebens vor Ort anpassen.

Die Schnittstellenfunktion wird so zur immanenten Herausforderung im konkreten Umgang mit Pluralität. Am Beispiel von religiöser Pluralität wird das besonders deutlich, da Stadtverwaltungen in der Bundesrepublik Deutschland qua Recht (Religionsfreiheit, Art. 4 Abs. 1 und 2 GG) religiös neutral sein müssen, jedoch auch den Bedürfnissen einer religiös und weltanschaulich pluralen Bevölkerung entsprechen sollen. Politische Forderungen nach der „interkulturellen Öffnung der Verwaltung" (Uske et al. 2014) unterstreichen diesen Anspruch.

Vor dem Hintergrund der Schnittstellenfunktion und der rechtlichen Rahmenbedingungen ist also zunächst zu fragen, welche Rolle religiöse Pluralität überhaupt im Alltagsgeschäft einer Stadtverwaltung spielt. Hierbei geht es im

Folgenden vor allem um die Wahrnehmung seitens der Beschäftigten in ihrer alltäglichen Arbeit. Ausgehend von dieser Beschreibung und der Erläuterung möglicher Lösungsansätze wird daran anknüpfend dargestellt, welche konkreten Regulierungsmöglichkeiten und -bedarfe sich hieraus ergeben. Ausgangspunkt ist hierbei der eingangs skizzierte politische Anspruch der interkulturellen Öffnung der Verwaltung als Zielstellung im Umgang mit Pluralität. Im Fazit und Ausblick wird anschließend dargestellt, welche konkreten Herausforderungen im Umgang mit religiöser Pluralität für die Stadtverwaltung als Regulierungsakteur vor Ort benannt werden können und wie diesen begegnet werden kann.

Grundlage des Artikels sind Ergebnisse einer Beschäftigtenbefragung, die im Auftrag des Kommunalen Integrationszentrums der Stadt Bochum in der Stadtverwaltung Bochum von April bis Mai 2016 durchgeführt wurde. Ziel der Befragung war es zu untersuchen, ob (a) die Stadtverwaltung Bochum einen Weiterbildungsbedarf zu religiöser Vielfalt hat und (b) wie dieser Bedarf konkret aussieht (Inhalte, Vermittlungsformate). Hierzu wurde auch erhoben, welche Rolle Religion im Arbeitsalltag aus der Perspektive der Beschäftigten konkret spielt und wie mit Religion in diesen Alltagssituationen umgegangen wird (Jahn 2019, 253 ff.). Die Daten wurden durch einen standardisierten Fragebogen erhoben. Die Zugangsdaten zur Befragung wurden mit dem Gehaltsnachweis allen Beschäftigten zugesandt, sodass insgesamt 6.450 Personen teilnehmen konnten.[1] Insgesamt haben 637 Beschäftigte teilgenommen, womit der Rücklauf 9,83 % beträgt.[2]

Es gab zwei inhaltliche Rubriken in dem Fragebogen, die für diesen Artikel allgemein interessant sind und als Basisdaten zu verstehen sind: Tabelle 2 bildet die Antworten zu religiösen Themen im Arbeitsalltag allgemein ab sowie dazu, ob Wissen über Religion in solchen Situationen hilfreich wäre.

	Gibt es in Ihrem Arbeitsalltag Berührungspunkte mit religiösen Themen?		**Haben Sie das Gefühl, dass Wissen über Religion in solchen Situationen hilfreich für Sie ist?**	
Keine Antwort	8	1 %	43	7 %
Ja	**319**	**50 %**	**364**	**57 %**
Nein	310	49 %	230	36 %
gesamt	637	100 %	637	100 %

Tabelle 2: Antworten zu Religion und Wissen über Religion im Arbeitsalltag in absoluten und prozentualen gerundeten Angaben
Quelle: Jahn 2016

In Relation zu den vielfältigen Aufgaben einer Stadtverwaltung sind die Angaben mit „Ja" als sehr hoch zu bewerten. Das heißt Religion spielt im Arbeitsalltag der Befragten eine vergleichsweise große Rolle. Auch wird Wissen über Religion in solchen Situationen als wichtig erachtet.

Ausgehend von diesen sehr allgemeinen Antworten wird im Folgenden auf weitere Ergebnisse der Befragung ausschnittsweise und mit Blick auf das Thema des vorliegenden Praxishandbuchs eingegangen. Die hierfür verwendeten Beispiele haben einen stellvertretenden Charakter und werden wortgetreu wiedergegeben. Die Ergebnisse werden ergänzt durch einen Bericht zum Praxisworkshop „Religiöse Vielfalt. Handlungsfelder für die öffentliche Verwaltung", der 2014 am Centrum für Religionswissenschaftliche Studien der Ruhr-Universität Bochum stattgefunden hat (Jahn/Plessentin 2014). An dem Workshop haben Praktiker*innen aus unterschiedlichen Bereichen der öffentlichen Verwaltung teilgenommen. Ziel war es, sich über die demografischen Folgen religiöser Pluralisierung für die öffentliche Verwaltung sowohl im Kontakt mit der Bevölkerung als auch innerhalb der Belegschaft auszutauschen und Fragen sowie Herausforderungen bezüglich des adäquaten Umgangs mit religiöser und weltanschaulicher Vielfalt zu diskutieren.

2. Problemlage und Lösungsansatz am Beispiel der Stadtverwaltung Bochum

2.1 Religiöse Pluralität im kommunalen Verwaltungshandeln

Wie im Problemaufriss des Praxishandbuchs dargestellt, hat jede Kommune ihre eigene Zusammensetzung an organisierten Religions- und Weltanschauungsgemeinschaften. Dies gilt auch für die einzelne Bundeslandebene. Auch wenn Nordrhein-Westfalen allgemein als religiös plural gilt, gibt es vor Ort ganz unterschiedliche religiöse Landschaften. Bochum beispielsweise bewegt sich im Ranking der Kommunen im religiös diversen oberen Mittelfeld, sodass hier von einer hohen Dichte an unterschiedlichen religiösen Organisationen auszugehen ist (Hero/Krech/Zander 2008, 222).

Die Diversitätslage wirkt sich auch lokal auf die vielfältigen Bedürfnisse der Bürger*innen aus und auf die Themen, mit denen die Mitarbeiter*innen in der kommunalen Verwaltung umgehen müssen. In der Beschäftigtenbefragung geben 50 % der Mitarbeiter*innen an, Berührungspunkte mit religiösen Themen im Arbeitsalltag zu haben (vgl. Tabelle 2). Dieser hohe Wert bezieht sich auf Berührungspunkte mit Kolleg*innen und Bürger*innen gleichermaßen. Im Kollegium werden vor allem die Berührung und der Umgang mit „anderen" Glaubensrichtungen genannt, z.B. betende Kolleg*innen am Arbeitsplatz, fastende Kolleg*innen während des Ramadan, die Berücksichtigung von Ernährungsgewohnheiten bei Teamsitzungen oder dem Fernbleiben von Arbeitskolleg*innen an Feiertagen und das Ablehnen von Geschenken. Bei Bürger*innen sind die Berührungspunkte heterogener, je nachdem, um welchen Verwaltungsbereich es sich handelt. Hier geht die Spannbreite von der direkten Beteiligung an interreligiösen Arbeitskreisen und Veranstaltungen im Stadtteil (Allgemeine Verwaltung), über die Vermittlung von religiösen Inhalten in Institutionen an Bürger*innen mit Kindern (Jugend- und Gesundheitsamt), Elterngesprächen (Schule), bis hin zum Umgang mit eigenen Vorurteilen (Kopftuch tragende Frauen) bei Bürger*innensprechstunden in kommunalen Dienstleistungszentren oder auch den Vorurteilen von Bürger*innen gegenüber dem jüdischen Glauben und Flüchtlingen bei Ansiedlungswünschen von „anderen Religionsgemeinschaften" (Bauamt).

Gemessen an der Häufigkeit der Nennungen beziehen sich aber die meistgenannten Berührungspunkte, unabhängig von spezifischen Verwaltungsbereichen, auf religiös und kulturell geprägte Geschlechterrollen allgemein. An zweiter Stelle wird Religion in Bezug auf religiöse und kulturelle Unterschiede vor allem in sozialen, therapeutischen und medizinischen geprägten Verwaltungsbereichen genannt:

- In sozialen, therapeutischen und medizinischen Verwaltungsbereichen werden auch konkrete Szenarien geschildert, zum Beispiel Kindeswohlgefährdungen bei bestimmten Erziehungshaltungen (Erziehungshilfe beim Jugendamt), rettungsdienstliches Einsatzgeschehen (Umgang mit Tod, Krankheit und religiösen Gebräuchen), Hausbesuch bei Familien (Familie unterbricht das Gespräch, um in der Fastenzeit zu beten), Planung von Maßnahmen zur Gesundheitsförderung und Prävention (weibliche und männliche Genitalbeschneidung und rituell religiös motivierte Verhaltensweisen, die direkte gesundheitliche Auswirkungen haben).
- In Bezug auf Geschlechterrollen allgemein können die Berührungspunkte verallgemeinert werden, ohne Bezug zu konkreten Verwaltungsbereichen. Hier geht es beispielsweise um eigene Unsicherheiten beim Händeschütteln und mangelnden Respekt gegenüber Mitarbeiterinnen, die als Ansprechpartnerinnen vom Gegenüber nicht akzeptiert werden.

2.2 Die Wahrnehmung von religiöser Pluralität

Die Beispiele zeigen die unterschiedlichen Berührungspunkte mit religiöser Pluralität im kommunalen Verwaltungshandeln. Im konkreten Umgang entscheidet aber oftmals die Wahrnehmung von religiöser Pluralität über den Handlungsspielraum. Entscheidend hierfür sind neben den eingangs geschilderten politisch und rechtlich gesetzten Rahmenbedingungen im föderalen Gefüge auch individuelle Einstellungen der Mitarbeiter*innen. Diese zeigen sich auch in den Schlusskommentaren zur Beschäftigtenbefragung, die bei der offenen Frage „Gibt es zum Schluss noch etwas, was Sie ergänzen möchten?“ formuliert wurden. Hier gibt es durchaus distanzierende bis kritische Einstellungen:

> Ich verstehe überhaupt nicht, warum die Stadt Bochum derartige Dinge als wichtig betrachtet, da Religion absolute Privatsache ist. Sollte ich den Wunsch nach Informationen über einzelne religiöse Richtungen haben, werde ich mich an unabhängiger Stelle informieren! (Fall 76)

Und es gibt sehr aufgeschlossene Einstellungen:

> Ich finde es klasse, dass die Stadt Bochum bald mehr Weiterbildungen/Infoveranstaltungen etc. über die religiöse Vielfalt anbietet. Das ist ein sehr wichtiges Thema! Viele Kollegen, die tagtäglich mit Bürgern zu tun haben, die einer anderen Kultur zugehörig sind, verstehen die Zusammenhänge oder Lebensweisen der einzelnen Religionen/Kulturen überhaupt nicht. Finde ich sehr gut! (Fall 365)

Neben den Einstellungen ist aber auch entscheidend, wie religiöse Pluralität generell wahrgenommen wird. Hier spiegeln sich bei den Äußerungen auch gesamtgesellschaftliche Debatten über „den Islam“ und Migration wider. Inwiefern Verhalten und Einstellungen religiös, sozial, kulturell oder ethnisch geprägt sind, lässt sich von den Befragten auch im Alltag selten unterscheiden. Abbildung 12 (s. folgende Seite) verdeutlicht beispielhaft, wie verallgemeinernd und wie weit gefasst religiöse Zuschreibungen in den Rückmeldungen zu konkreten Alltagssituationen ausfallen.

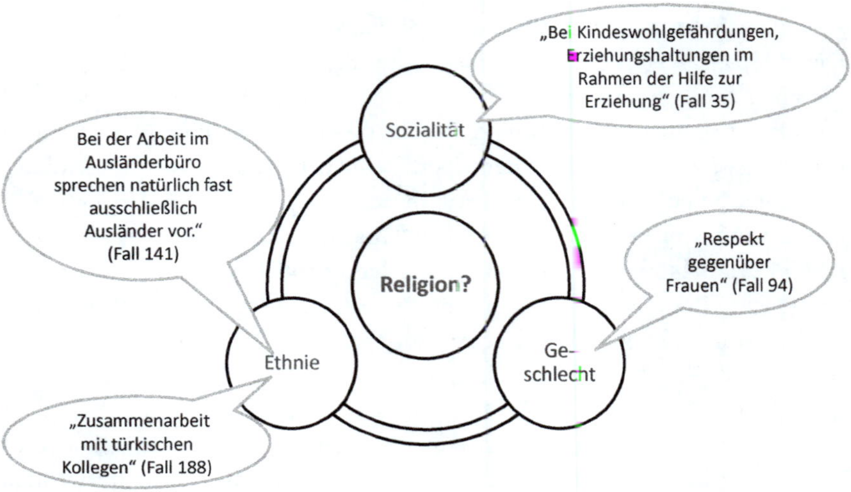

Abbildung 12: Antworten zur Frage „Bitte beschreiben Sie konkrete Arbeitssituationen, in denen Sie Berührungspunkte mit Religion haben“
Quelle: Jahn 2019, 266

Die Ergebnisse zur Wahrnehmung von „Religion“ und „religiöser Pluralität“ sind deshalb nicht ausschließlich in Bezug auf Verwaltungshandeln zu verstehen, sondern auch in Bezug auf die Wahrnehmung von Religion in der Gesellschaft allgemein. Zwei Wahrnehmungszusammenhänge sind hier besonders deutlich: der wahrgenommene Zusammenhang zwischen „Religion“ und „Ethnie“ sowie zwischen „Religion“ und „Geschlecht“. Hinzu kommt, dass sich die Zusammenhänge nicht auf „Religion“ im Allgemeinen beziehen, sondern vor allem auf „den Islam“ bzw. auf Muslim*innen und hier insbesondere auf Frauen und Menschen mit Migrationshintergrund. Eine Annahme ist hier, dass professionelle Alltagserfahrungen auch durch Gesellschaftsdiskurse geprägt werden, unabhängig vom jeweiligen institutionellen und professionellen Kontext. Für diese Annahme sprechen auch aktuelle Untersuchungen über die Wahrnehmung und Akzeptanz religiöser Pluralität innerhalb der Bevölkerung. So hat die Arbeitsgruppe um den Soziologen Detlef Pollack in einer Studie zur Wahrnehmung und Akzeptanz religiöser Vielfalt in Deutschland und Europa herausgefunden,

> […] dass die Deutschen gegenüber dem Phänomen der wachsenden religiösen Pluralität deutlich kritischer eingestellt sind als die Bürger in den anderen befragten Nationen […]

> Gerade bei der Einstellung zu Muslim*innen gibt es deutliche Länderunterschiede:
> Hier sind es in Westdeutschland nur 34%, im Osten Deutschlands sogar lediglich 26%, die eine allgemein positive Haltung gegenüber Muslimen bekunden. In den anderen Ländern trifft dies hingegen auf knapp 60% zu. (Pollack et al. 2014, 16 ff.)

Als einen Grund hierfür benennen Pollack et al. die Zuschreibung von negativen Eigenschaften. So wird der Islam vor allem mit der „Benachteiligung der Frau, Fanatismus, Gewaltbereitschaft sowie, wenn auch etwas weniger häufig, mit Engstirnigkeit" (ebd., 21) assoziiert.

Die Ergebnisse zur Wahrnehmung von „Religion" und „religiöser Pluralität" in der Stadtverwaltung Bochum sind also nicht ausschließlich in Bezug auf eine spezifische Verwaltungspraxis zu verstehen. Sie unterstreichen den spezifischen Forschungsstand zu Religion, Migration und Gender in Bezug auf die Wahrnehmung von Religion in der Gesellschaft (Lutz/Amelina 2017; Winkel 2017, 28 ff.; Kleff/Seidel 2016, 1 ff.; Hafez/Schmid 2015; Pollack 2013). Jedoch wird durch die Funktion der Stadtverwaltung ein gewisser Handlungsdruck deutlich, da Beschäftigte einer Stadtverwaltung mit Pluralität professionell umgehen müssen, was in Nordrhein-Westfalen im Sinne des eingangs erwähnten Integrationsgesetz bedeutet: „religionsfreundlich-säkular". Diesen Handlungsdruck erkennen die Beschäftigten gleichermaßen. Die in der Befragung genannten konkret benötigten Wissensinhalte machen das deutlich. So werden sich von den befragten Personen nicht nur religionskundliche „Basisinformationen" gewünscht, sondern auch Informationen zu spezifischen Themen wie Rollenbildern, Kindererziehung und interkultureller Kompetenz allgemein. Als konkrete Wissensinhalte wurden folgende besonders häufig genannt:

- Allgemeine Religionskunde: „[M]an kennt ja meist nur Halbwissen, hier wäre eine Grundlagenvermittlung wichtig." (Fall 174); Religionsgemeinschaften vor Ort: „Atheismus nicht vergessen zu thematisieren!" (Fall 329); „Informationen über religiöse Sekten wie Jehovas Zeugen, Scientology usw." (Fall 328); „Aufklärung über Sekten und deren übliche Werbepraktiken" (Fall 307)
- Spezielle Religionskunde: „Unterschiede in der Erziehung und der Wertevermittlung bei Jungen und Mädchen" (Fall 341); „Die Entwicklung der Religion in bestimmten Ländern, Islam in Deutschland und dessen Entwicklung" (Fall 254); „Welche Traditionen haben sich entwickelt, gehören zu bestimmten Gruppen, auch wenn sie nicht immer im Zusammenhang mit Religion oder Gläubigkeit stehen, z. B. Männer-/Frauenbild, politische Sys-

teme, Kindererziehung/allgemeine Werte …“ (Fall 203); „Stellung der Frau in den verschiedenen Religionen“ (Fall 46)
- Interkulturelle Kompetenzen: „Tabuthemen in bestimmten Religionen: Was darf ich und was darf ich nicht?“ (Fall 2); „Unterschiedliche Zugangsmöglichkeiten zu den Personen aufzeigen, die anderen Religionen angehören, damit man respektiert wird“ (Fall 6); „Toleranz anderen Religionen gegenüber“ (Fall 278); „Allgemeine interkulturelle Kompetenz fördern für den alltäglichen Umgang. Begrüßungsrituale, Umgangsformen, welche Konfliktfelder sollten Beachtung finden?“ (Fall 10)

Durch die Antworten wird deutlich, dass es einen Bedarf an Weiterbildungen im Umgang mit religiöser und kultureller Pluralität gibt. Dies zeigen nicht nur die offenen Antworten. Auch die Verteilung der Antworten auf die Frage „Finden Sie eine Weiterbildung zu religionsbezogenem Wissen für die Mitarbeiterinnen und Mitarbeiter der Stadt Bochum generell wichtig?“ unterstreicht den Befund (vgl. Tabelle 3).

keine Antwort	4	0,63 %
ja	373	**58,56 %**
nein	260	**40,82 %**
gesamt	637	100,00 %

Tabelle 3: Antworten zu Religion und Wissen über Religion im Arbeitsalltag in absoluten und prozentualen gerundeten Angaben
Quelle: Jahn 2016

Im Folgenden ist also zu klären, welche konkreten Regulierungsmöglichkeiten und -bedarfe sich hieraus ergeben und welche Rolle die politisch und rechtlich installierten Kommunalen Integrationszentren als zuständige Stellen innerhalb der Stadtverwaltung hierbei spielen.

3. Regulierungsmöglichkeiten und -bedarfe

Ausgehend von den vorhergehenden Ausführungen, können unterschiedliche Regulierungsmöglichkeiten und -bedarfe in Bezug auf den Umgang mit religiöser Pluralität in der Stadtverwaltung genannt werden. Hier ist zwischen formalen externen und internen Regulierungsmöglichkeiten, die von rechtlichen und strukturellen Faktoren abhängig sind, sowie zwischen informellen Regulierungsmöglichkeiten zu unterscheiden, die durch individuelle Wahrnehmungen, Deutungen und Handlungen der Mitarbeiter*innen entstehen.

3.1 Formale externe und interne Regulierungsmöglichkeiten

Es gibt eine Reihe an Bundes- und Landesgesetzen sowie Strategien, die den Umgang mit religiöser Pluralität extern regulieren. Die wichtigsten Gesetze auf der Bundesebene sind im Grundgesetz (GG) zu finden, das teilweise auch um historische Passagen aus der Weimarer Reichsverfassung (WRV) ergänzt wird. Andere Gesetze sind das Bundesgleichstellungsgesetz (BGleiG) und das Allgemeine Gleichbehandlungsgesetz (AGG):

- Gleichbehandlungsgebot (Art. 3 Abs. 3 GG)
- Positive und negative Religionsfreiheit (Art. 4 Abs. 1 und 2 GG)
- Trennung von Staat und Religion (Art. 140 GG in Verbindung mit Art. 137 Abs. 1 WRV)
- Paritäts- und Neutralitätsgebot des Staates gegenüber allen Religions- und Weltanschauungen (Art. 140 GG in Verbindung mit Art. 137 Abs. 3 WRV)
- Bundesgleichstellungsgesetz (BGleiG)
- Allgemeines Gleichbehandlungsgesetz (AGG)

Einige der genannten Bundesgesetze finden auch in der Landesgesetzgebung Konkretisierung, etwa das Gesetz zur Gleichstellung von Frauen und Männern für das Land Nordrhein-Westfalen (LGG). Darüber hinaus gibt es föderale Spezifika wie das eingangs besprochene „Gesetz zur Förderung der gesellschaftlichen Teilhabe und Integration" (Integrationsgesetz) sowie die jeweiligen Regelungen zum konfessionsbezogenen Religionsunterricht, zur Seelsorge in öffentlichen Einrichtungen, zu religiösen Symbolen im öffentlichen Raum und im öffentlichen Dienst.

Die genannten Gesetze geben den Rahmen vor, in dem sich die Mitarbeiter*innen einer Stadtverwaltung zu verhalten haben. Dies betrifft nicht nur den individuellen Umgang mit Bürger*innen in konkreten Dienstleistungsbereichen, sondern auch Kooperationen vor Ort, wie z.B. das Angebot unterschiedlicher Leistungen durch Einrichtungen in religiöser Trägerschaft, beispielsweise beim konfessionsbezogenen Schulunterricht und der Betreuung von Personen in Kindertagesstätten und Senioreneinrichtungen. Darüber hinaus sind Stadtverwaltungen auch dann Anlaufstellen für religiöse Gemeinschaften, wenn es zum Beispiel um Bauvorhaben und Friedhofsregelungen geht.

Während Kooperationsvereinbarungen direktiv sind und handlungsleitend wirken, sind die Vorgaben für konkrete Dienstleistungsbereiche oft eher abstrakt. Die religiösen Bezüge sind hier vielfältig und die rechtlichen Rahmenbedingungen für die einzelnen Beschäftigten zu unkonkret, um direkt handlungsleitend zu wirken. Das ermöglicht zum einen Flexibilität im fallbezogenen Handeln, kann aber auch zu Unsicherheit und Ungleichbehandlung bei der handelnden Person führen. Um hier entlastend zu wirken, gibt es Strategien wie die *Charta der Vielfalt*, die Koalition gegen Diskriminierung der Antidiskriminierungsstelle des Bundes (ADS) sowie den nationalen Integrationsplan, die sich strukturell in der Stadtverwaltung verankern. In der Stadtverwaltung Bochum ist für die Umsetzung dieser Strategien das Kommunale Integrationszentrum (KI) zuständig. Laut Selbstauskunft aus dem Jahr 2019 obliegt dem KI die Aufgabe, „Integration als Querschnittsaufgabe" (Kommunales Integrationszentrum der Stadt Bochum 2019) zu verstehen und vor allem zugewanderten Bürger*innen Bildungs- und Beratungsangebote anzubieten (ebd.). Für die Mitarbeiter*innen der Stadtverwaltung ist das KI laut Selbstauskunft „in allen Fragen des interkulturellen und -religiösen Dialogs" (ebd.) zuständig.

Basierend auf dem Integrationsgesetz und der Richtlinie zur Umsetzung des Teilhabe- und Integrationsgesetzes vom 8. Mai 2018 (BASS 1 1 – 02 Nr. 10), sollen KIs Schulen sowie andere Bildungseinrichtungen, Kindertageseinrichtungen, Träger der Kinder- und Jugendhilfe und weitere städtische Ämter und Dienststellen sowie andere regionale Einrichtungen und Organisationen in ihrer Integrationsarbeit unterstützen (BASS 1 1 – 02 Nr. 10, S. 3). Auch sollen sie Kinder, Jugendliche und deren Eltern, kommunale Einrichtungen und Institutionen, die ihr Integrationsangebot auf- und ausbauen möchten, beraten sowie schulische und außerschulische Bildungseinrichtungen begleiten (ebd.).

Die KI sind in diesem formalen Verständnis qua Gesetz die zuständigen internen Regulierungsakteure von religiöser Pluralität vor Ort, stellvertretend für die Stadtverwaltung. Sie bieten Informations- und Qualifizierungsveranstaltungen sowie Beratungen für die genannten Adressaten an, setzen aber auch Schwerpunktthemen, wie etwa im KI Bochum zu „Interkultureller Öffnung, Interreligiösem Dialog und Diversity" (Kommunales Integrationszentrum der Stadt Bochum 2018). Inwiefern dieses formale Verständnis auch umgesetzt wird, ist jeweils unterschiedlich (Bogumil/Hafner 2019, 52 ff.). Unabhängig von der konkreten Umsetzung des gesetzlichen Auftrags haben die KI vor allem eine Dienstleistungsfunktion und sollen dafür sorgen, Integrationsarbeit in der Fläche zu organisieren. Sie arbeiten mit Migrant*innenselbstorganisationen und Integrationsagenturen innerhalb der Zivilgesellschaft zusammen sowie mit anderen Behörden innerhalb der öffentlichen Verwaltung.

3.2 Informelle Regulierungsmöglichkeiten

Informelle Regulierungsmöglichkeiten entstehen durch individuelle Wahrnehmungen, Deutungen und Handlungen der Mitarbeiter*innen. Ausgangspunkt können hier die formalen Regulierungsmöglichkeiten sein, die in Bezug auf den konkreten Arbeitskontext angewandt werden. Es können aber auch hiervon losgelöste Handlungen sein, die sich im Alltag bewährt haben und nicht unmittelbar auf den formalen Rahmen Bezug nehmen. Die in Abschnitt zwei referierten gegensätzlichen Einstellungen zur Beschäftigtenbefragung machen deutlich, wie unterschiedlich die Einstellung zum Umgang mit Religion im Verwaltungshandeln sein kann. Entscheidend hierfür ist neben der Einstellung auch die Wahrnehmung und Deutung von konkreten Arbeitssituationen. In Abbildung 12 wurde sichtbar, dass hierdurch auch verhandelt wird, was konkret Religion ist bzw. sein kann. Entsprechend dieser individuellen Perspektive kann sehr unterschiedlich mit vermeintlich religiösen Bedarfen umgegangen werden.

Die informellen Regulierungsmöglichkeiten sind darum sehr vielfältig. Am Beispiel von zwei in der Beschäftigtenbefragung genannten Themen, nämlich dem Händeschütteln und der Genitalbeschneidung, wird dies im Folgenden beispielhaft verdeutlicht. Entscheidend ist hier zum einen, wie das Verhalten gedeutet wird, und zum anderen, inwiefern das Verhalten rechtlich und/oder ethisch legitim ist.

3.2.1 Informelle Regulierung durch interkulturelle Kompetenz: Das Händeschütteln

Das Händeschütteln ist zunächst eine Alltagspraxis, die hierzulande weitgehend gesellschaftlich anerkannt und ethisch legitim ist. Verweigert eine Person das Händeschütteln, ist es kein Rechtsbruch, je nach Kontext aber durchaus ein Tabubruch. Das Thema ist daher immer wieder Zündstoff in der Öffentlichkeit, zumal es vor allem der vermeintlichen Integrationsunwilligkeit von Muslim*innen zugeschrieben wird. Auch in der Beschäftigtenbefragung wurden konkrete Fälle geäußert. So führt eine Beschäftigte aus dem Bereich Finanzverwaltung, Verwaltung für öffentliche Einrichtungen, Wirtschaft und Verkehr aus:

> Das letzte Mal, dass ich bei der Arbeit Berührungspunkte mit Religion hatte, war erst vor wenigen Wochen: Wir hatten eine Muslima als Praktikantin hier, die sich durch ihre Kleidung (Kopftuch, Anm. SJ) als Muslima outete. Gewöhnungsbedürftig war für die männliche Belegschaft ihre Weigerung, Männer mit Handschlag zu begrüßen. Als ich sie zu einer Veranstaltung mit Unternehmern mitnahm, kam das etwas seltsam rüber. (Fall 14)

Dass die Verweigerung kein Common Sense innerhalb der muslimischen Gemeinschaft ist, thematisiert die *Zeit*-Journalistin Canan Topçu in ihrem Beitrag „Zum Schütteln“ (Topçu 2015). Gerade wegen der kontroversen Debatten innerhalb der Gesellschaft und innerhalb muslimischer Kreise ist das Thema gleichermaßen ein Klassiker in interkulturellen Kompetenztrainings. So gibt es in der Fallsammlung von Bettina Franzke und Vitalia Shvaikovska für interkulturelle Trainings in den Arbeitsfeldern Jobcenter, Kommunalverwaltung, Kunst und Polizei ein typisches Praxisbeispiel, das sich mit dieser Thematik beschäftigt: „'Sie sind schmutzig und unrein' Ein unerwiderter Handschlag" (Franzke/Shvaikovska 2016, 139 ff.). Dieser auch für die Beschäftigtenbefragung einschlägige Fall macht deutlich, dass es hier nicht nur um soziale Gewohnheiten und religiös legitimierte kulturelle Praktiken geht, sondern auch um hygienische Vorstellungen und Statusdenken. In solchen Situationen gibt es keine richtigen oder falschen Reaktionen. Vielmehr geht es um eine Aushandlung, in der beide Seiten ihren Standpunkt deutlich machen und bestenfalls eine gemeinsame Lösung angestrebt wird, die beide Personen akzeptieren können. Grundlegend sind hierbei das Hinterfragen der eigenen Positionen und das Benennen der eigenen Haltung:

→ Geht es um Rechthaberei und Durchsetzung der eigenen Meinung oder stecken bestimmte Werthaltungen hinter der eigenen Position, die vielleicht auch mit dem Verständnis der eigenen Berufsrolle zusammenhängen?

Auch ist der jeweilige professionelle Kontext zu beachten: Dabei kann es einen Unterschied machen, ob der Handschlag im jeweiligen professionellen Setting eine Höflichkeitsgeste ist, der Ausdruck einer sozialen Stellung oder Teil einer rechtsverbindlichen vertraglichen Abmachung.

3.2.2 Informelle Regulierung durch Maßnahmen zur Gesundheitsförderung und Prävention: Die Genitalbeschneidung

Während durch das Händeschütteln vor allem eigene, individuelle und professionelle Werthaltungen vermittelt werden, die in konkreten Situationen nicht durch Wissen über Religionen, sondern über eine interkulturell kompetente Haltung informell bearbeitet werden können, ist die Planung von Maßnahmen zur Gesundheitsförderung und Prävention bereits eine funktionierende informelle Regulierungsmöglichkeit, um bestimmten religiös legitimierten kulturellen Praktiken vorzubeugen und betroffene Personengruppen innerhalb der Verwaltung und Bevölkerung aufzuklären. Dabei geht es um religionskundliches und rechtskundliches Wissen gleichermaßen. In der Beschäftigtenbefragung wird beispielsweise die weibliche und männliche Genitalbeschneidung als ein Thema im Umgang mit Religion am Arbeitsplatz genannt (vgl. Abschnitt 2.1).

Das Thema kann allgemein unter dem Aspekt hygienischer sowie religiös legitimierter kultureller Praktiken behandelt werden. Allerdings geht es hier auch um konkrete rechtliche Vorschriften, die zu beachten sind. Aufgabe der Stadtverwaltung ist hier, für Aufklärung und Prävention nach geltendem Recht zu sorgen. Die weibliche Genitalbeschneidung hingegen ist in Deutschland generell nicht erlaubt, sodass hier bei Verstößen konkreter Handlungsbedarf seitens der Ämter und der Polizei besteht. Die Praxis ist strafbar und wird im Strafgesetzbuch geregelt (§ 226a StGB). Die männliche Genitalbeschneidung ist unter bestimmten Bedingungen erlaubt. Über die Bedingungen ist seitens der Ämter aufzuklären. Auch ist für die Einhaltung der Bedingungen und die adäquate Durchführung Sorge zu tragen. Das hierfür am 12.12.2012 verabschiedete Gesetz über den „Umfang der Personensorge bei einer Beschneidung des männlichen Kindes“ (BGB § 1631d) besagt:

(1) Die Personensorge umfasst auch das Recht, in eine medizinisch nicht erforderliche Beschneidung des nicht einsichts- und urteilsfähigen männlichen Kindes einzuwilligen, wenn diese nach den Regeln der ärztlichen Kunst durchgeführt werden soll. Dies gilt nicht, wenn durch die Beschneidung auch unter Berücksichtigung ihres Zwecks das Kindeswohl gefährdet wird.
(2) In den ersten sechs Monaten nach der Geburt des Kindes dürfen auch von einer Religionsgesellschaft dazu vorgesehene Personen Beschneidungen gemäß Absatz 1 durchführen, wenn sie dafür besonders ausgebildet und, ohne Arzt zu sein, für die Durchführung der Beschneidung vergleichbar befähigt sind.

Der Verabschiedung ging die sogenannte „Beschneidungsdebatte“ voraus, in der der Ausgangspunkt ein Rechtsstreit am Landgericht Köln war, bei dem die Staatsanwaltschaft gegen einen Arzt klagte, der „am 04.11.2010 in Köln eine andere Person mittels eines gefährlichen Werkzeugs körperlich misshandelt und an der Gesundheit geschädigt zu haben [soll]“ (Landgericht Köln 2012). Durch die Debatte wurden die Rechtmäßigkeit und der Ursprung religiöser Praktiken diskutiert, aber auch ob hier das Kindeswohl, das elterliche Erziehungsrecht oder die Religionsfreiheit schwerer wiegt. Es sind Fragen, die einerseits in der Verwaltungspraxis konkret zu beantworten und rechtlich bindend umzusetzen sind. Es sind aber auch Fragen, deren Antworten innerhalb der Gesellschaft nicht einheitlich akzeptiert werden.[3] Konkreter Regulierungsbedarf besteht also auch in Bezug darauf, innerhalb der Stadtverwaltung und innerhalb der Zivilgesellschaft zu informieren und für das Thema zu sensibilisieren – unabhängig von konkreten Vorfällen und Anlässen. Dafür notwendig ist das Wissen über die rechtlichen und religionskundlichen Hintergründe sowie über verschiedene Positionen innerhalb der Bevölkerung.

4. Fazit und Ausblick

In dem Artikel wurde deutlich, dass, im Unterschied zur individuellen und privaten Meinung über Religion, Mitarbeiter*innen der Stadtverwaltung durch den rechtlichen Rahmen und die immanente Schnittstellenfunktionen einem Handlungsdruck unterliegen, der losgelöst von der privaten Meinung und einer subjektiven Situationsanalyse sein sollte. Die Ausführungen zur Problemlage und den Regulierungsmöglichkeiten haben gezeigt, dass hier weiterer Regulierungsbedarf in Bezug auf die Professionalisierung von Verwaltungshandeln besteht. Das zeigt sich vor allem bei der Unterstützung der Beschäftigten im informellen Bereich. Insofern sind informelle Regulierungsmöglichkeiten sinnvoll, unterliegen aber bestimmten Grenzen. Ganz generell stellen sich hier zwei Fragen, die auch im Rahmen des Praxisworkshops zentral von den Praktiker*innen bearbeitet wurden (Jahn/Plessentin 2014, 10):

→ Inwieweit müssen Verwaltungsstellen auf religiöse Bedürfnisse eingehen?
→ Auf welcher Ebene kann eine Kommunikation stattfinden?

Beide Fragen adressieren das Selbstverständnis kommunaler Verwaltung bezüglich des Umgangs mit religiöser Pluralität und dem verfassungsrechtlichen Grundsatz der Gleichbehandlung. Gerade in Nordrhein-Westfalen sind diese Fragen als Herausforderung zu verstehen, da mit dem Integrationsgesetz eine offene Haltung im Umgang mit religiöser Pluralität gesetzt wird. Die Frage der Gleichbehandlung ist hiermit sehr viel stärker im Vordergrund als in Bundesländern, die eine strikte Trennung proklamieren, wie am Beispiel Berlin deutlich wird: In Berlin wurde ein sogenanntes *Neutralitätsgesetz* verabschiedet, um ein exklusiv laizistisch geprägtes Verständnis zu unterstreichen. Das seit dem 09.02.2005 geltende Gesetz verbietet „Beamtinnen und Beamte[n], die im Bereich der Rechtspflege, des Justizvollzugs oder der Polizei beschäftigt sind" (§ 1) sowie „Lehrkräfte[n] und andere[n] Beschäftigte[n] mit pädagogischem Auftrag in den öffentlichen Schulen nach dem Schulgesetz" (§ 2) das Tragen von „sichtbaren religiösen oder weltanschaulichen Symbole[n]" (Land Berlin 2005). Religion wird hier als ein Konfliktfaktor verstanden, den es zu vermeiden gilt.

Berlin und Nordrhein-Westfalen stehen stellvertretend für zwei unterschiedliche Antworten im Umgang mit religiöser Vielfalt in einer pluralen Gesellschaft. Hieran anknüpfend stellt sich die Frage, ob entweder eine strikte Trennung zu weniger Konflikten und Vermeidung von Diskriminierung führt oder eine tolerante und offene Haltung gegenüber konkreter sowie scheinbar sichtbarer Religion. Die medial berichteten Fälle zu „religiösem Mobbing" in Berliner Schulen lassen vermuten, dass ein Gesetz allein nicht ausreichen kann, um Konflikte zu vermeiden (u.a. Klesmann 2018; van Laak 2018; vgl. auch den Beitrag von Stander-Dulisch in diesem Band). Auch die Ausführungen zur Praxis in der kommunalen Verwaltung machen deutlich, dass Zuschreibungsprozesse den Umgang mit Religion sogar unabhängig vom Rechtstext prägen. Zuschreibungsprozesse sind wertend und stärker gesellschaftlich denn rechtlich geprägt. Entsprechend ist zu fragen, wie Zuschreibungsprozesse aktiv gestaltet werden können, um „staatliche Neutralität" zu gewährleisten. Gerade deshalb ist es wichtig, Mitarbeiter*innen der Stadtverwaltung differenziertes Wissen über Religion zu vermitteln und die Kompetenzen im Umgang mit Religion und religiöser Pluralität zu stärken.

Die Ausführungen zur Wahrnehmung und Deutung von Religion machen deutlich, dass eine Außenperspektive auf Religion und Verwaltungshandeln sinnvoll ist, um Situationen und Themen gemeinsam mit den Beschäftigten bearbeiten zu können und hier verschiedene Deutungen und eine eigene reflektierte Haltung zu erarbeiten. Diese spezifische Form der wissenschaftsbasierten Wissensvermittlung sollte also nicht internes Aufgabenfeld der Stadtverwaltung und auch nicht der KI als Teil der öffentlichen Verwaltung sein. Die KI können aber diese Angebote im Rahmen der Netzwerkarbeit initiieren und koordinieren, sodass eine Zusammenarbeit zwischen Wissenschaft und Verwaltung entsteht. Im Rahmen des Praxisworkshops wurden folgende mögliche Formate der Zusammenarbeit benannt (Jahn/Plessentin 2014):

- Klassische Weiterbildungsprogramme
- Die Förderung der Zusammenarbeit von universitären Stellen und Ausbildungsstellen der öffentlichen Verwaltung. In Ergänzung oder als Alternative hierzu wäre die Einrichtung eigener Ausbildungseinrichtungen und Module mit qualifiziertem Lehrpersonal möglich.[4]
- Die Erarbeitung und Bereitstellung von Informationstexten für Mitarbeiter*innen
- Die Einrichtung einer Telefon-Hotline zur Beantwortung akuter Fragen bzw. zur Vermittlung von Expert*innen

Die Maßnahme der wissenschaftsbasierten Wissensvermittlung zur Regulierung religiöser Pluralität greift hierbei den Baustein der „Weiterbildung als zentrales Element der Interkulturellen Öffnung“ der Verwaltung auf (Donges/Kanar/Assauer, 115 ff.) und unterstützt zudem kurzfristige und mittelfristige Maßnahmen des Diversity Managements, die in der *Charta der Vielfalt* festgeschrieben sind (Charta der Vielfalt e.V. 2014, 31 ff.). Dies betrifft insbesondere die kurzfristigen Maßnahmen vier und fünf (niedrigschwellig Organisationskultur öffnen und Diversity-Kommunikation starten) sowie die mittelfristigen Maßnahmen sieben, neun und elf (Mitarbeiter*innennetzwerke, Diversity-Workshops und Trainings sowie externe Unterstützung).

Literatur

[BASS] Bereinigte Sammlung der Schulvorschriften des Landes Nordrhein-Westfalen (2018): Richtlinie für die Förderung Kommunaler Integrationszentren.

Bogumil, Jörg/Holtkamp, Lars (2013): Kommunalpolitik und Kommunalverwaltung. Eine praxisorientierte Einführung. Bonn.

Bogumil, Jörg/Hafner, Jonas (2019): Kommunale Integrationsarbeit in Nordrhein-Westfalen. Ausgangsanalyse und Handlungsempfehlungen. Wissenschaftliches Gutachten im Auftrag des Ministeriums für Kinder, Familie, Flüchtlinge und Integration des Landes Nordrhein-Westfalen (MKFFI). Bochum. Online unter: www.sowi.rub.de/mam/content/regionalpolitik/kommunaleintegrationsarbeit2019.pdf.

[BGB] Bürgerliches Gesetzbuch (2012): § 1631d Beschneidung des männlichen Kindes, S. 2749.

Charta der Vielfalt e.V. (2014): Vielfalt, Chancengleichheit und Inklusion. Diversity Management in öffentlichen Verwaltungen und Einrichtungen. Berlin.

Charta der Vielfalt e.V. (2019): Über uns. Berlin. Nur online unter: www.charta-der-vielfalt.de/ueber-uns/ueber-die-initiative.

Donges, Dominik/Kanar, Caglar/Assauer, Karl-Peter (2014): Weiterbildung als zentrales Element der Interkulturellen Öffnung. In: Uske, Hans/Scheitza, Alexander/Düring-Hesse, Suse/Fischer, Sabine (Hg.): Interkulturelle Öffnung der Verwaltung. Konzepte, Probleme, Beispiele. Duisburg, S. 115–125. Online unter: https://kommunale-integrationszentren-nrw.de/sites/default/files/public/system/steckbriefe/broschuere_interkulturelle_oeffnung_internetversion.pdf.

Franzke, Bettina/Shvaikovska, Vitalia (2016): Interkulturelles Training in einer Einwanderungsgesellschaft. 55 Critical Incidents für die Arbeitsfelder Jobcenter, Kommunalverwaltung, Kunst und Polizei. Bielefeld.

Hafez, Kai/Schmidt, Sabrina (2015): Die Wahrnehmung des Islams in Deutschland. Gütersloh.

Heimann-Jelinek, Felicitas/Kugelmann, Cilly (Hg.) (2014): Haut ab! Haltungen zur rituellen Beschneidung. Göttingen.

Hero, Markus/Krech, Volkhard/Zander, Helmut (Hg.) (2008): Religiöse Vielfalt in Nordrhein-Westfalen. Empirische Befunde und Perspektiven der Globalisierung vor Ort. Paderborn.

Jahn, Sarah J. (2016): Fit in religiöser Vielfalt? Abschlussbericht zur Beschäftigtenbefragung in der Stadtverwaltung Bochum. Bochum. (Bislang unveröffentlichtes Manuskript.)

Jahn, Sarah J. (2019): Fit in religiöser Vielfalt? Differenzsensible Erwachsenenbildung in der kommunalen Verwaltung. In: Oberlechner, Manfred/Gmainer-Pranzl, Franz/Koch, Anne (Hg.): Religion bildet. Diversität, Pluralität, Säkularität in der Wissensgesellschaft. Baden-Baden, S. 253–270.

Jahn, Sarah J./Plessentin, Ulf (2014): Bericht zum Praxisworkshop Religiöse Vielfalt. Handlungsfelder für die öffentliche Verwaltung. Bochum.

Kleff, Sanem/Seidel, Eberhard (2016): Geschlechterrollen und Migration. In: Kleff, Sanem/Seidel, Eberhard/Toprak, Ahmet (Hg.): Gender & Islam in Deutschland. Berlin, S. 1–5.

Klesmann, Martin (2018): Religiöses Mobbing. Schreiben des Schulleiters sorgt für Irritation. In: Berliner Zeitung v. 27.03. Online unter: https://www.berliner-zeitung.de/mensch-metropole/religioeses-mobbing-an-grundschule-schulleiter-raeumt-bei-krisentreffen-fehler-ein-li.16448.

Kommunales Integrationszentrum der Stadt Bochum (2019): Wir für Sie. Bochum. Online unter: www.bochum.de/C125708500379A31/currentbaselink/W29QUAFG253BOCMDE/nav/9QTGEA557BOCM (letzter Zugriff am 11.09.2019).

Kommunales Integrationszentrum der Stadt Bochum (2018): Ansprechpartner/innen. Nur online unter: www.bochum.de/C125708500379A31/vwContentByKey/W275WG8E550BOLDDE (letzter Zugriff am 14.09.2018).

Land Berlin (2005): Gesetz zu Artikel 29 der Verfassung von Berlin vom 27. Januar 2005. In: GVB l.2005. Berlin, S. 92.

Landgericht Köln (2012): Zur Strafbarkeit einer Beschneidung aus religiösen Gründen. 151 Ns 169/11. Köln.

Lutz, Helma/Amelina, Anna (2017): Gender, Migration, Transnationalisierung. Eine intersektionelle Einführung. Bielefeld.

Ministerium des Innern NRW (2012): Gesetz zur Förderung der gesellschaftlichen Teilhabe und Integration in Nordrhein-Westfalen und zur Anpassung anderer gesetzlicher Vorschriften vom 14. Februar 2012. In: GV. NRW 2012 Nr. 5 vom 24.02., S. 95–106.

[MKFFI] Ministerium für Kinder, Familie, Flüchtlinge und Integration des Landes Nordrhein-Westfalen (2019): Startseite Interkulturelle Öffnung. Nur online unter: www.mkffi.nrw/interkulturelle-oeffnung.

Pollack, Detlef/Müller, Olaf/Rosta, Gergely/Friedrichs, Nils/Yendell, Alexander (Hg.) (2014): Grenzen der Toleranz. Wahrnehmung und Akzeptanz religiöser Vielfalt in Europa. Wiesbaden.

Pollack, Detlef (2013): Öffentliche Wahrnehmung des Islam in Deutschland. In: Halm, Dirk/Meyer, Hendrik (Hg.): Islam und die deutsche Gesellschaft. Wiesbaden, S. 89–118.

Topçu, Canan (2015): Händedruck mit Muslimen: Zum Schütteln. In: Zeit Online v. 12.10. Nur online unter: www.zeit.de/gesellschaft/2015-10/muslime-begruessung-haende-schuetteln-religion-islam.

Uske, Hans/Scheitza, Alexander/Düring-Hesse, Suse/Fischer, Sabine (Hg.) (2014): Interkulturelle Öffnung der Verwaltung. Konzepte, Probleme, Beispiele. Duisburg.

van Laack, Claudia (2018): Religiöses Mobbing. Neuer Fall an Berliner Schule. In: Deutschlandfunk v. 27.06. Online unter: www.deutschlandfunk.de/religioeses-mobbing-neuer-fall-an-berliner-schule.680.de.html?dram:article_id=421437.

Winkel, Heidemarie (2017): Fremdheit und Geschlecht. Koloniale Wissensbestände und dekoloniales Denken. In: Journal Netzwerk Frauen- und Geschlechterforschung NRW, Nr. 41, S. 28–34.

Anmerkungen

1 Die Zahl bezieht sich auf die Gesamtheit der Beschäftigten im Erhebungszeitraum. Mit Beschäftigten sind alle Mitarbeiter*innen der Stadtverwaltung Bochum gemeint, von der Straßenreiniger*in bis hin zur Oberbürgermeisterin.

2 Laut Auskunft des Statistikbüros der Stadtverwaltung Bochum handelt es sich hierbei um eine relativ hohe Quote im Verhältnis zur Beteiligung bei anderen zentral geregelten Befragungen.

3 Eine Übersicht zum Thema findet sich im Ausstellungskatalog des Jüdischen Museum Berlin zur Sonderausstellung „Haut ab!“ (Heimann-Jelinek/Kugelmann 2014).

4 Dies gibt es bereits in Ansätzen im Bachelorstudiengang des Kommunalen Verwaltungsdiensts an der Fachhochschule für öffentliche Verwaltung Nordrhein-Westfalen.

IV. Religion im Bildungsbereich

JUDITH KÖNEMANN, SABINE GRUEHN

Einleitung „Religion im Bildungsbereich"

Spezifikum und Besonderheit des Bildungssystems in der Bundesrepublik Deutschland mit Blick auf Religion ist, dass Religion zum einen als ein eigenes „ordentliches" Lehrfach an allen öffentlichen Schulen unterrichtet wird, und zum anderen bekenntnisorientiert, d.h. aus der Binnenperspektive der jeweiligen Religion/Konfession und in Übereinstimmung mit den Grundsätzen der Religionsgemeinschaften unterrichtet wird. Als sogenannte „res mixta" zwischen Staat und Religionsgemeinschaften ist dieser Religionsunterricht in Art. 7, Abs. 3 GG verankert. Nur wenige Bundesländer wie Bremen, Berlin und Brandenburg sind davon ausgenommen, da zum Zeitpunkt der Verabschiedung des Gesetzes hier eine andere landesrechtliche Regelung bestand. In Übereinstimmung mit der Religionsfreiheit (Art. 4 GG) entscheiden die Eltern oder – mit Eintreten der Religionsmündigkeit mit dem 14. Lebensjahr – die Schüler*innen selbst über die Teilnahme am Religionsunterricht, ferner darf keine Lehrkraft gegen ihren Willen zur Erteilung von Religionsunterricht verpflichtet werden (Art. 7, Abs. 3 GG). Neben dem Religionsunterricht an öffentlichen Schulen als ordentlichem Lehrfach stellt die vom Gesetzgeber ermöglichte Einrichtung religiös gebundener Privatschulen (Art. 7, Abs. 4 GG[1]) einen weiteren Bereich dar, in dem Religion im Bildungsbereich eine öffentliche Rolle zukommt, insofern vom Grundgedanken her die Prägung der Schule als Ganze eine religiöse ist. Eine Abmeldung vom Religionsunterricht wie an öffentlichen Schulen ist an diesen Schulen nicht möglich.

Neben dieser rechtlichen Legitimation eines *Unterrichtsfachs* Religion lässt sich Religion aber auch als genuiner Gegenstandsbereich öffentlich verantworteter Bildung bildungstheoretisch begründen: Einerseits stehen Religion und Kultur in einem engen, bis heute unauflösbaren und sich wechselseitig beeinflussenden Zusammenhang – Kultur ist nicht ohne die jeweiligen religiösen Traditionen und die Veränderungsprozesse, denen diese unterliegen, z.B. gegenwärtig durch den Islam in Deutschland, zu verstehen und zu entschlüsseln, andererseits aber stellt – wie Jürgen Baumert (2002) treffend formuliert hat – die konstitutive Rationalität, zu der Religion und Philosophie zählen, neben dem kognitiv-rationalen, moralisch-evaluativen und expressiv-ästhetischen einen der vier zentralen Modi der Weltbegegnung dar, die nur in ihrer Gesamtheit und wechselseitigen Bezogenheit Welt- und Wirklichkeitserschließung möglich machen. Insofern Bildung neben der Vermittlung materialer Wissensbestände den Auftrag hat, die Kompetenz zur Selbst-, Welt- und Wirklichkeitserschließung zu ermöglichen, sind in Bildungsprozessen auch alle vier Rationalitäten zu berücksichtigen. Religion ist in diesem Zusammenhang ein historisch bedeutsames Sinndeutungssystem und ein auch heute noch immer wieder gewählter Zugang der Selbst-, Welt- und Wirklichkeitserschließung.

Religion ist damit sowohl Lerngegenstand selbst – im grundgesetzlich verankerten bekenntnisgebundenen Religionsunterricht – als auch gesellschaftlicher Akteur in Vergangenheit und Gegenwart, dessen Bedeutung für gesellschaftliche und soziale Entwicklungen in unterschiedlichen Unterrichtsfächern immer wieder zum Gegenstand wird. So tritt Religion sowohl als Querschnittsthema z.B. im Geschichtsunterricht, im Deutschunterricht oder in gesellschafts- und naturwissenschaftlichen Fächern auf, wenn hier im Zusammenhang mit Grundlagenfragen religiöse Traditionen zum Thema werden, ist aber auch von Relevanz, wenn der persönlich-individuelle, religiöse Hintergrund der Schüler*innen die Auseinandersetzung mit bestimmten Lerngegenständen prägt, z.B. im Fall wertgebundener Themen oder Fragen der Ethik etc. In dieser Form kommt Religion weniger als expliziter Lerngegenstand in den Blick, sondern vielmehr als – wie oben ausgeführt – Verstehensinstrumentarium gesellschaftlicher und kultureller Zusammenhänge.

Reguliert wird die Auseinandersetzung mit Religion im öffentlichen Bildungssystem zum einen extern über staatliche Regelungen, wobei hier zwischen Regelungen, die die Schule selbst betreffen, und jenen, die außerschulische Lern- und Bildungsangebote betreffen, zu unterscheiden ist. Als prominentes Beispiel für Erstere sind etwa die Auseinandersetzungen um die Frage nach dem Islam als Religionsgemeinschaft im Zusammenhang mit der Einführung eines bekenntnisorientierten islamischen Religionsunterrichts in einigen Bundesländern zu nennen. Für Letztere lassen sich Museumsneugründungen wie etwa das Jüdische Museum in Köln anführen, die u.a. in ihrer Funktion als außerschulischer Lernort einen expliziten Bildungsauftrag für Schüler*innen erhalten. Zum anderen wird die Auseinandersetzung mit Religion aber auch intern reguliert, etwa über die Zulassung von Lehrwerken und natürlich über die Inhalte derselben, über Weiterbildungsangebote für Lehrkräfte, die sich den Herausforderungen einer Zuwanderungsgesellschaft widmen, über den didaktischen Umgang mit anderen als christlichen Bekenntnissen im schulischen Unterricht – sei es im Rahmen des Religions- oder Ethikunterrichts oder eines anderen Fachunterrichts – oder über den Stellenwert insgesamt, den eine Auseinandersetzung um Religion und über mit Religion im Zusammenhang stehende Themen erfährt.

Angesichts der zunehmenden migrationsbedingten religiösen Pluralität sowie einer wachsenden politischen Bedeutung erfahren Religion und der Umgang mit ihr in den letzten Dekaden zunehmend Aufmerksamkeit, insbesondere auch als Faktor von Integration und eines friedlichen Zusammenlebens. Dieser Dimension von Religion widmen sich die in diesem Teil des vorliegenden Bands gebündelten Aufsätze, die sowohl aus einer didaktischen Perspektive bestehende Ansätze zum Umgang mit religiöser Vielfalt auf unterschiedlichen Ebenen – der Ebene der Lehrmittel (siehe den Beitrag von Raneck und Jahn), der Ebene der Lernvoraussetzungen (siehe den Beitrag von Tepeli und Loth) sowie der Ebene des Exemplarischen und Anschaulichen (siehe den Beitrag von Drees) – in den Blick nehmen als auch Bedarfe der Lehrer*innenprofessionalisierung im Umgang mit religiöser Pluralität thematisieren. Der Beitrag von Raneck und Jahn zeigt am Beispiel des Geschichts- und DaF/DaZ-Unterrichts, dass die dort eingesetzten Lehrwerke zwar im Hinblick auf eine differenzierte und neutrale Darstellung von Religionen in Teilen optimierbar sind, die dort formulierten Arbeitsaufträge aber nur kleiner Veränderungen bedürften, um eine solche ausgewogene Behandlung von Religion und den Blick auf Vielfalt zu ermöglichen. Im Beitrag von Tepeli und Loth wird deutlich, dass die Nutzung religiöser Vielfalt im konfessionellen Religions- oder im weltanschaulich neutralen Ethikunterricht zwar zur Stärkung religiöser Identität bei Angehörigen von Minderheitsreligionen (wie dem sunnitischen bzw. alevitischen Islam) beitragen kann, andererseits hiermit auch Fallstricke verbunden sind. Der Beitrag von Drees nimmt das Museum als außerschulischen Lernort in den Blick und stellt am Beispiel des geplanten jüdischen Museums in Köln dar, wie durch ein innovatives Ausstellungskonzept ein toleranter Umgang mit religiöser Vielfalt gelingen soll. In welcher Weise Lehrkräfte für den Unterricht in nicht nur ethnisch, sondern auch religiös heterogenen Klassen vorbereitet werden können, wird im Beitrag von Raneck und Stander-Dulisch diskutiert. Die Autorinnen schlagen ein transkulturelles Weiterbildungskonzept vor, das für (inner-)religiöse Vielfalt sensibilisiert und Grundlagen- sowie Hintergrundwissen vermittelt.

Literatur

Baumert, Jürgen (2002): Deutschland im internationalen Bildungsvergleich. In: Killius, Nelson/Kluge, Jürgen/Reisch, Linda (Hg.): Die Zukunft der Bildung. Frankfurt/M., S. 100–150.

Killius, Nelson/Kluge, Jürgen/Reisch, Linda (Hg.) (2002): Die Zukunft der Bildung. Frankfurt/M.

Anmerkung

1 Religiös gebundene Privatschulen sind bis heute ausschließlich entweder katholische oder evangelische Schulen.

ANNA RANECK, JUDITH STANDER-DULISCH

Religiöse Vielfalt im Klassenzimmer – Weiterbildungsangebote für Lehrkräfte in der Arbeit mit neu Zugewanderten[1]

1. Hintergrund und Fallbeschreibung

„Religion" in der Schule ist auch außerhalb des Religionsunterrichts ein viel diskutiertes Thema und hat vielfältige Bezugspunkte zu verschiedenen gesellschaftlichen Bereichen (vgl. auch die Artikel von Tepeli/Loth und Raneck/Jahn in diesem Band). In einer Migrationsgesellschaft stellen sich viele Fragen zum Umgang mit religiöser und kultureller Vielfalt im schulischen Kontext – sowohl in den verschiedenen Fächern als auch im Schulalltag. Im Handlungsraum Schule entstehen daher unterschiedliche Herausforderungen, die verschiedene Umgangsformen und Kompetenzen vonseiten der Lehrkräfte erfordern. Auch wenn Religion im Klassenzimmer selten als alleinige Ursache für Konflikte auftritt, sind einige Herausforderungen im täglichen Miteinander des Lernalltags tatsächlich mit dem Thema Religion verknüpft oder werden zumindest als solche wahrgenommen.

Laut den beiden Sprachwissenschaftlern Barbara Baumann und Michael Becker-Mrotzek kann den Lehrkräften in den Situationen innerhalb des Handlungsraums Schule nur gering geholfen werden, da es im Hinblick auf religiöse und kulturelle Vielfalt einen Mangel an Angeboten in der Ausbildung von Lehrkräften an Schulen und Integrations- oder Deutschkursen gibt (Baumann/Becker-Mrotzek 2014). Aus dem aktuellen Forschungsstand (Karakaşoğlu et al. 2017; Goethe-Institut 2015; Georgi 2015, 330) kann man ableiten, dass den Lehrkräften somit die Kompetenzen fehlen, mögliche Konflikte anzunehmen und auszuhalten, zu lösen oder sogar zu vermeiden und die eigene Rolle zu reflektieren. Dafür benötigen sie Informationen, Wissen und einen Pool von Handlungsmöglichkeiten im Umgang mit religiöser Vielfalt.

Hier setzen Weiterbildungen an, die als eine Möglichkeit der Regulierung verstanden werden können. Kompetenzen erwerben, Kenntnisse und Fähigkeiten ausbauen oder anpassen, über Handlungen reflektieren, für Sachverhalte sensibilisiert werden – Weiterbildungen bereiten auf Qualifikationen für unterschiedliche Funktionen und/oder Positionen vor und dienen dem lebenslangen Lernen. Die Kultusministerkonferenz definiert Weiterbildungen als „die Fortsetzung oder Wiederaufnahme organisierten Lernens nach Abschluss einer unterschiedlich ausgedehnten ersten Bildungsphase und in der Regel nach Aufnahme einer Erwerbs- oder Familientätigkeit" (KMK 2001, 4). Erwachsenenbildung ist also eine Bildungsmaßnahme für berufstätige Erwachsene, die ihren Berufseintritt bereits hinter sich haben und gefestigt in ihrer Profession handeln. Bei Weiterbildungen in der Erwachsenenbildung, die hier konkret Lehrkräfte für den Unterricht mit neu zugewanderten Kindern, Jugendlichen und Erwachsenen betreffen, wird folglich bereits vorhandenes, eigenes und selbst erlebtes Erfahrungswissen aufgebrochen und möglicherweise neu justiert, erweitert, ergänzt oder angepasst.

In diesem Beitrag liegt der Fokus auf transkulturellen Weiterbildungen von Lehrkräften, die sich im Umgang mit religiöser Vielfalt weiterqualifizieren möchten.[2]

Der Bedarf ergibt sich aus einer zunehmenden religiösen Pluralisierung in der Schule (vgl. Abbildung 2 im Artikel von Jahn/Stander-Dulisch zum Problemaufriss in diesem Band) und in den Integrationskursen, die in den letzten Jahren vor allem durch Migrations- und Fluchtbewegungen sichtbar wurde. Hieraus hat sich ein erhöhter Bedarf an Integrationskursen und Internationalen Klassen entwickelt und folglich auch ein Bedarf an qualifizierten Lehrkräften. Hier bestehen hohe kontextsensible Anforderungen an die Lehrkräfte, die mit neu Zugewanderten im Unterricht, in Integrationskursen und sogenannten Internationalen Klassen arbeiten.[3]

Für diese zeichnet sich ein besonderer Regulierungsgehalt ab. Zwar ist es in Deutschland der Normalfall, dass in Schulklassen durchschnittlich 40 bis 50 % – in sogenannten „Brennpunktschulen" auch über 90 % – der Schüler*innen einen Migrationshintergrund haben (Yegane Arani 2015), dennoch sind viele Schüler*innen, ob Migrationshintergrund oder nicht, in Deutschland und in der deutschen Gesellschaft sozialisiert worden und daher mit hiesigen gesellschaftlichen Gegebenheiten, wie z.B. Feiertagen, Bräuchen und historischen Einflüssen vertraut. Sie kennen ebenso das christliche Erbe Deutschlands und die säkularen Einflüsse. Hier unterscheiden sich die neu zugewanderten Schüler*innen deutlich: Sie wurden in einem anderen Land, mit einer anderen Kultur, Politik und religiösen Prägung sozialisiert. Dort waren sie mit der Gesellschaft vertraut und die Gesellschaft mit ihrer Religion – sofern sie nicht einer religiösen Minderheit angehörten. Aber nicht nur die neu zugewanderten Schüler*innen stehen vor einer neuen Situation, wenn nicht sogar Herausforderung, sondern auch die Lehrkräfte. Viele wissen nicht, wie sie mit religiöser Vielfalt umgehen sollen. Auch wissen sie meist nur wenig über ihre Schüler*innen, über deren Herkunftsländer, Religionen, Kulturen, Ethnien, Sprachen, Erfahrungen etc. Ausgebildet für die Situation in einer kulturell und religiös heterogenen Klasse wurden sie eher selten. Daher fehlt es ihnen oft am nötigen Wissen über Religion und Kulturpraktiken, wie zum Beispiel dem Fasten, aber ebenso in Bezug auf Problematiken, die die Schüler*innen aus den Herkunftsländern mitbringen, wie zum Beispiel Einstellungen gegenüber Minderheiten oder anderen Ethnien bzw. Religionen (z.B. Ezid*innen, Schwarzafrikaner*innen, Kurd*innen, Jüd*innen). Auch müssen die unterschiedlichen Ausgangslagen von Lernenden mit Fluchterfahrungen berücksichtigt werden und die damit verbundenen Bedarfe hinsichtlich Sprachförderung, psychosozialer, asylrechtlicher, rassismuskritischer Fragestellungen sowie kultureller Aspekte, bei denen eine Sensibilisierung für Vielfalt und damit der Einbezug von transkulturellen Kompetenzen eine Rolle spielt.

Die 2017 erschienene Studie *Angekommen in der Migrationsgesellschaft? Grundlagen der Lehrerbildung auf dem Prüfstand* der Stiftung Mercator zeigt, dass (angehende) Lehrkräfte nur unzureichend im Hinblick auf Differenzsensibilität und Diskriminierungskritik in der Migrationsgesellschaft qualifiziert sind (Karakaşoğlu et al. 2017).

Eine Aus- und Weiterbildung in transkulturellen Kompetenzen ist jedoch nicht nur für Lehrkräfte relevant, die mit neu zugewanderten Schüler*innen im Rahmen von Internationalen Klassen arbeiten, sondern – laut der Studie *Vielfalt im Klassenzimmer. Wie Lehrkräfte gute Leistung fördern können* des Berliner Instituts für empirische Integrations- und Migrationsforschung (BIM) und des Forschungsbereichs beim Sachverständigenrat deutscher Stiftungen für Integration und Migration (SVR-Forschungsbereich) – aufgrund der kulturellen und religiösen Vielfalt in der Gesellschaft für Lehrkräfte aller Fächer und Schulformen bedeutsam (BIM/SVR-Forschungsbereich 2017). Ein Blick in den Forschungsstand legt dar, dass sich Themen wie „Heterogenität“ und „Interkulturelle Bildung“ zwar in den Curricula wiederfinden, jedoch zumeist nur Blaupausen sind, die nicht mit konkreten Ideen oder Kontexten gefüllt sind (Karakaşoğlu et al. 2017). Zudem können verzerrte Erwartungen der Lehrkräfte (z.B. Stereotype) oder mediale Diskurse über Bedürfnisse und Konflikte bei neu Zugewanderten die Wahrnehmung der Lehrkräfte von Schüler*innen beeinflussen. Ein Beispiel dafür ist das medial verbreitete Bild der unterdrückten Muslima, vor allem wenn sie Kopftuch trägt. Häufig kommt es vor, so zeigen es auch unsere Erfahrungen aus den von uns bisher durchgeführten Weiterbildungen und Forschungen Dritter (vgl. z.B. Weber 2004), dass dieses Bild bei Lehrkräften weit verbreitet ist, und dass das Kopftuch als Indiz für die Unterdrückung gesehen wird.

Im Folgenden wird in diesem Artikel anhand von Beispielen dargelegt, welche unterschiedlichen Umgangsformen von Lehrkräften mit religiöser Pluralität im Unterricht auftreten und welche Herausforderungen sich im Unterricht abzeichnen. Aufbauend darauf werden die identifizierten Bedarfe vorgestellt und es wird skizziert, wie eine transkulturelle Weiterbildung als Regulierungsmöglichkeit nach unserem Verständnis konzipiert sein sollte, um Lehrkräfte für religiöse und kulturelle Vielfalt zu sensibilisieren.

2. Problemlage und Lösungsansatz

Im Klassenzimmer entstehen unterschiedliche Herausforderungen, die verschiedene Umgangsformen vonseiten der Lehrkräfte erfordern. Es zeigen sich Situationen, in denen Religion als Ursache für Konflikte auftritt oder als solche wahrgenommen wird. Darüber hinaus ergeben sich Herausforderungen bei der Einbindung von Religion in den Unterricht, z.B. bei der Erklärung von christlichen Feiertagen oder bei bestimmten Unterrichtsthemen, die auf den ersten Blick nichts mit Religion zu tun haben, oder auch bei bestimmten Anlässen wie dem Ramadan, gemeinsamem Essen oder Gebetszeiten.

Anhand von zwei unterschiedlichen Lehrtypen werden die Herausforderungen deutlich.[4]

- *Der respektvolle Typ:* Teilnehmer*in A unterrichtet Deutschkurse für neu Zugewanderte in der Erwachsenenbildung. A selbst bezeichnet sich als religionskritisch und atheistisch, aber gleichzeitig als tolerant gegenüber Religion, da A um die Relevanz von Religion für viele Menschen weiß. Um niemanden bezüglich seiner/ihrer Religion zu verletzen und sensibel mit der Religion der Kursteilnehmer*innen umgehen zu können, besteht bei A der Wunsch nach Hintergrundwissen.
- *Der differenzierende Typ:* Teilnehmer*in B unterrichtet an einem Gymnasium u.a. eine Internationale Vorbereitungsklasse und katholische Religion als Fach. Die Berücksichtigung von Religion im Unterricht ist bei B fachabhängig: Während Religion im Religionsunterricht offenkundig Unterrichtsgegenstand ist, wird sie in der Internationalen Klasse ausgeblendet. B weiß aber auch, dass die eigene Perspektive auf Religion stark religiös geprägt ist,

und wünscht sich daher auch neue Perspektiven auf Religion, um differenzierter im Unterricht mit religiöser Vielfalt umgehen zu können.

2.1 Der respektvolle Typ (Teilnehmer*in A)

Teilnehmer*in A unterrichtet Deutsch- bzw. Integrationskurse für Erwachsene bei einem privaten Bildungsträger. A selbst bezeichnet sich als atheistisch. Als Kind war A jedoch in der Kirche, u.a. im Orchester, aktiv und ging ebenfalls zur Konfirmation, weil es zum Heranwachsen dazugehöre, wie sie sagt. Hier zeigt sich, dass bei A Religion eher als Anpassung an die Peergroup (die Jugendlichen bzw. Kinder in ihrem Umfeld) praktiziert wurde, aber weniger durch familiäre Prägung. Dennoch war A nach eigenen Aussagen nie gläubig. Religion wurde eher experimentell für sich selbst getestet und ausprobiert. Grund dafür könnte die Aktivität in der Kirche (Orchester und Konfirmation) sein bzw. der Umstand, dass A z.B. an sich selbst die Erwartung stellte, deswegen auch gläubig sein zu müssen, oder dass A sich als anders oder eine Art Erwartungsdruck von anderen wahrgenommen hat. Ebenso denkbar wäre, die eigene Identitätssuche in der Pubertät oder Neugier bezüglich dessen nachvollziehen zu können, warum andere Menschen gläubig sind. A begründet die Tatsache, dass sie selbst dennoch nicht gläubig sein könne, mit dem Wissen um die Evolution, also einer für A wissenschaftlichen, belegbaren Tatsache, und dem eigenen „gesunden Menschenverstand". Dadurch beschreibt A sich selbst als rational und logisch denkend, während religiöse Menschen für A tendenziell irrational denken, und Glaube als etwas Unnatürliches, dem Verstand Widersprüchliches versteht. A steht Religion somit kritisch gegenüber, da sie nicht logisch erklärbar bzw. nicht belegbar sei. A selbst lehnt Religion und Glaube für sich ab, weiß aber dennoch, dass Religion für die Gesellschaft, den Staat und Individuen durchaus relevant ist.

Ebenso betont A, dass die Teilnehmer*innen in den Kursen großen Wert darauf legen, dass man sie nicht als Muslim*innen pauschalisiert, sondern auch ihre individuellen Unterschiede und die innerreligiöse Vielfalt im Islam wahrnimmt. Aus diesen beiden Gründen gehört für A Wissen um religiöse und innerreligiöse Vielfalt zur Allgemeinbildung dazu, vor allem, wenn religiöse Vielfalt in der Gesellschaft, in der man lebt, Realität ist. Ebenso ist für A wichtig, allen Menschen, unabhängig von Herkunft oder Religion, mit Offenheit und Respekt zu begegnen. Dies wird von A im Gegenzug auch von anderen erwartet.

In den Kursen nimmt A religiöse Vielfalt wahr, weil besonders die Teilnehmer*innen ihre Religionszugehörigkeit kommunizieren und es wichtig finden, dass man um die Binnendifferenz wisse. A spricht davon, Anhänger*innen verschiedener Glaubensrichtungen des Islams und des Christentums zu unterrichten. Binnendifferenz wird also wahrgenommen, aber von A nicht benannt, gegebenenfalls sind die genauen Bezeichnungen nicht bekannt, entfallen oder sind für A nicht relevant. Außerdem wird Religion im Kontext von Feiertagen thematisiert, wobei auch Gemeinsamkeiten zwischen Christentum und Islam festgestellt werden. Darüber hinaus treten ab und an auch Herausforderungen durch Religion auf. So berichtet A davon, dass in den ersten Kursen, die durch A betreut wurden, freitags die meisten muslimischen Teilnehmer aufgrund des Freitagsgebets ohne Erlaubnis früher den Unterricht verlassen hätten. In einem anderen Beispiel standen Familienmodelle zur Debatte. Dabei sei A durch einen jungen Teilnehmer aus dem Irak verbal angegriffen worden, weil A ein uneheliches Kind habe und in einer Beziehung lebe, aber nicht verheiratet sei. Die daraufhin ausbrechende Diskussion konnte durch A nicht beendet werden, sondern nur durch eine 34-jährige Teilnehmerin aus Syrien, die betont habe, dass man hier in Deutschland sei und es hierzulande durchaus möglich sei. In den genannten Herausforderungen falle es A schwer zu handeln, da A einerseits bestimmte Sachen durchsetzen müsse oder erklären wolle, andererseits aber auch Rücksicht auf die Teilnehmer*innen, deren Gefühle und Religion nehmen möchte.

Hier wünscht sich A Hintergrundwissen, um „peinliche Situationen" und Fettnäpfchen zu vermeiden, sowie „Handwerkszeug" zu erlangen, um im Unterricht alle „unter einen Hut zu bekommen", falls es einmal Herausforderungen aufgrund von Religion geben sollte. Hintergrundwissen findet A aber ebenso relevant, um sich mit den Teilnehmer*innen außerhalb des Unterrichts, z.B. im Sprachcafé, unterhalten zu können und ihnen Wertschätzung zu zeigen.

Bei Teilnehmer*in A steht der respektvolle Umgang mit den Kursteilnehmer*innen und deren Identität, zu der auch die religiöse Zugehörigkeit zählt, im Vordergrund ihres Handelns. Dabei stellt A die eigene religiöse Einstellung zurück und bemüht sich um einen angemessenen, respektvollen und sensiblen Umgang mit Religion im Unterrichtsalltag, in Gesprächen und bei Herausforderungen.

2.2 Der differenzierende Typ (Teilnehmer*in B)

Teilnehmer*in B unterrichtet u.a. eine Internationale Klasse und katholische Religion an einem Gymnasium. B unterscheidet die professionellen Rollen als Lehrkraft in den Fächern: Während Religion im katholischen Religionsunterricht eine zentrale Rolle einnimmt, steht im Unterricht in der Internationalen Klasse, die B als DaF/DaZ-Gruppen bezeichnet, der Sprachunterricht im Fokus. Religion wird hier weitestgehend ausgeblendet – sowohl inhaltlich als auch in der Wahrnehmung.

Diese Unterscheidung wirkt sich auch auf Bs Wahrnehmung von Religion in den Klassen aus. Für den Religionsunterricht kann B die Religionszugehörigkeit der Schüler*innen – römisch-katholisch, christlich-orthodox, atheistisch – sowie auch deren Kirchennähe, Gemeindeengagement und Relevanz von Glauben im Alltag benennen, während B in der Internationalen Klasse nur zwischen muslimischen und christlichen Schüler*innen unterscheidet. Dass hier keine Binnendifferenzierung erfolgt, könnte verschiedene Gründe haben, z.B. könnte B keine Information über die Religionszugehörigkeit vorliegen oder abgefragt haben, oder das Wissen um die Religionszugehörigkeit ist aufgrund des Fachkontexts nicht für den Unterricht und/oder B relevant.

Neben dem Fachkontext führt B aber einen weiteren Grund an, warum Religion kein Thema in der Internationalen Klasse ist. Die heterogene Zusammensetzung der Klasse ermögliche es kaum, Religion inhaltlich im Unterricht zu thematisieren: Neben dem Alter, unterschiedlicher geistiger Reife, benennt B den Wissensstand, der sich sowohl auf das Wissen der Schüler*innen über ihre Religionszugehörigkeit, als auch auf das Wissen über deren eigene Religion sowie auch auf den Sprachstand der einzelnen Schüler*innen bezieht. B sieht in Religion ein zu komplexes, schwieriges Thema, um es in der Internationalen Klasse zu besprechen, da hier bei den Schüler*innen Fähigkeiten und Kompetenzen unterschiedlich ausgeprägt und vorhanden sind. Eine Möglichkeit bestehe laut B aber darin, die Schüler*innen nach ihrer Religionszugehörigkeit zu befragen. Dies bedarf in der Tat nur eines geringen Wortschatzes und viele Schüler*innen könnten etwas dazu sagen, aber es muss auch bedacht werden, dass Religion die Privatsache der Schüler*innen sei und nicht jede*r mitteilen möchte, welcher Religion er oder sie angehört. Ansonsten bespricht B Religion in der Internationalen Klasse dann, wenn die Schüler*innen bewusst nach der Bedeutung von Ferien und Feiertagen fragen. Diese erklärt B dann nach eigener Aussage gern, doch gleichzeitig fällt B dabei auf, dass es schwerfällt, sich dabei von der eigenen christlichen Perspektive zu lösen und den Schüler*innen die Feiertage sachlich zu erklären. Daher möchte B in der Weiterbildung lernen, die Perspektive zu wechseln und auch die eigene religiöse Perspektive, zumindest für den nicht konfessionellen Unterricht, zu hinterfragen.

Es geht B hier weniger darum, die eigene Religiosität abzulegen, sondern auch darum, andere Perspektiven und Methoden kennenzulernen, die im eigenen Unterricht weiterhelfen können und die eigene Fachkompetenz erweitern. Weiterhin besucht B die Weiterbildung, um im Austausch über wichtige Aspekte der Internationalen Klassen zu bleiben und auch, um Hintergrundwissen zu den verschiedenen Religionen zu erlangen, da das Wissen um religiöse Vielfalt eine wichtige Grundlage für Offenheit und Toleranz sei. Anders als bei A ist der Umgang mit Konflikten nicht Grund für den Besuch der Weiterbildung. Denn zumindest für den Unterricht kann B keine Konflikte oder Herausforderungen ausmachen. Dies erklärt sie anhand der Klientel der Schule, die sich auch in der Internationalen Klasse von anderen Schulen unterscheiden würde:

> An meiner Schule [gibt es] wenige Konflikte hinsichtlich Religion und Kultur [...]. Das liegt vor allem daran, dass wir eine andere Klientel haben und in unseren Regelklassen prozentual nur wenige Schülerinnen und Schüler mit Migrationshintergrund unterrichtet werden. Es gibt z.B. auch in der Internationalen Klasse nur zwei Mädchen, die ein Kopftuch tragen. Die meisten Schülerinnen in dieser Klasse sind zwar muslimisch, aber so liberal erzogen, dass sie kein Kopftuch tragen.

Diese Aussage kann so gedeutet werden, dass B davon ausgeht, dass es zu Konflikten durch eine große religiöse und kulturelle Heterogenität kommt. Bei vielen muslimischen Schüler*innen in einer Klasse oder an einer Schule könnte es zum Beispiel so sein, dass sich diese zu einer Gruppe zusammentun, die sich über die gemeinsame Religion und Kultur identifizieren und anhand dieser geteilten Identität ein Kollektiv bilden, welches dem der Religion und Kultur der anderen Schüler*innen an der Schule gegenübersteht. Im Gegensatz dazu geht B davon aus, dass wenn es nur einzelne muslimische Schüler*innen an der Schule gibt, diese sich leichter integrieren lassen und sich hinsichtlich ihrer Identität eher anpassen würden. Es komme dann also eher zu einer gemeinsamen Identität an der Schule, als das zwei parallele kollektive Identitäten an der Schule gebildet würden. Die ungewohnte ethnische und religiöse Vielfalt könnte aber ebenso gut für die Schüler*innen in der Regelklasse irritierend sein und zu Konflikten führen, da sie gegebenenfalls Vorurteile oder Stereotype gegenüber den Schüler*innen mit einer differenten religiösen oder kulturellen Identität haben. Ebenso kann die Situation in der Internationalen Klasse theoretisch zwischen den zwei Kopftuch tragenden Schülerinnen und denen ohne Kopftuch zu Spannungen führen, weil u.a. eine Gruppe nicht akzeptieren kann, dass die jeweils anderen (k)ein Kopftuch tragen. B sieht hier außerdem im Kopftuch ein Zeichen für Religiosität bzw. die Art der Religionsausübung. Das Kopftuch wird als ein Zeichen für Illiberalität, d.h. für Intoleranz, aber auch für Konservatismus und Traditionalismus verstanden. Hier beeinflussen entweder gängige Stereotype bezüglich des Kopftuchs Bs Wahrnehmung oder B hat Erfahrungen diesbezüglich gesammelt, die hier nicht mitgeteilt werden.

Das Handeln von Teilnehmer*in B ist stark durch Differenzierungen geprägt. Im katholischen Religionsunterricht steht Religion im Fokus, sowohl inhaltlich als auch bezogen auf Bs Wahrnehmung. In der Internationalen Klasse hingegen steht die Sprache im Vordergrund. Andererseits differenziert B bezüglich der Religiosität der Schüler*innen: Sie unterscheidet im Religionsunterricht nach Kirchennähe, Engagement und Relevanz im Alltag, in der Internationalen Klasse nach konservativ/illiberal und liberal. Ebenso differenziert sie in der Internationalen Klasse auch bezüglich der Kompetenzen (Sprache, Wissen, Alter), wodurch eine Thematisierung von Religion erschwert wird.

3. Regulierungsmöglichkeiten und -bedarfe

Die zwei Beispiele haben verschiedene Herangehens- und Umgangsweisen mit Religion im Unterricht gezeigt. Sie zeigen aber auch Bedarfe, an denen eine Weiterbildung zum Thema religiöse Vielfalt anknüpfen kann. Die beiden Typen erachten Grundlagenwissen als relevant für den Umgang mit einer religiös heterogenen Schülerschaft sowie Offenheit und Toleranz. In einer Weiterbildung können zum Beispiel verschiedene Religionen, innerreligiöse Vielfalt und religiöse Vielfalt in Deutschland/Nordrhein-Westfalen thematisiert werden, um diese Einstellung zu stärken. Zu dem Grundlagenwissen kann auch Wissen über bestimmte Themen, wie zum Beispiel zu Geschlechterrollen, hinzugenommen werden. So können mitunter auch Stereotype, die z.B. bei den Teilnehmer*innen zu beobachten waren, reflektiert und ein *sensibler* Umgang mit ihnen vermittelt werden. Auf der anderen Seite hilft das Hintergrundwissen dabei, mit Herausforderungen umzugehen oder sie zu vermeiden, da Weiterbildungsteilnehmer*innen mithilfe ihres Wissens Situationen besser einschätzen und „Fettnäpfchen" bereits in der Unterrichtsvorbereitung identifizieren können. Den Umgang mit Herausforderungen stellten die Teilnehmer*innen als sehr relevantes Thema für die Weiterbildung heraus. Dazu kann dann nicht nur das Hintergrundwissen zählen, sondern auch die Einbettung in dem rechtlichen Rahmen. Im Umgang mit Herausforderungen kann besprochen werden, wo einerseits Religion eine Rolle spielt, andererseits der Rahmen, in dem gehandelt werden darf, etwa Gesetze und die Rolle als Lehrperson. Als weiteres relevantes Thema hat sich die thematische Einbindung von Religion in den Unterricht erwiesen. So thematisieren A und B Religion im Kontext von Feiertagen, aber, wie B bei sich selbst beobachtet hat, ist dies beeinflusst durch die eigene Perspektive. Es stellt sich demnach die Frage, wie und in welchen Kontexten Religion im Unterricht thematisiert werden kann. Dabei können einerseits rechtliche wie auch kompetenzorientierte Aspekte thematisiert werden, andererseits aber auch verschiedene Unterrichtsmodelle wie religionskundlicher und landeskundlicher Unterricht. Damit hängt auch eine Themenauswahl zusammen: neben der Thematisierung kann Religion auch im Kontext von Gesetzen und religiöser Vielfalt in Deutschland besprochen werden. Ebenso kann die Thematisierung von Religion dazu genutzt werden, dass die Schüler*innen üben, über sich selbst und das, was ihnen wichtig ist, zu sprechen.

Ausgehend von diesen identifizierten Bedarfen wird im Folgenden dargelegt, wie eine grundlegende Struktur für transkulturelle Weiterbildungen nach unserem Verständnis aussieht.

Ziel ist, die eigene Fachkompetenz durch Sensibilisierung für Vielfalt, ebenso wie durch Anregung von Reflexionswissen zu stärken und, wenn nötig, bestehende Konzepte aufzubrechen, dabei jedoch eine Hypersensibilität zu vermeiden. Abbildung 13 zeigt, dass ein Fachinput sowie eine erfahrungsbasierte Wissensvermittlung die Grundsteine darstellen können. Unter Fachinput verstehen wir Fachvorträge und interaktive Lehr-Lerngespräche. Im Rahmen von erfahrungsbasierter Wissensvermittlung, etwa durch Gruppendiskussionen, Portfolios, Rollenspiele und Simulationen, soll einerseits der Handlungsrahmen und somit Religion im jeweiligen Bildungskontext, andererseits der Deutungsrahmen und damit einhergehend Religion im sozialen Kontext erschlossen werden.

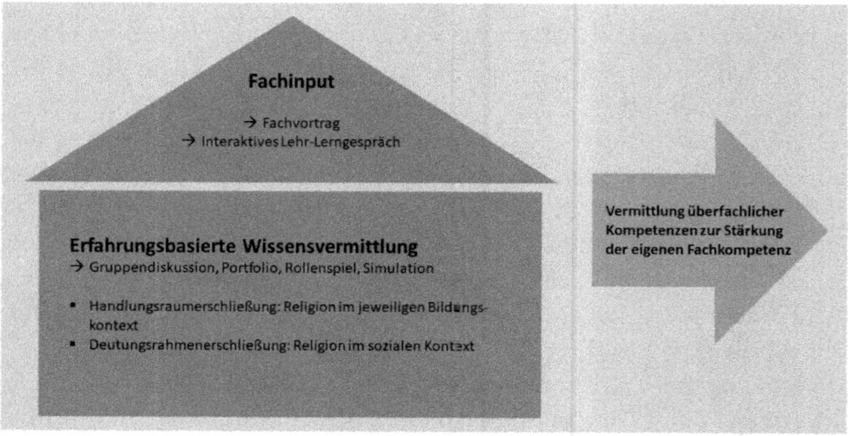

Abbildung 13: Basisstruktur der Weiterbildung für Lehrkräfte im IK-Bereich am Centrum für Religionswissenschaftliche Studien (CERES)
Quelle: Eigene Darstellung

Mit Blick auf diese Grundstrukturen lässt sich ein übergeordnetes Ziel von transkulturellen Weiterbildungen festhalten: Das Ziel von transkulturellen Weiterbildungen soll es sein, Lehrkräfte auf die „Heterogenität als Normalfall" vorzubereiten, Individualität wahrzunehmen und Handlungsfähigkeit (z.B. in Form verschiedener Handlungsoptionen) anzubahnen. Damit einhergehend werden überfachliche Kompetenzen vermittelt.

Vor diesem Hintergrund stellt die transkulturelle Weiterbildung eine Regulierungsmöglichkeit im Umgang mit religiöser Vielfalt dar. Im Folgenden wird gezeigt, wie die transkulturelle Weiterbildung aus unserer religionswissenschaftlichen Perspektive konzipiert ist und welche Weiterbildungsbestandteile aus unserer Perspektive vonnöten sind (siehe auch Abbildung 14).

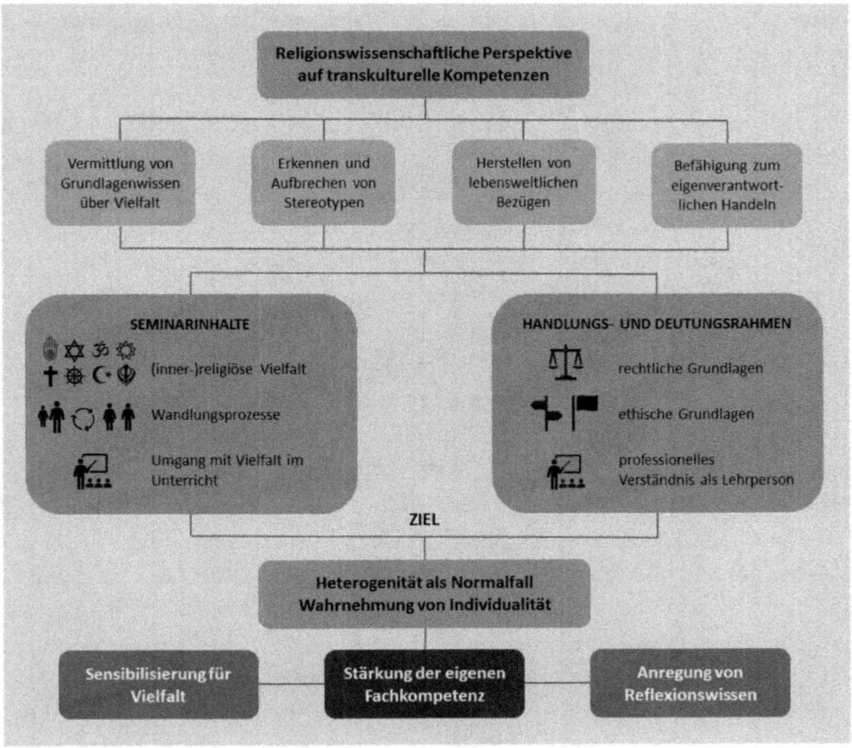

Abbildung 14: Übersicht über die Weiterbildungsbestandteile
Quelle: Eigene Darstellung

In Anlehnung an Koch/Tillessen/Wilkens (2013) und Wilke (2012) sehen transkulturelle Kompetenzen aus religionswissenschaftlicher Perspektive vor, Wissen über religiöse und kulturelle Vielfalt aus einer kulturwissenschaftlich orientierten Perspektive zu vermitteln, um verschiedene Wertesysteme zu verstehen und Perspektivwechsel vornehmen zu können. Dadurch wird die Gegenüberstellung von „Wir" versus „den Anderen" aufgebrochen, durch die es zu Hierarchisierungs- und Abwertungsprozessen des vermeintlich „Anderen" kommt, indem Verständnis für das vermeintlich „Fremde" und „Andere" erzeugt wird. Diese Art von Sensibilisierung macht es möglich, den Handlungs- und Deutungsrahmen zu erschließen. Hier schließt sich unser grundlegendes Ziel transkultureller Weiterbildungen an, für Vielfalt zu sensibilisieren. Das heißt (1) Grundlagenwissen über die Vielfalt von Religion, Kultur und Sprache zu vermitteln, (2) Stereotype in Sprache und Sprachvermittlung zu erkennen und durch lebensweltlichen Bezug der Lernenden aufzubrechen, und (3) Lehrkräfte in Vermittlungssituationen zum eigenverantwortlichen Handeln zu befähigen. Als Ziel verstehen wir somit die Stärkung der eigenen Fachkompetenz durch die Aneignung überfachlicher Kompetenzen, d.h. die Sensibilisierung für Vielfalt und die Anregung von Reflexionswissen. Dies bedeutet auch, das gefestigte Erfahrungswissen hinsichtlich Religion aufzubrechen.

Um dieses Verständnis zu generieren, sind bestimmte Seminarinhalte zu religiöser und kultureller Vielfalt notwendig. Bereits von uns durchgeführte Weiterbildungen haben gezeigt, dass sich die folgenden Themen eignen, um ein transkulturelles Verständnis und das Grundlagenwissen der kulturwissenschaftlich orientierten Religionswissenschaft zu etablieren und zu einem eigenverantwortlichen Handeln in Situationen des Schulalltags zu befähigen, in denen transkulturelle Sensibilität gefordert ist: Religion und Kultur, religiöse Wandlungsprozesse der Gegenwart (Säkularisierung, Pluralisierung und Individualisierung), Migration und Integration, religiöse Vielfalt in Deutschland und in NRW, innerreligiöse und interreligiöse Vielfalt, religiöse Praxis im Islam, in Christentum, Judentum, Ezidentum, Hinduismus und Buddhismus, Grundgesetz/Schulgesetz und Religion, Geschlechterrollen und Religion, Umgang mit Geschlechterrollen im Schulkontext, Umgang mit Lehrwerken, rollenbezogene Erwartungshaltungen und gruppenbezogene Ausgrenzungen im Klassenraum, Religion und Diskriminierung, religionsbezogene Stereotype, Umgang mit religiösen Herausforderungen und Konflikten, Vermittlung von Vielfalt sowie religiöse und kulturelle Vielfalt in konkreten Lehr-/Lernsituationen. Durch diese vielfältigen Aspekte können die verschiedenen Bedarfe der Lehrkräfte, die wir anhand der Beispiele vorgestellt haben (siehe oben), abgedeckt werden. Zum Beispiel können durch die Vermittlung von Grundlagenwissen über die verschiedenen Religionen, innerreligiöse Vielfalt und den Zusammenhang von Religion und Geschlecht, Unsicherheiten, aber auch Stereotype abgebaut werden und der Umgang mit religiösen Herausforderungen und Konflikten sowie die Vermittlung von Grund- und Schulgesetz den Lehrkräften Handlungsorientierung geben.

Neben den konkreten Seminarinhalten wird somit der Handlungs- und Deutungsrahmen aufgezeigt, der sich aus drei Aspekten zusammensetzt: gesetzlichen Grundlagen, ethischen Prinzipien sowie dem eigenen Verständnis als Lehrperson. Mit Blick auf den rechtlichen Handlungsrahmen und somit auf die gesetzlichen Grundlagen sind die relevanten Artikel aus dem Grundgesetz sowie aus dem Schulgesetz Nordrhein-Westfalens zu berücksichtigen, die sich zum Teil ergänzen und den gesetzlichen Handlungsrahmen bestimmen.

Ist der gesetzliche Rahmen abgesteckt, muss ein Bewusstsein für verschiedene Arten des ethischen Handelns geschaffen werden. Als dritten Aspekt kann man die individuelle Ausgestaltung dieser Regulierungsformen verstehen: das eigene Verständnis als Lehrperson. Die verschiedenen Arten der Persönlichkeiten der Lehrkräfte spielen dabei ebenso eine Rolle wie das Selbstverständnis der eigenen Profession, d.h. zum Beispiel, sich darüber bewusst zu werden, was das überfachliche Ziel des eigenen Unterrichts ist, wie die Wertevermittlung oder Erziehung der Schüler*innen zu mündigen Bürger*innen aussieht. Demnach sind es gesetzliche Grundlagen, ethische Prinzipien sowie auch das eigene Verständnis der professionellen Rolle als Lehrperson, die den Handlungs- und Orientierungsrahmen bedingen. Das eigene Verständnis der professionellen Rolle als Lehrperson umfasst dabei, neben dem eigenen Anspruch an Unterricht und Handeln, auch die Berücksichtigung von schulinternen und landesbezogenen Vorgaben, wie Kernlehrpläne, das Schulgesetz, Curricula, Schulkonzepte und Schulregeln.

Um zum eigenverantwortlichen Handeln in Situationen des Schulalltags zu befähigen, in denen transkulturelle Sensibilität gefordert ist, müssen zudem zwei Aspekte inhaltlicher Art vor dem Hintergrund religiöser und kultureller Vielfalt bedacht werden: Heterogenität und Individualität. In Anbetracht von religiöser Pluralität besteht eine enorme Heterogenität, d.h. eine innerreligiöse Vielfalt, die durch Dynamik gekennzeichnet ist. Mit Blick auf unterschiedliche Strömungen, Glaubensrichtungen und unterschiedliche Religionsverständnisse innerhalb von Religionen ist eine Zugehörigkeitszuschreibung zu „dem Christentum", „dem Judentum" oder „dem Islam" nicht gegeben. Betrachtet man Religiosität, können die folgenden drei Aspekte aufgezeigt werden: (1) religiöse Dogmen, das heißt Lehrsätze und Glaubensregeln, (2) die kulturelle Prägung (Tradition) und (3) die tatsächlich gelebte religiöse Praxis. Wichtig ist, diese drei

Dimensionen zu differenzieren. So sagt z.B. eine alleinige Zugehörigkeit zum Katholizismus nichts über die gelebte religiöse Praxis aus. Dieser Aspekt bedarf besonders bei dem Thema Migration Aufmerksamkeit: Zuwanderung und Religiosität sind nicht gleichzusetzen. Die Herkunft aus einem muslimisch geprägten Land bedeutet nicht die Zugehörigkeit zu einer muslimischen Tradition, da auch in diesen Ländern unterschiedliche Religionen existieren. Hinzu kommt, dass nicht jede*r geborene Muslim*in Religion praktiziert oder sich dabei strikt an religiösen Dogmen oder traditionellen Werten (vgl. z.B. Ehrbegriff, patriarchale Deutungen etc.) orientiert. Ob Migrationshintergrund oder nicht: Je nach persönlich gelebter religiöser Praxis spielt Religion für den einen nur eine geringe Rolle, für andere sind unterschiedliche Ausrichtungen maßgeblich bestimmend. Wieder andere sind gar nicht religiös oder haben gar keinen Bezug zu Religion. Heterogenität kann somit als Normalfall betrachtet und die Wahrnehmung von Individualität vor dem Hintergrund kultureller und religiöser Vielfalt in den Fokus gestellt werden.

4. Fazit und Ausblick

Die Beispiele haben unterschiedliche Umgangsformen von Lehrkräften mit religiöser Pluralität dargelegt, in denen sich verschiedene Herausforderungen abzeichneten, z.B. Fragen im Umgang mit Geschlechterrollen und damit einhergehenden Unsicherheiten oder die Frage nach der thematischen Einbindung von Religion in den Unterricht, auch vor dem Hintergrund der heterogenen Schülerschaft. Als Bedarfe lassen sich u.a. der Bedarf nach Grundlagen- sowie Hintergrundwissen, einem offenen und toleranten Umgang, einem sicheren Umgang mit herausfordernderen Situationen und somit der Vermeidung von Unsicherheiten und „Fettnäpfchen" oder die thematische Einbettung von Religion in den Unterricht identifizieren.

Die praktischen Erfahrungswerte, etwa die Berücksichtigung verschiedener Typen von Lehrkäften und der daraus resultierende Umgang mit religiöser Vielfalt zeigen daher unterschiedliche Regulierungsbedarfe auf. Unter den Regulierungsmöglichkeiten verstehen wir somit eine transkulturelle Weiterbildung, die für religiöse und kulturelle Vielfalt sensibilisiert, diese Bedarfe auffängt und reguliert. Aus unserer Perspektive beinhaltet eine transkulturelle Weiterbildung Bestandteile wie eine religionskundliche Themenwahl, die Erschließung des Handlungsraums und Deutungsrahmens auf Grundlage von Recht, ethischen Prinzipien sowie die Reflexion über das eigene Verständnis als Lehrperson, um Heterogenität als Normalfall anzunehmen und Individualität wahrzunehmen.

Die oben dargelegte Grundstruktur der Weiterbildungen inklusive der Weiterbildungsbestandteile hat sich bereits in unterschiedlichen Formaten bewährt und als hilfreich erwiesen. Teilnehmer*innen betonten die Abwechslung von Theorie- und Praxisanteilen sowie die Berücksichtigung und den Einbezug der eigenen Erfahrungen. Der Großteil der Teilnehmer*innen berichtete zudem, dass sie sich nach der Weiterbildung sicherer im Umgang mit religiöser Vielfalt im Klassenraum fühlen und für verschiedene Aspekte der Religion und des individuellen Religionsbezugs sensibilisiert wurden. Zudem bestätigten die Lehrkräfte, dass ihnen das Wissen über religiöse Vielfalt, einzelne Religionen und auch Thematisierungsmöglichkeiten und Strategien für den Umgang mit Herausforderungen in der Unterrichtsgestaltung und im Umgang mit den Schüler*innen weiterhelfen. Als weiterer Erfolg der Weiterbildungen kann u.a. vermerkt werden, dass die Teilnehmer*innen Stereotype und Vorurteile bei sich selbst wahrnehmen und reflektieren konnten und sich ihr Blick auf religiöse Vielfalt im Klassenzimmer geändert hat, indem auf der einen Seite ein Bewusstsein für Vielfalt geschaffen und auf der anderen Seite Vorannahmen korrigiert oder ergänzt werden konnten.

Literatur

Baumann, Barbara/Becker-Mrotzek, Michael (Hg.) (2014): Sprachförderung und Deutsch als Zweitsprache an deutschen Schulen. Was leistet die Lehrerbildung? Überblick, Analysen und Handlungsempfehlungen, Mercator-Institut für Sprachförderung und Deutsch als Zweitsprache. Köln.

[BIM/SVR-Forschungsbereich] Berliner Institut für empirische Integrations- und Migrationsforschung (BIM)/Forschungsbereich beim Sachverständigenrat deutscher Stiftungen für Integration und Migration (SVR-Forschungsbereich) (2017): Vielfalt im Klassenzimmer. Wie Lehrkräfte gute Leistung fördern können. Berlin. Online unter: www.stiftung-mercator.de/media/downloads/3_Publikationen/2017/Juli/Vielfalt_im_Klassenzimmer_final.pdf.

Georgi, Viola B. (2015): Selbstwirksamkeitserwartungen von Lehrkräften mit Migrationsgeschichte im Umgang mit migrationsbedingter Heterogenität. In: Leiprecht, Rudolf/Steinbach, Anja (Hg.): Schule in der Migrationsgesellschaft. Ein Handbuch. Bd. 2. Sprache, Rassismus, Professionalität. Schwalbach/Ts., S. 331–334.

Goethe-Institut (2015): „Man muss Lehrkräfte in Deutsch als Zweitsprache schulen". Deutsch für Flüchtlingskinder. Online unter: www.goethe.de/de/spr/mag/20650534.html.

Karakaşoğlu, Yasemin/Mecheril, Paul/Shure, Saphira/Wojciechowicz, Anna (2017): Angekommen in der Migrationsgesellschaft? Grundlagen der Lehrerbildung auf dem Prüfstand. Stiftung Mercator. Online unter: www.stiftung-mercator.de/media/downloads/3_Publikationen/2017/August/Stiftung_Mercator_Handreichung_Lehrerbildung.pdf.

Koch, Anne/Tillessen, Petra/Wilkens, Katharina (2013): Religionskompetenz. Praxishandbuch im multikulturellen Feld der Gegenwart. Berlin.

[KMK] Kultusministerkonferenz (2001): Vierte Empfehlung der Kultusministerkonferenz zur Weiterbildung (Beschluss der Kultusministerkonferenz vom 01.02.2001). Online unter: www.kmk.org/fileadmin/Dateien/veroeffentlichungen_beschluesse/2001/2001_02_01-4-Empfehlung-Weiterbildung.pdf.

[MKFFI] Ministerium für Kinder, Familie, Flüchtlinge und Integration des Landes Nordrhein-Westfalen (2016): EASY-Zuweisungen von Flüchtlingen nach NRW nach Monat und Herkunftsland seit Januar 2016. Online unter: www.mkffi.nrw/sites/default/files/asset/document/zuweisungen_herkunftslaender_november.pdf.

Weber, Martina (2004): Heterogenität im Schulalltag. Konstruktion ethnischer und geschlechtlicher Unterschiede. Opladen.

Welsch, Wolfgang (1997): Transkulturalität. Zur veränderten Verfassung heutiger Kulturen. In: Schneider, Irmela/Thomson, Christian W. (Hg.): Hybridkultur. Medien, Netze, Künste. Köln, S. 67–90.

Wilke, Annette (2012): Einführung in die Religionswissenschaft. In: Ruhstorfer, Karlheinz (Hg.): Systematische Theologie. Paderborn, S. 287–358.

Yegane Arani, Aliyeh (2015): Antimuslimische Einstellungen und Diskriminierungsrealität an deutschen Schulen, in: Pfeffer-Hoffmann, Christian/Logvinov, Michail (Hg.): Muslimfeindlichkeit und Migration. Thesen und Fragen zur Muslimfeindlichkeit unter Eingewanderten, Berlin, S. 108–120. Online unter: https://minor-kontor.de/wp-content/uploads/2018/04/Minor_WirHier_Muslimfeindlichkeit-und-Migration_2015.pdf.

Anmerkungen

1 Der Beitrag basiert auf folgenden Projektarbeiten: In Kooperation mit dem Arbeitsbereich Sprachbildung und Mehrsprachigkeit an der Ruhr-Universität Bochum gestalteten Anna Raneck, Judith Stander-Dulisch, Kristina Göthling-Zimpel und Sarah J. Jahn als Vertreterinnen des CERES bereits das an Lehramtsstudierende gerichtete Seminar „Sprachbildung und Transkulturalität“ im Optionalbereich, im Rahmen des Mercator-Projekts „Von der Sprachförderung zur Integration zugewanderter Kinder, Jugendlicher und junger Erwachsener: Berufsbegleitender Studiengang der Universitätsallianz Ruhr“ die Weiterbildung „Interkulturelle und religionssensible Kompetenzen“, die sich an Lehrkräfte in der Schul- und Erwachsenenbildung richtet, und konzipierten Workshops zur religiösen Vielfalt im Rahmen der Programme des Ministeriums für Kultur und Wissenschaft des Landes Nordrhein-Westfalen (MKW-Programme) in Bochum.

2 Die Entscheidung für den Begriff der Transkulturalität geht mit anderen Begriffen – Multikulturalität und Interkulturalität – einher. Unter dem Konzept von Multikulturalität wird verstanden, dass verschiedene, homogene Kulturen nebeneinander existieren. Dem Konzept der Interkulturalität liegt das Verständnis zugrunde, dass Kulturen sich untereinander verbinden und untereinander agieren. In sich geschlossene Kulturen treten somit in einen Austausch miteinander. Der Philosoph Wolfgang Welsch hat in den 1990er Jahren

das Konzept und den Begriff der Transkulturalität entwickelt. Hierbei wird von einer Heterogenität innerhalb von Kulturen ausgegangen. Kulturen treten somit in einen Austausch, sind aber nicht homogen und statisch, sondern dynamisch vernetzt und untereinander divers (vgl. Welsch 1997). Der Begriff der Transkulturalität wird somit genutzt, um die Heterogenität bzw. Diversität und Dynamik zu fokussieren. Daher wird im Folgenden der Begriff „transkulturell" statt „interkulturell" genutzt.

3 In NRW gibt es keine einheitliche Bezeichnung für die Gruppen oder Klassen, in denen neu zugewanderte Schüler*innen Deutschförderung oder gemeinsam anderen (Förder-) Unterricht erhalten. Gängig sind durchaus die Bezeichnungen Internationale Klasse (IK), Internationale Förderklasse (IFK), Internationale Vorbereitungsklasse (IVK), Auffangklasse (AK), Förderklasse, Sprachförderklasse oder Deutsch als Zweitsprache-Klasse, kurz DaZ-Klasse. In diesen Klassen werden Schüler*innen auf den Regelunterricht vorbereitet, dazu werden sie v.a. in Deutsch als Zweitsprache (DaZ) unterrichtet. Auch andere Fächer können Bestandteile des Lehrplans sein. Eine einheitliche Regelung über die Fächerzusammensetzung gibt es nicht.

4 Die Beispiele stammen aus der ersten Pilotierung des Moduls „Interkulturelle und religionssensible Kompetenzen", Durchführung durch Anna Raneck, im Rahmen des durch die Stiftung Mercator geförderten Universitätsallianz-Ruhr-Projekts „Von der Sprachförderung zur Integration zugewanderter Kinder, Jugendlicher und junger Erwachsener: Berufsbegleitender Studiengang der Universitätsallianz Ruhr". An der Weiterbildung nahmen neun Lehrkräfte teil, die neu Zugewanderte in Deutsch unterrichten, davon waren zwei in der Erwachsenenbildung, zwei an Gymnasien und drei an Grundschulen tätig. Zudem nahm eine Lehrkraft von einem Berufskolleg teil, die selbst nicht in einer Internationalen Förderklasse unterrichtet. Eine Teilnehmerin war Studentin und wollte sich durch den Besuch der Weiterbildung zusätzlich qualifizieren.

ANNA RANECK, SARAH J. JAHN

Das regulative Potenzial von Lehrwerken im schulischen Bildungsbereich

1. Hintergrund und Fallbeschreibung

Lehrwerke sind zentrale Wissensquellen im schulischen Bildungsbereich: Sie dienen Lehrkräften als Anker zur Themenerschließung. Schüler*innen erschließen sich durch Lehrwerke eine komplexe Welt des Wissens. Die Schulbuchforschung geht davon aus, dass Lehrkräfte und Schüler*innen Lehrwerke nicht als Quellen zur kritischen Lektüre verwenden, sondern als legitimierte Wissensquellen (Andreassen 2014, 1 ff.). Sie sind meist von Lehrkräften geschrieben, die von Verlagen als Autor*innen ausgewählt wurden. Welche Lehrwerke im Unterricht verwendet werden, wird von der Schulpolitik und -verwaltung der jeweiligen Bundesländer beschlossen. Lehrwerke haben daher Autorität und setzen Normen. Indem sie bestimmte pädagogische Ziele verfolgen, schließen sie auch andere Deutungen aus. Die in Lehrwerken dargestellte religiöse Pluralität ist daher ein bewusst ausgewählter Ausschnitt und ein Ergebnis von verschiedenen vorgelagerten Regulierungsmechanismen, ausgehend von Schulpolitik, Schulbuchverlagen und Schulbuchautoren. Lehrwerke werden somit als „power texts" verstanden (Andreassen 2014, 4). Sie vermitteln Wahrheiten durch bildungspolitische Implikationen und prägen Generationen von Lernenden und Lehrenden. Von daher hat die Schulbuchforschung die zentrale Aufgabe, Lehrwerke kritisch zu untersuchen. Kritische Untersuchungen beziehen sich hier nicht nur auf die „Richtigkeit" der vermittelten Inhalte, sondern auch auf die „angemessene" Art der Vermittlung, d.h. auf didaktische Prinzipien sowie auf die Wirkung im jeweiligen gesellschaftlichen Kontext. Dies wird umso wichtiger, wenn es sich um sozial und kulturell relevante Inhalte handelt, die das gesellschaftliche Miteinander betreffen. Bei der Vermittlung von religionsbezogenem Wissen ist dieser Punkt in hohem Maße gegeben. Die Art, wie Religion vermittelt wird, prägt unser Bild von Religion, vor allem in Fächern, in denen nicht nur religiös sozialisierte Schüler*innen unterrichtet werden.

Religionsbezogene Schulbuchforschung ist spätestens seit dem Kölner Schulbuchprojekt *Der Islam in den Schulbüchern der Bundesrepublik Deutschland* von Abdoldjavad Falaturi und Udo Tworuschka ein Themenfeld in der Religionswissenschaft (Falaturi/Tworuschka 1986–1990). Falaturi und Tworuschka haben sich vor allem mit den Wissensinhalten in Lehrwerken beschäftigt. Seit circa zehn Jahren wird sich zudem verstärkt auch mit der Art der Wissensvermittlung in Unterrichtskontexten auseinandergesetzt (vgl. u.a. Alberts 2007, 2008a, 2008b). Mittlerweile hat sich eine rege Fachdiskussion über unterschiedliche Ansätze und Möglichkeiten der Wissensvermittlung etabliert (vgl. u.a. Frank 2010/2015; Lüpken 2010; Štimac 2014/2016). Ziel ist hier, religionsbezogenes Wissen wissenschaftlich reflektiert und basierend auf demokratischen Werten in verschiedenen Schulkontexten zu vermitteln. Um dieses Ziel zu erreichen, geht es zunächst darum, den Bestand existierender Lehrwerke zu untersuchen und diesen anschließend im jeweiligen bildungspolitischen Kontext zu verorten.

In diesem Artikel wird dies am Beispiel von Lehrwerken aus dem Fach Geschichte und für den Unterricht in Deutsch als Zweitsprache (DaZ) innerhalb der internationalen Förderklasse[1] untersucht. In beiden Fächern wird religionsbezogenes Wissen als Teil der Gesellschaft behandelt. Der Unterricht findet, im Gegensatz zum Religionsunterricht, in einem religiös pluralen Klassenzimmer statt. Von daher ist hier besonders interessant, wie Religion dargestellt wird und welche Wirkung die Darstellung im Kontext des jeweiligen Fachauftrags hat.

1.1 Religionsbezogenes Wissen im Geschichts- und Sprachunterricht für neu zugewanderte Schüler*innen

Das angesprochene vermittelte religionsbezogene Wissen im Geschichts- und DaZ-Unterricht unterscheidet sich in den Fächern hinsichtlich der Themenwahl. Während sich im Geschichtsunterricht vor allem mit Religion im Kontext historischer, vorwiegend deutscher und europäischer Entwicklungen und Kulturen beschäftigt wird, erfolgt die Thematisierung von Religion im DaZ-Unterricht vorwiegend im Kontext von Landeskunde. Das umfasst die Gesellschafts-, Erd- und Kulturkunde sowie das Fach Politik.

1.1.1 Religion im Geschichtsunterricht

Der zentrale bildungspolitische Auftrag des Fachs besteht darin, Schüler*innen zu befähigen, auf Basis einer vertieften historischen Allgemeinbildung (Kernlehrplan Sek I, NRW Gym 2007) historische Entwicklungen zu beobachten und zu reflektieren, um historisches Denken und Wissen zur Orientierung des eigenen Handelns anwenden zu können. So sind z.B. die Themen „Antike: Staat und Religion in Griechenland und im antiken Rom“ oder auch „Menschen im Mittelalter: kultureller Austausch, christliche Missionierung, Pilgerreisen, Ausbreitung des Islams, Kreuzzüge, Gegen- und Nebeneinander im Nahen Osten: Christen, Juden und Muslime" im Kontext historischer Entwicklungen zu behandeln und anzuwenden.

Dieser Anwendungsbezug historischer Allgemeinbildung wird im geschichtsdidaktischen Kompetenzmodell (Körber/Schreiber/Schöner 2007) als Förderung und Entwicklung von reflektiertem Geschichtsbewusstsein bezeichnet (kurz: „historische Orientierungskompetenz", vgl. auch Trautwein et al. 2017). Das damit verbundene Ziel der Teilhabefähigkeit am gesellschaftlichen Diskurs aus einer fachlich informierten rationalen Perspektive heraus wird in dieser geschichtsdidaktischen Theorie „reflektiertes Geschichtsbewusstsein" (Rüsen 2013) genannt. Von daher stellt sich in der Analyse von Lehrwerken insbesondere die Frage, wie Wissen über Religion in Bezug auf gesellschaftliche Gegenwart vermittelt wird. Hier sind die Arbeitsaufträge in Lehrwerken relevant, weil sie Wissen vertiefen und Brücken zu aktuellen gesellschaftlichen Entwicklungen herstellen sollen. Am Beispiel von Arbeitsaufträgen zum Islam wird dieser Frage in der vorliegenden Analyse nachgegangen. Die behandelten Beispiele repräsentieren typische Merkmale der Arbeitsaufträge zum Islam. Die Analyse der Arbeitsaufträge erfolgt anhand eines integrativen Ansatzes von Geschichtsdidaktik und Religionswissenschaft, der zusammen mit der Geschichtsdidaktikerin Nicola Brauch erarbeitet wurde (Brauch/Jahn 2018).

1.1.2 Religion im Sprachunterricht für neu zugewanderte Schüler*innen

Im Gegensatz zum regulären Fremdsprachenunterricht existiert für den Unterricht in Deutsch als Zweitsprache (DaZ) kein Kernlehrplan in NRW. Stattdessen gibt es einen Beschluss zur *Integration und Deutschförderung neu zugewanderter Schülerinnen und Schüler* (MSW 2018) des Ministeriums für Schule und Bildung des Landes Nordrhein-Westfalen, der seit 2018 vorliegt, und den Erlass für den *Unterricht für neu zugewanderte Schülerinnen und Schüler* (MSW 2016) aufhebt. In beiden Dokumenten ist die inhaltliche Gestaltung des Unterrichts für neu zugewanderte Schüler*innen nur in Grundzügen festgelegt: Grundlegendes bildungspolitisches Ziel ist hier jeweils die Teilhabe und Integration der neu zugewanderten Schüler*innen in das Schulsystem sowie das Erlernen der deutschen Sprache für den Regelunterricht. Darüber hinaus sollen die Schüler*innen „Grundlagen der Orientierung im Alltagsleben in Deutschland" (MSW 2018, 2) erwerben. Hier wird allerdings offengelassen, was dies genau beinhaltet. Es werden also keine konkreten inhaltlichen Aspekte für den Unterricht mit neu zugewanderten Schüler*innen vorgegeben. Da der Beschluss zum DaZ-Unterricht die „Grundlagen zur Orientierung" nicht näher definiert, ist Religion nicht unbedingt ein Bestandteil des Unterrichts. Die Entscheidung, Religion einzubeziehen, wird den Fachlehrkräften oder den Fachkonferenzen an den Schulen überlassen.[2]

Der Erlass macht auch keine Vorgaben für die inhaltliche und thematische Gestaltung von Lehrwerken. Hier gibt es ausschließlich den sogenannten GER (Gemeinsamer Europäischer Referenzrahmen für Sprachen von 2001). Die Analyse der Themenwahl und Darstellung von Religion ist deshalb von besonderem Interesse. Folgend wird die Themenauswahl für DaF/DaZ-Lehrwerke,[3] die im Unterricht von neu zugewanderten Schüler*innen für die Sprachförderung eingesetzt werden, analysiert. Exemplarisch wird eine Lektion über Religionen und religiöse Feste in Deutschland untersucht. Die Analyse der Lektion erfolgt dabei anhand der qualitativen Inhaltsanalyse nach Štimac (nähere Ausführungen zum Ansatz in Abschnitt 3) und betrachtet dabei insbesondere die Begriffswahl, die Perspektive auf Religion(en) und die dargestellten Beziehungen zwischen den thematisierten Religionen.

2. Problemlage und Lösungsansatz

2.1 Problemlage

Insgesamt wird bei der Analyse von Lehrwerken für den Geschichtsunterricht sowie von Lehrwerken für den Sprachunterricht mit neu zugewanderten Schüler*innen deutlich, dass Religion vor allem anhand von Stereotypen dargestellt wird. Eine Reduktion von Komplexität ist zwar unvermeidbar, aber gerade im Hinblick auf religiöse Themen sollte hier auf den Grad der Komplexitätsreduktion geachtet werden sowie dessen Wirkung. Denn ausgehend von den beschriebenen bildungspolitischen Fachaufträgen dienen die Themen immer auch einer Kompetenzentwicklung für die eigene Persönlichkeit auf Basis demokratischer Werte. Wie eingangs beschrieben, geht es in beiden Fächern nicht nur um Wissensvermittlung, sondern auch um gesellschaftliche und normative Reflexionsprozesse im Umgang mit gesellschaftlicher Pluralität.

2.1.1 Geschichtslehrbücher

Bereits vorliegende Analysen zu religionsbezogenen Arbeitsaufträgen in Schulgeschichtsbüchern weisen auf einen deutlichen Überarbeitungsbedarf hin (vgl. Brauch/Jahn 2018). Die Analysen ergeben, dass die Arbeitsaufträge eher gesellschaftlich-normativ als historisch orientiert sind und daher dem eigenen Fachverständnis und auch dem Fachauftrag widersprechen. Sie transportieren Klischeevorstellungen, verstärken ungesichertes Alltagswissen und regen demnach nicht zu einem reflektierten Geschichtsbewusstsein und zu einer differenzierten Wahrnehmung von Religion im jeweiligen gesellschaftlichen Kontext an. Die Arbeitsaufträge weisen ein statisches und stigmatisierendes Verständnis von Religion auf, durch die „Othering-Prozesse" im Schulalltag manifestiert werden können. Othering-Prozesse gehen über die Abwertung und Abgrenzung von bestimmten Gruppen und Personen hinaus. Sie beinhalten eine negative Zuschreibung über das vermeintlich „Andere", in diesem Fall über bestimmte Religionen und Personen mit bestimmter Religionszugehörigkeit. Dieser Prozess kann bereits bei der „Exotisierung" einer Religion beginnen, wenn im sozialen Miteinander nicht nur eine Abgrenzung oder Ausgrenzung erfolgt, sondern auch eine Abwertung des „Exotischen" stattfindet. Das ist z.B. bei Arbeitsaufträgen zum Islam der Fall, wenn vermeintlich muslimische Mitschüler*innen als „Quelle" für religiöses Expertenwissen herangezogen werden. Das NRW-Geschichtsbuch *Geschichte und Geschehen 2* (Klett Verlag) beinhaltet einen solchen Arbeitsauftrag: Er lautet:

> Erkundige dich bei muslimischen Mitschülern, ob die in Q4 und Q5 genannten Pflichten und Verhaltensregeln immer noch verbindlich sind.

In solchen Arbeitsaufträgen wird eine natürliche Grenzziehung zwischen „muslimischen Mitschülern" und der anderen Gruppe vollzogen. Auch wird von einer Religionszugehörigkeit unmittelbar auf gelebte religiöse Praxis und vorhandenes religiöses Expertenwissen geschlossen. Gerade für die angesprochenen Schüler*innen ist diese Form der Wissensvermittlung problematisch, da sie zum einen als „Andere" bzw. „Migrationsandere" vom Klassenverband identifiziert werden (Riegel 2016; Dirim/Mecheril 2010, 121 ff.). Dies wirkt dem gemeinsamen Lernen in einem pluralen Klassenzimmer entgegen und kann der Beginn von „Othering-Prozessen" sein, wie oben bereits beschrieben. Zum anderen wird „muslimischen Mitschülern" durch den Arbeitsauftrag unterstellt, dass sie praktizierende Muslim*innen seien und über „verbindliches" Wissen (vgl. Arbeitsauftrag) verfügen. Problematisch wird dieser Ansatz, wenn die Schüler*innen selbst Religion nicht praktizieren und wenn es keine verbindliche Lehrmeinung und Praxis zu religiösen Pflichten gibt. Entsprechend führt diese Form der Wissensvermittlung zum Erlernen von monokausalen und stereotypen Denkmustern und nicht zur Sensibilisierung für Vielfalt und Differenzierung. Eine Abwertung findet hier zwar nur bedingt statt, sie wird aber durch die Grenzziehung angelegt, indem die Schüler*innen grundlegend vermittelt bekommen, dass es Unterschiede gibt. Unterschiede werden so in Differenz zu einer vagen, aber dennoch stets reproduzierten „Norm" – dem Christentum etc. – dargestellt. Gruppenzugehörigkeiten ergeben sich hierdurch nicht im sozialen Miteinander, sondern durch vermittelte Zuschreibungen in Lehrwerken. Inwiefern eine Abwertung erfolgt, ist dann Ergebnis von Dynamiken im Klassenverband. Berichte zum „religiösen Mobbing" (vgl. den Beitrag von Stander-Dulisch in diesem Band) legen nahe, dass diese Folge keine Seltenheit ist.

Die angeführten Analyseergebnisse beziehen sich auf Schulgeschichtsbücher aus unterschiedlichen Bundesländern. Eine überblicksartige Analyse von zugelassenen Lehrwerken in Nordrhein-Westfalen, die in der Schulbuchsammlung der Ruhr-Universität Bochum gesichtet wurden, zeigt ein differenzierteres Bild, auch beim Thema Islam. Islam wird in der Sekundarstufe 1 besonders unter dem Thema „Menschen im Mittelalter" behandelt. Die einzelnen Lehrwerke setzen allerdings unterschiedliche Schwerpunkte: Manche Lehrwerke gehen sehr ausführlich auf die „Ausbreitung des Islams" ein. Zusätzlich findet in ihnen eine religionskundliche Vertiefung statt und sie setzen auf vergleichende Methoden und Medien sowie auf die Darstellung von Religionskontakten, um verschiedene Perspektiven und eigene Reflexionen zu ermöglichen. Andere Lehrwerke bieten nur eine oberflächliche Darstellung ohne Vergleichsperspektive und Kontextinformationen, ähnlich dem eingangs beschriebenen Befund zum Islam in Geschichtslehrwerken allgemein. Diese Problematik findet sich z. B. im Schulbuch *Zeitreise. Geschichte 1* (Klett Verlag). In der Sektion zum Islam werden religiöse Quellen zu sensiblen, auch innerhalb islamischer Tradition kontrovers diskutierten Themen wie der Verschleierung, zur Ehe und zu Speisen ohne Kontext abgebildet. Hier könnte bereits ein ergänzender Arbeitsauftrag dazu führen, dass die Schüler*innen Quellen vergleichend bearbeiten.

Diese Form der Wissensvermittlung mit nur einer religiösen Quelle legt die Annahme nahe, dass die Suren als absolut gelten. Vergleichende Auslegungen sowie ergänzende Quellen aus Sunna oder Hadithen könnten hier verdeutlichen, dass es sehr unterschiedliche Auffassungen innerhalb des Islams gibt. Dies würde auch Prozesse der Abwertung (Stichwort „Othering") unterbinden, indem deutlich wird, dass es im Islam verschiedene Auslegungen zu Speisegeboten, Ehe und Verschleierung gibt. Im gleichen Lehrwerk, im Kapitel „Muslime in Deutschland heute", wird Othering hingegen konkret gefördert, indem in einer Aufgabe zunächst „muslimische Mitschüler" Stellung zu religiösen Themen beziehen und anschließend alle anderen Schüler*innen sich dazu äußern sollen, ob „[d]as Leben in Deutschland den Glauben der Muslime" gefährdet. Ähnlich verhält es sich mit dem Arbeitsauftrag „Welche Schwierigkeiten haben Muslime bei uns, ihre religiösen Pflichten zu erfüllen?" in dem Schulbuch *Das waren Zeiten 2* (C. C. Buchner Verlag). Beide Arbeitsaufträge fordern zu einer bewusst normativen Wissensbildung über gesellschaftlich wie religiös kontrovers diskutierte Themen auf, ohne die dahinterliegende Problematik mit historischem und kulturellem Kontextwissen zu füllen.

Wie eine multiperspektivische Wissensvermittlung ohne mögliche Othering-Effekte erfolgen kann, die zudem historische Orientierungskompetenz und reflektiertes Geschichtsbewusstsein ermöglicht, zeigt sich im Schulbuch *mitmischen 1* (Klett Verlag). In Kapitel 5, „Allah ist groß", werden die Ankunft des Islams in Europa und die Rolle des Islams während der Kreuzzüge dargestellt. Zudem gibt es Ausführungen über die „Fünf Pflichten der Muslime", Kunst und Wissenschaft im Islam, religiöse Feste u.v.m. Die Themenbearbeitung ist hier jeweils sehr differenziert, da unterschiedliche Text- und Bildquellen verwendet werden.

Im gleichen Kapitel finden sich auch Arbeitsaufträge, die von monokausalen und stereotypen Ansätzen Abstand nehmen. Der Gegenwartsbezug wird z.B. über die verschiedenen Bedeutungen des Worts „Islam" in einem Arbeitsauftrag hergestellt. Zudem werden Religionen nicht statisch beschrieben. Es werden vielmehr übergeordnete Bezüge in Geschichte und Traditionen behandelt und durch Arbeitsaufträge vertieft, indem beispielsweise Verbindungen zu Oberthemen wie „heiligen Städten" und zu Mohammeds Interesse an christlicher und jüdischer Religion hergestellt werden. Allein die Anlage der Arbeitsaufträge schließt monokausale Erklärungsmuster aus und legt eine differenzierte Perspektive auf historisches Wissen nahe.

Eine sehr differenzierte Themenbearbeitung bietet auch das Schulbuch *Geschichte konkret 2* (Schroedel). Hier wird auf verschiedenen Ebenen vergleichend gearbeitet; ob es um das Verhalten von Christ*innen und Muslim*innen geht, dem tabellarischen Vergleich von den jüdischen und christlichen Geboten mit den Pflichten von Muslim*innen, dem Vergleich von Äußerungen von Imamen und Sufis im Koran oder der verschiedenen Verwendung des Kreuzzeichens. Die Arbeitsaufträge haben zudem eine ergänzende Funktion, die durch einen anderen Duktus zum Reflektieren anregen, wie das folgende Beispiel zum Thema Frauenkleidung veranschaulicht:

> Frauenkleidung – findet heraus, in welchem Zusammenhang Koranverse zum Thema entstanden und was sie ganz genau aussagen (Q1).

2.1.2 Lehrwerke für den Sprachunterricht mit neu zugewanderten Schüler*innen

In den zahlreichen Lehrwerken für den Sprachunterricht mit neu zugewanderten Schüler*innen, in sogenannten DaF/DaZ-Lehrwerken, wird Religion nicht immer behandelt. Wenn Religion thematisiert wird, liegt der Themenschwerpunkt auf religiösen Festen – besonders beliebt ist dabei Weihnachten. In manchen Fällen wird Religion aber auch im Kontext des (Zusammen-)Lebens in Deutschland behandelt. Gemeinsam ist diesen Darstellungen von Religion, dass sie sich deutlich durch Normativität, Vorherrschen christlicher Perspektiven und die Reduzierung der behandelten Thematiken auf Essen und Feste auszeichnen und sie darüber hinaus Stereotype und Othering-Prozesse unterstützen. Anhand eines Beispiels für den DaF-Unterricht aus dem Lehrwerk *studio [21]. Intensivtraining. A2* (Cornelsen) wird dies exemplarisch verdeutlicht.

Das zweiseitige Unterkapitel „Religionen und religiöse Feste in Deutschland“ im Kapitel „Leben in Deutschland“ umfasst vier Aufgaben auf zwei Seiten. Aufgabe 1 und 2 befassen sich mit der Sichtbarkeit (Aufgabe 1: Zuordnung von Bildern zu „Gotteshäusern in Deutschland“ zu einer Religion) und Verbreitung der Religionen in Deutschland (Aufgabe 2). Obwohl hier keine religiösen Praktiken oder Normen vermittelt werden, werden diese in Aufgabe 3 mit dem Schwerpunkt Essensgebote sowie Fasten und Feste abgefragt. Aufgabe 4 fragt ebenso nach der inhaltlichen Bedeutung von Festen, die verschiedenen Religionen zugeordnet werden sollen.

Durch fast sämtliche Aufgaben zieht sich dabei eine christliche Perspektive auf Religion und die Verwendung von Begriffen, die in der Anwendung auf unterschiedliche religiöse Traditionen problematisch sind. So wird z.B. in der ersten Aufgabe (vgl. Abbildung 15) das Konzept des „Gotteshauses“ auf Judentum und Islam übertragen. Da mit dem Begriff Gotteshaus zumeist eine Kirche assoziiert wird, wird dadurch indirekt vermittelt, dass auch Moscheen und Synagogen die Funktion des christlichen Gottesdiensts (inkl. Eucharistie, Liturgie, Gesänge, Gebete etc.) haben. Allerdings besitzen Moscheen und Synagogen, ebenso wie sakrale Bauten in anderen Religionen noch weitere bzw. andere Funktionen und Bedeutungen, wie z.B. rituelle Waschung (Mikwe im Judentum), Unterricht und Versammlungsstätte im Alltag (Moschee). Auch werden bestimmte Elemente wie Gebet, Predigt, Gemeindeversammlung und Lesung stärker betont. Die Verwendung des Begriffs der „Weltreligion“ wie in Aufgabe 2 ist ebenfalls problematisch, da er an dem Selbstverständnis mancher Religionen vorbeigeht. Hinduismus und Buddhismus verstehen sich beispielsweise nicht nur als Religion wie das Christentum, sondern vor allem als Kultur. Des Weiteren zeigt sich die christliche Dominanz in Aufgabe 4. Hier sollen die (nicht-)religiösen Festtage im Kalenderjahr 2016 den jeweiligen Religionen zugeordnet werden. Neben einer eher ungleichmäßigen Verteilung der Festtage auf die Religionen wird der Festtagskalender durch christliche Feiertage gerahmt. Allerdings fand 2016 Chanukka vom 24.12. bis zum 01.01.2017 statt, schloss somit also den interreligiösen Festtagskalender theoretisch ab. Jedoch wurde Chanukka in dieser Aufgabe nicht berücksichtigt, obwohl es an sich ein sehr bekanntes jüdisches Fest ist, sodass der Festtagskalender mit einem christlichen statt einem jüdischen Fest abschließt.

1 Religionen und religiöse Feste in Deutschland

a) Gotteshäuser in Deutschland. Ordnen Sie zu.

1 ☐ die Kirche 2 ☐ die Synagoge 3 ☐ die Moschee

Abbildung 15: Aufgabe 1
Quelle: Eggeling 2015, 84

Mit der Betonung des Christentums gehen mögliche Othering-Prozesse einher, wie im Abschnitt zu Lehrwerken im Geschichtsunterricht ausgeführt wird: In Aufgabe 1 werden neben einer christlichen Kirche nur eine Moschee und eine Synagoge abgebildet (vgl. Abbildung 15), Sakralbauten oder religiöse Stätten anderer Religionen hingegen nicht. Doch in diesen gibt es teils ebenfalls Bauten, die den religiösen Riten und der Zusammenkunft dienen, wie z. B. der hinduistische Sri-Kamadchi-Ampal-Tempel in Hamm. Durch die fehlende Einbindung von Sakralbauten wird ihre Sichtbarkeit eingeschränkt. Dies ist umso verwunderlicher, da doch mit dem Sri-Kamadchi-Ampal-Tempel in Hamm eine der größten tamilischen Migrationsgruppen in NRW repräsentiert wird und es sich um den zweitgrößten hinduistischen Tempel Europas handelt (Baumann 2013, Baumann/Luchesi/Wilke 2003).

Auch in der zweiten Aufgabe sind Othering-Prozesse angelegt, da den christlichen Religionen, im Kontext der prozentualen Religionszugehörigkeit in Deutschland, „nicht christliche" Religionen gegenübergestellt werden. Durch die Bezeichnung als „nicht christlich" werden diese als anders und fremd wahrgenommen. Deutlich sind die Othering-Prozesse aber vor allem in den Aufgaben 3 und 4: Hier werden Buddhismus und Hinduismus als die „östlichen Anderen" markiert. So wird z. B. der Buddhismus in Aufgabe 3 (vgl. Abbildung 16) nicht wie die anderen Religionen im Kontext von Essensgeboten/Fasten und Festen thematisiert, sondern es wird stattdessen nach seiner Verbreitung außerhalb Europas gefragt. Er wird somit nicht nur thematisch anders behandelt, sondern vor allem außerhalb Deutschlands verortet und wortwörtlich ausgegrenzt. Hinduismus und Buddhismus werden in dieser Lektion den „abrahamitischen" Religionen gegenübergestellt und dadurch ausgeschlossen. Die Einheit dieser drei Religionen wird in Aufgabe 1 und 3 betont. In der ersten Aufgabe werden, wie bereits beschrieben, nur diese drei Religionen thematisiert. Bei der Auswahl der zuzuordnenden Bilder wurde dabei, die Einheit der abrahamitischen Religionen fördernd, darauf geachtet, möglichst ähnliche Sakralbauten auszuwählen: alle drei sind eckig, besitzen eine Kuppel mit einem religiösen Symbol und zudem Nebentürme bzw. -kuppeln (vgl. Abbildung 15). Aber hier sind die Parallelen künstlich, da die ausgewählten Sakralbauten für die jeweilige Religion nicht repräsentativ sind: Abgebildet sind die Frauenkirche in Dresden, die Ahmadiyya-Moschee in Berlin-Wilmersdorf und die Neue Synagoge in Berlin-Mitte. Alle drei repräsentierten Beispiele haben ihre eigene Problematik. Die Frauenkirche ist kein typisch deutscher christlicher Kirchenbau, also keine Basilika-, Saal- oder Hallenkirche. Die Ahmadiyya-Moschee in Berlin-Wilmersdorf ist aus zweierlei Hinsicht nicht repräsentativ: Einerseits stellen die Ahmadiyya eher eine Minderheit im Islam dar, andererseits sind Moscheen in Deutschland mehrheitlich immer noch sogenannte „Hinterhofmoscheen" und haben eher keine Kuppel oder ein Minarett. Die Neue Synagoge in Berlin-Mitte dient heute nur noch als Museum und ist keine geweihte Synagoge mehr. Zudem sind die meisten Synagogen in Deutschland heute eher modern und unscheinbar. In Aufgabe 3 werden außerdem Gemeinsamkeiten durch die Themenreduktion auf Essensgebote/Fasten und Feste erzeugt (vgl. Abbildung 16).

c) Quiz. Was wissen Sie über die Religionen? Kreuzen Sie an.

1. In welcher Religion gibt es eine Fastenzeit?
   a) ☐ nur im Christentum
   b) ☐ nur im Judentum und im Islam
   c) ☐ in allen drei Religionen

2. Wie heißt das muslimische Fest des Fastenbrechens auch?
   a) ☐ Ramadan
   b) ☐ Opferfest
   c) ☐ Zuckerfest

3. Zu welcher Religion gehört der Weihnachtsmann?
   a) ☐ zum Christentum und zum Judentum
   b) ☐ zum Islam
   c) ☐ zu keiner der drei Religionen

4. Wann fasten viele Christen?
   a) ☐ zwischen Aschermittwoch und Ostern
   b) ☐ im Juni
   c) ☐ zwischen Weihnachten und Rosenmontag

5. Wo leben die meisten Buddhisten?
   a) ☐ in Afrika
   b) ☐ in Asien
   c) ☐ in Nordamerika

6. Wie ist das Essen nach jüdischen Vorschriften?
   a) ☐ scharf
   b) ☐ koscher
   c) ☐ ohne Salz

Abbildung 16: Aufgabe 3
Quelle: Eggeling 2015, 84

Die hier nur angerissenen Beispiele zeigen, dass Religion in Lehrwerken für den Bereich DaF/DaZ-Unterricht sehr vereinfacht thematisiert wird und dadurch einige Aspekte falsch vermittelt werden. Das Augenmerk liegt dabei auf den „in Deutschland typischen“ Religionen, vor allem auf dem Christentum und durch Parallelziehung auch auf dem Judentum und dem Islam. Dadurch wird religiöse Vielfalt in Deutschland vereinheitlicht. Im Kontext der Landeskunde führt dies dazu, dass die christliche Prägung in Deutschland stark betont wird, obgleich mittlerweile über ein Drittel der Deutschen konfessionslos ist.

Die Themenreduktion auf Essen/Fasten und Feste, in diesem Beispiel auch auf Sakralbauten, die mitunter ein Resultat der Komplexitätsreduktion ist, macht zwar einen alltagsnahen Zugang zum Thema Religion möglich, da viele Schüler*innen diese aus dem eigenen Alltag kennen. Aufgrund von Vereinfachung, Verkürzung und Verallgemeinerung können aber auch durchaus Stereotype, falsches Wissen, feste Bilder etc. entstehen sowie Missverständnisse oder Unverständnis erzeugt werden. Anstelle der Vermittlung von homogenen Bildern könnte auf individuelle Konzepte, inner-religiöse Vielfalt und verschiedene Traditionen an Festen eingegangen werden, um zu verdeutlichen, dass in Deutschland jeder Mensch seinen eigenen Glauben leben darf, eventuell auch im Gegensatz zu einigen Herkunftsländern der Schüler*innen.

2.2 Lösungsansatz

Die Ausführungen zur Problemlage haben gezeigt, dass in beiden Fächern vergleichbare Phänomene bei der Darstellung von Religion sichtbar werden, sodass ein gemeinsamer Lösungsansatz vorgestellt wird.

Der fachübergreifende Lösungsansatz besteht darin, ein Lernen über Religion im Sinne der „Toledo Guiding Principles“ (OSZE 2007) zu gewährleisten. Die „Toledo Guiding Principles on Teaching about Religions and Beliefs in Public Schools“ wurden 2007 von der Organisation für Sicherheit und Zusammenarbeit in Europa (OSZE) verabschiedet. Bei den in Toledo erarbeiteten Prinzipien geht es vor allem darum, ein Lernen über Religion auf Basis von europäischen Grundwerten wie Religionsfreiheit und Gleichberechtigung zu gewährleisten (Jackson 2008, 151 ff.). Schüler*innen erarbeiten sich so eine eigene reflektierte Perspektive auf religiöse Pluralität, was bedeutet, insbesondere eine differenzierte Darstellung zwischen Selbst- und Fremdbeschreibungen religiöser Phänomene im kulturellen und gesellschaftlichen Kontext zuzulassen.

Im Geschichtsunterricht sollte so eine historische und religionswissenschaftliche Wissensbildung durch reflektiertes Geschichtsbewusstsein möglich werden. „Religion“ wird hier als ein historisches Phänomen verstanden, das je nach Kontext unterschiedliche gesellschaftliche Wirkung entfaltet. Die Bedingungen für zeitlich bedingte Prozesse von Dauer und Wandel religiöser Pluralität werden dadurch deutlich.

Um dies umzusetzen, wird ein integrativer Ansatz von Geschichtsdidaktik und Religionswissenschaft vorgeschlagen, der in Abbildung 17 abgebildet ist.

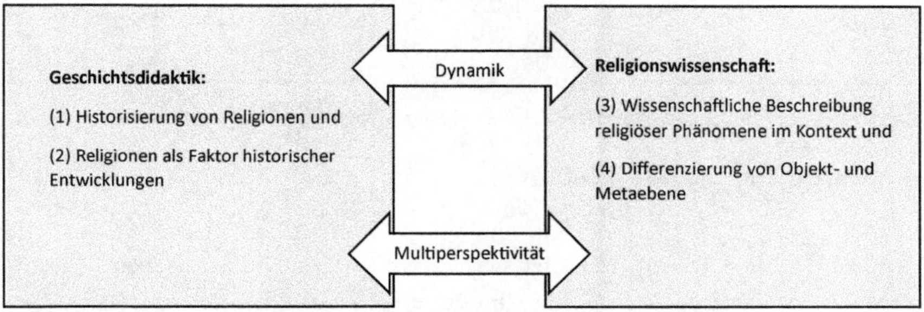

Abbildung 17: Integrativer Ansatz forschungsbasierter Wissensvermittlung
Quelle: Brauch/Jahn 2018, 198

Erkenntnisleitend sind hierbei die geschichtsdidaktischen Prämissen der (1) Historisierung von Religionen durch den Geschichtsunterricht, in dem (2) Religionen als Faktoren historischer Entwicklungen verstanden werden. Der historische Faktor Religion wird hierbei (3) im gesellschaftlichen und institutionellen Kontext analysiert, wobei jeweils zwischen der (4) Objekt- und Metaebene differenziert wird.

Der integrative Ansatz bietet sich auch im Sprachunterricht an, da dieser insofern weit über Sprachvermittlung hinausgeht, dass auch landeskundliche Elemente vermittelt werden sollen. Diese sollen den Schüler*innen dabei helfen, in Kontakt mit Erstsprecher*innen, nicht nur die Sprache verstehen zu können, sondern auch die Kultur und die Beweggründe des Anderen zu verstehen und ebenso die eigene kulturelle Eingebundenheit zu reflektieren (Bredella/Christ 1995, 8 ff.). Die beiden Sprachwissenschaftler Lothar Bredella und Herbert Christ bezeichnen dies als Fremdverstehen, was ein wichtiges Moment von (Fremd-)Sprachenlernen darstellt. Dabei wird davon ausgegangen, dass Sprache und Kultur – und dadurch auch Religion – untrennbar miteinander verbunden sind. Der integrative Ansatz von Geschichtsdidaktik und Religionswissenschaft kann, wie in Abbildung 18 dargestellt, also auch auf den Sprachunterricht bzw. landeskundlichen Unterricht übertragen werden.

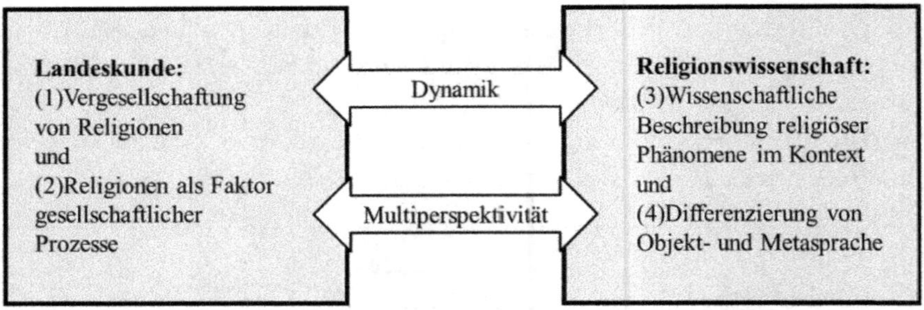

Abbildung 18: Adaption Integrativer Ansatz forschungsbasierter Wissensvermittlung auf die Landeskunde
Quelle: Anna Raneck, eigene Darstellung

Der vorgeschlagene Ansatz findet sich bereits in einem didaktischen Material wieder. Die Handreichung „Miteinander leben – Grundrechte vertreten – Gesellschaft gestalten: Wertebildung“[4] des Landesinstituts für Lehrerbildung und Schulentwicklung Hamburg befasst sich mit Demokratie und einzelnen Aspekten des Grundgesetzes in Deutschland. Ein eigenes Kapitel zu Religion vermittelt dabei den Schüler*innen Wissen zu religiöser Pluralität in Deutschland, Gemeinsamkeiten der verschiedenen Religionen, das Konzept der Religionsfreiheit und der Gleichheit aller Menschen, unabhängig von ihrer Religionszugehörigkeit; dabei liegt vor allem ein Schwerpunkt darauf, Toleranz gegenüber dem Islam zu vermitteln.

3. Regulierungsmöglichkeiten und -bedarfe

Da Lehrkräfte sich nur bedingt aussuchen können, mit welchen Lehrwerken sie arbeiten, da diese durch das Land und die Schulkonferenz festgelegt werden, stellt sich nun die Frage, wie Lehrkräfte dieser Regulierung entgegenwirken können. Einen Lösungsansatz bietet hier die qualitative Lehrwerksanalyse nach Štimac (2016). Zrinka Štimac ist wissenschaftliche Mitarbeiterin am Leibniz-Institut für internationale Schulbuchforschung. Sie erforscht und entwickelt Lehrmaterialien mit dem Ziel der Pluralitätsfähigkeit in schulischen Bildungskontexten.

Am Anfang einer jeden Lehrwerksanalyse steht die Frage nach dem Kontext der Thematisierung von Religion, also danach, was dargestellt wird.

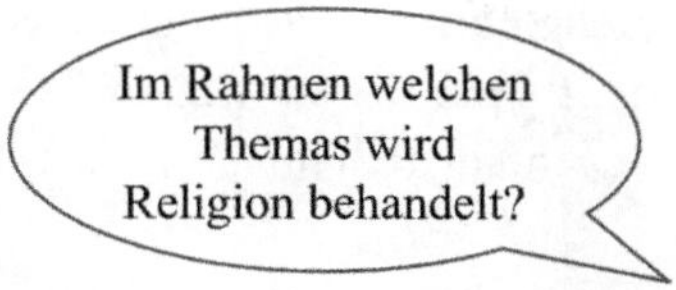

Abbildung 19: Anfangsfrage bei Lehrwerksanalysen
Quelle: Anna Raneck, eigene Darstellung

Es macht einen deutlichen Unterschied für die anschließenden Fragen, ob Religion z.B. im Kontext von Religionskriegen, Religionsverfolgungen oder der Einführung in eine bestimmte Religion erfolgt, denn die verwendeten Begriffe und Unterthemen können hier unterschiedliche Bilder von (einer) Religion konstruieren. Daher muss nicht nur das *Was?*, sondern auch das *Wie?* der Darstellung von Religion untersucht werden. Dafür können Lehrkräfte neben den Textbausteinen der Lehrwerke auch die Aufgabenstellungen und Bilder berücksichtigen und im Idealfall Wort für Wort und Bild für Bild vorgehen. Dabei kann sich die Lehrkraft an den folgenden Fragen orientieren:

Abbildung 20: Folgefragen bei Lehrwerksanalysen
Quelle: Anna Raneck, eigene Darstellung

Hilfreich kann es sein, darauf zu achten, dass die Religionen sachlich und wertfrei dargestellt werden, insbesondere hinsichtlich der Begriffsauswahl, und möglichst viele verschiedene Religionen oder Perspektiven auf Religionen berücksichtigt werden.

Der Ansatz der Lehrwerksanalyse scheint zunächst zu komplex und zeitaufwendig, um ihn in den schulischen Alltag zu integrieren. Erfahrungen aus verschiedenen Weiterbildungen zum Thema Sprachbildung und Transkulturalität (vgl. den Beitrag von Raneck/Stander-Dulisch in diesem Band) haben aber gezeigt, dass nach einer 15-minütigen Einführung, die das Vorgehen und eine beispielhafte Analyse (vgl. 2.1.2) beinhaltet, die Teilnehmenden dazu in der Lage waren, innerhalb von 30 Minuten selbstständig die Materialien (zwei Seiten aus DaF/DaZ-Lehrwerken) zu analysieren und einzuschätzen. Alternativ könnte in fortgeschrittenen Klassen die Lehrwerksanalyse gemeinsam mit den Schüler*innen durchgeführt werden.

4. Fazit und Ausblick

Wie zu Beginn dargelegt, können Lehrwerke als „power texts" verstanden werden. Sie gelten bei Schüler*innen sowie bei Lehrkräften als legitimierte Wissensquelle, besitzen Autorität und beeinflussen so die Wahrnehmung der Gesellschaft und Kultur. Somit regulieren sie auch die Perspektive auf Religion über den Schulunterricht hinaus. Die Fallbeispiele aus den Geschichtsbüchern und Lehrwerken für den Sprachunterricht mit neu zugewanderten Schüler*innen (DaF/DaZ-Unterricht) zeigen auf, welche Bilder durch Lehrwerke über Religion vermittelt werden bzw. wie die Perspektive auf Religion durch den Schulunterricht reguliert wird:

- Normative Darstellungen von Religion(en)
- Othering-Prozesse
- Vermittlung von Stereotypen
- Themenreduktion und -verkürzung

Aufgrund der Befunde zu Religion in Lehrwerken des Geschichts- und Sprachunterrichts besteht das Risiko, dass Bilder, Meinungen und Einstellungen über Religion zu einem Religionsverständnis führen, das mit einer religiös pluralen Gesellschaft schwer vereinbar ist. Einige Beispiele aus dem Geschichtsunterricht sowie das aufgeführte Hamburger Beispiel zeigen aber auch, dass gerade bei der Formulierung von Aufgabenstellungen nur kleine Veränderungen notwendig sind, um eine ausgewogene Behandlung von Religion und den Blick auf Vielfalt zu ermöglichen.

Literatur

Alberts, Wanda (2007): Integrative Religious Education in Europe. A Study-of-Religions Approach. Berlin.

Alberts, Wanda (2008a): Didactics of the Study of Religions. In: Numen. International Review for the History of Religions, Bd. 55, Nr. 2/3, S. 300–334. Online unter: https://www.ithrw.uni-hannover.de/fileadmin/theologie/pdf/rewi/Publikationen/ALBERTS_2008_Didactics.pdf.

Alberts, Wanda (2008b): Religionswissenschaftliche Fachdidaktik in europäischer Perspektive. In: Zeitschrift für Religionswissenschaft, Bd. 16, Nr. 1, S. 1–14.

Andreassen, Bengt-Ove (2014): Introduction. Theoretical Perspectives on Textbooks. In: Andreassen, Bengt-Ove/Lewis, James R. (Hg.): Textbook Gods. Genre, Text and Teaching Religious Studies. Sheffield, S. 1–15.

Baumann, Martin (2014): Der Sri Kamadchi Ampal Tempel in Hamm. Forschungen zum Hinduismus in Deutschland. Manuskript, 2002 (letzte Aktualisierung am 05.04.2014). Online unter: www.baumann-martin.de/Kamad-Tem.html.

Baumann, Martin/Luchesi, Brigitte/Wilke, Annette (Hg.) (2003): Tempel und Tamilen in zweiter Heimat. Hindus aus Sri Lanka im deutschsprachigen und skandinavischen Raum. Würzburg.

Brauch, Nicola/Jahn, Sarah J. (2018): Religiöse Vielfalt im Wandel? Historische Gegenwartsbezüge in Arbeitsaufträgen zu den abrahamitischen Religionen in Geschichts- und Gesellschaftslehrebüchern. In: Schütze, Sylvia/Matthes, Eva (Hg.): Religion und Bildungsmedien. Bad Heilbrunn, S. 281–294.

Bredella, Lothar/Christ, Herbert (1995): Didaktik des Fremdverstehens im Rahmen einer Theorie des Lehrens und Lernens fremder Sprachen. In: Bredella, Lothar/Christ, Herbert (Hg.): Didaktik des Fremdverstehens. Tübingen, S. 8–19.

Dirim, Inci/Mecheril, Paul (2010): Die Schlechterstellung Migrationsanderer. Schule in der Migrationsgesellschaft. In: Mecheril, Paul/do Mar Castro Varela, Maria/Dirim, Inci/Kalpaka, Annita/Melter, Claus (Hg.): Migrationspädagogik. Weinheim, S. 121–149.

Falaturi, Abdoldjavad/Tworuschka, Udo (Hg.) (1986–1990): Der Islam in den Schulbüchern der Bundesrepublik Deutschland. 7 Bde. Braunschweig.

Frank, Katharina (2010): Schulischer Religionsunterricht. Eine religionswissenschaftlich-soziologische Untersuchung. Stuttgart.

Frank, Katharina (2015): Von der Grundlagenforschung zur Anwendung. Eckdaten einer empirisch gegründeten Religionsdidaktik. In: Kenngott, Eva-Maria/Englert, Rudolf/Kanuth, Thorsten (Hg.): Konfessionell – interreligiös – religionskundlich. Unterrichtsmodelle in der Diskussion. Stuttgart, S. 197–216.

Jackson, Robert (2008): Teaching about Religions in the Public Sphere. European Policy Initiatives and the Interpretive Approach. In: Numen. International Review for the History of Religions, Bd. 55, Nr. 2/3, S. 151–182.

Körber, Andreas/Schreiber, Waltraud/Schöne, Alexander (Hg.) (2007): Kompetenzen historischen Denkens. Ein Strukturmodell als Beitrag zur Kompetenzorientierung in der Geschichtsdidaktik. Neuried.

Landesinstitut für Lehrerbildung und Schulentwicklung: Miteinander leben – Grundrechte vertreten – Gesellschaft gestalten: Wertebildung. Nur online unter: https://li.hamburg.de/wertebildung.

Lüpken, Anja (2010): Religionswissenschaftliche Fachdidaktik – Auf dem Weg zu einer neuen Disziplin? In: Tworuschka, Udo/Klöcker, Michael (Hg.): Handbuch der Religionen, Ergänzungslieferung 26. Landsberg am Lech.

[MSW] Ministerium für Schule und Weiterbildung des Landes Nordrhein-Westfalen (2016): Unterricht für neu zugewanderte Schülerinnen und Schüler. Online unter: www.schulentwicklung.nrw.de/q/upload/Schule_und_Zuwanderung/RS-Erlass-13-63-Nr_3.pdf.

[MSW] Ministerium für Schule und Weiterbildung des Landes Nordrhein-Westfalen (2018): Integration und Deutschförderung neu zugewanderter Schülerinnen und Schüler. Online unter: www.schulministerium.nrw.de/docs/Schulsystem/Integration/Integration-u_-Deutschfoerderung-neu-zugewanderter-SuS.pdf.

[OSZE] Organisation für Sicherheit und Zusammenarbeit in Europa (2007): Toledo Guiding Principles on Teaching about Religions and Beliefs in Public Schools. Warschau. Online unter: https://www.osce.org/files/f/documents/c/e/29154.pdf.

Riegel, Christine (2016): Bildung – Intersektionalität – Othering. Pädagogisches Handeln in widersprüchlichen Verhältnissen. Bielefeld.

Rüsen, Jörn (2013): Historik. Theorie der Geschichtswissenschaft. Köln.

Štimac, Zrinka (2014): Wir, die Anderen und die Fremden. Der Umgang mit religiöser Vielfalt in ausgewählten Ethikbüchern. In: Tribukait, Maren (Hg.): Non Fiktion. Schulbuch. Arsenal der anderen Gattungen. Hannover, S. 45–62.

Štimac, Zrinka (2016): Vernetzte Welt – Getrennte Religionen? Verflechtung von Religion und Gesellschaft als Herausforderung der Schulbücher. In: Georg-Eckert-Institut für internationale Schulbuchforschung, Working Papers, Nr. 1, S. 3–34. Online unter: http://repository.gei.de/bitstream/handle/11428/131/861869273_2016_A.pdf?sequence=2&isAllowed=y.

Trautwein, Ulrich/Bertram, Christiane/von Borries, Bodo/Brauch, Nicola/Hirsch, Matthias/Klausmeier, Kathrin/Körber, Andreas/Kühberger, Christoph/Meyer-Hamme, Johannes/Merkt, Martin/Neureiter, Herbert/Schwan, Stephan/Schreiber, Waltraud/Wagner, Wolfgang/Waldis, Monika/Werner, Michael/Ziegler, Béatrice/Zuckowski, Andreas (2017): Kompetenzen historischen Denkens erfassen. Konzeption, Operationalisierung und Befunde des Projekts „Historical Thinking – Competencies in History“ (HITCH). Münster/New York. Online unter: https://www.pedocs.de/volltexte/2017/12943/pdf/Trautwein_et_al_2017_Kompetenzen_historischen_Denkens_erfassen.pdf.

Anmerkungen

1 In Nordrhein-Westfalen gibt es für die Klassen zur Förderung von neu zugewanderten Schüler*innen keine einheitliche Bezeichnung. Dies können die Schulen frei entscheiden. Gängig sind u.a. folgende: Internationale Förderklasse (IFK), Internationale Vorbereitungsklasse (IVK), Internationale Klasse (IK), Internationale Willkommensklassen (IWK) und Auffangklassen (AK).

2 Im Rahmen von eigenen Weiterbildungsangeboten für DaZ-Lehrkräfte wird aber sehr deutlich, dass religionsbezogene Themen behandelt werden. Dies ergibt sich laut Auskunft der teilnehmenden Lehrkräfte vor allem aus einer Unsicherheit im Umgang mit religiöser Vielfalt im Klassenzimmer (vgl. den Beitrag von Raneck/Stander-Dulisch in diesem Band).

3 DaF steht für Deutsch als Fremdsprache und DaZ für Deutsch als Zweitsprache. Bei DaF wird davon ausgegangen, dass Deutsch nicht für den alltäglichen Gebrauch, sondern als erweiterte Sprachkompetenz, wie etwa der Englischunterricht in den Schulen, erlernt wird. Bei DaZ hingegen wird Deutsch als Alltags- und Bildungssprache vermittelt.

4 Das Material ist online frei zugänglich: https://li.hamburg.de/wertebildung.

DILEK A. TEPELI, MARTINA LOTH

Religiöse Pluralität im Klassenzimmer: Jugendliche Alevit*innen und Sunnit*innen

1. Hintergrund und Fallbeschreibung

In der Schule wird einerseits Wissen vermittelt, andererseits ist sie als Sozialisationsraum auch identitätsstiftend. Hierfür ist wichtig, wie einzelne Schüler*innen als Individuen mit ihren diversen Gruppenbezügen und ihrer personalen Identität wahrgenommen werden. Dies gilt im Besonderen für Bereiche, die von gesellschaftlichen Normen – und damit von der etablierten Mehrheit – abweichen und so zu Ungleichheiten führen (können), die auf die soziale Herkunft, körperliche oder geistige Behinderung, sexuelle Orientierung oder eben auch kulturelle oder religiöse Herkunft bezogen sein können. Letztere steht im Fokus unseres Beitrags und soll am Beispiel der Einwanderungsgruppen der Türkeistämmigen diskutiert werden.

Dieser Beitrag soll daher aufzeigen, dass es insbesondere in der Institution Schule notwendig ist, ein Bewusstsein über die Migrationsgeschichte Deutschlands und die kulturelle und religiöse Pluralität in der Gesellschaft zu schaffen. Hierzu nimmt der Beitrag mögliche Umgangsformen mit dieser Thematik in den Blick. Dies gilt vor allem dann, wenn unterschiedlichste Schüler*innen mit verschiedenen soziokulturellen und sozioökonomischen Hintergründen aufeinandertreffen und ihre jeweiligen Herkünfte in verschiedenen Kontexten für sie selbst oder durch andere bedeutsam (gemacht) werden. Aber auch in homogeneren Klassenräumen, in denen soziale, kulturelle oder religiöse Pluralität nicht so ausgeprägt ist, sollte dahingehend sensibilisiert werden, dass alle Schüler*innen (ganz gleich ob mit oder ohne Migrationshintergrund) Teil einer pluralen Migrationsgesellschaft sind und daher ihre eigenen Positionen und Perspektiven in Bezug auf eine pluralistische Gesellschaft zu reflektieren imstande sein sollten.

Dabei sind die Lehrkräfte dazu angehalten, dafür zu sensibilisieren, dass emotional besetzte Vorurteile und damit einhergehende negative Wertungen anderer Gruppen sowie kognitiv zugrunde liegende Überzeugungen in Form von Stereotypen zu diskriminierendem Verhalten führen können. Niemand ist frei von Vorurteilen und Stereotypen – sie gehören zu unserer Kultur dazu, helfen Komplexität und die Vielfalt an Reizen zu reduzieren und wirken häufig unbewusst (Jonas/Schmid Mast 2007, 69, 75; Straub 2019). Gesellschaftliche Probleme stellen sie vor allem dann dar, wenn sie zu Diskriminierung führen und sich in destruktiven Aversionen und Aggressionen gegenüber Anderen und Fremden (bewusst oder unbewusst) entladen (vgl. Straub 2019). Durch das Bewusstmachen von Vorurteilen und Stereotypen können diese im Alltag jedoch reflektiert und gegebenenfalls korrigiert werden (Jonas/Schmid Mast 2007, 75). Eine Stärkung des kritischen Reflexions- und Urteilsvermögens der Schüler*innen durch die Thematisierung von geteilten Vorurteilen und Stereotypen und deren Bedeutung für soziale Interaktionen kann so zumindest ein erster Ansatz dazu sein, diese bewusster wahrzunehmen.

Wir wollen uns im Rahmen unseres Artikels den Binnenunterschieden von türkeistämmigen Jugendlichen im Sozialisationsraum Schule widmen, um zu zeigen, wie wichtig es für Einwanderungsgesellschaften ist, kollektive Verletzungsbeziehungen ihrer Einwanderungsgruppen zu thematisieren und wahrzunehmen (vgl. Straub 2014).

Die aus der Türkei stammenden Sunnit*innen und Alevit*innen[1] bilden zwei separate Religionsgemeinschaften, die eigenen religiösen Traditionen folgen und in einem historisch bedingten, konflikthaften Spannungs- und Verletzungsverhältnis zueinander stehen. Im Herkunftsland Türkei gelten Alevit*innen für viele fundamentalistisch eingestellte Sunnit*innen als randständig, ungläubig bzw. vom Glauben abgefallen und kommunistisch. In der Türkei ist das Alevitentum als eigenständige Religion bis heute nicht anerkannt. Diese gruppenspezifischen Zuschreibungen im Herkunftsland finden sich ebenso in Deutschland wieder, was aber vielen Außenstehenden nicht bekannt ist (vgl. Sökefeld 2008). Es zeigt sich außerdem, dass die Konfliktbeziehungen innerhalb der Türkei insbesondere aus Sicht der Angehörigen der (religiösen oder ethnischen) Minderheiten bedeutsam für ihre Biografien und Identität sind (El-Mafaalani 2012, 122). Andererseits sind beide Gruppen durch Arbeits- und Fluchtmigration in den 1960er, 1970er und 1990er Jahren nach Deutschland migriert und teilen strukturell ähnliche zuwanderungsbedingte Herausforderungen. Sowohl Alevit*innen als auch Sunnit*innen ist also gemein, dass sie sprachlich, kulturell als auch religiös von der sogenannten „Mehrheitsgesellschaft“[2] abweichen und so zum Teil bezogen auf ihre Gruppenzugehörigkeiten Diskriminierung erfahren. Hinzu kommt, dass die Wahrnehmung von Personen aus islamisch geprägten Ländern insbesondere seit den Terroranschlägen vom 11. September negativer geworden ist (Pickel/Yendell/Jaeckel 2017, 292): Zugewanderte und ihre Nachkommen werden verstärkt in ihrer religiösen Zugehörigkeit wahrgenommen und fortan weniger im Hinblick auf Sprache und Kultur (ebd., 296; vgl. auch Tezcan 2003). Allerdings ist die Identität einer Person sehr vielschichtig, Menschen verstehen sich selbst nicht immer als das, was andere ihnen von außen zuschreiben (z.B. muslimisch/türkisch/kurdisch zu sein) oder weichen von erwarteten Identitätsstandards ab (vgl. Sökefeld 2012; Goffman 1967).

Nun bilden Alevit*innen zudem eine Minderheit innerhalb der Minderheit der Türkeistämmigen und erleben so auch in Deutschland zusätzlich Vorurteile und Stigmatisierung vonseiten der sunnitischen Mehrheit. Die aus Angst vor Stigmatisierung durchgeführte Verheimlichungsstrategie der Alevit*innen führte dazu, dass sie in der Mehrheitsgesellschaft lange Zeit kaum bemerkt wurden (vgl. Sökefeld 2008). Allerdings werden alevitische Jugendliche auch, sofern sie als solche erkannt werden oder sich zu erkennen geben, in Abgrenzung zu Sunnit*innen als „unproblematisch" und „angepasster" wahrgenommen. Diese Rhetorik wird manchmal auch von Alevit*innen forciert, indem sie sich vom Islam distanzieren, dem sich nicht alle Alevit*innen als zugehörig empfinden (Hendrich 2008, 46 f.).

Gleichzeitig illustrieren die Einstellungsmessungen zu religiöser Vielfalt und Wahrnehmung des Islams in Deutschland folgende Befunde: Auf der einen Seite herrschen negative Assoziationen gegenüber Muslim*innen innerhalb der Migrationsgesellschaft vor, auf der anderen Seite zeigen Daten für das Land NRW auch positive Einstellungen gegenüber Muslim*innen auf (Coşkun/Fourotan et al. 2016, 57 ff.). Eine Mehrheit der Bevölkerung in NRW (74,7 %) lehnt das Stereotyp, dass Muslime die deutsche Gesellschaft in sozialer Hinsicht belasten, ab (ebd., 59). Auf der anderen Seite stimmen noch 26,8 % der nordrhein-westfälischen Bevölkerung darin überein, dass Muslime aggressiver seien als die Eigengruppe (Bundesdurchschnitt: 26,4 %) (ebd., 61). Außerdem stellen Aslan/Kolb/Yildiz (2017) für Österreich fest, dass muslimische Personen, die sie dem Typus „bewahrende Religiosität" (14,1 % ihrer Untersuchungsgruppe) zuordnen und als hochreligiös einstufen, den medialen Diskurs über Muslime dominieren, obwohl dieser Typus im Vergleich zum Typus kulturell gebundener Religiosität (26,6 %) und ungebundener Restreligiosität (15 %) sehr viel seltener vorkommt. Personen des ersten Typus berichten zudem häufig von Diskriminierungserfahrungen und antimuslimischen Ressentiments (vgl. Aslan/Kolb/Yildiz 2017, 62 ff., 102 ff.) – beispielsweise, wenn ihre Religion in Form des Kopftuchs sichtbar wird.

2. Problemlage und Lösungsansatz

2.1 Religiöse Pluralität von Türkeistämmigen im Klassenzimmer

Vor dem oben geschilderten Hintergrund stellt sich die Frage, welche Erfahrungen Jugendliche eigentlich machen, die bereits in der dritten Generation in Deutschland aufwachsen, speziell mit ihren Religionszugehörigkeiten, die ihnen nicht selten auch von außen zugeschrieben werden. Inwiefern können diese für ihr Miteinander mit anderen Schüler*innen, Freund*innen oder Lehrer*innen im und außerhalb des Klassenraums relevant werden?

Im Religions-, Ethik- oder Philosophieunterricht[3] und möglicherweise auch in anderen Fächern kann es vorkommen, dass irgendwann die Frage nach der persönlichen Weltanschauung eine Rolle spielt, sei sie religiös oder nicht. Für sunnitische oder alevitische Schüler*innen könnte es dann auch zu Konflikten kommen, die zum Teil ähnlichen, zum Teil verschiedenen Mustern folgen. Anhand von empirischen Fällen unserer Promotionsprojekte möchten wir zeigen, wie unterschiedlich Einzelne, die diesen Gruppen angehören, ihr „Anderssein"[4] bezüglich ihrer religiösen Zugehörigkeit erleben, welche Konsequenzen sich hieraus für den Umgang mit religiöser Pluralität im Raum der Schule ergeben und wie eine gute Umgangsweise durch die Lehrkräfte aussehen könnte. Den ersten Fall stellt Jülide dar. Jülide stammt aus einem sunnitischen Elternhaus und versteht sich selbst als gläubige Muslima. Sie signalisiert dies u.a. durch das Tragen des Kopftuchs auch nach außen. Der zweite Fall handelt von Umut, der, wie viele Alevit*innen, in seiner Familie kaum etwas über das Alevitentum gelernt hat. Seine Religionszugehörigkeit ist also für ihn nicht so klar definiert wie in Jülides Fall. Beide Schüler*innen halten im Rahmen des Ethik- bzw. Religionsunterrichts ein Referat über „ihre" Religion und werden so zu deren (selbsterwählten oder zugeschriebenen) Repräsentant*innen. Jülide und Umut zeigen, wie unterschiedlich religiöse Zugehörigkeiten von türkeistämmigen Jugendlichen im Klassenraum erlebt werden können und veranschaulichen damit die Beziehungsebene der Schüler*innen zu ihren Lehrer*innen und Mitschüler*innen innerhalb des Klassenraums, in dem sowohl die Schüler*innen als auch die Lehrer*innen bestimmte institutionell vorgegebene Rollen wie „Lernende" und „Lehrende" innehaben. Um gleichzeitig aber auch die Beziehungsebene zwischen den Gleichaltrigen selbst herauszuarbeiten und deren Eigendynamik gerecht zu werden, soll ein drittes Fallbeispiel einer Gruppendiskussion mit türkeistämmigen jungen Erwachsenen verdeutlichen, wie die kollektiven Verletzungen zwischen Alevit*innen und Sunnit*innen sich auch im Kontext der Schule fortführen und nicht bloß als ein blasses Relikt ihrer Elterngeneration verbleiben.

2.2 Problemlage und Lösungsansätze am Fallbeispiel Jülide

Die 21-jährige Jülide ist praktizierende Sunnitin und trägt ein Kopftuch. Sie besuchte auf einem Berufskolleg in NRW im ersten Schulhalbjahr des Schuljahres 2016/17 der zwölften Klasse die katholische Religionslehre als Wahlpflichtfach. Da sie sich ebenfalls für den Philosophieunterricht interessierte, besuchte sie im zweiten Schulhalbjahr den Philosophieunterricht. Die Möglichkeit, einen konfessionellen sunnitischen Religionsunterricht zu besuchen, bestand nicht. Laut den übergreifenden Richtlinien der Katholischen Religionslehre für Fachklassen des dualen Systems der Berufsausbildung des Landes Nordrhein-Westfalen aus dem Jahr 2007 ist die Lehre über den Islam oder andere Religionen oder Weltanschauungen in der Oberstufe nicht vorgesehen. Konfessionelle Kooperationen mit dem evangelischen Religionsunterricht dagegen sind vorgesehen und in den Richtlinien werden verschiedene Formen hierfür vorgeschlagen.

Aufgrund ihrer engagierten Beteiligung kam es im Religionsunterricht zu der Situation, dass die Lehrerin Jülide fragte, ob sie ein Referat über den Islam halten könne. Die Lehrerin habe selbst wenig zum Islam gewusst, so Jülide. Jülide hat das Referat, wie sie selbst berichtet, im Rahmen einer Doppelstunde übernommen. Da diese Einheit der Lehrerin so gut gefallen habe, habe sie Jülide gebeten, die gleiche Unterrichtseinheit in der Parallelklasse zu übernehmen.

Jülide erzählte im Interview sehr stolz, dass die Lehrerin „das wirklich toll" fand. Die Lehrerin ermöglichte es ihr also, ihre religiöse Abweichung von der Mehrheit der Mitschüler*innen in den Unterricht zu integrieren und so auch über ihre Herkunftsreligion sprechen zu können. Während dieser Erzählung leuchteten Jülides Augen förmlich und ihre Stimme klang euphorisch. Besonders stolz war Jülide darüber, dass die Lehrerin im Anschluss an die Referate den Vorschlag an sie herantrug, islamische Theologie zu studieren und dann sozusagen als Pendant zu der Lehrerin, die den „christlichen Bereich" unterrichtet, „den islamischen Bereich" zu unterrichten. Dies sei zurzeit auch „total gefragt". Weil es, so Jülide, laut der Lehrerin einerseits „ja auch total viele Flüchtlinge jetzt im Moment" gebe und andererseits „viele Terroristen". Jülide sähe ihre Aufgabe darin, den Muslim*innen den Islam „schön zu erklären, damit die nicht in eine falsche Richtung geraten so mit Krieg und so". Die Lehrerin hat es demnach als Chance der Bereicherung für die katholische Religionslehre angesehen, dass Jülide über ihre Religion, den sunnitischen Islam, berichtet hat, und ermutigte und bestärkte sie in ihrer religiösen Identität, indem sie ihr Talent dafür anerkannte zu lehren und ihr damit eine berufliche Orientierungsmöglichkeit anbot. Was die Lehrerin allerdings nicht ansprach, und was für die Realisierung dieser Berufsoption von großer Bedeutung ist, war die rechtliche Problematik des Kopftuchtragens. Denn als Lehrerin ein Kopftuch zu tragen, ist in Deutschland häufig schwierig. Hierbei variieren die Regelungen von Bundesland zu Bundesland. In Nordrhein-Westfalen gilt laut Schulgesetz die Neutralitätspflicht und das Tragen religiöser Symbole wird im Einzelfall geprüft, was die Lehrerin nicht thematisierte.

2.3 Problemlage und Lösungsansätze am Fallbeispiel Umut

Umut ist ebenfalls 21 Jahre alt. Er engagiert sich aktiv in der alevitischen Gemeinde seiner Stadt. Bereits in der Grundschule war ihm aufgefallen, dass zwar viele verschiedene Religionen behandelt wurden, „irgendwie alle Religionen so zusammengemischt, so Islam, Judentum, Christentum, mmh, Buddhismus, Hinduismus", seine Religion aber nicht erwähnt wurde. „[...] ich bin doch Alevite, warum gibt es nicht das Alevitentum?"

In der Mittelstufe der Realschule in einer mittelgroßen Stadt im Ruhrgebiet hatte er ähnliche Erfahrungen im Fach Praktische Philosophie gemacht. Diese Irritation löste bei Umut folgenden Prozess aus: Er fing eigenständig an, im Internet zum Alevitentum zu recherchieren, um dann vor der Klasse und der Lehrerin mit 13 Jahren voller Motivation, Stolz und auch mit Freude das Referat im Fach Praktische Philosophie zu halten. Eine andere Informationsquelle war ihm zu dem Zeitpunkt noch nicht bekannt.

Um die Bedeutung dieses Ereignisses zu verstehen, muss man sich die eingangs angesprochene Minderheitenposition und damit einhergehende Verheimlichungsstrategie der Alevit*innen vor Augen führen. Wie in vielen Familien wurde auch in Umuts Familie die religiöse Identität aus Angst vor Anfeindungen nicht nur in der Türkei, sondern auch in der deutschen Diaspora verheimlicht. Auch deswegen ist das Alevitentum in Deutschland und in den Schulen bisher kaum bekannt (vgl. Loth/Tepeli 2019). Die Situation, die Umut als junger Teenager erlebt hat, ist demnach charakteristisch. Sie änderte sich aber sukzessive, unter anderem seit der Einführung des alevitischen Religionsunterrichts in mittlerweile acht Bundesländern, der seit dem Schuljahr 2008/09 auch in Nordrhein-Westfalen besteht und an dem Umut ab der zehnten Klasse an einer anderen Schule, gemeinsam mit anderen Alevit*innen aus der Umgebung, teilnehmen konnte. Umut freute sich sehr über diese Möglichkeit und nahm die Anmeldung hierfür in Eigeninitiative vor.[5]

Aufgrund der geringen Vermittlung der alevitischen Lehre zeigt sich, dass viele alevitische Jugendliche, die nicht im Jugendverband (BDAJ) organisiert sind, wenig oder auch gar nichts über religiöse Inhalte des Alevitentums wissen (vgl. Taşcı 2008, 141). Die alevitische Identität unter diesen Umständen zu solch einem identitätsstärkenden Bereich auszubauen, wie Umut es tat, und diesen selbstbewusst mit anderen zu teilen, ist dabei alles andere als selbstverständlich. Denn weder die Lehrerin oder die Mitschüler*innen noch eine alevitische Gemeinschaft konnten ihm zu diesem Zeitpunkt helfen, weswegen Umut die Auseinandersetzung mit seiner religiösen Identität daher gewissermaßen eigenständig vorgenommen hat. Umut hat durch viel Willensstärke und Überzeugung selbst eine Lösung für das Problem der Nichtthematisierung des Alevitentums in Form eines Referats erarbeitet.

Er beschreibt das Referat als einen Wendepunkt für seine Biografie, weil es einen wichtigen Schritt für seine Identitätsbildung bedeutete. Der Bruch mit der kollektiven Praxis der Verheimlichungsstrategie, welcher in dem Referat seinen Anfang nahm, stellt einen generationalen Wandel dar. Umut betonte aber auch, dass diese selbstbewusste Haltung für ihn nur in Deutschland möglich sei, wo die gesetzlich verankerte Religionsfreiheit tatsächlich gelebt werden kann. In der Türkei würde er seine alevitische Identität weiterhin aus Angst vor Anfeindungen versteckt halten.

2.4 Die Bedeutung religiöser Pluralität für die Beziehungen zwischen türkeistämmigen Jugendlichen

Wir möchten nun die Perspektive unserer Darstellung wechseln und das Geschehen nicht mehr auf der Ebene zwischen den Lehrenden und den Schüler*innen im Klassenraum analysieren, sondern zwischen den türkeistämmigen Jugendlichen untereinander beleuchten, für die eine von religiöser Diversität geprägte Lebenswelt den „Normalfall" darstellt (Işik 2015, 55). Die alevitische Identitätsbildung stellt im Hinblick auf das historisch gewachsene problematische Beziehungsverhältnis zwischen Alevit*innen und Sunnit*innen eine besondere Herausforderung dar. Inwiefern sich die kollektiven Verletzungen zwischen Alevit*innen und Sunnit*innen in den Beziehungen zwischen den Jugendlichen – sowohl *innerhalb* als *auch außerhalb des Klassenraums* – ausdrücken, soll anhand des folgenden Fallbeispiels aus einer Gruppendiskussion mit vier Jugendlichen geschildert und kritisch im Hinblick auf die Bedeutung religiöser Pluralität und die Geschichte der interessierenden Gruppen im Herkunftsland Türkei diskutiert werden. Mit den alevitischen Zwillingsgeschwistern Ceyda und Metin, deren Cousine Yeter sowie ihrer Freundin Selda, welche aus einer sunnitischen Familie stammt, wurde eine Gruppendiskussion geführt, in der sie offen nach Alltagserfahrungen und Freundschaftsbeziehungen der Jugendlichen und jungen Erwachsenen gefragt wurden. Die Jugendlichen waren im Alter von 16 bis 19 Jahren, besuchten eine Realschule oder studierten im ersten Semester in geistes- und ingenieurwissenschaftlichen Studiengängen. Im Rahmen der Gruppendiskussion schildert die 19-jährige Ceyda aus ihrer Schulzeit ein Beispiel sozialer Stigmatisierung gegenüber Andersgläubigen durch einen sunnitischen Mitschüler, das sie selbst erlebt hatte. Ceyda berichtete in diesem Zusammenhang vergleichbar mit der Situation von Umut, dass sie über das Alevitentum einen Vortrag gehalten hatte, weil einige ihrer Mitschüler*innen etwas „Falsches" über Alevit*innen im Unterricht gesagt hätten. Unwissenheit über das Alevitentum hat also nicht nur Potenzial für Konflikte innerhalb der alevitischen Identitätsausbildung (vgl. Loth/Tepeli 2019; Sökefeld 2008), sondern auch in Bezug auf ihre Beziehungen zu nicht näher spezifizierten Mitschüler*innen, die aus Ceydas subjektiver Sicht Unwahrheiten über Alevit*innen erzählten. Was genau erzählt worden war, blieb zwar offen, doch erscheint es uns für unsere Leser*innen erwähnenswert, dass einige verletzende und abwertende Vorurteile gegenüber Alevit*innen seit Jahrhunderten fortbestehen – zu nennen wäre hier das Vorurteil und die kollektive Fantasie von sunnitischer Seite, dass in den gemischtgeschlechtlichen Gottesdiensten Inzest betrieben würde, oder etwa die Vorstellung, Alevit*innen seien unrein, weil sie bestimmte rituelle Waschungen, die im sunnitischen Islam Vorgabe sind, nicht einhielten (vgl. Sökefeld 2008; Kehl-Bodrogi 1988). Um die oben geschilderte Bedeutung der Zugehörigkeit zur alevitischen oder sunnitischen Identität um die Dimension der symbolischen Verletzung und Abwertung zu erweitern, wollen wir unseren Blick auf die Erzählung von Ceyda richten, in der sie von sozialer Stigmatisierung *im* und *außerhalb des Klassenraums* berichtete.

Ceyda begann erst in der Adoleszenz, sich über die Unterschiede zwischen Alevit*innen und Sunnit*innen bewusst zu werden. In der Gruppendiskussion berichtete sie von einem Ereignis, das ihr ihre Andersartigkeit in religiöser Hinsicht bewusst machte. Ceyda und ihr Zwillingsbruder Metin seien in eine „ganz große Türkengruppe" integriert, wie sie selbst erzählte. Innerhalb dieser Gruppe seien sie und ihr Bruder die einzigen Alevit*innen, der Rest hingegen sei sunnitischer Herkunft. Ceyda erlebte im Klassenraum, dass einer ihrer Mitschüler („Kollege") ihr im Unterricht vorhielt, nicht beten zu gehen und dass sie dafür „in der Hölle […] schmoren" werde. Aus Ceydas subjektiver Sicht richtete sich der Angriff gegen ihre Religionsausübung (hier: Unterlassung des institutionellen Gebets) gegen ihre alevitische Zugehörigkeit. Ob der Schüler Ceyda ermahnt, in die Moschee zu gehen, bleibt an dieser Stelle offen, doch muss erwähnt werden, dass Alevit*innen eigene Gebetsstätten haben (Cemevi) und einen Moscheebesuch meiden, auch wenn dies in der Türkei von offizieller politischer Seite oftmals anders propagiert wurde (Tezcan 2003, 99). Auch Ceyda und ihr Bruder Metin gehen nicht zu den Gebeten in die Moschee. Ihr Mitschüler, der offensichtlich weiß, dass die beiden Geschwister der Moschee fernbleiben, macht Ceyda moralisierend darauf aufmerksam, dass ihr religiöses Fehlverhalten zu einer Strafe im Jenseits führen wird, sie nämlich anstatt im Paradies, in dem regelkonformes Verhalten positiv sanktioniert wird, im Fegefeuer der Hölle bestraft werden wird. In dieser Interaktion zwischen ihr und ihrem sunnitischen Mitschüler zeigt sich auch das kollektive Verletzungsverhältnis zwischen Alevit*innen und Sunnit*innen, indem eine hegemoniale Vorstellung davon, wie die Religion auszuüben sei, von dem Jugendlichen reproduziert wird. Ceyda wird dadurch in ihrer Andersartigkeit nicht toleriert und anerkannt und muss – aus Perspektive ihres sunnitischen Mitschülers – sogar im Jenseits mit den negativen Folgen dieser Abweichung rechnen. Die fehlende Toleranz und Anerkennung von sunnitischer Seite gegenüber Ceydas Religionspraxis setzt sich so transnational und auch intergenerational in der deutschen Diaspora fort.

Das Andere wird in seiner Eigenständigkeit also nicht anerkannt (Straub 2019, 26). Der „religiösen Andersartigkeit“ der Alevit*innen wird hier dementsprechend nicht mit Toleranz im Sinne einer Duldung von Andersartigkeit, sondern mit Abwertung und Intoleranz begegnet, zumindest interpretiert Ceyda den Angriff ihres Mitschülers als Angriff auf ihr Alevitischsein. Denn in der Aussage des Mitschülers schwingt die normative Forderung mit, Ceyda müsse das sunnitische Gebet vollziehen, so wie es die Auslegung des sunnitischen Islams nach seiner Sicht nahelegt.

Ceyda selbst bettet diese erzählte Erfahrung in ihre Bewusstwerdung *religiöser Andersartigkeit* ein. Die Aussagen ihrer Mitschüler*innen von außen zeigen ihr, dass sie von der Mehrheit der türkeistämmigen Jugendlichen durch ihr unterstelltes religiöses Fehlverhalten abweicht und dadurch stigmatisiert wird. Auch wenn die Jugendlichen untereinander durch ihre ethnische bzw. nationale Herkunft verbunden sind, werden Binnendifferenzen z.B. in Form religiöser Zugehörigkeit und Andersartigkeit in den Interaktionen untereinander relevant. Hieran wird außerdem mehr als deutlich, dass die Jugendlichen mit Migrationshintergrund ebenso wenig wie autochthone Jugendliche eine homogene Gruppe bilden, nicht nur in Bezug auf soziale und milieuspezifische Unterschiede, sondern eben auch im Hinblick auf ihre Religionszugehörigkeiten und religiöse Praktiken im Alltag. Die Abwertung anderer religiöser Praktiken unter den Jugendlichen ist unter Rückbezug auf religiöse Pluralität als besonders problematisch für die Identitätsbildung der Adoleszenten einzustufen (vgl. Loth/Tepeli 2019, 271), da Stigmatisierung sich in Form negativer Selbstwahrnehmung und empfundener Minderwertigkeit auswirken kann (vgl. Goffman 1967). Die oben geschilderte Erfahrung der Abwertung aufgrund einer anderen Auslegung religiöser Glaubenspraktiken setzt sich sogar im eigenen Freundeskreis der Geschwister außerhalb des Klassenraums fort. Ceyda berichtet von einem weiteren Ereignis, bei dem ein anderer „Kollege", mit dem die beiden Geschwister sich gut verstanden, ihren Bruder Metin auf dem Rückweg von der Schule nach Hause ebenfalls abwertete: Ceyda erzählt davon, dass der Freund Folgendes fragte: „Ja, es ist Freitag, kommst du zu Cuma namazı [Freitagsgebet] heißt das, ja?", und Metin dies wie folgt verneinte: „Nee, wir gehen nicht in die Moschee", woraufhin der Freund „mitten auf der Straße ausgetickt" sei und sagte: „Öh, was für ein Muslim bist du denn? Was soll'n der Scheiß?" In dieser Situation bleibt Ceyda allerdings nicht ruhig und wirft dem Freund ihrerseits vor, nicht kohärent zu handeln: „[...] der raucht, der trinkt, der hat 'ne deutsche Freundin oder sonst irgendetwas [...]", und begründet ihren Gegenvorwurf dem Freund gegenüber wie folgt: „[...] aber sobald du dich in meine Angelegenheiten einmischst oder mich mit der Religion versuchst anzugreifen, kann ich auch argumentieren."

Wie wir hieran deutlich sehen können, bleibt diese Verletzung nicht einseitig, sondern führt auch zur Gegenstigmatisierung und Abwertung, was hinsichtlich des Zusammenlebens vielfältiger gesellschaftlicher Gruppen als problematisch für den sozialen Zusammenhalt innerhalb der Gesellschaft zu bewerten ist.

Was sich hieran aber ebenso verdeutlicht, ist der Umstand, dass sich die Problematik der Einseitigkeit des staatlich anerkannten sunnitischen Religionsverständnisses in der türkischen Republik und das fehlende Bewusstsein über religiöse Pluralität und historische Gewaltgeschehnisse gegenüber religiösen und ethnischen Minderheiten in der Türkei auch in den Freundschaftsbeziehungen zwischen den Jugendlichen weiterführen. Denn die Frage des Freunds stellt ja zunächst einmal Zugehörigkeit und das Herstellen von Gemeinsamkeit dar (gemeinsamer Moscheebesuch), lässt aber dann wiederum keinen Raum für interne Differenz zwischen den aus der Türkei stammenden Religionsgemeinschaften. Problematisch wird es in der Beziehung also dann, wenn man nicht *mitmacht*, wodurch man als von der Norm Abweichende*r abgewertet und in seiner andersartigen, hier alevitischen, Religionsausübung nicht anerkannt wird. Die innerislamischen Gebetsrituale sind in ihrer psychosozialen Funktion also zunächst inklusiv für den Jugendlichen, allerdings nur solange man mit seiner alevitischen Differenz von diesen nicht abweicht. Die hier geschilderte Erfahrung kann somit nicht einfach bloß für sich stehend interpretiert werden, sie muss in die kontinuierlich fortbestehende Verletzungsgeschichte eingeordnet werden, in der Alevit*innen schon im Osmanischen Reich als vom Glauben abgefallene Ketzer*innen verfolgt wurden (vgl. Sökefeld 2008; Aksünger 2013; Dreßler

2013). Denn eine solche symbolische Verletzung erleben die Alevit*innen, insbesondere kollektiv in der Türkei, sie drückt sich dementsprechend also auch im Umgang der Schüler*innen untereinander aus. Diese einseitigen und kollektiven Vereinnahmungsversuche („Sunnitisierung" gegenüber Alevit*innen) durch den türkischen Staat (Ağuiçenoğlu 2012, 566) und damit verbundene Abwertung setzt sich so auch in den Beziehungen unter Gleichaltrigen in der Diaspora fort (vgl. auch das Fallbeispiel Zeynep in Loth/Tepeli 2019, 266 ff.). Außerdem zeigt sich darin auch das Fortwirken des Verhältnisses zwischen den sunnitischen Etablierten und den alevitischen Außenseiter*innen (vgl. Kaya 2009) und damit eine gewisse, unhinterfragte Selbstverständlichkeit, wie der muslimische Glaube gelebt werden soll.

3. Regulierungsmöglichkeiten und -bedarfe

Im Beispiel der Schülerin Jülide wurde ihr durch die Lehrkraft Raum gegeben, um über „ihre" Religion zu berichten. Für Jülide führten die beiden Unterrichtseinheiten zu identitätsstärkenden Aspekten, denn dadurch wurde ihr Kompetenz in diesem spezifischen Bereich zugesprochen. Sie durfte ihren Glauben und ihr Wissen über diesen teilen und hat positives Interesse und Anerkennung dafür erfahren. Jülide konnte durch die eigene Lehre selbst viel lernen. Dass das Arbeitsklima positiv und fruchtbar war, lässt sich u. a. daran ablesen, dass die Unterrichtseinheit ebenfalls in der Parallelklasse durchgeführt wurde.

Jülides Lehrerin kennt die Möglichkeit der Lehrer*innenausbildung in der islamischen Theologie und konnte sich für ihre Schülerin eine solche Ausbildung nicht nur gut vorstellen, sondern ermutigt sie in einem informellen Rahmen regelrecht, diesen Weg für sich in Betracht zu ziehen. Wie sehr die Lehrerin Jülides Talent für den Lehrer*innenberuf wertschätzt, zeigt sich in ihrer Äußerung, dass sie sich sehr freuen würde, ihre Schülerin als Kollegin an ihrer Seite zu haben. Diese Interaktion mit der Lehrerin, gewissermaßen auf Augenhöhe, hat Jülides Stolz über die Gesamtsituation noch bestärkt. Allerdings interpretiert die Lehrerin dabei den Islam in verkürzter Weise, denn implizit schreibt sie Jülide die Verantwortungsübernahme für muslimische Geflüchtete und den sich ausbreitenden Islamismus und Terrorismus zu. Dies ist insofern problematisch, als die Lehrerin die Binnenpluralität von muslimischer Religiosität nicht sieht und einen kleinen Teil der muslimischen Religionsausübung, die den öffentlichen Diskurs bestimmt, als stellvertretend für die gesamte Kategorie „Muslim" interpretiert (vgl. zur Pluralität der muslimischen Gläubigen Aslan/Kolb/Yildiz 2017, 453 f.). Jülide nimmt diesen Zuständigkeits- und Verantwortungsbereich unhinterfragt an. Dabei sind doch beides Thematiken, derer sich die Gesamtgesellschaft annehmen muss.

In der Referatssituation wird Jülide zur „Expertin“ einer Religion, die in diesem Kontext nur in Form von Stereotypen bekannt ist. Dadurch hat Jülide an dieser Stelle selbst nicht die Möglichkeit zu einem fachlichen Austausch. Die Lehrerin scheint davon auszugehen, dass der „islamische Bereich“ durch Jülides Referat komplett abgedeckt sei.

Doch wie könnten alternative Handlungsoptionen in einer ähnlichen Situation aussehen? Es ist natürlich allgemein schwierig, in einem konfessionellen Unterricht angemessen Platz für die Schüler*innen anderer Weltanschauungen einzuräumen. Es ist nicht verwunderlich, dass die Lernziele für Schüler*innen wie Jülide, die in den oben angesprochenen Lehrplanrichtlinien für die katholische Religionslehre verankert sind, zu Jülides Wahrnehmung als Mitglied einer Minderheit passen. In den Richtlinien heißt es:

> [Die Lernenden,] die konfessionslos sind, die sich als Ungetaufte bezeichnen oder die anderen Religionsgemeinschaften angehören, [sollen] im Religionsunterricht Gelegenheit haben, sich zu informieren, anderen religiösen Standpunkten zu begegnen und Neues zu entdecken. (MSW 2007, 13)

Der Austausch zu den weltanschaulichen Überzeugungen ist dort offiziell nicht vorgesehen, weshalb die Lehrerin an dieser Stelle als ein positives Beispiel für die Integration religiöser Pluralität angesehen werden kann. Jülide betont hinsichtlich ihrer Rolle im Unterricht, dass sie „sogar sehr viel mitsagen darf“ und dass die Klasse ihre Teilnahme „als sehr positiv empfunden“ hat.

Diskriminierungserfahrungen hat sie in der Schule keine gemacht, während sie bei der Bewerbung auf dem Arbeitsmarkt aufgrund ihres Kopftuchs bereits mehrmals Abweisungen erlebt habe.

Die übrigen Schüler*innen werden in den Richtlinien folgendermaßen kategorisiert und es werden entsprechende Lernziele formuliert:

> [Die Lernenden,] die sich ihres Glaubens bewusst sind, [sollen] im Religionsunterricht bestärkt werden.
> […]
> [Die Lernenden,] die gegenüber Kirche und Glaube indifferent sind und dennoch teilnehmen, [sollen] die Möglichkeit erhalten, der Botschaft des Glaubens zu begegnen. (MSW 2007, 13)

Vor diesem Hintergrund ist erneut hervorzuheben, wie wichtig die Integration von Jülides religiöser Identität durch die Lehrerin in den Unterricht gewesen ist. Doch könnte eine solche Integration auch weniger einseitig verlaufen: Es könnte einleitend eine allgemeine Unterrichtseinheit zu verschiedenen Weltanschauungen durchgeführt werden, um die Schüler*innen für religiöse Pluralität und religiöse Vielfalt zu sensibilisieren. Hierbei sollte auch auf Stereotype und Vorurteile und die Problematik von Übergeneralisierungen kritisch eingegangen werden, um die Schüler*innen zur bewussten Auseinandersetzung und Reflexion eigener Stereotype und Vorurteile zu befähigen und sie durch die schulische Sozialisation und Bildung zu mündigen Mitgliedern einer demokratischen Gesellschaft zu machen (vgl. zur Bedeutung von Lernen durch Erfahrung und Schule als Mikromodell für Demokratie John Dewey [1913] 2011, 40f.). Ein Referat über den Islam könnte z.B. in einer Gruppenarbeit erarbeitet und vorgetragen werden. Dabei könnten neben dem sunnitischen Islam auch weitere Zweige des Islams recherchiert werden und die Schüler*innen könnten sich über ihre Erfahrungen mit diversen muslimischen bzw. andersgläubigen Mitbürger*innen im Allgemeinen (denkbar wären auch das Judentum, der Hinduismus, Buddhismus, das Ezidentum etc.) in ihrem Alltag auseinandersetzen. Ein Abgleich ihrer alltäglichen Erfahrungen mit dem in der Gruppenarbeit gemeinsam und im Austausch erarbeiteten Wissen würde zu einem besseren Verständnis anderer Lebenswelten und Religionspraktiken beitragen. Alternativ könnte auch an Stationen zu verschiedenen Weltanschauungen gearbeitet werden.

In solch einem Rahmen könnte auch das Alevitentum in den Unterricht integriert werden, um der im Fall Umut sowie Ceyda und Metin geschilderten Problemlage entgegenzuwirken. Denn die historische Anpassungsstrategie der Alevit*innen führte ebenso dazu, dass sie im öffentlichen Leben kaum sichtbar waren und verstärkte auch das Unwissen über Massaker an den Alevit*innen.[6] Als die Alevit*innen in der Türkei Ende der 1980er Jahre sichtbar wurden und ihr kollektives Schweigen beendeten, fühlte sich die mehrheitlich sunnitische Öffentlichkeit jedoch in ihrem eigenen Selbstverständnis infrage gestellt (vgl. Tezcan 2003). Der Soziologe Levent Tezcan geht davon aus, dass die Sichtbarkeit der Alevit*innen und ihr Anliegen nach Anerkennung ihrer eigenen Gebetshäuser in der Türkei zu einer Verunsicherung der sunnitischen Identität geführt habe:

> In dieser neuen Situation werden die Sunniten in ihrer Selbstverständlichkeit verunsichert. Jetzt müssen sie die Aleviten (und zwar nicht als einzelne Menschen, sondern in ihrem spezifischen Glauben) als legitime Bewohner

des Landes im öffentlichen Raum anerkennen. Damit tun sich weite Teile des Sunnitentums sehr schwer. (Tezcan 2003, 99)

Diese Einschätzung von Levent Tezcan reproduziert sich auch innerhalb der Diaspora, wie wir zeigen konnten, auch in den Gleichaltrigeninteraktionen, in denen die Anerkennung des religiös Anderen nicht gelingt und auf diese kollektiven Verletzungsbeziehungen im Herkunftsland Türkei zurückzuführen ist. Problematisch ist das auch deshalb, weil die Abwertung Gegenwehr hervorruft, die wiederum als eine Form der Gegenstigmatisierung und des Widerstands ausgelegt werden kann und so schlimmstenfalls zu einer Spirale von Abwertungen und gegenseitigen symbolischen Verletzungen führt. Ein wesentlicher sozialpsychologischer Aspekt religiöser Zugehörigkeit liegt demnach auch in Abgrenzung begründet, wodurch Religion zu einem Differenzmarker für die eigene Identität werden kann. Diese Form der Abwertung inner- und außerhalb des schulischen Raums führt zu Konflikten und Verletzungen zwischen den Jugendlichen, die wiederum negative Rückwirkungen auf ihre Identitätsentwicklung haben können (vgl. Loth/Tepeli 2019).

Um diese bestehenden Konflikte abzumildern, kann folglich ein Bewusstsein über das Bestehen von religiöser Pluralität in der Schule hilfreich sein (vgl. in diesem Band Raneck/Jahn: Das regulative Potenzial von Lehrwerken im schulischen Bereich).

In der von uns vorgeschlagenen allgemeinen Unterrichtstunde zu verschiedenen Religionen in der Region könnte dann auch das Alevitentum mit den Schüler*innen besprochen werden. Hier gilt es jedoch, auf gewisse Spezifika des Alevitentums einzugehen, etwa das Verhältnis zum sunnitischen Islam. Denn die Verortung des Alevitentums innerhalb oder auch außerhalb des Islams könnte im Schulunterricht Konflikte hervorrufen, bedeutet sie doch eine der drei zentralen Konfliktlinien unter hiesigen Türkeistämmigen, neben der ersten Konfliktdimension zwischen laizistischen und religiösen Türk*innen und der zweiten Konfliktdimension zwischen ethnischen Türk*innen und Kurd*innen (vgl. Uslucan 2017). Daher wäre es wichtig, dass das Alevitentum von den Lehrkräften der Fächer, in denen Weltanschauungen zur Sprache kommen, als Minderheitengruppe innerhalb einer Minderheit und den damit einhergehenden Spezifika der Verletzungen und des Verschweigens eingeordnet werden kann. Wenn also das Alevitentum neben den anderen behandelten Weltanschauungen diskutiert werden könnte, würden Schüler*innen mit alevitischem Hintergrund positiv bestärkt und die Gefahr, dass ihre sunnitischen Mitschüler*innen gewisse Vorurteile häufig unreflektiert von der Familie übernehmen, würde sich verringern. Außerdem sollten die Fachkräfte darauf achten, dass Alevit*innen, wie eingangs bereits angesprochen, nicht etwa in der Abgrenzung zu Sunnit*innen als „besser integriert" dargestellt oder verstanden werden sollten.

Abschließend kann festgehalten werden, dass bei sunnitischen bzw. alevitischen Schüler*innen ganz unterschiedliche Besonderheiten zu berücksichtigen sind. Während Jülide sich mit der Zuschreibung einer negativen Wahrnehmung des Islams mehr oder weniger bewusst auseinandersetzen muss, die sich auch in der Gesamtgesellschaft wiederfindet (Hafez/Schmidt 2015, 4 f.), ist in den alevistischen Fallbeispielen Umut sowie den Geschwistern Ceyda und Metin das Alevitentum eine für den Klassenverbund und die Gesamtgesellschaft nahezu unsichtbare Religionszugehörigkeit (vgl. Jenkins/Cetin 2017), die weder im Elternhaus noch in der Schule ausreichend thematisiert wird, weshalb kaum religiöse Orientierungen für die Schüler*innen vorhanden sind (vgl. Loth/Tepeli 2019). Religiöse Pluralität, Vorurteile und Stereotype im Klassenzimmer zu diskutieren stellt also eine notwendige Bedingung dar, um Verletzungen und Abwertungen sowie Vorurteile und Stereotype abzubauen, die mit der Zugehörigkeit zu einer religiösen oder ethnischen Gruppe einhergehen können.

4. Fazit und Ausblick

Im ersten Teil haben wir dargelegt, wie türkeistämmige Jugendliche ihre religiöse Abweichung als Minderheit in der katholischen Religionslehre oder im Fach Praktische Philosophie erfahren, und wie die religiöse Identität im Klassenraum gestärkt werden kann. In wechselseitigen Prozessen durch Lehrende und Lernende selbst ging es dabei um Fragen der Zugehörigkeit. In den ersten beiden Fallanalysen wurde deutlich, dass beide Schüler*innen von den Lehrkräften die Möglichkeit erhielten, durch eine positive Erfahrung die eigene Differenz auszudrücken und in den Unterricht zu integrieren. Daran können wir beobachten, wie junge Menschen gerade auch im Kontext der Schule dazu ermutigt werden können, ihre religiöse Identität und Andersartigkeit offenzulegen. Im Fall von Umut erscheint dies besonders erwähnenswert, stammt er doch aus einer sozial geächteten religiösen Gemeinschaft im Herkunftsland Türkei, erhält aber in der Diaspora neue, im Herkunftsland undenkbare Möglichkeiten, seine religiöse Andersartigkeit nach außen zu präsentieren – ohne Angst vor Stigmatisierung fürchten zu müssen (vgl. Loth/Tepeli 2019, 262). Auch Jülides „religiöse Andersartigkeit" als sunnitische Muslimin wird in der katholischen Religionslehre durch die Lehrkraft integriert und so in ihrer von der Mehrheitsgesellschaft abweichenden religiösen Identität gestärkt. Durch die Empfehlung der Lehrerin wird sie darin ermutigt, ein Studium der islamischen Theologie als Möglichkeit der biografischen Entwicklung für sich zu erwägen – sie erhält somit berufliche Orientierung durch die katholische Religionslehrerin. Allerdings wäre die Ausübung der Profession mit Kopftuch nach jetzigem Stand problematisch, was ebenfalls reflektiert werden sollte. Zudem sollten, wie bei Jülide beschrieben, möglichst didaktische Methoden gewählt werden, die den Schüler*innen einerseits erlauben, in ihrer religiösen Identität gestärkt zu werden, andererseits sollten die *religiös anderen* Schüler*innen aber auch nicht die einzigen bleiben, die sich mit „ihrer Religionsgemeinschaft" auseinandersetzen. Darüber hinaus sollte die Fähigkeit gefördert werden, Toleranz auszubilden, wobei Toleranz allerdings nicht mit einfacher Akzeptanz jeglicher Differenz gleichzusetzen ist, sondern, wie der Theologe Perry Schmidt-Leukel es formuliert, als etwas verstanden werden sollte, das

> […] sich exakt auf das [bezieht], was wir nicht akzeptieren können oder wollen. [Denn] *hier* gilt es, Toleranz, eben Duldung zu üben. Toleranz setzt also geradezu Kritik und Ablehnung voraus und besteht darin, das Abgelehnte so weit wie möglich dennoch zu dulden. (Schmidt-Leukel 2015, 134)

Im zweiten Teil haben wir darauf aufmerksam gemacht, dass das fehlende Wissen um die Binnendifferenz innerhalb der gemeinhin als homogen wahrgenommenen Gruppe der Türkeistämmigen problematisch ist (vgl. Jenkins/Cetin 2017). Denn kollektive Verletzungsverhältnisse (die in symbolischen, physischen und psychischen Verletzungen zum Ausdruck kommen) können sich auch im Raum der Schule fortsetzen. Unsere Fallbeispiele haben einen Einblick in die psychosozialen Folgen dieser kritischen Beziehungsverhältnisse aufgezeigt, die gerade für Lehrkräfte, Schulsozialarbeiter*innen und Schulpsycholog*innen in ihrer alltäglichen professionellen Arbeit als wichtige Wissensbestände in der Arbeit mit den hier diskutierten Gruppen relevant sein können. Unsere Analyse hat ergeben, dass es zwar unter der Kategorie *türkeistämmig* zu Vergemeinschaftung unter den Jugendlichen kommt, ebenso deutlich wurde aber auch, dass die religiöse Differenz der Alevit*innen zu einer Abwertung seitens der anderen Jugendlichen führen kann, wobei diese Abwertung eine lange historische Tradition in dem kollektiven Verletzungsverhältnis zwischen Alevit*innen und Sunnit*innen hat. Innerhalb der Pädagogik sollten solche historischen Verletzungsgeschichten von Migrant*innen in ihren Herkunftsländern bewusster wahrgenommen und Fragen der Anerkennung oder erneuter Verletzungsrisiken ernst genommen werden (vgl. Straub 2014, 81; Straub 2019).

Die Sensibilisierung für religiöse Pluralität geht demnach einher mit der Sensibilisierung für kulturelle Pluralität und gilt für jegliche Minderheiten. Die Grenzen zwischen kultureller und religiöser Orientierung und Zugehörigkeit sind fließend, doch gilt es, die Schüler*innen immer auch in ihrer personalen Identität – in ihrer Einzigartigkeit als Person – zu begreifen und nicht allein in ihrer Zugehörigkeit als Mitglieder und Repräsentant*innen kultureller und religiöser Gruppen. Nur so kann es uns gelingen, im Alltag einen kulturalisierenden Blick auf „die Anderen" und vermeintlich Fremden zu vermeiden, ohne dabei die Bedeutung von Gruppenzugehörigkeiten und Herkunft im Alltag der Jugendlichen ausklammern zu müssen.

Literatur

Ağuiçenoğlu, Hüseyin (2012): Laizismus, religiöse Minderheiten und Konversionen in der heutigen Türkei. In: Lienemann-Perrin, Christine/Lienemann, Wolfgang (Hg.): Religiöse Grenzüberschreitungen. Studien zu Bekehrung, Konfessions- und Religionswechsel. Crossing Religious Borders. Studies on Conversion and Religious Belonging. Wiesbaden, S. 560–575.

Aksünger, Handan (2013): Jenseits des Schweigegebots. Alevitische Migrantenselbstorganisationen und zivilgesellschaftliche Integration in Deutschland und den Niederlanden. Münster.

Alberts, Wanda (2012). Religionswissenschaft und Religionsunterricht. In: Stausberg, Michael (Hg.): Religionswissenschaft. Berlin/Boston, S. 299–312.

Aslan, Ednan/Kolb, Jonas/Yildiz, Erol (2017): Muslimische Diversität. Ein Kompass zur religiösen Alltagspraxis in Österreich. Wiener Beiträge zur Islamforschung. Wien.

Coşkun, Canan/Foroutan, Naika/Simon, Mara/Beigang, Steffen/Hänig, Albrecht/Kalkum, Dorina/Sollorz, Rafael (2016): Nordrhein-Westfalen postmigrantisch. Einstellungen der Bevölkerung Nordrhein-Westfalens zu Musliminnen und Muslimen in Deutschland. Berlin. Online unter: https://www.projekte.hu-berlin.de/de/junited/postmigrantisch_nrw_.pdf.

Dreßler, Markus (2013): Writing Religion. The Making of Turkish Alevi Islam. New York.

Dewey, John ([1913] 2011): Demokratie und Erziehung. Eine Einleitung in die philosophische Pädagogik. Weinheim/Basel.

El-Mafaalani, Aladin (2012): BildungsaufsteigerInnen aus benachteiligten Milieus. Habitustransformationen und soziale Mobilität bei Einheimischen und Türkeistämmigen. Wiesbaden.

Goffman, Erving (1967): Stigma. Über die Techniken der Bewältigung beschädigter Identität. Frankfurt/M.

Hafez, Kai/Schmidt, Sabrina (2015): Die Wahrnehmung des Islams in Deutschland. Religionsmonitor: Verstehen was verbindet. Gütersloh.

Hendrich, Béatrice (2008): Alevitische Geschichte erinnern – in Deutschland. In: Sökefeld, Martin (Hg.): Aleviten in Deutschland – Identitätsprozesse einer Religionsgemeinschaft in der Diaspora. Bielefeld, S. 37–64.

Işik, Tuba (2015). Dispositiv Muslim in Deutschland – ein nie endendes Unterfangen. In: Schmitz, Sabine/Işik, Tuba (Hg.): Muslimische Identitäten in Europa. Dispositive im gesellschaftlichen Wandel. Bielefeld, S. 43–64.

Jenkins, Celia/Cetin, Umit (2017): From a ‚Sort of Muslim' to ‚Proud to Be Alevi'. The Alevi Religion and Identity Project Combatting the Negative Identity among Second-Generation Alevis in the UK. In: National Identities, Bd. 20, Nr. 1, S. 105–123.

Jonas, Klaus/Schmid Mast, Marianne (2007): Stereotyp und Vorurteil. In: Straub, Jürgen/Weidemann, Arne/Weidemann, Doris (Hg.): Handbuch interkulturelle Kommunikation und Kompetenz. Grundbegriffe – Theorien – Anwendungsfelder. Stuttgart/Weimar, S. 69–75.

Kaya, Asiye (2009): Mutter-Tochter-Beziehungen in der Migration. Biographische Erfahrungen im alevitischen und sunnitischen Kontext. Wiesbaden.

Kehl-Bodrogi, Krisztina (1988): Die Kızılbaş/Aleviten. Untersuchungen über eine esoterische Glaubensgemeinschaft in Anatolien. Berlin.

Loth, Martina/Tepeli, Dilek A. (2019): „Vater, woran glaubst du? – An Stock, Stein, Natur". Ein Beitrag über Identitätsfragen junger Alevitinnen und Aleviten. In: Limacher, Katharina/Mattes, Astrid/Novak, Christoph (Hg.): Prayer, Pop and Politics. Researching Religious Youth in Migration Society. Wien, S. 249–274.

[MSW] Ministerium für Schule und Weiterbildung des Landes Nordrhein-Westfalen (2007): Lehrplan für das Berufskolleg in Nordrhein-Westfalen. Katholische Religionslehre. Fachklassen des dualen Systems der Berufsausbildung. Heft 4294, Frechen. Online unter: www.berufsbildung.nrw.de/cms/upload/_lehrplaene/a/uebergreifende_richtlinien/kath-religionslehre_4294.pdf.

Pickel, Gert/Yendell, Alexander/Jaeckel, Yvonne (2017): Religiöse Pluralisierung und ihre gesellschaftliche Bedeutung. Konzeptionelle Überlegungen und empirische Befunde. In: Winkel, Heidemarie/Sammet, Kornelia (Hg.): Religion soziologisch denken. Reflexionen auf aktuelle Entwicklungen in Theorie und Empirie. Wiesbaden, S. 273–296.

Schmidt-Leukel, Perry (2015): Konflikt, Toleranz, Wertschätzung und Transformation. Vier Formen interreligiöser Beziehungen. In: Amirpur, Katajun/Weiße, Wolfram (Hg.): Religionen – Dialog – Gesellschaft. Analysen zur gegenwärtigen Situation und Impulse für eine dialogische Theologie. Münster/New York, S. 129–144.

Straub, Jürgen (2014): Verletzungsverhältnisse. Erlebnisgründe, unbewusste Tradierungen und Gewalt in der sozialen Praxis. In: Zeitschrift für Pädagogik, Bd. 60, Nr. 1, S. 74–95. Online unter: https://www.pedocs.de/volltexte/2017/14648/pdf/ZfPaed_2014_1_Straub_Verletzungsverhaeltnisse.pdf.

Straub, Jürgen (2019): Die Macht negativer Affekte. Identität, kulturelle Unterschiede, interkulturelle Kompetenz. Gießen.

Straub, Jürgen/Sieben, Anna (2010): Migration, Kultur und Identität. In: Machleidt, Wielant/Kluge, Ulrike/Sieberer, Marcel/Heinz, Andreas (Hg.): Praxis der interkulturellen Psychiatrie und Psychotherapie. Migration und psychische Gesundheit. München, S. 43–53.

Sökefeld, Martin (2008): Aleviten in Deutschland. Identitätsprozesse einer Religionsgemeinschaft in der Diaspora. Bielefeld.

Sökefeld, Martin (2012): Identität. Ethnologische Perspektiven. In: Petzold, Hilarion (Hg.): Identität. Ein Kernthema moderner Psychotherapie – Interdisziplinäre Perspektiven. Wiesbaden, S. 39–56.

Taşcı, Hülya (2006): Identität und Ethnizität in der Bundesrepublik Deutschland am Beispiel der zweiten Generation der Aleviten aus der Republik Türkei. Berlin.

Tezcan, Levent (2003). Religiöse Strategien der „machbaren" Gesellschaft. Verwaltete Religion und islamistische Utopie in der Türkei. Bielefeld.

Uslucan, Hacı-Halil (2017): Türkeistämmige in Deutschland. Heimatlos oder überall zuhause? In: Aus Politik und Zeitgeschichte – Fremd in der Heimat? Zeitschrift der Bundeszentrale für politische Bildung, Bd. 67, Nr. 11–12, S. 31–37. Online unter: https://www.bpb.de/apuz/243864/tuerkeistaemmige-in-deutschland-heimatlos-oder-ueberall-zuhause.

Anmerkungen

1 Hierbei gibt es innerhalb beider Gruppen sowohl türkischstämmige, arabischstämmige als auch kurdischstämmige Gruppen beziehungsweise Personen.

2 Wir möchten darauf hinweisen, dass weder die Mehrheitsgesellschaft noch die verschiedenen Minderheiten homogene Blöcke darstellen, sondern sozial, kulturell und religiös divers sind. Dabei hat die dominante Mehrheit aber mehr Deutungshoheit darüber, wer in das unterstellte „Wir" miteinbezogen wird und wer nicht (Straub/Sieben 2010, 52).

3 Dieser Artikel kann aufgrund der thematischen Komplexität nicht dazu dienen, den zum Teil sehr hitzig geführten Diskurs um die allgemeine Frage nach der Berechtigung und Umsetzung eines religiösen, beispielsweise konfessionellen, Unterrichts oder demgegenüber alternative Lehrformen für ethische Fragen im weitesten Sinne, die auch eine Kunde über Religionen beinhalten können, zu beleuchten. Einige Problematiken in diesem Zusammenhang und Möglichkeiten der Einbindung einer religionswissenschaftlichen Fachdidaktik sowie Beispiele, wie andere europäische Länder mit dem Thema umgehen, sind zu finden in dem Artikel „Religionswissenschaft und Religionsunterricht" von Wanda Alberts (2012).

4 Ausgehend davon, dass jede Person mehrfachzugehörig ist, stellt das Abweichen der Religionszugehörigkeit nur eine Dimension der komplexen Identität der jungen Erwachsenen (mit Migrationshintergrund) dar.

5 Die Einführung des alevitischen Religionsunterrichts stellt für die Alevitische Gemeinde Deutschland einen Meilenstein dar. Allerdings nehmen nur wenige Schüler*innen diese Möglichkeit wahr. Eine unserer Interviewpartner*innen berichtete, dass Eltern, die mit dem Alevitentum kaum etwas zu tun haben, auch den alevitischen Religionsunterricht nicht für sinnvoll erachten. Daher setzt sie sich selbst dafür ein, mehr Eltern und Schüler*innen über den Unterricht zu informieren.

6 Es gab eine Reihe von Pogromen und Gewaltausschreitungen gegenüber Alevit*innen, zu nennen ist in diesem Kontext insbesondere das Massaker von Sivas 1993, in dem 37 Personen bei einem von Fundamentalist*innen ausgeübten Brandanschlag auf ein Hotel, in dem ein alevitisches Kulturfestival abgehalten wurde, ums Leben kamen (Kaya 2009, 60 f.).

MALIN DREES

Regulierung und Auflösung von Stereotypen im musealen Bildungsbereich: Ein jüdisches Museum für NRW

1. Hintergrund und Fallbeschreibung

Bereits in dem 2008 erschienenen Sammelband von Markus Hero, Volkhard Krech und Helmut Zander über religiöse Vielfalt in Nordrhein-Westfalen stellte Michael Rubinstein die wieder aufkommende jüdisch-religiöse Landschaft in Nordrhein-Westfalen heraus. Verschiedene Strömungen des Judentums bilden Gemeinden in Nordrhein-Westfalen, es werden neue Synagogen errichtet und eingeweiht und es entstehen neue jüdische Gemeindezentren (Rubinstein 2008, 140 ff.). Der ehemalige Ministerpräsident Jürgen Rüttgers betonte schon damals in verschiedenen Reden die Wichtigkeit des Judentums für und gleichzeitig auch die Zugehörigkeit zu Nordrhein-Westfalen (Rubinstein 2008, 140, 146).

Das Wiederbeleben jüdischen Lebens in Deutschland ist angesichts der deutschen Vergangenheit erfreulich. Gleichzeitig gibt es seit einigen Jahren jedoch vermehrt Debatten und Berichte über antisemitische Stereotype und Angriffe. Nicht zuletzt der Anschlag auf die Synagoge in Halle/Saale 2019 an Jom Kippur bestätigt diesen Eindruck.

Die Medien spielen bei der Etablierung und Verbreitung von antisemitischen Stereotypen eine entscheidende Rolle. Gerade das Internet ist hier in besonderem Maße ein Multiplikator für die Verbreitung von antisemitischem Hass in der Gesellschaft geworden, betont die Sprachwissenschaftlerin Monika Schwarz-Friesel (Schwarz-Friesel 2018, 4 f.). Sie untersucht in ihrer Langzeitstudie *Antisemitismus 2.0 und die Netzkultur des Hasses: Judenfeindschaft als kulturelle Konstante und kollektiver Gefühlswert im digitalen Zeitalter* verschiedene Erscheinungsformen des Antisemitismus im 21. Jahrhundert. In ihrer Studie erklärt sie die besondere Rolle sozialer Medien und des Internets als Mittel zur schnellen Verbreitung von Hass und Antisemitismus wie folgt:

> Das Internet fungiert, insbesondere in den alltäglichen Kommunikationsbereichen der Sozialen Medien, als Multiplikator, da es Antisemitismen in großem Ausmaß zugänglich macht, sie global und auf allen Ebenen des Web 2.0 verbreitet und damit der Normalisierung von Judenhass Vorschub leistet. (Schwarz-Friesel 2018, 4 f.)

Dieser Normalisierung entgegenzuwirken ist eine gesamtgesellschaftliche Aufgabe. Der vorliegende Beitrag wird dieser Aufgabe gerecht, indem er den Bildungs- und Vermittlungsauftrag von Museen beschreibt sowie deren Möglichkeit, aktiv gegen antisemitische Stereotype vorzugehen.

Am Beispiel des sich im Bau befindlichen MiQua. LVR-Jüdisches Museum im Archäologischen Quartier Köln werden Möglichkeiten und Handlungsfelder aufgezeigt, um im musealen Rahmen gegen Antisemitismus zu wirken und gesellschaftliche Regulierungsformen im aktiven Umgang zu entwickeln. Dafür wird zunächst die Problemlage genauer skizziert, um darauf aufbauend Lösungsansätze vorzustellen. Im Anschluss werden am Beispiel des MiQua Perspektiven sowie Regulierungsmöglichkeiten vorgestellt, die zum Abbau von antisemitischen Stereotypen beitragen können.

2. Problemlage und Lösungsansätze

2.1 Problemlage: Bildung und Verbreitung antisemitischer Stereotype

Der Begriff *Antisemitismus* wurde am Ende des 19. Jahrhunderts geprägt. Der Antisemitismusforscher Werner Bergmann erklärt, dass es keine einheitliche Definition von Antisemitismus gibt (Bergmann 2006, 6). Auch handelt es sich bei Antisemitismus nicht nur um religiöse, sondern auch um soziale Vorurteile gegenüber Juden. Antisemitismus ist nach Bergmann

> […] eine antimoderne Weltanschauung, die in der Existenz der Juden die Ursache sozialer, politischer, religiöser und kultureller Probleme sieht. Entsprechend wurden und werden bestimmte moderne politische Strömungen und Ordnungen […] oder wirtschaftliche Entwicklungen […] als Erfindungen „jüdischen Geistes“ [sic!] betrachtet, die den anderen Nationen als etwas Fremdes aufgezwungen werden. (Bergmann 2006, 9)

Studien belegen, dass insbesondere in den letzten zehn Jahren die Hemmschwelle für den Gebrauch von sogenannten Verbal-Antisemitismen gesunken ist (Schwarz-Friesel 2015). In diesem Zusammenhang fungiert das Internet als ein

Ort, an dem Verbal-Antisemitismus Teil des alltäglichen Gebrauchs ist und nicht zwangsläufig nur in Verbindung mit extremistischen Diskursen verwendet wird (ebd.). Der Sprachgebrauch bei solchen Antisemitismen ist von besonderer Bedeutung, da hierdurch auch die Übertragung auf eine soziale Ebene erfolgt:

> Der sprachlichen Kodierung judenfeindlicher Ideen, dem Verbal-Antijudaismus, kommt bei der Tradierung antisemitischer Gedanken und Gefühle auf breiter sozialer Ebene eine Schlüsselrolle zu: Über die Sprache werden Stereotype seit Jahrhunderten ständig reproduziert und im kollektiven Bewusstsein erhalten. Über spontan und natürlich produzierte Äußerungen erhält man in Korpusstudien (also Analysen quantitativ umfangreicher Mengen natürlichsprachiger Äußerungen aus bestimmten Kommunikationsräumen) signifikante Einblicke in die aktuelle judeophobe Gedanken- und Gefühlswelt. (Schwarz-Friesel 2015)

Die Allgegenwärtigkeit von Antisemitismen, die in enger Verknüpfung zu Stereotypen stehen, finden sich sowohl in Online-Foren, auf Blogs und besonders im Bereich der sozialen Medien wie Twitter, YouTube oder Facebook. Obwohl Nutzer*innen möglicherweise nach Informationen oder Diskussionen zu bestimmten Themen suchen, begegnen ihnen schnell antisemitische Anfeindungen oder Indoktrinationen. So konnte nicht nur die erhöhte sowie schnellere Verbreitung von Antisemitismen und Stereotypen herausgearbeitet werden, sondern auch die quantitative Zunahme und die Radikalisierung hiervon. Diese Radikalisierung der Verbalantisemitismen bestätigen den Eindruck der Senkung von Hemmschwellen, wobei zu betonen ist, dass sie nicht nur anonym erfolgen, sondern auch in E-Mails, in denen die Verfasser*innen ihren Hass offen und radikalisiert ausdrücken (Schwarz-Friesel 2018, 7 f.). Diese reproduzierten antisemitischen Stereotype haben mit der Wirklichkeit nichts zu tun, werden aber durch die ständige Wiederholung Teil eines kollektiven Gedächtnisses.

Die mediale Verbreitung trägt gleichermaßen dazu bei, dass sich antisemitische Stereotype in einer Gesellschaft festigen. Dies betrifft auch historische Vorurteile, die teils in die Gegenwart übertragen werden. Im Jahr 2013 eröffnete im Jüdischen Museum in Frankfurt am Main die Ausstellung *Juden. Geld. Eine Vorstellung*. Liliane Weissberg, Professorin an der University of Pennsylvania und Kuratorin dieser Ausstellung, nennt die Börsenkrise als einen Anknüpfungspunkt der Ausstellung, da in deren Verlauf und Folge vermehrt antisemitische Stereotype genutzt wurden. Die Ausstellung thematisierte einerseits die mit der Vorstellung verbundenen Vorurteile und Stereotype und andererseits biblische Interpretationen zum Thema Geld, jüdische Geldverleiher und Hoffaktoren (Jüdisches Museum Frankfurt 2013).

Ein weiteres Vorurteil findet sich in der Annahme, dass Juden im Mittelalter einzig isoliert und abgegrenzt gelebt hätten. Diana Matut, Judaistin, erklärt:

> Oft wird jegliche Form jüdischer Ansiedlung in den mittelalterlichen europäischen Städten undifferenziert als „Ghetto" bezeichnet. Für die Zeit bis zum 15. Jahrhundert ist dieser Begriff jedoch kaum auf die mittelalterlichen Siedlungsstrukturen anwendbar, jedenfalls nicht im Sinne eines „von außen" abgeschlossenen Territoriums, dessen Grenzen von der jüdischen Bevölkerung nicht überschritten werden durften. Der moderne Leser assoziiert mit dem Begriff meist einen umzäunten oder ummauerten Bereich, dessen Tore verschlossen wurden, nicht von innen geöffnet werden konnten und dessen jüdische Bewohner unter teils unwürdigen Bedingungen auf engstem Raum lebten. Kurz: Ghetto evoziert in unserem Sprachgebrauch „Zwang". Die jüdische Siedlungstopographie des Mittelalters ist jedoch sehr komplex und wird durch Begriffe wie „Jüdisches Viertel" oder „Jüdische Straße(n)" besser umschrieben. (Matut 2011, 147 f.)

Die Kölner Befundsituation zeigt in diesem Fall, dass die enge Bebauung des Platzes und die unmittelbare Nähe zu den christlichen Nachbar*innen ein isoliertes Leben gar nicht möglich machten. Das sogenannte Judenschreinsbuch der Laurenzpfarre zeigt weiterhin, dass vermutlich nicht nur Juden in dem Viertel lebten. Christiane Twiehaus hält in diesem Zusammenhang fest: „Doch wohnten Juden auch außerhalb und Christen innerhalb des ‚Quartiers' nah dem Rathaus und unfern des Doms gelegen" (Twiehaus 2018, 2). Im Verlauf des Mittelalters entsteht auch das Kölner Rathaus im jüdischen Viertel. Insgesamt lässt sich das Bild eines vielfältigen Zusammenlebens skizzieren, welches auch von Krisen und Konflikten geprägt war.

2.2 Lösungsansatz: Das Museum als Lernort

Ein Museum kann als öffentliche Einrichtung mit einem Bildungsauftrag verstanden werden, die bewusst gegen Stereotype arbeitet. Hierfür entscheidend sind das Verständnis und der Auftrag von Museen. Der Deutsche Museumsbund liefert auf Grundlage der Ethischen Richtlinien für Museen des International Council of Museums aus dem Jahr 2010 folgende Definition eines Museums in deutscher Übersetzung:

> Ein Museum ist eine gemeinnützige, auf Dauer angelegte, der Öffentlichkeit zugängliche Einrichtung im Dienste der Gesellschaft und ihrer Entwicklung, die zum Zwecke des Studiums, der Bildung und des Erlebens materielle und immaterielle Zeugnisse von Menschen und ihrer Umwelt beschafft, bewahrt, erforscht, bekannt macht und ausstellt.
> (International Council of Museums 2019)

Dieses Zitat verdeutlicht den öffentlichen Charakter sowie den Bildungsauftrag von heutigen Museen. Bereits im 18. Jahrhundert, zur Zeit der Aufklärung und der Französischen Revolution, wurden Museen als öffentliche Einrichtungen verstanden (Kamel 2004, 28 f.). Das Sammeln von Objekten, das auch in der obigen Definition einen zentralen Aspekt darstellt, erfolgte in der Zeit der Renaissance ursprünglich nicht durch Museen, sondern durch Raritätenkabinette und Wunderkammern (Kamel 2004, 26 ff.). Hierdurch wurde die ganze Welt stellvertretend über Objekte in einem „Theatrum Mundi" verfügbar, in dem fast alles seinen Platz finden konnte. Dieser Umstand stellt auch einen wichtigen Unterschied zu modernen Sammlungen oder Museen dar: Heutige Museen sind in vielen Fällen spezialisiert und haben keinen Universalitätsanspruch (Bräunlein 2004, 65 f.). Ab den 1970er Jahren wurde das Museum als gesellschaftlicher Lernort definiert. Neben den klassischen Aufgaben des Sammelns, Bewahrens und Forschens kam der Aspekt des *Bildens* zum Auftrag eines Museums hinzu (Bräunlein 2004, 56 f.).

Die Ausstellung von Religionen und religiösen Objekten sowie die Vermittlung von Wissen über Religionen im Museum nimmt in aktuellen Forschungsdiskursen einen immer größer werdenden Raum ein. Forscher*innen verschiedener Disziplinen setzen sich mit der Ausstellbarkeit religiöser Objekte auseinander. Susan Kamel befasst sich beispielsweise mit Vermittlungswegen von Religionen in Berliner Museen (2004). Peter Bräunlein hat sich in vielen Beiträgen mit dem Thema Religionen im Museum auseinandergesetzt und die Bedeutung von Objekten in Ausstellungen hervorgehoben:

> Religion ohne anschauliche und handgreifliche Symbolik, ohne Bilder von Stiftern, Göttern, Heiligen, ohne Ritualgerät, Kultarchitektur, Musikinstrumente, Räucherwerk, Priestergewänder u.ä. funktioniert schlichtweg nicht. In einer Zeit, in der Religion als öffentliches und kontrovers diskutiertes Thema Konjunktur hat, findet sich „Religion", repräsentiert in seiner „objektivierten" Gestalt, auch vermehrt in Museumsräumen. (Bräunlein 2008, 162)

Im Museum sind es dann die „Ausstellungsmacher*innen“, die Kurator*innen, die Objekten Sinn geben. Die Intention einer Ausstellung, so Peter Bräunlein, sollte offengelegt werden. Es sollte nicht mehr darum gehen, eine Wahrheit zu präsentieren, sondern verschiedene Blickwinkel auf einen Themenkomplex zu zeigen. Gleichzeitig sollten Besucher*innen eingeladen sein, das Gesehene und Erlebte zu hinterfragen.[1] Mit diesem Ansatz geht zugleich einher, dass das Museum als Ort eng mit Wissensvermittlung verbunden ist (Bräunlein 2008, 169).

Der Bildungs- und Vermittlungsauftrag von heutigen Museen wird auch in einem Schreiben vom Vorstand des Bundesverbandes Museumspädagogik e.V. aus dem Jahr 2004 hervorgehoben. In dem Schreiben betont der Vorstand einerseits den größer werdenden Bildungsauftrag und die Rolle vom im Museum Erlebten und andererseits die Besucherorientierung, die dafür Sorge trägt, sich näher an den Bedürfnissen der Besucher*innen zu orientieren (Vorstand des Bundesverbandes Museumspädagogik e.V. 2004, 2).[2]

Zugleich wird das Museum verstärkt zu einem außerschulischen Lernort, an dem Schüler*innen dazu eingeladen sind, außerhalb ihres Alltags Dinge zu entdecken und sich mit gesellschaftlichen, historischen und kulturellen Debatten auseinanderzusetzen. Durch diesen Auftrag wird das Museum zu einer öffentlichen Einrichtung, die dazu beitragen kann, Stereotype abzubauen. Das Kölner Museum MiQua stellt einen solchen Ort dar und wird im Folgenden vorgestellt.

2.3 Konzept des MiQua. LVR-Jüdisches Museum im Archäologischen Quartier Köln

Vor dem Kölner Rathaus entsteht aktuell ein neues jüdisches Museum. Der Museumsbau wird über einer einzigartigen archäologischen Ausgrabungssituation errichtet und wird in Zukunft über 2.000 Jahre Orts- und Stadtgeschichte präsentieren. Die Ausgrabungen des Platzes begannen unter der Leitung von Otto Doppelfeld, dem ehemaligen Direktor des Römisch-Germanischen Museums, bereits in den 1950er Jahren. Er konnte sowohl das Praetorium (den antiken römischen Statthalterpalast) als auch das mittelalterliche jüdische Viertel mit seinen Gemeindebauten dort verorten. Im Jahr 2008 wurde dann durch die Stadt Köln ein Architekturwettbewerb zum Bau eines jüdischen Museums ausgeschrieben, den in Folge das Architekturbüro Wandel Hoefer Lorch + Hirsch aus Saarbrücken gewonnen hat.

Das Gemeinschaftsprojekt wird sowohl vom Landschaftsverband Rheinland (LVR) als auch von der Stadt Köln getragen: Ein Team des LVR arbeitet bereits seit 2014 an der Konzeption des MiQua, die Stadt Köln finanziert den

Museumsbau und die Ersteinrichtung, die Archäologische Zone der Stadt Köln ist mit der Ausgrabung der Bodendenkmäler betraut.

Abbildung 21: Blick auf den Haupteingang des MiQua und den Rathausplatz, links die Renaissancelaube des Rathauses.
Quelle: © Wandel Lorch Architekten

Im Mittelpunkt der Ausstellung steht ein unterirdisch gelegener 600 m langer Parcours, der durch antike sowie mittelalterliche archäologische Befunde führt. Die 6.000 m² große Ausstellungsfläche bietet die Möglichkeit, das Leben der damaligen Bewohner*innen des Orts zu zeigen. Grund- und Kellermauern gewähren einen Einblick in mittelalterliche Lebenswelten.

Zu den unterirdischen Ausstellungsbereichen zählen das römische Praetorium, das mittelalterliche jüdische Viertel sowie das daran angrenzende mittelalterliche Goldschmiedeviertel. Im oberirdischen Museumsneubau wird die jüdische Geschichte Kölns von 1424 bis zur Gegenwart ausgestellt. In drei Bereichen wird der Blick vom Ort in den Stadtraum geöffnet: ein biografischer Bereich soll die Geschichte von 1424 bis zur Gegenwart veranschaulichen; im Bereich „Ausstellen und Sammeln“ werden vorherige Ausstellungen in Köln thematisiert, die sich mit dem Judentum auseinandersetzten; ein interaktiver und digitaler Stadtrundgang wird Besucher*innen ermöglichen, die jüdische Geschichte Kölns im gesamten Stadtgebiet kennenzulernen. Thomas Otten, Direktor des MiQua, und Christiane Twiehaus, Abteilungsleitung Jüdische Geschichte und Kultur im MiQua, fassen das Konzept und den Bezug zum Entstehungsort des Museums wie folgt zusammen:

> So spiegelt sich im Konzept des MiQua die gesamte 2000-jährige Stadtgeschichte wider und trägt einen bedeutenden Teil des kulturellen Erbes Kölns, des Rheinlands und Europas zurück in das Bewusstsein der Menschen. Das Museum zeigt damit auch die enge Verbindung einer vielfältigen Vergangenheit mit einer fordernden Gegenwart und Zukunft. (Otten/Twiehaus, 2018, 18)

Abbildung 22: Grabung auf dem Kölner Rathausplatz mit den freigelegten mittelalterlichen bis neuzeitlichen Kellern. Unter dem weißen Grabungszelt (oberer Bildrand) befindet sich die mittelalterliche Synagoge.
Foto: Stadt Köln, Christina Kohnen

3. Regulierungsmöglichkeiten und -bedarfe

Allgemein haben Museen verschiedene Möglichkeiten der Regulierung. In Bezug auf die externe Regulierung sind hier beispielsweise Verordnungen der Stadt, aber auch Bauträger und andere Interessenten zu nennen. Interne Regulierung geschieht dann beispielsweise durch das Ausstellungskonzept allgemein sowie durch konkrete Museumsangebote wie interaktive Stationen, Besucherführungen, Schulprojekte, Workshops oder öffentliche Veranstaltungen.

Im Folgenden werden verschiedene Regulierungsmöglichkeiten des Museums mit Rückbezug zum MiQua vorgestellt. Sie beziehen sich auf externe und interne Regulierungsmöglichkeiten. Regulierungsbedarfe bestehen hier einerseits in der Sensibilisierung für den Umgang und die Reaktion auf Antisemitismus und andererseits in der Präventionsarbeit.[3]

Die Konzeption der Ausstellung von MiQua begegnet Stereotypen auf verschiedenen Ebenen. Die Ausstellung präsentiert mittels eines multiperspektivischen Zugangs mittelalterliche Lebenswelten. Diese werden stets in Bezug zur Umwelt und Umgebungskultur gesetzt, sodass verdeutlicht werden kann, dass es sich bei dem mittelalterlichen jüdischen Viertel keinesfalls um ein abgeschlossenes oder isoliertes Ghetto handelte, sondern um einen Raum innerhalb der Stadt mit unmittelbarer Nähe zu den christlichen Nachbar*innen, zum Dom, zum Goldschmiedeviertel.

Um aktiv Stereotype, Vorurteile und Antisemitismus abzubauen, hat das Museum verschiedene Möglichkeiten. Vor allem die Zusammenarbeit mit Schulen ist hier zu nennen. Sowohl durch öffentliche Veranstaltungen, Publikationen, Führungen als auch durch Workshops und Wechselausstellungen zu bestimmten Themen kann das MiQua aktiv dazu beitragen, Antisemitismus abzubauen. Das MiQua arbeitet zudem an einem ersten Outreach-Projekt, bei dem es darum geht, Projektarbeit in Schulen durchzuführen und Schüler*innen u.a. die jüdische Geschichte Kölns näherzubringen sowie multisensorische und interaktive Zugänge zu schaffen. Gleichzeitig wird sowohl mit der Stadt Köln sowie mit den jüdischen Gemeinden zusammengearbeitet, um gegen Stereotype und Antisemitismus zu arbeiten.

Am Beispiel des MiQua soll im Folgenden vorgestellt werden, wie die Regulierung von Stereotypen im Museum möglich ist.

3.1 Beispiel: Mittelalter im Museum – Leben im mittelalterlichen jüdischen Viertel Kölns

Im Bereich des ehemaligen mittelalterlichen jüdischen Viertels der Stadt Köln liegt der Fokus der Ausstellung auf der Darstellung des Lebens der Bewohner*innen und auf dem Zusammenleben im Viertel. Der Rundgang startet hier mit den Befunden der Synagoge, der Mikwe (dem jüdischen Ritualbad), dem Hochzeitshaus sowie dem Warmbad. Sowohl die Bedeutung der archäologischen Befunde als auch das Leben im Viertel sollen hieran erklärt werden. Das Museum macht Geschichte greifbar und bietet die Möglichkeit, an einem authentischen Ort Geschichte darzustellen. Einen unmittelbaren Eindruck sollen z.B. Quellenzitate von Menschen vermitteln, die am Ort des zukünftigen Museums gelebt haben. Beispielsweise wird in einem Bereich der Ausstellung ein interaktiver Stammbaum eingerichtet. Dieser ermöglicht es Besucher*innen, selbst an die Station heranzutreten und sich eigenständig mit einigen Personen dieser Familie auseinanderzusetzen und diese kennenzulernen. Auch wenn nicht alle Mitglieder der Familie aus Köln stammten oder dauerhaft in der Stadt ansässig waren, lassen sich viele Verbindungen von einzelnen Familienangehörigen zur Stadt nachzeichnen. Die Ausstellung dieser Familiengeschichte wird sowohl mit Hörstationen als auch mit Werkzitaten verbunden sein. Viele Mitglieder der Familie haben schriftliche Überlieferungen hinterlassen. Eliezer ben Nathan, der Verfasser eines bekannten hebräischen Berichts zu den Verfolgungen des ersten Kreuzzugs von 1096, bildet den Anfang des Stammbaums. Nicht nur er, sondern auch weitere Mitglieder des Stammbaums haben Schriften zu diesem Ereignis verfasst und hatten einen deutlichen Bezug zur Stadt Köln. Neben der Vorstellung von verschiedenen Personen ermöglicht der Stammbaum innerhalb der Ausstellung aber noch weitaus mehr: Auf einer Metaebene werden weitere Informationen kommuniziert. Es werden die Berufe der dargestellten Personen gezeigt oder auch Ereignisse, die in Bezug zu den Personen standen. So wird zum Beispiel auch erklärt, was die Aufgaben eines Rabbiners im Mittelalter waren oder welche Aufgaben einem Sofer STaM, einem Torah-Schreiber, heute noch zukommen. Ziel ist es, Besucher*innen selbst zu einer Auseinandersetzung mit den Personen zu ermutigen. Der multiperspektivische Ansatz sowie das Verwenden von lateinischen und hebräischen Quellen gepaart mit dem Bezug zu den Menschen des Orts bieten auch hier eine Grundlage, um gegen Stereotype vorzugehen. Der Inhalt der Ausstellung zeigt ein facettenreiches Bild einer Familie, die in engem Austausch mit ihrer Umgebung stand. Christiane Twiehaus fasst die Bedeutung dieser Familiengeschichte für die Ausstellung wie folgt zusammen:

> Den Besuchern von MiQua wird diese Familie einen neuen Zugang zur jüdischen Geschichte des Mittelalters eröffnen, vielseitige Ansätze für die Kenntnis und das Verständnis dieser den meisten Besuchern eher unbekannten Zeit und Welt bieten. So sind [sie] nicht nur Kölner Zeitzeugen von Ereignissen,

sondern erzählen in ihren schriftlichen Überlieferungen von Gelehrsamkeit und religiöser Praxis, von Sitten und Gebräuchen, vom Alltagsleben im Viertel und in ganz Köln wie auch landesweit darüber hinaus. (Twiehaus 2018, 3)

Das Leben im mittelalterlichen Viertel wird also nicht isoliert betrachtet, sondern als Teil der Gesamtgeschichte des Ortes. Das Zusammenleben von Juden und Christen wird zudem noch einmal tief greifender am Beispiel verschiedener Quellen dargestellt. Das sogenannte Judenschreinsbuch der Laurenzpfarre, eine Art mittelalterliches Katasterbuch mit lateinischen und hebräischen Einträgen zu Häuserverkäufen oder Erbschaften im Viertel, gewährt einen guten Einblick in die Lebenssituation im Viertel. Oftmals gehörte ein Haus nicht einer einzelnen Person, sondern wurde anteilig verkauft oder vererbt. Die lateinischen und hebräischen Einträge können als Hinweis für jüdisch-christliches Zusammenleben sowie interreligiöse Geschäftsbeziehungen gelten. Im zukünftigen Museum werden Besucher*innen die Möglichkeit haben, mittels eines digitalen Blätterbuchs selbst einen Blick in dieses „Grundbuch" zu werfen und es sozusagen „durchzublättern". Neben dem Judenschreinsbuch werden hier auch Informationen zu weiteren Quellen, die in Bezug zu einem Zusammenleben von Juden und Christen in Köln stehen, gezeigt und kontextualisiert.

Abbildung 23: Blick in den Ausstellungsbereich „Haus Bardowiek"
Quelle: © Wandel Lorch Architekten

4. Fazit und Ausblick

Antisemitismus, Stereotype und Vorurteile finden durch verschiedene Medien auch in der Gegenwart noch eine schnelle und große Verbreitung. Gleichzeitig sind die Hemmschwellen, antisemitisches Gedankengut in der Öffentlichkeit zu verbreiten, gesunken.

Das MiQua kann innerhalb seiner zukünftigen Dauerausstellung gegen Stereotypisierungen dieser Art agieren, indem es die archäologischen und historischen Befunde und Funde in einem gemeinsamen Kontext betrachtet und ausstellt. Der Ort der Ausstellung zeigt das Museum als Ort der Öffentlichkeit mit dem Ziel der Bildung, des Bewahrens, Bekanntmachens und Ausstellens, und eröffnet somit die Möglichkeit, sich in gesellschaftliche Debatten einzuschalten und aktiv daran teilzuhaben sowie Vorurteile zu vermindern. Die oben dargelegten Möglichkeiten zur Regulierung und Auflösung von Stereotypen werden zukünftig im laufenden Ausstellungsbetrieb weiter ausgearbeitet. Gerade die Zusammenarbeit mit weiteren Multiplikatoren wie Schulen, Universitäten oder auch Medien spielt für diese Form der Bildungsarbeit eine nicht zu unterschätzende Rolle. Ein wichtiger Aspekt hierbei ist die Besucherorientierung sowie die Schulung von geeignetem Fachpersonal für die Vermittlung der Inhalte.

Bereits vor der Eröffnung plant das MiQua, ein Outreach-Programm in Schulen und Bildungseinrichtungen anzubieten. Einerseits besteht auch hier die Möglichkeit, Antisemitismus, Stereotypen und Vorurteilen direkt zu begegnen und auch präventiv zu arbeiten, andererseits ermöglicht dieser direkte Kontakt es dem noch nicht eröffneten Haus, Inhalte des Museums bereits vorab zu vermitteln.

Literatur

Bergmann, Werner (2006): Was heißt Antisemitismus? In: Bundeszentrale für politische Bildung (Hg.): Dossier Antisemitismus, S. 6–10. Online unter: www.bpb.de/system/files/pdf_pdflib/pdflib-37943.pdf.

Bräunlein, Peter J. (2004): Shiva und der Teufel. Museale Vermittlung von Religionen als religionswissenschaftliche Herausforderung. In: Ders. (Hg.): Religion und Museum. Zur visuellen Repräsentation von Religion/en im öffentlichen Raum. Bielefeld, S. 55–75.

Bräunlein, Peter J. (2008): Ausstellungen und Museen. In: Klöcker, Michael/Tworuschka, Udo (Hg.): Praktische Religionswissenschaft. Ein Handbuch für Studium und Beruf. Köln, S. 162–176.

Kamel, Susan (2004): Wege zur Vermittlung von Religionen in Berliner Museen. Black Kaba meets White Cube. Wiesbaden.

International Council of Museums (2019): Handlungsfelder. Online unter: icom-deutschland.de/de/icom-deutschland/handlungsfelder.html.

Jüdisches Museum Frankfurt (2013): Videointerview zu „Juden. Geld. Eine Vorstellung". Online unter: www.juedischesmuseum.de/erkunden/detail/judengeldeinevorstellung.

Matut, Diana (2011): Ghetto im Mittelalter. In: Benz, Wolfgang (Hg.): Handbuch des Antisemitismus. Judenfeindschaft in Geschichte und Gegenwart. Bd. 4: Ereignisse, Dekrete, Kontroversen. Berlin, S. 147–149.

Noschka-Roos, Annette (2017/2016): Besucherorientierung in Museen. Vielfalt als Prinzip. In: Kulturelle Bildung Online. Online unter: www.kubi-online.de/artikel/besucherorientierung-museen-vielfalt-prinzip.

Otten, Thomas/Twiehaus, Christiane (2018): Eine Begegnung mit zwei Jahrtausenden – Das Konzept für MiQua. LVR-Jüdisches Museum im Archäologischen Quartier Köln. MiQua-Freunde. Fördergesellschaft LVR-Jüdisches Museum im Archäologischen Quartier Köln e.V. (Hg.) (Beiträge zur rheinisch-jüdischen Geschichte Heft 8). Online unter https://miqua-freunde.koeln/Publikationen/

Rubinstein, Michael (2008): Zwischen Normalität und neuem Aufbruch. Das jüdische Gemeindeleben. In: Hero, Markus/Krech, Volkhard/Zander, Helmut (Hg.): Religiöse Vielfalt in Nordrhein-Westfalen. Empirische Befunde und Perspektiven der Globalisierung vor Ort. Paderborn, S. 140–152.

Schwarz-Friesel, Monika (2015): Aktueller Antisemitismus. Online unter: www.bpb.de/politik/extremismus/antisemitismus/211516/aktueller-antisemitismus.

Schwarz-Friesel, Monika (2018): Antisemitismus 2.0 und die Netzkultur des Hasses. Judenfeindschaft als kulturelle Konstante und kollektiver Gefühlswert im digitalen Zeitalter. Kurzfassung. Online unter: www.linguistik.tu-berlin.de/fileadmin/fg72/Antisemitismus_2-0_kurz.pdf.

Twiehaus, Christiane (2018): MiQua musealisiert lebendiges Mittelalter. In: Kalonymos. Beiträge zur deutsch-jüdischen Geschichte aus dem Salomon Ludwig Steinheim-Institut an der Universität Duisburg-Essen, S. 1–3.

Vorstand des Bundesverbandes Museumspädagogik e.V. (2004): Zum Bildungsauftrag der Museen. Stellungnahme des Bundesverbandes Museumspädagogik e.V. Online unter: www.museumspaedagogik.org/fileadmin/Data/Dokumente/2004-kultusministeriumkonferenz.pdf.

Anmerkungen

1 Peter Bräunlein spricht an dieser Stelle von einem konstruktivistischen Museum und erklärt Folgendes:
„Das Konzept eines glaubwürdigen konstruktivistischen Museums verlangt, dass die Ausstellungsintention nicht versteckt, sondern offengelegt wird. Nicht ‚Wahrheit' ist zu besichtigen, sondern Perspektiven auf gesellschaftliche, kulturelle, religiöse Wirklichkeiten, die den Besucher bewegen sollen, eigene Stellungnahmen zu artikulieren, gleich ob während oder nach dem Ausstellungsbesuch." (Bräunlein 2008, 169)

2 In einem Unterpunkt betont der Vorstand des Bundesverbandes Museumspädagogik e.V. die Bedeutung von Besucherorientierung: „Besucherorientierung muss im Museum ein *wesentliches* Leitmotiv sein. Sie erstreckt sich auf Ausstellungskonzeption, architektonische Gestaltung, Bildungs- und Vermittlungsangebote sowie Rahmenbedingungen, zum Beispiel besucherfreundliche Öffnungszeiten, aufmerksames und entgegenkommendes Personal oder leicht verständliche und lesbare Objekt- und Informationstexte und Publikationen. Aus diesen Gründen sind Fachkräfte aus den Bereichen Museumspädagogik, Bildung und Kommunikation *von Anfang an* in die jeweiligen musealen Arbeitsfelder und Ausstellungsprojekte mit einzubeziehen." (Vorstand des Bundesverbandes Museumspädagogik e.V. 2004, 2 – Hervorhebung im Original, Anm. d. A.)
Weiterhin befasst sich Annette Noschka-Roos in einem Online-Beitrag mit dem Titel „Besucherorientierung in Museen: Vielfalt als Prinzip" mit verschiedenen Facetten und Bedeutungen von Besucherorientierung. Sie betont hierbei, dass die klassischen Museumsaufgaben (Sammeln, Bewahren, Forschen, Ausstellen, Vermitteln) alle in Bezug zur Besucherorientierung stehen. Zugleich hebt Noschka-Roos Aspekte der Publikumsgewinnung durch Besucherorientierung hervor, u.a. durch sogenannte Outreach-Projekte, die auch das Ziel verfolgen, „Schwellenängste von Nicht-BesucherInnen zu überwinden und das Museum für neue Zielgruppen zu öffnen" (Noschka-Roos 2017/2016).

3 In Frankfurt am Main wird vom Jüdischen Museum Frankfurt sowie dem Museum Judengasse das Projekt „AntiAnti – Museum Goes School. Prävention gegen Extremismus und Antisemitismus an Berufsschulen" durchgeführt. Ziel ist es, neben der Präventionsarbeit Zugänge zur jüdischen Religion und Kultur anzubieten, um damit gegen Antisemitismus und Stereotype wirken zu können. Für weitere Informationen zu diesem Projekt siehe: www.juedischesmuseum.de/vernetzen/beitrag/detail/antianti-frankfurt-gegen-antisemitismus.

V. Religion und Zivilgesellschaft

CHRISTEL GÄRTNER, DETLEF POLLACK

Einleitung „Religion und Zivilgesellschaft"

In der Soziologie ist der Zusammenhang von Religion und Zivilgesellschaft in den letzten Jahrzehnten vor allem im Hinblick auf die mit der Säkularisierungsthese verbundene Auffassung des Bedeutungsverlusts von Religion in modernen Gesellschaften diskutiert worden. Dabei besteht weitgehend Konsens darüber, dass die Ausdifferenzierung von religiöser und weltlicher Sphäre für die Strukturprinzipien moderner Gesellschaften grundlegend ist. Kontrovers wird aber diskutiert, inwieweit der Prozess der Differenzierung mit einem Bedeutungsrückgang von Religion verbunden ist. Das Konzept der Zivilgesellschaft dient in diesen differenzierungstheoretischen Kontroversen als ein Instrument, mit dessen Hilfe die Säkularisierungsthese relativiert und die soziale Bedeutung von Religion auch in modernen ausdifferenzierten Gesellschaften als gesichert dargestellt zu werden vermag (vgl. Problemaufriss in diesem Band; Casanova 1994, 1996; Gabriel 2003).

Zur Bestimmung des Orts von Religion in modernen Gesellschaften arbeitet der US-amerikanische Religionssoziologe José Casanova mit der Unterscheidung zwischen staatlich-politischer und zivilgesellschaftlicher Öffentlichkeit (Casanova 1996, 190 f.). In den Raum der politischen Öffentlichkeit und des politischen Parteiensystems könnten Kirchen nicht direkt hineinwirken, da sie auf diese Weise selbst zur Partei würden. Der genuine Ort der Kirchen sei die Zivilgesellschaft. Dort könnten sie Funktionen für die Bewahrung bedrohter gesellschaftlicher und politischer Freiheiten wahrnehmen und die Berücksichtigung moralischer Gesichtspunkte einklagen, die in funktional differenzierten Gesellschaften, in denen Politik und Religion getrennt sind, übergangen werden (Casanova 1994, 58). Sie könnten z. B. auf die inhumanen Konsequenzen der Marktwirtschaft hinweisen und Rücksicht auf Schwache, Kranke und Arme fordern. Insofern könnten die Kirchen auch in modernen Gesellschaften relevante politische Funktionen wahrnehmen.

Dem deutschen Religions- und Kirchensoziologen Karl Gabriel zufolge sind die durch die funktionale Differenzierung erzwungene Privatisierung religiösen Entscheidens sowie die Gewissens- und Religionsfreiheit als normative Grundlagen der Privatisierung der Religion gewissermaßen die „Voraussetzung einer öffentlichen Rolle der Religion im zivilgesellschaftlichen Sinn" (Gabriel

2003, 23). Damit erhalte die Religion eine Perspektive in modernen, differenzierten Gesellschaften, nämlich die eines zivilgesellschaftlichen Akteurs (Gabriel 2008, 9).

Konstitutiv für den Begriff der Zivilgesellschaft ist also die Unterscheidung von Staat und Gesellschaft. Unter Zivilgesellschaft kann die Gesamtheit öffentlicher Assoziationen, Vereinigungen, Bewegungen und Verbände verstanden werden, in denen sich Bürger*innen auf freiwilliger Basis versammeln. Damit ist Zivilgesellschaft als eine gesellschaftliche Sphäre jenseits des Staats bestimmt, nicht aber jenseits des Politischen, insofern das Politische das Öffentliche bezeichnet. Im Laufe der westeuropäischen Geschichte wurden Religion und Kirche mehr und mehr aus der staatlich-politischen Öffentlichkeit zurückgedrängt, nicht aber aus der zivilgesellschaftlichen Öffentlichkeit (Gabriel 2008, 18). Die Zivilgesellschaft ist folglich der Ort, an dem die Religion aus dem privaten Raum heraustreten und in der Öffentlichkeit wirken kann. Sofern man darüber hinaus die Gefahr der Entgleisung in den Konstitutionsprinzipien der Moderne angelegt sieht, wird man der These zuneigen, die Öffentlichkeit in modernen Gesellschaften sei ihrerseits auf „im Privatbereich wurzelnde moralische Ressourcen und kulturelle Traditionen angewiesen, die ein Interesse und eine Orientierung am Allgemeinwohl hervorbringen“ (ebd.). Inwieweit demokratische Öffentlichkeit, moderne Zivilgesellschaft und die Moderne überhaupt auf religiöse Sinnstiftung angewiesen sind, ist freilich umstritten.

Das Verhältnis von „Staat“ und „Kirche“ ist in Deutschland durch das Grundgesetz geregelt. Ein darüber hinausgehender Regulierungsbedarf entsteht im vorpolitischen Raum der Zivilgesellschaft allerdings dann, wenn Konflikte zwischen verschiedenen religiösen oder religiösen und säkularen Gemeinschaften auftreten. Das ist vor allem dann der Fall, wenn in einer zunehmend religionsplural werdenden Gesellschaft zugewanderte, in der Regel nicht christliche Religionsgemeinschaften sich zivilgesellschaftlich engagieren wollen, jedoch auf Ablehnung in der (politischen) Öffentlichkeit stoßen.

In diesem Teil des Praxishandbuchs wird die zivilgesellschaftliche Rolle der Religion aus verschiedenen wissenschaftlichen Perspektiven und im Hinblick auf verschiedene Bereiche in den Blick genommen. Der politikwissenschaftliche Beitrag von Anna Klie fokussiert auf Selbstorganisationen von Personen mit einer Zuwanderungsgeschichte. Dabei geht es ihr einerseits um die auch (religiös) plurale Zusammensetzung dieser zivilgesellschaftlichen Gruppen, andererseits aber auch um förderpolitische Maßnahmen, die die zivilgesellschaftliche Einbindung von Menschen mit Migrationsgeschichte im Hinblick auf ihre freiwillige Mitgestaltung und das Potenzial bei der erfolgreichen Integration von Zugewanderten regulieren. Der zeitgeschichtliche Beitrag von David Rüschenschmidt nimmt dagegen das zivilgesellschaftliche Engagement von christlich-muslimischen Dialoginitiativen in den Blick, denen es um die Kooperation und den Austausch zwischen Angehörigen verschiedener Religionen geht. Dabei untersucht er, wie konkrete Konflikte, die im Zusammenhang mit Moscheebauprojekten oder generell mit der Zunahme religiöser Vielfalt stehen, exemplarisch gelöst werden. Der Beitrag von Mathias Schneider befasst sich ebenfalls mit dem religiösen Dialog, jedoch aus einer theologisch-normativen Perspektive. Einerseits zeigt er, wie im Zuge der Kolonialisierung die Unterdrückung religiöser Traditionen (konkret: des Buddhismus in Sri Lanka) zu einer negativ verzerrten Rezeption der christlichen Religion der Kolonialherren führt, andererseits arbeitet er die Bedingungen und Voraussetzungen für einen gelingenden interreligiösen Dialog heraus.

Literatur

Casanova, José (1994): Public Religions in the Modern World. Chicago/London.

Casanova, José (1996): Chancen und Gefahren öffentlicher Religion. Ost- und Westeuropa im Vergleich. In: Kallscheuer, Otto (Hg.): Das Europa der Religionen. Ein Kontinent zwischen Säkularisierung und Fundamentalismus. Frankfurt/M., S. 181–210.

Gabriel, Karl (2003): Säkularisierung und öffentliche Religion. Religionssoziologische Anmerkungen mit Blick auf den europäischen Kontext. In: Jahrbuch für Christliche Sozialwissenschaften, Bd. 44, S. 13–36.

Gabriel, Karl (2008): Religion und Politik zwischen Fundamentalismus und Zivilgesellschaft. In: Ethik und Gesellschaft, Nr. 1, S. 1–25. Auch online unter: www.ethik-und-gesellschaft.de/ojs/index.php/eug/article/view/1-2008-art-3.

ANNA WIEBKE KLIE

Zur (religiösen) Pluralität von Migrantenselbstorganisationen in NRW: Bestandsaufnahme und politische Regulierungsszenarien

1. Hintergrund und Fallbeschreibung

Der Begriff der Pluralität erfährt in Bezug auf die Landschaft der Selbstorganisationen von Personen mit Zuwanderungsgeschichte in Nordrhein-Westfalen in mehrfacher Hinsicht seine Berechtigung. Die in den Organisationen vorhandene Vielfalt von Herkunftsländern, Religionen, Zielsetzungen und Interessen ist geradezu ihr zentrales Merkmal. Geht es um die Zuordnung zu Religionen, dominiert zumeist die Aufmerksamkeit für den zahlenmäßig und politisch hervortretenden Islam. Im Vergleich dazu bleiben andere Glaubensrichtungen eher unbe(ob)achtet.

Vor dem Hintergrund eines seit der Jahrtausendwende mit Inkrafttreten des Staatsangehörigkeitsgesetzes (2000) sowie des Zuwanderungsgesetzes (2005) in Deutschland zu verzeichnenden Paradigmenwechsels werden Migrantenselbstorganisationen (kurz: MSO) zunehmend nicht mehr aus einer problem- und defizit-, sondern aus einer potenzialorientierten Perspektive betrachtet (BMFSFJ 2017a, 194 ff.). Im Rahmen des integrationspolitischen Leitprinzips des „Förderns und Forderns“ wird die freiwillige Mitgestaltung und Verantwortungsübernahme von Menschen mit einer Zuwanderungsgeschichte und ihren Vereinigungen als Anzeichen und wichtiges Mittel für die Beschleunigung erfolgreicher Integrationsprozesse erachtet (BPA 2007, 20, 173; BPA 2008, 230 ff.; BPA 2011, 18). Die zivilgesellschaftliche Einbindung der Menschen und ihrer Selbstorganisationen nimmt daher auf allen politischen Ebenen einen großen Stellenwert ein.

In diesem Beitrag werden im Folgenden zunächst zentrale Eigenschaften von MSO beschrieben. Im Anschluss werden integrations- und förderpolitische Ansätze (2.) und Möglichkeiten ihrer Realisierung (3.) skizziert. Damit rückt der konkrete „Fall“ in den Blick. Dieser betrifft die Frage, welche regulierenden Richtlinien bzw. Maßstäbe im Rahmen politischer Fördermaßnahmen und Kooperationsanliegen auf den drei Ebenen des Bundes, des Landes NRW und der Kommunen in NRW gelten, welcher Stellenwert religiösen Traditionen dabei zukommt und wie mit den MSO in der kommunalpolitischen Praxis konkret umgegangen wird (3.1–3.3). Abschließend werden die zentralen Merkmale der Regulierungsperspektiven zusammengeführt (3.4), einer kritischen Beurteilung unterzogen und herausgearbeitet, worauf es bei der Förderung der MSO auf kommunaler Ebene ankommt (3.5).

MSO gibt es bereits seit vielen Jahrzehnten in Deutschland. Ihre Geschichte beginnt mit der Ankunft der sogenannten „Gastarbeiter“ in den 1950/60er Jahren aufgrund der Abschlüsse von Anwerbeverträgen der Bundesrepublik mit Italien (1955), Griechenland und Spanien (1960), der Türkei (1961), Marokko (1963), Portugal (1964), Tunesien (1965) sowie Jugoslawien (1968) (Seifert 2012, 70). Als bevölkerungsreichstes Bundesland mit der höchsten Anzahl von Menschen mit einer Zuwanderungsgeschichte beheimatet NRW ca. 4.383 der deutschlandweit rund 17.500 MSO (Priemer/Krimmer/Labigne 2017, 41; eigene Auswertungen, s.u.). Im Rahmen einer breit angelegten Definition werden unter MSO allgemein Organisationen verstanden, die von einst zugewanderten Menschen oder ihren Nachkommen gegründet wurden und deren Mitglieder mehrheitlich Menschen mit einer Zuwanderungsgeschichte sind (Pries 2010, 16; Pries 2013, 1). MSO sind häufig in der Rechtsform des eingetragenen Vereins (e.V.) organisiert, sodass man häufig auch von „Migrantenvereinen“ sprechen kann, die der Zivilgesellschaft oder dem sogenannten „Dritten Sektor“ zuzuordnen sind. Hierbei handelt es sich um einen öffentlichen Raum zwischen Staat, Wirtschaft und Privatsphäre (Familie), in dem ganz unterschiedliche Vereinigungen und Verbände auf einer nicht-gewinnorientierten Basis tätig sind.

Die Landschaft der MSO ist sehr vielseitig. Die Organisationen verfolgen diverse Ziele, Interessen und Aktivitäten, verfügen über ungleiche Organisationsstrukturen sowie personelle und finanzielle Ressourcenausstattungen. Damit unterscheiden sich die MSO im Grunde nicht von anderen Selbstorganisationen in Deutschland, die spezifischen Prägungen und Formen von zivilgesellschaftlichem Engagement[1] ihren Rahmen geben. Herauszustellen ist jedoch, dass in den religiösen MSO[2] – unabhängig von einem offiziellen Mitgliedschaftsstatus – häufig ganze Familien eingebunden sind. Das Aktivitätsspektrum der MSO ist äußerst breit und vielfältig. Schwerpunkte ihrer Tätigkeiten und Dienstleistungen können beispielsweise in folgenden und natürlich auch mehreren gesellschaftlichen Bereichen gleichzeitig liegen: Bildung/Erziehung, Sprachförderung, Kulturpflege (der Herkunftsländer), religiöse Bildung und Brauchtumspflege, Sport, Freizeit und Geselligkeit, Flüchtlingshilfe, Stadtteilarbeit, soziale Dienste, Internationale Solidarität, politische oder berufliche Interessenvertretung etc. Das Spektrum lässt erkennen, dass es sich um ganz praktische Tätigkeiten, aber auch um Formen der (politischen) Für- und Mitsprache handeln kann. Geselligkeitsorientierung und kulturelle Traditionspflege können ganz bestimmten Zweckorientierungen und dem Willen nach gesellschaftlichen Veränderungen gegenüberstehen oder mit ihnen einhergehen. Einige Aktivitäten werden locker und informell ablaufen, andere basieren auf professionell organisiertem Handeln und Regelangeboten.

Auf der einen Seite sind die Tätigkeiten von MSO im Einwanderungsland Deutschland immer auch skeptisch und polarisiert betrachtet worden: Sind die MSO auf gesellschaftliche Integration und Teilhabe in Deutschland ausgerichtet oder kümmern sie sich in erster Linie nur um den eigenen Gruppenzusammenhalt und grenzen sich ab? Die Debatte bleibt insofern aktuell als insbesondere einige religiöse MSO unter starker Beeinflussung des Herkunftslandes stehen und ihnen bestimmte Abschließungs- und auch Radikalisierungstendenzen nachgesagt werden. Diese können mit einer Absage an staatlich-demokratische Systeme und deren bewusster Bekämpfung einhergehen. Ist dies der Fall, bergen die betreffenden MSO ein großes innergesellschaftliches Konfliktpotenzial und Sicherheitsrisiko.

Auf der anderen Seite haben MSO und ihre Leistungen seit der Jahrtausendwende in positiver Weise zunehmend die Aufmerksamkeit und Wertschätzung von Politik und Wissenschaft erhalten. Insbesondere seit der sogenannten „Flüchtlingskrise“ im Sommer 2015 haben MSO scheinbar eine deutliche Aufwertung erfahren und insbesondere die islamischen Vereinigungen werden verstärkt nicht mehr aus sicherheitspolitischer Perspektive, sondern als unverzichtbare „Brückenbauer“, „Kulturdolmetscher“ und „Vorbilder für Flüchtlinge“ betrachtet (vgl. BT 2016a). Dabei steht die Aufwertung dieser zivilgesellschaftlichen Akteure in einem engen Zusammenhang mit wichtigen Integrationsfragen auf kommunaler Ebene. Das Wissen, die Erfahrungen und Engagementformen von MSO werden verstärkt benötigt und einbezogen, weshalb es als notwendig erachtet wird, sie in einem größeren Ausmaß zu unterstützen und weiter zu qualifizieren. Als Anlaufstellen und Mittler kann ihnen eine große Bedeutung zukommen. Ein gemeinsamer Herkunftsbezug, eine geteilte Glaubenszugehörigkeit mit den Geflüchteten sowie sprachliche und kulturelle Kompetenzen erweisen sich als engagement- und solidaritätsfördernd (Nagel/El-Menouar 2017, 26, 44). Zudem können in MSO demokratische Regeln, zivilgesellschaftliche und partizipatorische Orientierungen vermittelt sowie Loslösungen von einer Herkunftslandorientierung und interkulturelle Lern- und Öffnungsprozesse bewirkt werden. Diese Aspekte sind für das Zusammenleben in einem ethnisch und religiös pluraler werdenden Deutschland von großer Tragweite.

Vor diesem Hintergrund geraten die Bedeutung und Leistungsfähigkeit von MSO als zivilgesellschaftliche Akteure in den Blick: MSO sind als wichtige Ansprech- und Kooperationspartner „auf Augenhöhe" sowie als Interessenvertreter in integrationspolitischen Belangen und weiteren Politikbereichen anerkannt (LT NRW 2018). Allerdings profitieren längst nicht alle MSO von politischer Aufmerksamkeit und Fördermaßnahmen und im Allgemeinen ist noch viel zu wenig über ihre Anzahl, Zusammensetzung, Aktivitäten und Situation bekannt. So stehen Wissenschaft und Politik anhaltend vor der Herausforderung, sich einen Überblick über dieses äußerst dynamische und diverse Feld zu verschaffen.

Anhand der Analyse verfügbarer Datensätze kann aufgezeigt werden, in welchen Städten in NRW es die meisten MSO gibt (Tabelle 4). Es zeigt sich, dass auch Kommunen, die im Vergleich zu anderen Städten in NRW weniger Menschen mit Migrationshintergrund beheimaten (wie z. B. Münster), eine große Anzahl von MSO aufweisen. Zudem kann mittels eines Screenings des Vereinsregisters (Stand: 2016) und des im Jahr 2017 aktualisierten Datenpools des Forschungsprojekts „Religiöse Vielfalt in NRW" (Hero/Krech/Zander 2008) explorativ eine grobe Zuordnung der in Vereins- und anderen Rechtsformen in NRW existierenden MSO zu dominant vertretenen religiösen Traditionen erfolgen.[3] Anhand der Datenzusammenstellung lassen sich insgesamt 1.384 (32 %) der ca. 4.383 MSO in NRW als religiös kategorisieren. Von diesen sind 53 % islamisch, wovon wiederum 19 % DİTİB und 7 % Millî Görüş angehören. Zum Christentum wird sich in 38 % der religiösen Vereinigungen bekannt; bei 14 % handelt es sich um christlich-orthodoxe und bei 7 % – und damit unter den orthodoxen mehrheitlich – wiederum um eine griechisch-orthodoxe Ausrichtung. 11 % der christlichen Vereinigungen sind evangelikalen und 6 % pfingstlich-charismatischen Orientierungen zuzuordnen. Dem Alevitentum[4] lassen sich 4 % der Organisationen, dem Judentum und dem Hinduismus jeweils 2 % und dem Buddhismus lediglich 1 % der religiösen Vereinigungen zuordnen. Die Zahlen sind nicht unumstößlich, sondern vielmehr als eine quantitative Annäherung an die Erfassung der religiösen Pluralität in der Landschaft der MSO zu betrachten. Da sich die Datenlage als lückenhaft erweist (es lassen sich nur drei ezidische

Vereinigungen identifizieren), wären zukünftig umfassendere Bestandsaufnahmen auf Basis methodisch-technisch ausgeklügelterer Verfahren vorzunehmen.

Stadt	MSO	Einwohner*innen	Personen mit MH (in %)
Köln	420	1.075.935	32,2
Dortmund	261	585.813	32,1
Düsseldorf	213	613.230	34,2
Essen	165	583.084	26,9
Bonn	155	322.125	33,7
Duisburg	138	499.845	34,5
Bielefeld	122	333.451	35,5
Bochum	115	364.920	25,6
Aachen (Städteregion)	114	552.472	23,7
Gelsenkirchen	112	262.528	31,2
Wuppertal	108	352.390	37,3
Münster	100	311.846	21,2
Krefeld	84	226.812	31,3
Hagen	68	188.266	37,4
Kreis Paderborn	65	305.198	30,9
Herne	60	156.774	25,4
Hamm	59	179.571	35,6
Mönchengladbach	57	260.925	26,3
Mülheim an der Ruhr	44	170.936	26,2
Oberhausen	41	211.382	25,4
Solingen	40	158.908	31,7

Tabelle 4: Städte in NRW mit der höchsten Anzahl von MSO (in absoluten Zahlen; geordnet nach absteigender MSO-Zahl)

Datenbasis: Bundesweites Vereinsregister, Liste für NRW (Stifterverband Berlin 2016; unveröffentlicht); Datenpool Forschungsprojekt „Religiöse Vielfalt in NRW" (CERES Bochum 2017; unveröffentlicht, eigene Auswertung); MKFFI 2017a (Integrationsprofile der Kommunen, Stand 2016) | * MH = Migrationshintergrund.

2. Problemlage und Lösungsansatz

Die Gestaltung von für zivilgesellschaftliche Akteure und Aktivitäten zuträglichen Rahmenbedingungen wird durch alle politischen Ebenen gemeinsam verantwortet. Mittlerweile herrscht Einigkeit darüber, dass Teilhabe und Integration auf lokaler Ebene stattfinden und insbesondere dort vorangetrieben und ausgerichtet werden können. Die in den einzelnen Städten und Gemeinden vorzufindenden Gegebenheiten und Möglichkeiten variieren allerdings erheblich in Abhängigkeit von verfügbaren Ressourcen, der Existenz von Netzwerken, Kooperationen, Beratungs- und Qualifizierungsangeboten sowie (Modell-)Projekten. Besonders wichtig sind auch kommunalpolitische Erfahrungen und persönliche Einstellungen von Einzel- oder Schlüsselpersonen sowie gewachsene Strukturen und Vertrauensbeziehungen (vgl. u.a. Farrokhzad/Kluß 2019, 206, 210). Diese Personen und Strukturen bestreiten und prägen die Integrationspolitik sowie den Intensitätsgrad der Einbindung von MSO maßgeblich oder haben dies in der Vergangenheit getan, was noch heute nachwirkt. Denn die Einbindung, Förderung und Aktivierung von MSO setzt grundlegend deren positive Wahrnehmung und Wertschätzung seitens politischer Akteure voraus.

An diesem Punkt wäre von einem in der deutschen Politik waltenden Prinzip der Neutralität und Gleichbehandlung der MSO auszugehen, insofern als die Politik „grundsätzlich alle Vereinsbildungen und Formen von Engagement auf dem Boden einer offenen Gesellschaft […] respektieren" (BMFSFJ 2017a, 490) und religionsfreundlich agieren sollte. Dies entspricht zum einen dem (normativen) Anspruch der Schaffung von Möglichkeits- und Anreizstrukturen für zivilgesellschaftliche Beteiligung und einem dafür notwendigen Handlungsrahmen, der staatlicherseits durch formalrechtliche Grundsätze, insbesondere die allgemeinen Bürger- bzw. Grundrechte wie die Meinungs-, Versammlungs- und Vereinigungsfreiheit, das Gleichheitsprinzip, den Respekt pluraler Lebensformen und durch Partizipationsmöglichkeiten sicherzustellen ist (Enquete 2002, 59; BMFSFJ 2017a, 81 f.); zum anderen korrespondiert das Prinzip der Gleichbehandlung der MSO mit dem deutschen religionspolitischen Modell der Religionsfreundlichkeit im Sinne einer Gleichbehandlung von bzw. positiven Neutralität und staatlichem Wohlwollen gegenüber Religionsgemeinschaften (SVR 2016, 16, 18). Primär gefördert werden aber solche MSO, die sich durch integrative Merkmale und Unterstützungsleistungen auszeichnen und sich mit ihrem (neuen) gesellschaftlichen Umfeld aktiv auseinandersetzen. Hierin besteht die Chance, jene wichtigen interkulturellen Bereiche zu fördern, in denen Menschen mit und ohne Zuwanderungsgeschichte gemeinsam engagiert sind. Dafür muss festgelegt werden, wie und wo Förderprioritäten gesetzt und (begrenzte) finanzielle Mittel aufgeboten werden. Eine ausschließliche Kultur- und Religionspflege wird als nicht förderfähig erachtet. Davon betroffen sind dann auch unterschiedliche religiöse Selbstverständnisse, die als solche von der Politik prinzipiell weder zu benach- noch zu bevorteilen sind. Religiöse MSO werden dann interessant, wenn sie über die Religion hinausgehend integrative Leistungen und integrationspolitisch kompetente Ansprechpartner*innen anzubieten haben. Wie eingangs beschrieben, wird das politische Handeln ihnen gegenüber andererseits jedoch maßgeblich auch durch die Beobachtung von demokratiefeindlichen Tendenzen, nicht geduldeten ausländischen Einflussnahmen oder dominanten Orientierungen an Herkunftsländern bestimmt. Hier sind phasenweise schwankende Sanktionsmaßnahmen, kontroverse Debatten und Verhältnisbestimmungen gegenüber türkisch-islamischen MSO zu registrieren. Diese Entwicklungen sind jedoch (macht-)politisch aufgeladen und haben nichts mit Religion als solcher zu tun.

Eine allgemein befürwortete Notwendigkeit von Vernetzung, Aktivierung und Koordinierung ist vor dem Hintergrund eines politischen Paradigmenwechsels zu verstehen: In den letzten 20 Jahren haben unterschiedliche Reformkonzepte und neue Leitbilder das Verhältnis zwischen Staat, Markt und (Zivil-)Gesellschaft neu justiert. Zu nennen ist hier insbesondere das Reformkonzept des aktivierenden und ermöglichenden Sozialstaats mit dem Topos vom „Fördern und Fordern" und der Kernidee der Neugestaltung von Rollenverhältnissen im Sinne einer neuen partnerschaftlichen Aufgaben- und Verantwortungsteilung (vgl. Mayntz 2010; Haus 2010; Schuppert 2011). Angesagt sind damit neue Formen der Koordinierung und Zusammenarbeit zwischen (nicht-)staatlichen Akteuren mit unterschiedlichen Kompetenzen, da komplexe Probleme nur durch solche Kooperationen gelöst werden können. Dabei geht es auch um die Aktivierung des zivilgesellschaftlichen Engagements der Bürger*innen sowie ihrer Organisationen und deren Einbindung in die Bewältigung von Problemen. Deren Engagementbeteiligung soll in der wertepluralen deutschen Gesellschaft helfen, Solidarität, Vertrauen und sozialen Zusammenhalt („Sozialkapital") zu stabilisieren.

Vor diesem Hintergrund sind die Kommunen mit Blick auf die hier interessierenden MSO gut beraten, ihre Rolle zu konkretisieren, was etwa über die Ausarbeitung eines Leitbilds bewerkstelligt werden kann. Eine Anerkennungs- und Beteiligungskultur kann über Koordinationsstellen, Netzwerkstrukturen und umfassende Informationsangebote gewährleistet werden. Diese ermöglichen dann auch die Feststellung von Unterstützungsbedarfen und helfen bei der Beantwortung von zentralen Fragen wie: Welche Organisationen können und sollen aufgrund welcher Kriterien als förderwürdig gelten? Wie ist in der Praxis mit den vielen verschiedenen religiösen und in den Herkunftsländern zu verortenden politischen Orientierungen umzugehen? Wo sind Grenzen zu setzen bzw. wie ist ein Nichteinbezug von MSO in Fördermaßnahmen zu rechtfertigen?

3. Regulierungsmöglichkeiten und -bedarfe

Fördernde Rahmenbedingungen lassen sich in unterschiedlichen Politikfeldern aktiv gestalten bzw. verbindlich regeln, zum Beispiel durch gesetzgeberische oder spezifische finanzielle Fördermaßnahmen, durch die Verleihung von bestimmten Sonderrechten oder das Eingehen von Kooperationen. In diesem Zusammenhang müssen zunächst eindeutige Förderrichtlinien und Maßstäbe für eine partnerschaftliche Zusammenarbeit formuliert werden. Diese sollten dann auch den Umgang mit verschiedenen religiösen oder politischen MSO bestimmen und Grenzen festlegen. In den Blick geraten damit zuvorderst im Rahmen politischer Programme verschriftlichte Förderkriterien für MSO auf Bundes-, NRW- und kommunaler Ebene. Mit diesen verknüpft ist die Möglichkeit des Erhalts von finanziellen Zuwendungen, die die MSO unter anderem professionalisieren und befähigen sollen, bei der Bewältigung integrationspolitischer Problemlagen mitzuwirken. Von besonderem Interesse ist der dokumentierte Stellenwert der Regulierung von Religion in den Programmbeschreibungen und Förderrichtlinien: Welche Bedeutung wird religiösen Orientierungen bei deren (Nicht-)Einbezug in Fördermaßnahmen zugeschrieben?

Diese Frage wird in den folgenden vier Abschnitten schlaglichtartig anhand von Dokumentenanalysen und Experteninterviews beantwortet und veranschaulicht. Jenseits von verschriftlichten Förderkriterien ist dabei – der zentralen Frage der Fallanalyse entsprechend – insbesondere der Umgang mit religiösen MSO und mit diesen verknüpften oder konnotierten gesellschaftlichen Herausforderungen in der Praxis von Interesse.

3.1 Bundespolitische MSO-Förderschwerpunkte

Seit 2013 besteht durch das Bundesamt für Migration und Flüchtlinge (BAMF) eine Strukturförderung von Migrantendachorganisationen: „Angesprochen werden Organisationen, deren integratives Engagement *nicht religiös* ausgerichtet ist und die bereits mit Institutionen und Regeldiensten der Aufnahmegesellschaft zusammenarbeiten" (BMFSFJ 2017a, BR-Stellungnahme, 9; Herv. d.A.).[5] Gefördert werden mithin säkulare Dachverbände, die entsprechend der formellen Förderkriterien über Mitgliederstrukturen in mindestens fünf Bundesländern, über ausreichende Erfahrungen bei der Integrationsarbeit und über die eigene Herkunftsgruppe hinausgehende Zielgruppen verfügen. Eine langfristige Implementierung der Strukturförderung ist jedoch nicht vorgesehen (BT 2016b; BT 2018). Das Hauptziel ist, die Verbände durch die finanzielle Förderung hauptamtlichen Personals in die Lage zu versetzen, selbstständig Mittel für die operative Arbeit zu gewinnen. Allerdings wird die Erreichung dieses Ziels in offiziellen Abschlussberichten und in Positionspapieren beteiligter Akteure, zum Beispiel des Paritätischen Gesamtverbands, für unrealistisch betrachtet, da die Möglichkeit der dauerhaften Sicherung einer eigenständigen Finanzierung durch eine lediglich kurzfristige finanzielle Unterstützung in Zweifel gezogen wird (BT 2018).

Mit einem zweiten Förderschwerpunkt „Engagement und Demokratieförderung" wird auf Bundesebene ein „ganzheitliches Prinzip der Demokratieförderung und Extremismusprävention" verfolgt (BMFSFJ 2017a, BR-Stellungnahme, 15). Dieses wird seit 2015 durch das Bundesfamilienministerium im Programm „Demokratie leben! Aktiv gegen Rechtsextremismus, Gewalt und Menschenfeindlichkeit" (1. Förderperiode: 2015–2019) realisiert. Mit ihm werden auf bundesweiter, regionaler und lokaler Ebene Vereine, Initiativen und Projekte unterstützt, die gegen jegliche Formen von Demokratie- und Menschenfeindlichkeit arbeiten. Innerhalb der Programmstruktur wird mit der Förderung von Modellprojekten zur Vorbeugung und Verhinderung islamistischer Radikalisierung und der gleichzeitigen Förderung von zivilem Engagement und demokratischem Verhalten eine Doppelstrategie verfolgt. Die Bearbeitung von Konflikten soll durch ein Empowerment („Befähigung/Ermächtigung") benachteiligter Individuen oder Gruppen und demokratischer Teilhabe in der Einwanderungsgesellschaft flankiert werden. Mit den beiden Programmbereichen „Zusammenleben in der Einwanderungsgesellschaft" und „Förderung der Strukturentwicklung zum bundeszentralen Träger" werden insbesondere auch MSO adressiert. In den Förderrichtlinien werden Projekte, die *von* und *mit* MSO durchgeführt werden, als besonders förderungsfähig hervorgehoben, vorausgesetzt sie verfügen über eine hohe thematische und methodische Expertise in den jeweiligen Themenfeldern sowie über gute Zielgruppenzugänge. Neben dem Nachweis der tatsächlichen Eignung und Professionalität haben sich alle Zuwendungsempfänger „zur freiheitlichen demokratischen Grundordnung zu bekennen und eine den Zielen des Grundgesetzes förderliche Arbeit zu gewährleisten" (BMFSFJ 2016, 6; BMFSFJ 2017b/c, 5, 7).[6]

Ein dritter Förderschwerpunkt umfasst die Integration von Geflüchteten mithilfe von Islamverbänden (BT 2016a). Seit der Fluchtdynamik 2015 wurden und werden Programme in der Flüchtlingshilfe gemeinsam mit MSO als Programmträgern durchgeführt. Zu nennen ist hier beispielsweise das Patenschaftsprogramm „Menschen stärken Menschen" des Bundesfamilienministeriums zur Förderung von Patenschaften für geflüchtete Menschen sowie von Gastfamilien und Vormundschaften für unbegleitete minderjährige Flüchtlinge.

Bei der Programmumsetzung stark hervorgetreten ist die Türkische Gemeinde Deutschland (TGD) als säkularer Dachverband, aber auch DİTİB-Gemeinden waren eingebunden. Aufgrund der sogenannten „DİTİB-Spitzelaffäre" 2016/17[7] in Deutschland wurden die Fördergelder für die DİTİB-Gemeinden 2017 vorübergehend eingefroren und im Nachgang für die Zentrale und Teilverbände langfristig drastisch gekürzt (BT 2017). Für die Jahre 2018/19 wurde die Förderung von DİTİB-Projekten komplett eingestellt.

Aufgrund der Fluchtdynamik erfolgte im Jahr 2016 die Absichtserklärung, die in der Deutschen Islam Konferenz (DIK) vertretenen Islamverbände in staatliche Förderprogramme aufzunehmen und die muslimischen Verbände beim Aufbau ihrer Hilfeleistungen zu unterstützen (BT 2016a). Auf Anfrage der Fraktion DIE LINKE gab die Bundesregierung bekannt, dass grundsätzlich jeder Migrantenverband eine Rolle bei der Betreuung und Integration von Flüchtlingen übernehmen könne, „sofern diese Akteure und ihre Betätigung auf dem Boden der freiheitlich demokratischen Grundordnung und damit unter Beachtung der geltenden Gesetze und der hieraus ableitbaren Wertvorstellungen erfolgt. Dies vorausgesetzt ist es nicht von Relevanz, ob sich jemand bei dieser Betätigung als religiös versteht" (BT 2016a, 6 f.).

3.2 MSO-Förderung in NRW

In NRW ist die Förderung von MSO seit 2012 ein wichtiger Bestandteil des Teilhabe- und Integrationsgesetzes. Für das Bundesland NRW wird damit deutlich formuliert und gesetzlich verankert, dass „die Organisationen der Menschen mit Migrationshintergrund in demokratische Strukturen und Prozesse einzubinden und sie zu fördern" sind (§ 1 Abs. 6).[8]

Im jüngsten Koalitionsvertrag von CDU/FDP (2017–2022) wird formuliert: „Die Zusammenarbeit mit religiösen Verbänden wird sich danach richten, inwiefern sie Integration fördern oder behindern" (LT NRW 2018, 106). Hassprediger oder eine Einflussnahme fremder Staaten werden nicht geduldet (ebd.). Der Koalitionsvertrag wie auch die ältere Richtlinie über die Gewährung von Zuwendungen für MSO[9] setzen folgende Fördervoraussetzungen fest: 1. einen integrationsfördernden Fokus der Aktivitäten; 2. die Unabhängigkeit der MSO von staatlichen Strukturen und Parteien im In- und Ausland; 3. eine Erklärung zur Zusammenarbeit mit den vom Land geförderten Integrationsstrukturen. Nicht förderungsfähig sind die Pflege der Herkunftskultur oder die Religionsausübung.

In NRW existieren zwei große Programme zur Unterstützung von MSO. Das eine umfasst die „Förderung von MSO im Rahmen der Anschubförderung,

Einzelprojektförderung und Förderung von Unterstützung, Qualifizierung und Vernetzung". Mit jeweils unterschiedlich akzentuierten und außerplanmäßigen Förderphasen soll die aktive Mitwirkung von MSO bei der Integration von Geflüchteten und Neuzugewanderten forciert werden. Es geht dabei vor allem um die Gewährung von Starthilfen für Selbstorganisationen neuer Zuwanderungsgruppen, die Förderung von Projekten zum Empowerment von Geflüchteten bzw. Neuzugewanderten sowie um die Unterstützung von Vernetzungs- und Qualifizierungsangeboten erfahrener MSO.

Das zweite Programm heißt „KOMM-AN NRW zur Förderung der Integration von Flüchtlingen in den Kommunen und zur Unterstützung des bürgerschaftlichen Engagements in der Flüchtlingshilfe" (MKFFI 2017b). Zuwendungsempfänger sind Kommunen mit Kommunalen Integrationszentren. Zur Verfügung gestellte Mittel können an Drittempfänger weitergeleitet werden, die auch MSO und Moscheevereine sein können (MKFFI 2017b, 17).

In beiden Programmen werden MSO und Moscheevereine explizit als förderwürdige Akteure genannt. Darüber hinaus wird Religion bzw. religiösen Zugehörigkeiten – jenseits der Bekämpfung der Demokratiefeindlichkeit und Radikalisierung – keine gesonderte Aufmerksamkeit geschenkt bzw. es werden hinsichtlich ihrer Förderwürdigkeit keine Bedenken formuliert. In Anbetracht dessen erscheint es so, als werde eine unterschiedliche Religionszugehörigkeit der zugewanderten und geflüchteten Menschen seitens der Politik als normaler Sachverhalt wahrgenommen, der keiner gesonderten Regulierung bedarf.

3.3 MSO-Förderung in NRW-Kommunen

Die folgenden Darstellungen basieren auf fünf Interviews, die die Autorin dieses Beitrags im Sommer 2017 mit zwei für MSO zuständigen Koordinatoren in zwei Kommunen in NRW durchgeführt hat. Neben der konkreten Ausgangslage und Umsetzung der Förderung und Zusammenarbeit von und mit MSO war ein mit den Befragungen verfolgtes Erkenntnisinteresse, ob und inwiefern religiöse Ausrichtungen der MSO in der kommunalpolitischen Praxis eine Rolle spielen.

Die Zusammenarbeit mit den MSO und ihre Unterstützung werden als „dynamische Prozesse" beschrieben, die sich frei entwickelten und nicht systematisch oder strategisch geplant waren. Vielmehr werden Förderungen und Kooperationen flexibel gestaltet und an aktuelle kommunale Arbeitsschwerpunkte und -ziele angepasst. Persönliche Kontakte, eine kontinuierliche Beziehungspflege sowie regelmäßiger Austausch innerhalb der bestehenden Netzwerke werden als äußerst wichtige Aspekte erachtet.

Zwei zentrale Kriterien für die kommunale Förderung von und Zusammenarbeit mit MSO sind: 1. deren Grundgesetzkonformität bzw. Akzeptanz der freiheitlich-demokratischen Verfassung sowie 2. ein integrativer Fokus ihrer Aktivitäten. Zusammengearbeitet wird mit MSO, „die integrativ arbeiten, die sich geöffnet haben" und die über einen „guten Zugang zu ihrer Community" verfügen und diese „auch in Richtung Integration beeinflussen und auf Integration vorbereiten" können (Kommune 1). MSO können Projektanträge stellen, für deren Bewilligung eine wesentliche Voraussetzung ist, dass die Projekte „nicht nur der eigenen Zielgruppe dienen, sondern dass die auch nach außen offen sind, die einheimische Bevölkerung miteinbeziehen" und das Eingehen von Kooperationen umfassen. Das Kriterium des integrativen Fokus schließt die Förderung von rein religiösen, kulturellen oder sportlichen Aktivitäten aus. Wenn aber neben den religiösen Aktivitäten auch Integrationsarbeit stattfindet, „wenn eine Moscheegemeinde neben ihren Gebetsräumen Gemeinschaftsräume hat, wo die Menschen sich treffen, sich beraten lassen oder unterstützt werden", dann wird diese Arbeit seitens der Stadt unterstützt (Kommune 1).

Registriert wird, dass die religiösen Gemeinden in den letzten Jahren sehr viel Zulauf bekommen haben. Bei diesen Vereinigungen stehe Religion im Mittelpunkt und motiviere die Menschen, dorthin zu gehen. Die Gemeinden seien zu Treffpunkten und Zentren „der Identität" und „Solidarität" geworden: „Das spüren wir, das merken wir sehr stark halt." Diese Entwicklung führe nicht zu direkten Problemen und Konflikten. Es finde dort wichtiger Austausch „auch mit der Mehrheitsgesellschaft" statt. Allerdings könne die große Bedeutung der Religion der Integration auch entgegenstehen, wenn religiöse Einrichtungen mit ihren Interessen unter sich bleiben wollen, „wenn sie sich nicht öffnen, wenn sie nicht integrativ arbeiten" (Kommune 1).

Vor diesem Hintergrund ist die Flüchtlingshilfe zu einem wichtigen Thema geworden, die in einer stärkeren Projektförderung von Moscheegemeinden resultiert:

> Es gibt Moscheegemeinden, die haben starken Zulauf darüber, dass die Menschen dort hinkommen und ihren religiösen Pflichten nachgehen. Darüber haben sie einen Zugang zu diesen Menschen, dass wir gesagt haben, wir wollen stärker Projekte fördern, die diese Flüchtlinge aufnehmen, die sie versorgen mit Freizeitgestaltung, mit Begleitung von Behördengängen, bei der Suche nach Wohnraum usw. (Kommune 1)

Grundsätzlich wird den durch die MSO vertretenen unterschiedlichen religiösen Ausrichtungen mit Offenheit begegnet. Sofern die MSO grundgesetzkonform handeln, gilt das Prinzip der politischen und religiösen Neutralität. Von Interesse ist, „dass die für das Zusammenleben vor Ort einen Beitrag leisten". Dabei spielen religiöse Ausrichtungen zunächst keine Rolle:

> Ich habe Kontakte zu den Religiösen, zu religiös Konservativen, zu den Aleviten, zu Sonstigen, zu ganz Fortschrittlichen oder denen, die mit Religion nichts zu tun haben. Die sind alle bei mir erst mal so willkommen und ich muss die kontaktieren, und wenn die mich kontaktieren, muss ich für die ein Ohr haben. Das mache ich auch, bis ich dann irgendwann merke, da gibt es Probleme. Also schwierig sind auch die Gruppierungen, die nationalistisch orientiert sind, wie diese Grauen-Wölfe-Geschichten. (Kommune 2)

Mit nationalistischen Vereinen wird grundsätzlich nicht zusammengearbeitet: „Das ist dann für uns die rote Linie sozusagen" (Kommune 1). In solchen „radikalen, streng konservativen Gruppen", die sich von westlichen Werten abgrenzten, wie die türkische Gruppierung der Grauen Wölfe oder auch afrikanische Vereine, marokkanische oder algerische, würden Rückzugstendenzen beobachtet (Kommune 1).

In den türkischen Moscheegemeinden wird hingegen eine starke Beeinflussung der Einstellung der Menschen durch das Heimatland registriert (Kommunen 1 und 2).

> Wir beobachten, dass gerade aufgrund der Wahlen in der Türkei, auch aufgrund der Probleme zwischen der Türkei und Deutschland, dass es einen sehr großen, starken Einfluss auf die Einstellung der Menschen in den Moscheegemeinden hat. [...] Und wir bemerken auch, dass sie sich zurückziehen, dass sie von der türkischen Regierung, türkischen Politik sehr stark beeinflusst sind. Und das spiegelt sich auch wider in der Beziehung zwischen uns und den Gemeinden halt. (Kommune 1)

Es wird bemerkt, dass in einigen türkischen Moscheegemeinden starke Propaganda für die AKP[10] betrieben werde, was auch eine starke Infragestellung von westlichen Werten und Normen und die Betrachtung des Westens als Feindbild umfasse. Diese Entwicklung sei relativ neu und gefährde die Integrationsbemühungen in der Stadt enorm.

Allerdings seien nicht alle Moscheegemeinden oder Moscheevorstände in einen Topf zu werfen, sondern sie unterschieden sich zum Teil sehr deutlich: Es gebe streng konservative, die diese Entwicklung förderten, aber auch einige sehr liberale und offene, die sich gegen diese Entwicklung stellten und in denen kontroverse Auseinandersetzungen stattfänden. Viel hinge auch von den jeweiligen Vorstandspersönlichkeiten ab, von denen einige eine starke Unterdrucksetzung von politischen Gruppierungen beklagen, sich dagegen wehren und von den Entwicklungen in der Türkei distanzieren würden (Kommune 1).

In der Vergangenheit stellten DİTİB-Gemeinden in den beiden Kommunen traditionell enge und im Rahmen der kommunalen Integrationsarbeit hochgeschätzte Kooperationspartner dar. Vor dem Hintergrund der politischen Situation in der Türkei seien die Kontakte aber zum Teil abgebrochen und gestalteten sich schwierig (Kommune 1).

Die skizzierten Veränderungen und die Doppelgesichtigkeit von DİTİB als eine Religionsgemeinschaft und politische Organisation führen zu einer unsicheren, zwiespältigen, aber auch kritischen Haltung gegenüber dem Verband.

> Wir haben im Moment so Schwierigkeiten, ob man mit denen zusammenarbeiten kann. DİTİB-Moscheen waren eigentlich die liberalsten unter den Moscheen, wo die RAAs [Regionale Arbeitsstellen, jetzt KI; Anm. d. A.] gesagt haben, mit denen arbeiten wir auf jeden Fall. Das haben wir auch so umgesetzt, aber irgendwie, in letzter Zeit, sind die Kontakte so ein bisschen abgebrochen. Und bei uns im Netzwerk beteiligen sich auch kaum DİTİB-Moscheen, komischerweise. […] Ich kenne auch die Einzelnen, es kann auch unser Fehler gewesen sein […] Zu sagen, wir wollen jetzt mit euch nichts zu tun haben, das können wir nicht machen. (Kommune 2)

Die Kommunen und ihre Integrationsräte stehen weiterhin zu den sich in die Stadtgesellschaft einbringenden DİTİB-Gemeinden, da sie jahrelang gute und verlässliche Integrationsarbeit geleistet hätten. Allerdings wird auch gefordert, dass in den Gemeinden eine ehrliche interne Auseinandersetzung geführt wird: Wozu ist DİTİB da? Welche Bindungen bestehen zur türkischen Regierung und Politik? Was für ein Religionsverständnis hat DİTİB? Was wird unter Integration, Demokratie und Freiheit verstanden? „Die Unterstützung von Erdoğan und seiner Partei, das kann nicht die Aufgabe sein von so einer starken Gemeinde, aber die können sich auch nicht loslösen“ (Kommune 2).

3.4 Bilanz: MSO-Förderung auf Bundes-, Landes- und kommunaler Ebene

Auf der Ebene des Bundes wird *erstens* eine Präferenz der Förderung von *nicht religiösen* MSO artikuliert und in Teilen auch vollzogen. Einen wesentlichen Schwerpunkt stellt *zweitens* die Kontrolle, Repression und Zähmung demokratiefeindlich agierender religiöser Strömungen mit Tendenzen zur politischen Radikalisierung und zu religiös motiviertem Terrorismus dar. *Drittens* erfolgen Präventionsarbeit und eine Bekämpfung von verfassungsfeindlichen religiösen Strömungen unter Zuhilfenahme ziviler Engagementformen von Organisationen mit guten Zugängen zur Zielgruppe. Das macht – wohl oder übel – auch die Zusammenarbeit mit und die Förderung von islamischen Verbänden sowie anderen religiösen MSO notwendig. Für die Bundesebene lässt sich mithin festhalten, dass mit der Bekämpfung von demokratiefeindlichen, sich radikalisierenden religiösen Strömungen über Regelsetzungen eine konsistente regulierende Förderpolitik erfolgt. Zugleich findet allerdings ein pragmatisches Lavieren statt, das sich an aktuellen Bedarfen und Gegebenheiten, politischen Ereignissen und Entwicklungen in den Herkunftsländern orientiert und auf diese reagiert.

Auf allen drei politischen Ebenen stellen die Grundgesetz- bzw. Demokratiekonformität sowie die integrative Ausrichtung der MSO-Aktivitäten zentrale Fördermaßstäbe dar. Auf kommunaler Ebene spielen darüber hinaus allgemeine Erfahrungen (z.B. mit DİTİB), persönliche Kontakte und Beziehungen sowie aktuelle Entwicklungen, Bedarfe, Arbeitsschwerpunkte und -ziele eine wichtige Rolle.

Damit sollte in der Summe deutlich geworden sein, dass die Regulierung von Religion im Sinne von durch politische Fördermaßnahmen festgelegte spezifische Umgangsstrategien – jenseits der strategischen Bekämpfung undemokratischer religiöser Aktivitätsformen – auf Bundes-, NRW- und kommunaler Ebene bislang eine marginale bis keine Rolle gespielt hat.

4. Fazit und Ausblick

Die kommunalen Ausgangslagen für die MSO-Förderung sind insgesamt als uneinheitlich zu beschreiben. Beispiele „guter" oder „bester Praxis" in der einen Kommune werden bei dem Versuch ihrer Übertragbarkeit in andere Gemeinden immer auch lokalspezifische Anpassungen und Experimentierfreudigkeit erfordern. Insbesondere sind konsequente Haltungen und Überzeugungen zentral, da zeitliche Befristungen von Projektförderungen („Projektitis"), finanzielle oder mehrfach bedingte Problemlagen vieler Kommunen Kontinuität und Nachhaltigkeit entgegenstehen. Um in der politischen Praxis mehr Stabilität zu gewährleisten, ist die Stärkung einer systematischen Finanzierungs- und mithin auch Planungssicherheit geboten.

Bereits erwähnt wurde die für die Verwirklichung teilhabeorientierter Unterstützungsangebote notwendige Voraussetzung von intakten Infrastrukturen und vor allem Beziehungsstrukturen sowie vertrauensstiftenden Maßnahmen. Hinsichtlich des Vertrauensaufbaus zwischen Personen mit verschiedenen ethnischen und religiösen Zugehörigkeiten sollten verstärkt öffentliche Räume und Gelegenheiten für Begegnungen und Austausch geschaffen werden. Unterstützungs- und Einbindungsstrukturen können darüber hinaus über Koordinationsstellen, Vernetzungen, Kooperationen, Informations-, Beratungs- und Qualifizierungsangebote verbindlich gemacht und abgesichert werden. Bestenfalls wird eine die genannten Aspekte einschließende Gesamtstrategie für eine koordinierte Förderung von MSO entwickelt.

Abzuwarten bleibt, wie sich die Förderung von und Zusammenarbeit mit religiösen und insbesondere islamischen MSO vor dem Hintergrund der nicht tolerierten Einflussnahme aus den Herkunftsländern zukünftig entwickeln wird und welche Rolle Sanktionsmaßnahmen spielen werden. Dies gilt insbesondere auch für NRW, wo seit 2019 mit der „Koordinierungsstelle Muslimisches Engagement" im MKFFI eine gezielte Ausgestaltung der Zusammenarbeit mit muslimischen Verbänden und Vereinen als etablierte und neue Kooperationspartner erfolgen soll.

Auf bundespolitischer Ebene sind widersprüchliche Vorgehensweisen und ein pragmatisches Taktieren deutlich geworden. Öffentliche Wertschätzungen und Verantwortungsappelle sind auch symbolpolitisch aufgeladen, bleiben unter Umständen folgenlos und sind dem Versuch der Instrumentalisierung verdächtig.

Die Vorgehensweise im Rahmen des Programms „Demokratie leben!" steht im Zeichen der Demokratieförderung und Bekämpfung unsozialer, gesellschaftsgefährdender Aktivitäten. Bestehende Unklarheiten und Zweifel bezüglich der Verfassungstreue möglicher Zuwendungsempfänger sollen ausgeräumt werden. Diese Art der Gesinnungsprüfung soll die Vertrauens- und Förderwürdigkeit definitiv klären. Hier zeigt sich eine „Versicherheitlichung" (engl.: *securitization*), die seitens auf Förderung hoffender oder angewiesener Vereinigungen als Ausgrenzung wahrgenommen wird und Misstrauen verstärken könnte. Die Politik sollte daher die möglichen Auswirkungen ihrer Vorgehensweisen und Anforderungen kritisch reflektieren. Denn der Verzicht auf sicherheitspolitische Vorgaben auf Bundesebene kann in konkreten Fällen Handlungsspielräume eröffnen – und vor allem entwickeln sich auf lokaler Ebene Kooperations- und Förderkulturen aufgrund persönlicher Kontakte und Erfahrungen auch ohne offizielle Bekenntnisse zur freiheitlichen demokratischen Grundordnung dynamisch. Es zeigen sich die Notwendigkeit eines pragmatischen Umgangs und die Wirksamkeit einer Förderung und Zusammenarbeit von und mit MSO auf lokaler Ebene auch ohne sicherheitspolitische Brillen und jenseits staatlicher Regulierungsvorgaben. In diesem Zusammenhang sind bereits Erfolgsfaktoren und Barrieren für Kooperationen mit MSO identifiziert worden, die in der Praxis sehr ernst genommen werden sollten (u.a. BMFSFJ 2017a, 211 ff.).

Abschließend soll zu bedenken gegeben werden, dass die MSO im Zuge des Paradigmenwechsels und neuer Rollenverständnisse mit erhöhten Anspruchs- und Erwartungshaltungen konfrontiert sind, die auch als Überforderungen eingestuft werden können. Denn insbesondere im Rahmen von politischen Maßnahmen und Regulierungsansprüchen bestehen einerseits normativ stark aufgeladene Erwartungshaltungen, integrationspolitisch Gutes zu tun und dies öffentlich zu zeigen. Dies kann dazu führen, dass spezifische Handlungsweisen vorschnell verurteilt werden. Andererseits dürfen MSO nicht als „Lückenbüßer" oder Ausfallbürgen instrumentalisiert werden, um in staatlicher Verantwortung liegende Aufgaben zu bewältigen. Grundsätzlich kann zivilgesellschaftliches Engagement nicht verordnet werden, seinem Eigensinn und seinen unterschiedlichen kulturellen und religiösen Prägungen sowie der durch Verfügbarkeit von Ressourcen und weiteren Faktoren beeinflussten Handlungsfähigkeit von Individuen und Organisationen müssen bei der Förderung von zivilem Engagement stets Rechnung getragen werden. Wie auch in vielen anderen Vereinen von Personen ohne Zuwanderungsgeschichte in Deutschland findet Engagement in MSO mit unterschiedlichen Öffentlichkeitsbezügen und aufgrund verschiedenster Motive statt: In einigen Fällen wollen die Mitglieder lediglich Aktivitäten der Freizeit und Geselligkeit oder kulturellen Brauchtumspflege nachgehen, was ihr gutes Recht und nicht zu verurteilen ist. Es ist vor allem auch Aufgabe der Politik, unberechtigte Vorbehalte abzubauen sowie ermöglichende Rahmenbedingungen und Anreizstrukturen für die zivilgesellschaftliche Beteiligung der MSO und ein innergesellschaftliches Brückenbauen zu schaffen. Der politische Handlungsbedarf wurde bereits erkannt.[11] Es sollte jedoch kontinuierlich und konsequent überprüft werden, inwieweit Handlungsempfehlungen und Maßnahmen zur Förderung von MSO auch tatsächlich umgesetzt wurden bzw. werden und in der Praxis wirksam sind.

Literatur

[BMFSFJ] Bundesministerium für Familie, Senioren, Frauen und Jugend (Hg.) (2016): Bundesprogramm Demokratie leben! Aktiv gegen Rechtsextremismus, Gewalt und Menschenfeindlichkeit. Förderung der Strukturentwicklung zum bundeszentralen Träger. Leitlinie Förderbereich C. Fassung vom 01.11.2016. Berlin.

[BMFSFJ] Bundesministerium für Familie, Senioren, Frauen und Jugend (Hg.) (2017a): Zweiter Engagementbericht – Demografischer Wandel und bürgerschaftliches Engagement: Der Beitrag des Engagements zur lokalen Ebene. Bundestagsdrucksache 18/11800. Berlin. Auch online unter: https://www.bmfsfj.de/blob/115624/d6da5ce2163c59600f48a7a5d360a3b2/2-engagementbericht-und-stellungnahme-br-data.pdf.

[BMFSFJ] Bundesministerium für Familie, Senioren, Frauen und Jugend (Hg.) (2017b): Bundesprogramm Demokratie leben! Aktiv gegen Rechtsextremismus, Gewalt und Menschenfeindlichkeit. Förderung von Modellprojekten zum Zusammenleben in der Einwanderungsgesellschaft. Vielfalt leben – Organisationen gestalten. Leitlinie Förderbereich H 2. Fassung vom 21.04.2017. Berlin.

[BMFSFJ] Bundesministerium für Familie, Senioren, Frauen und Jugend (Hg.) (2017c): Bundesprogramm Demokratie leben! Aktiv gegen Rechtsextremismus, Gewalt und Menschenfeindlichkeit. Förderung von Modellprojekten zum Zusammenleben in der Einwanderungsgesellschaft. Empowerment zur demokratischen Teilhabe sowie Konfliktbearbeitung. Leitlinie Förderbereich H 1. Fassung vom 21.04.2017. Berlin.

[BMI/BAMF] Bundesministerium des Innern/Bundesamt für Migration und Flüchtlinge (Hg.) (2010): Bundesweites Integrationsprogramm. Angebote der Integrationsförderung in Deutschland – Empfehlungen zu ihrer Weiterentwicklung. Berlin/Nürnberg.

[BPA] Presse- und Informationsamt der Bundesregierung (2007): Der Nationale Integrationsplan. Neue Wege – Neue Chancen. Berlin. Online unter: https://www.bundesregierung.de/resource/blob/975226/441038/acdb01cb90b28205d452c83d2fde84a2/2007-08-30-nationaler-integrationsplan-data.pdf?download=1.

[BPA] Presse- und Informationsamt der Bundesregierung (2008): Nationaler Integrationsplan. Erster Fortschrittsbericht. Berlin. Online unter: https://www.bundesregierung.de/resource/blob/975226/476914/df4133af74cad403bcc35b03fd6a5817/nationaler-integrationsplan-fortschrittsbericht-data.pdf?download=1.

[BPA] Presse- und Informationsamt der Bundesregierung (2011): Nationaler Aktionsplan Integration. Zusammenhalt stärken – Teilhabe verwirklichen. Berlin. Online unter: https://www.bundesregierung.de/resource/blob/992814/441026/136cdd0c82e45766265a0690f6534aa9/2012-01-31-nap-gesamt-barrierefrei-data.pdf?download=1.

[BT] Deutscher Bundestag (2016a): Antwort der Bundesregierung auf die Kleine Anfrage der Abgeordneten Ulla Jelpke, Wolfgang Gehrcke, Jan van Aken, weiterer Abgeordneter und der Fraktion DIE LINKE. – Drucksache 18/7123 – Integration von Flüchtlingen mit Hilfe von Islamverbänden. Drucksache 18/7289. Köln. Online unter: http://dip21.bundestag.de/dip21/btd/18/072/1807289.pdf.

[BT] Deutscher Bundestag (2016b): Antwort der Bundesregierung auf die Kleine Anfrage der Abgeordneten Sevim Dağdelen, Ulla Jelpke, Frank Tempel, weiterer Abgeordneter und der Fraktion DIE LINKE. – Drucksache 18/7999 – Finanzielle Förderung von Migrantenorganisationen durch den Bund. Drucksache 18/8206. Köln. Online unter: http://dip21.bundestag.de/dip21/btd/18/082/1808206.pdf.

[BT] Deutscher Bundestag (2017): Antwort der Bundesregierung auf die Kleine Anfrage der Abgeordneten Volker Beck (Köln), Katja Keul, Dr. Tobias Lindner, weiterer Abgeordneter und der Fraktion BÜNDNIS 90/DIE GRÜNEN – Drucksache 18/13658 – Einfluss ausländischer Staaten, Parteien und Stiftungen auf islamische Gemeinschaften in Deutschland und offene Fragen aus der Deutschen Islam Konferenz (DIK). Drucksache 18/13658. Köln. Online unter: http://dipbt.bundestag.de/doc/btd/18/136/1813658.pdf.

[BT] Deutscher Bundestag (2018): Antwort der Bundesregierung auf die Kleine Anfrage der Abgeordneten Filiz Polat, Ulle Schauws, Dr. Anna Christmann, weiterer Abgeordneter und der Fraktion BÜNDNIS 90/DIE GRÜNEN – Drucksache 19/2107 – Förderung der Selbstorganisationen von Migrantinnen und Migranten. Drucksache 19/2376. Köln. Online unter: https://dipbt.bundestag.de/doc/btd/19/023/1902376.pdf.

[CDU/FDP NRW] CDU und FDP Nordrhein-Westfalen (2017): Koalitionsvertrag für Nordrhein-Westfalen. 2017–2022. Düsseldorf.

[Enquete] Enquete-Kommission „Zukunft des Bürgerschaftlichen Engagements“ des Deutschen Bundestages (Hg.) (2002): Bürgerschaftliches Engagement: Auf dem Weg in eine zukunftsfähige Bürgergesellschaft. Drucksache 14/8900. Berlin. Online unter: http://dip21.bundestag.de/dip21/btd/14/089/1408900.pdf.

Farrokhzad, Schahrzad/Kluß, Anno (2019): Migration und Vielfalt – kommunale Handlungsstrategien im Vergleich. In: Migration und Soziale Arbeit, Bd. 40, Nr. 3, S. 204–214.

Haus, Michael (2010): Von government zu governance? Bürgergesellschaft und Engagementpolitik im Kontext neuer Formen des Regierens. In: Olk, Thomas/Klein, Ansgar/Hartnuß, Birger (Hg.): Engagementpolitik. Die Entwicklung der Zivilgesellschaft als politische Aufgabe. Wiesbaden, S. 210–232.

Hero, Markus/Krech, Volkhard/Zander, Helmut (Hg.) (2008): Religiöse Vielfalt in Nordrhein-Westfalen. Empirische Befunde und Perspektiven der Globalisierung vor Ort. Paderborn.

[LT NRW] Landtag Nordrhein-Westfalen (2018): Integration strukturiert gestalten – Qualifizierung und Professionalisierung von Migrantenselbstorganisationen weiterentwickeln. Drucksache 17/3883. Düsseldorf. Online unter: https://landtag.nrw.de/Dokumentenservice/portal/WWW/dokumentenarchiv/Dokument/MMD17-3883.pdf;jsessionid=B9CF5276482123D595B6CE803056EA7A.

Mayntz, Renate (2010): Governance im modernen Staat. In: Benz, Arthur/Dose, Nicolai (Hg.): Regieren in komplexen Regelsystemen. Eine Einführung. Wiesbaden, S. 37–48.

[MKFFI] Ministerium für Kinder, Familie, Flüchtlinge und Integration des Landes Nordrhein-Westfalen (Hg.) (2017a): Integrationsprofile Bielefeld, Bochum, Bonn, Dortmund, Düsseldorf, Duisburg, Essen, Gelsenkirchen, Hagen, Hamm, Herne, Köln, Krefeld, Kreis Paderborn, Mönchengladbach, Mülheim an der Ruhr, Münster, Oberhausen, Solingen, Städteregion Aachen, Wuppertal. Daten zu Zuwanderung und Integration. Ausgabe 2017. Düsseldorf.

[MKFFI] Ministerium für Kinder, Familie, Flüchtlinge und Integration des Landes Nordrhein-Westfalen (2017b): Programm zur Förderung der Integration von Flüchtlingen und Neuzugewanderten in den Kommunen. Förderkonzeption. Dezember 2017. Düsseldorf.

Nagel, Alexander-Kenneth/El-Menouar, Yasemin (2017): Engagement für Geflüchtete – eine Sache des Glaubens? Die Rolle der Religion für die Flüchtlingshilfe. Gütersloh.

Pickel, Gert (2011): Religionssoziologie. Eine Einführung in zentrale Themenbereiche. Wiesbaden.

Priemer, Jana/Krimmer, Holger/Labigne, Anaël (2017): Vielfalt verstehen. Zusammenhalt stärken. ZiviZ-Survey 2017. Berlin.

Pries, Ludger (2010): (Grenzüberschreitende) Migrantenorganisationen als Gegenstand der sozialwissenschaftlichen Forschung. Klassische Problemstellungen und neuere Forschungsbefunde. In: Pries, Ludger/Sezgin, Zeynep (Hg.): Jenseits von „Identität oder Integration". Grenzen überspannende Migrantenorganisationen. Wiesbaden, S. 15–60.

Pries, Ludger (2013): Migrantenselbstorganisationen. Umfang, Strukturen, Bedeutung. Kurzdossier focus Migration, Nr. 21, April. Hg. v. Institut für Migrationsforschung und Interkulturelle Studien (IMIS), Universität Osnabrück. Osnabrück. Online unter: https://repositorium.ub.uni-osnabrueck.de/bitstream/urn:nbn:de:gbv:700-2013081511252/2/Kurzdossier%20Migrantenselbstorganisationen_2013.pdf.

Schuppert, Folke Gunnar (2011): Alles Governance oder was? Schriften des Münchner Centrums für Governance-Forschung. Baden-Baden.

Seifert, Wolfgang (2012): Migration. Vom Gastarbeiter zum Menschen mit Migrationshintergrund. In: Hradil, Stefan (Hg.): Deutsche Verhältnisse. Eine Sozialkunde. Bonn, S. 67–94.

[SVR] Sachverständigenrat deutscher Stiftungen für Integration und Migration (2016): Viele Götter, ein Staat. Religiöse Vielfalt und Teilhabe im Einwanderungsland. Jahresgutachten 2016 und Integrationsbarometer. Berlin.

Anmerkungen

1 Der Begriff des „zivilgesellschaftlichen Engagements" bezeichnet allgemein eine freiwillige, im öffentlichen Raum gemeinwohlorientiert und nicht auf materiellen Gewinn ausgerichtete, zumeist gemeinschaftlich-kooperativ ausgeübte Tätigkeit (Enquete 2002, 38).

2 Für die Bezeichnung einer MSO als eine religiöse (im Gegensatz zu einer säkularen) ist deren religiöses Selbstverständnis und die Zuordnung zu einer bestimmten religiösen Lehre oder Tradition ausschlaggebend. Dies umfasst umfangreiche religiöse Zielsetzungen und institutionalisierte Praktiken (vgl. Hero/Krech/Zander 2008, 19; Pickel 2011, 19).

3 Im Rahmen des ZiviZ-Surveys 2017 wurden über das bundesweite Vereinsregister per Namensanalyse MSO identifiziert (Datenbasis: Vereinsregister 2016; gemeinsames Registerportal der Länder, Suchabfragen online unter: www.handelsregister.de) (Priemer/Krimmer/Labigne 2017, 41, 50). Ein Verein wurde dann als MSO kategorisiert, wenn im Namen ein Raumbezug (z.B. „türkisch" in „Türkischer Kulturverein Dortmund e.V.") oder ein sich nicht auf die Mehrheitsgesellschaft beziehender Religionsbezug (z.B. „islamisch", „buddhistisch") erkennbar ist. Darüber hinaus wurden fremdsprachige Namen (z.B. Merkez Osmanlı Camii e.V.) und weitere Begrifflichkeiten, die auf einen Migrationsbezug verweisen könnten (wie z.B. „Migration" oder „internationale Solidarität"), bei der Filterung berücksichtigt. Im Datenpool des Forschungsprojekts „Religiöse Vielfalt in NRW" (CERES Bochum 2017; unveröffentlicht) sind religiöse Ausrichtungen kategorisiert, sodass Migrationsreligionen herausgefiltert werden konnten. Die zwei für NRW generierten Listen wurden der Autorin dankenswerterweise für weitere Analysen zur Verfügung gestellt.

4 Entsprechend der Organisationsbezeichnungen werden muslimische und alevitische MSO hier getrennt aufgeführt. Damit ist ausdrücklich keine Kennzeichnung einer Nichtzugehörigkeit der Alevit*innen zum Islam beabsichtigt. Ob sich Alevit*innen dem Islam zugehörig fühlen und sich als Muslim*innen bezeichnen, ist ein inneralevitisch bzw. innerislamisch kontrovers diskutiertes und an dieser Stelle nicht weiter auszuführendes Thema.

5 Die Strukturförderung ist nicht mit einer Regelförderung zu verwechseln. Ziel der Strukturförderung ist es, in den Dachverbänden vorhandene Infrastrukturen, Ressourcen und Erfahrungen effizient zu nutzen und zu stärken, um „die Vereine als kontinuierliche und verlässliche Ansprechpartner für Politik und Verwaltung zu etablieren und ihre Vernetzung untereinander sowie zu anderen Akteuren der Integrationsarbeit zu verbessern" (BMFSFJ 2017a, BR-Stellungnahme, 9).

6 Im Jahr 2019 befindet sich das Bundesprogramm „Demokratie leben!" in einem Übergangsprozess. Mit Beginn der zweiten Förderperiode ab 01.01.2020 wird es die beiden genannten Programmbereiche nicht mehr in der alten Form geben. Stattdessen sollen zukünftig „Kompetenznetzwerke bzw. -zentren" gefördert werden, und es wird eine neue Modellprojektsäule zur „Vielfaltgestaltung" geben. MSO sollen im Rahmen von „Demokratie leben!" auch weiterhin Projektträger werden (schriftliche Auskunft des Referats 103 „Integration und Vielfalt" im Bundesfamilienministerium).

7 Im Rahmen der sogenannten „DİTİB-Spitzelaffäre" nach dem Putschversuch in der Türkei soll DİTİB-Imamen seitens der türkischen Religionsbehörde Diyanet der Auftrag gegeben worden sein, in Moscheen Informationen über Anhänger der Gülen-Bewegung zu sammeln und diese an die Behörde weiterzuleiten.

8 In zwei weiteren Bundesländern, Berlin (2010) und Baden-Württemberg (2015), wurden Teilhabegesetze erlassen. Konkret handelt es sich um das „Gesetz zur Regelung von Partizipation und Integration in Berlin", 2010, sowie das „Partizipations- und Integrationsgesetz für Baden-Württemberg" (PartIntG BW), 2015. In Baden-Württemberg werden die Zusammenarbeit mit MSO (§ 5) sowie die finanzielle Förderung des Landesverbands der kommunalen Migrantenvertretungen Baden-Württemberg (LAKA) (§ 10) als Aufgaben der Landesregierung formuliert. Im Berliner Gesetz werden Anhörungen der örtlichen MSO und die Zusammenarbeit mit ihnen als verpflichtende Aufgaben der Bezirksbeauftragten für Integration und Migration (Integrationsbeauftragte) (§ 7) festgelegt. Finanzielle Fördermaßnahmen finden im Berliner Gesetz keine Erwähnung.

9 Richtlinie über die Gewährung von Zuwendungen für Selbstorganisationen von Migrantinnen und Migranten (RdErl. d. Ministeriums für Arbeit, Integration und Soziales – IV 5 – 9641 – v. 13.8.2015).

10 Die Adalet ve Kalkınma Partisi (AKP) (deutsch: Partei für Gerechtigkeit und Entwicklung).

11 Siehe hierzu die Integrationspläne und -programme der Bundesregierung, BPA 2007, 173 ff.; BMI/BAMF 2010, 116 ff.; BPA 2011, 199 ff., 286 ff., 433 ff., 451 ff.

DAVID RÜSCHENSCHMIDT

„Wege eines Zusammenlebens“ von Christ*innen und Muslim*innen in Marl. Die Christlich-Islamische Arbeitsgemeinschaft (CIAG)

„Wir wissen, daß Christen und Muslime in Freundschaft und Achtung voreinander zusammen leben [sic!] möchten. Der Glaube von uns beiden – Christen und Muslimen – ruft uns zu Frieden, Gerechtigkeit und guter Nachbarschaft mit allen Menschen auf“ (CIAG 1992). So prägnant formulierten die Mitglieder der Christlich-Islamischen Arbeitsgemeinschaft (CIAG) in Marl bereits im Jahr 1992 ihre grundlegenden Überzeugungen in Bezug auf den christlich-islamischen Dialog. Sie wollten mit dieser Stellungnahme die „Wege eines Zusammenlebens“ von Christ*innen und Muslim*innen in der Stadt fundieren (Henschel 1992). Die CIAG ist eine 1984 in Marl gegründete, christlich-islamische Dialoginitiative, die zu den ältesten und aktivsten dieser Zusammenschlüsse in Deutschland gehört. Heute bestehen rund 200 solcher Gesellschaften, Vereine und Netzwerke, die sich dem Austausch und der Kooperation zwischen Angehörigen unterschiedlicher Religionen verschrieben haben (Klinkhammer et al. 2011, Hinterhuber 2009).[1] Welche Rolle spielen der christlich-islamische Dialog und die Kooperation, wie sie in der CIAG stattfanden, ganz konkret auf der lokalen Ebene der Stadtgesellschaft? Welche Problemlagen und Herausforderungen treten im Zusammenhang mit religiöser Vielfalt vor Ort auf und wie wird diesen begegnet?

In meinem Beitrag möchte ich durch die Brille des (Zeit-)Historikers den Blick auf Umgangsweisen mit solchen Problemlagen, die mit religiöser und kultureller Vielfalt in Verbindung stehen, sowie daran beteiligte Akteure richten, die im Kontext der Christlich-Islamischen Arbeitsgemeinschaft Marl (CIAG) auszumachen sind. Diese Umgangsweisen kann man mit dem Begriff der Regulierung beschreiben, welcher ein ganzes Bündel von Aspekten erfasst, um die Integration zu fördern, Konflikte einzuhegen und einen produktiv-konstruktiven Umgang mit Differenzen zu ermöglichen. Dazu gehe ich zunächst auf die Hintergründe der Begegnungskonstellation von Christ*innen und Muslim*innen in Marl ein, bevor ich drei exemplarische Problemlagen identifiziere und anschließend herausarbeite, inwiefern die beteiligten Akteure versuchten, auf diese zu reagieren.[2] Dabei bieten sich (asymmetrisch)[3] vergleichende Perspektiven an, die ähnliche Problemlagen christlich-islamischer Dialoginitiativen an anderen Orten einschließen. Die religiöse Vielfalt in diesem Beitrag manifestiert sich in der Zivilgesellschaft, also in jenem öffentlichen und durch Bürgerhandeln geformten und geprägten Raum, der zwischen den Bereichen Politik, Wirtschaft und Privatsphäre angesiedelt ist (siehe den Einleitungsaufsatz von Christel Gärtner und Detlef Pollack).

1. Hintergrund und Fallbeschreibung

Der christlich-islamische Dialog in der Form zivilgesellschaftlicher Initiativen, an denen sowohl Christ*innen als auch Muslim*innen beteiligt sind, tritt in Deutschland seit den 1970er Jahren in Erscheinung. Ermöglicht und bedingt wurde dies einerseits durch grundlegende Neubewertungen des religiös Anderen – v. a. des Islams und seiner Angehörigen. Der Ökumenische Rat der Kirchen (ÖRK) und das Zweite Vatikanische Konzil setzten seit den 1960er Jahren und entgegen früherer Missionierungsbestrebungen und Abgrenzungen verstärkt auf Dialog und Kooperation mit Muslim*innen, denen man in dieser Zeit erstmals zugestand, „an den einen Gott" zu glauben (Nostra Aetate 3; Pratt 2017, 78 ff.). Andererseits kam es im Zuge der Arbeitsmigration zu karitativer Zuwendung kirchlicher Akteure gegenüber sogenannten „Gastarbeitern" muslimischen Glaubens, die aus der Türkei, Tunesien, Marokko und Jugoslawien nach Deutschland eingewandert waren. Obgleich die Anwerbeabkommen 1973 aufgekündigt wurden, stieg die Anzahl muslimischer Zuwanderer*innen in den Folgejahren vor allem in den Industrie- und Ballungsgebieten in Nordrhein-Westfalen und Westdeutschland (Chbib 2008). Vormalige „Gastarbeiter" ließen sich in Deutschland nieder, ihre Familienmitglieder folgten ihnen. Netzwerke, die sich auf die Arbeit mit Zuwanderer*innen konzentrierten, entstanden bereits in den 1970er Jahren, bevor dann in den 1980er Jahren mehr und mehr christlich-islamische Dialoginitiativen gegründet wurden, die sich dem interreligiösen Austausch, aber auch der Friedens- und Antirassismusarbeit widmeten.

Auch für die Stadt Marl, am Rande des Ruhrgebiets gelegen, lassen sich diese Prozesse feststellen. Marl war in den 1980er und 1990er Jahren eine immer noch durch Bergbau und Chemieindustrie geprägte Stadt, deren Sozialstruktur im Zuge der Anwerbung von ausländischen Arbeitskräften und ihren Familien, vornehmlich aus der Türkei, beeinflusst wurde. Viele Arbeitsmigrant*innen, die in den späten 1960er Jahren meist aus Anatolien migriert waren, arbeiteten im Bergbaugewerbe und gehörten überwiegend dem sunnitischen Islam an. 1973, im Jahr der Aufkündigung der Anwerbeabkommen, wurde der erste türkische Arbeiterverein gegründet (Janowski 2009). Im Laufe der 1970er und 1980er Jahre erhöhte sich die Anzahl der in Marl lebenden Muslim*innen durch den Familiennachzug der Arbeitsmigrant*innen sowie durch Flucht- und Asylmigration. Hartmut Dreier, einer der Sprecher der CIAG Marl und evangelischer Pfarrer, geht für das Jahr 1993 von einer Bevölkerung von etwa 90.000 aus, von denen 3.500 einen türkischen Migrationshintergrund aufwiesen (Dreier 1993). Der christliche Bevölkerungsanteil ergab sich etwa zu gleichen Teilen aus Protestant*innen und Katholik*innen. Zu Kontakten zwischen muslimischen Migrant*innen und der (christlichen) Mehrheitsbevölkerung war es seit den späten 1970er und frühen 1980er Jahren gekommen, zunächst im Rahmen von Bildungsinstitutionen, dann seit 1983 im „intercent“, einem vereinsrechtlich organisierten „internationalen Bildungs- und Begegnungszentrum“. Eine stärker religionsbezogene Kooperation und Verständigung ergab sich allerdings erst im Zuge der Gründung und Aktivitäten der Christlich-Islamischen Arbeitsgemeinschaft (CIAG).

2. Problemlagen und Lösungsansätze

Zwischen 1984 und 2001 lassen sich anhand dreier Problemlagen regulative Dimensionen christlich-islamischen Dialogs und interreligiöser Kooperation ausmachen und herausarbeiten:

1. In den frühen 1980er Jahren traten Rechtsextremismus und Ausländerfeindlichkeit sichtbar auch in Marl auf. 1983 wurde ein Anschlag auf eine Moschee verübt (N. N. 2001a), eine rechtsextreme Partei erreichte vergleichsweise hohe Zustimmungsraten und an Hauswänden waren ausländerfeindliche Parolen zu lesen. Hartmut Dreier erinnert sich: „Es gab eine […] Strukturkrise im Ruhrgebiet, und dann fing das an: Türken raus!“ (Zeitzeugengespräch Dreier 2018). Diese Ausländerfeindlichkeit schien noch kaum religions- oder islambezogen gewesen zu sein. Der damalige Oberbürgermeister Günther Eckerland lud verschiedene Gruppen und zivilgesellschaftliche Akteure zu Treffen ein, darunter auch Angehörige und Vertreter*innen der Religionsgemeinschaften. Durch diese Treffen, so das Ansinnen der einladenden Politiker, sollte der Zusammenhalt der städtischen Zivilgesellschaft gestärkt und Ausländerfeindlichkeit das Wasser abgegraben werden. Aus einem solchen Treffen ging die CIAG hervor und emanzipierte sich in der Folge von den politischen Initiatoren, blieb aber in kooperativem Kontakt mit Politik und Verwaltung (N. N. 1985). Die CIAG agierte

in den ersten Monaten und Jahren, noch unter dem Namen „Arbeitsgruppe Christlich-Islamische Begegnung in Marl“, als ein Netzwerk von Christ*innen und Muslim*innen, die sich in Untergruppen den Themenkomplexen „Schule – Religionsunterricht“ und „Theologie – Christlich-Islamische Begegnung“ widmeten (N.N. 1985). Die Arbeitsgemeinschaft agierte formell unabhängig, unterhielt aber enge Kontakte zu katholischen, evangelischen und muslimischen Gemeinden. Der Hodscha Mustafa Aktas von der DİTİB-Moschee in der Amselstraße etwa verbreitete die Einladungen zu den Treffen der CIAG, Funktionsträger der Gemeinden beteiligten sich in der CIAG und Gemeinderäume konnten für die Treffen der CIAG genutzt werden. Ein erster Höhepunkt der Aktivitäten der CIAG war die gemeinsam mit der Christlich-Islamischen Gesellschaft gestaltete, dritte Christlich-Islamische Woche, die über 3.000 Besucher*innen, teilweise auch aus dem Ausland, anzog, die Sichtbarkeit der muslimischen Minderheit in der Stadt enorm zur Geltung brachte und stark kulturell ausgerichtet war.

Marl war nicht die einzige westdeutsche Stadt, in der es zu ausländerfeindlichen Vorfällen gekommen war. In Dortmund und Köln wurden zwischen 1981 und 1983 ebenfalls mehrere Anschläge auf Moscheen verübt, in Gelsenkirchen war 1982 das Büro des türkischen Arbeitervereins Ziel eines Brandanschlags und 25 Geschäfte ausländischer Inhaber waren mit Hakenkreuzen und ausländerfeindlichen Parolen beschmiert worden. Darauf reagierte eine christlich-islamische Dialoginitiative in Gelsenkirchen, der „Arbeitskreis für Ausländerfragen“, in deutlich expliziterer Weise, indem eine Demonstration und Mahnwache organisiert wurde (N. N. 1982). An diesen Fällen wird deutlich, dass sich die Ausländerfeindlichkeit auch schon in den frühen 1980er Jahren an religiösen Gebäuden und Symbolen entlud. Zugleich wandten sich religiöse Akteur*innen, Christ*innen und Muslim*innen, ihrerseits gegen diese Ausländerfeindlichkeit und wurden auch als potenzielle Stabilisatoren der zivilgesellschaftlichen Befriedung angesprochen. Dieses Motiv, über die Religion gesellschaftliche und kulturelle Integrationspotenziale zu aktivieren, avancierte vor allem nach 2001 zu einem Element der Integrationspolitik in Deutschland, es fand aber bereits in der Einladung des Bürgermeisters einen Vorläufer. Jedoch: Die Dialoginitiative CIAG erlangte in der Folge gänzliche Eigenständigkeit, ohne dass sie weiterhin von lokalpolitischen Akteuren abhängig gewesen wäre, gleichwohl aber immer wieder Kontakte zu diesen suchte.

2. Die zweite Problemlage ergab sich durch den 1987 beantragten Bau einer repräsentativen Moschee einer zu DİTİB gehörenden muslimischen Ge-

meinde, der in der Stadt zu bisweilen erhitzten Diskussionen führte. Diese Problemlage verdeutlichte Regelungsbedarfe, denen sich Akteure der CIAG annehmen wollten. Die muslimische Gemeinde, die bis dahin in einem Moscheeprovisorium in der Amselstraße untergebracht war, hatte durch die christlich-islamischen Aktivitäten die Motivation und Bestärkung zur Antragstellung auf den Bau einer Moschee erfahren. „Den Wunsch nach dem Bau einer Moschee in Marl gibt es schon seit langem", notierte die *Marler Zeitung* am 20.05.1987 (N. N. 1987a). Seit der christlich-islamischen Woche sei diskutiert worden, ob nicht „eine Moschee mit einem Begegnungszentrum über Diyanet in Marl gegründet werden sollte – als soziales, kulturelles und religiöses Zentrum für die Mehrheit der türkischen Bevölkerung" (Ceylan 1988). Die Genehmigung und Legitimierung des Bauvorhabens stellten sich allerdings kompliziert dar. Bei einer einberufenen Bürgeranhörung bezogen sich die Bedenken der Anwohner*innen vor allem auf höheres Verkehrsaufkommen, „Sinken des Wohnwertes, zentrale Lage" des anvisierten Standorts und Ähnliches (vgl. ebd.). Auch der Sportverein SC Hamm opponierte gegen den Moscheebau an der Amselstraße, da dieser eine potenzielle Vergrößerung des Sportgeländes unmöglich gemacht hätte (vgl. ebd.). Neben diesen durchaus sach- und interessenbezogenen Argumenten, berichtet Hermann Dorpmund, hätte es allerdings auch „grundsätzliche Kritik gegen den Islam" gegeben: „Es fielen Begriffe wie ‚Heiliger Krieg, Graue Wölfe, Völkermord und Intoleranz'" (Dorpmund 1992), berichtete der Mitarbeiter der Arbeiterwohlfahrt von einer Bürgerberatung mit 300 Teilnehmer*innen. Diese Motive der Ablehnung schienen allerdings weniger genuin christlich als vielmehr von der Ablehnung der fremden Religion unter Rückgriff auf kulturchristlich verbrämte Stereotype gekennzeichnet zu sein. Stärker als ein Konflikt zwischen Religionen schien sich hier ein Konflikt zwischen deutschen Etablierten und Außenseitern mit Zuwanderungsgeschichte zu manifestieren.

Daneben erwies sich das Bauvorhaben als konflikthaft auf zwei Ebenen: Auf der Sachebene stellt sich der Konflikt in Bezug auf infrastrukturelle und städtebauliche und das Eigeninteresse der Anwohner betreffende Themen dar. Auf einer religiös-kulturellen Ebene bezieht sich der artikulierte Widerspruch auf die Moschee als Symbol des Fremden und religiös Anderen. „Am Beispiel der Moschee sehe ich [...], wie wenig der Integrationswille noch in der Marler Bevölkerung vorhanden ist", resümierte Ceylan und skizzierte die anstehenden Aufgaben: „So werden wir gemeinsam noch ein gutes Stück Öffentlichkeits- und Überzeugungsarbeit leisten müssen, ehe wir die gegen-

seitige Akzeptanz der ausländischen und deutschen Bevölkerung in Marl erreichen können" (Ceylan 1988, 11).
Marl war damit einer der ersten Orte, in denen die überwiegend als Gastarbeiter aus der Türkei zugewanderten Muslim*innen einen repräsentativen Moscheebau anstrebten.[4] Auch an anderen Orten führten Moscheebauvorhaben oder die Einführung des Muezzinrufs zu teilweise deutlich intensiveren Auseinandersetzungen, als es in Marl der Fall war (vgl. Schmitt 2003; Schmitt 2015). Eine der heftigsten Eskalationen war im Konflikt um den Muezzinruf in Duisburg-Laar 1996 zu verzeichnen. Auch in Duisburg hatte seit 1982 eine sehr aktive, christlich-islamische Dialoginitiative bestanden, deren Aktivitäten und Treffen allerdings nach der Pensionierung des Pfarrers Günter Orth im Jahr 1994 zum Erliegen gekommen waren (Yardim/Faust 1998, 18 ff.). Es bestand zwar noch ein Arbeitskreis für „Kontakte zu islamischen Vereinen" der evangelischen Kirche, dem aber keine Muslim*innen angehörten (und der deshalb nicht als Dialoginitiative zählen kann). Zwei Jahre später, 1996, wandte sich Dietrich Reuter, Pfarrer der evangelischen Gemeinde in Duisburg-Laar, mit der Unterstützung des Presbyteriums gegen den Adhān (Gebetsruf), den zwei muslimische Gemeinden im Duisburger Norden beantragt hatten: Muslim*innen solle man zwar „in Liebe begegnen", aber mit ihnen glaube man nicht an denselben Gott und der Gebetsruf trage „einen antichristlichen Charakter und stellt einen Affront gegen glaubende Christen dar", postulierte Reuter, zugleich Vorsitzender der Bekenntnisbewegung „Kein anderes Evangelium" im Rheinland (Reuter 1996). Auch der Pfarrer der katholischen Gemeinde St. Ewaldi, in unmittelbarer Nachbarschaft zur Moscheegemeinde gelegen, sah den lautsprecherverstärkten Gebetsruf problematisch und als Provokation an (Schmitt 2003, 279). Der Rat der Stadt und die Verwaltung bezogen nicht eindeutig für den Antrag Stellung, es kam in der Folge zu massiven Diskussionen in der Stadtöffentlichkeit, in denen sich rassistische und antimuslimische Stereotype der Bevölkerung manifestierten (Dietzsch et al. 1997). Außerdem zeigten sich auch große Unterschiede innerhalb der Kirchen, von einer Befürwortung des Adhān bis zur entschiedenen Ablehnung. Vergleicht man die – freilich recht unterschiedlichen – Fälle von Marls Moscheebau und Duisburgs Adhān-Konflikt, lässt sich vermuten, dass Letzterer aufgrund der uneinheitlichen Linie der Stadtverwaltung und womöglich auch wegen des Fehlens einer Dialoginitiative von relevanter Größe eskalieren konnte.

3. Die dritte Problemlage ergab sich durch den 11. September 2001, allerdings nicht auf der Ebene der lokalen Nachbarschaft, sondern auf jener gesamtge-

sellschaftlich-massenmedialer Diskurse. Zumindest im Verständnishorizont der Zeitgenossen wurde dieses Ereignis als gravierende Zäsur bewertet, und es fehlt nicht an Aussagen von Kommentator*innen, Journalist*innen und Politiker*innen, die diese Ansicht zum Ausdruck brachten (Berg 2011, 464). Schnell avancierte „der 11. September" bzw. „9/11" zu einem Symbol und entfaltete Einfluss auf das Bild vom Islam insgesamt, aber auch auf den christlich-islamischen Dialog – und das in ambivalenter Weise. Einerseits verunsicherte das Ereignis die Dialogakteur*innen und rief Kritiker*innen auf den Plan, die vom „verlogenen Dialog" (Bölsche 2001, 44) sprachen. Andererseits aktivierte es auch Handlungspotenziale aufseiten der Dialoginitiativen oder war ein Anlass für Neugründungen. Auch die CIAG Marl reagierte auf dieses „Diskursereignis" (Didero 2014, 345) und wandte sich selbstbewusst mit „ungefragten Ratschlägen" – so der Titel ihres Schreibens – an politische und kirchliche Akteure. Es ist interessant: Während es zuvor konkrete und lokal manifestierte Problemlagen waren, auf die Christ*innen und Muslim*innen als kooperierende Akteure reagierten – nämlich ausländerfeindliche Vorfälle und ein umstrittener Moscheebau – war es im Fall des 11. Septembers 2001 ein zwar global beachtetes Ereignis, das jedoch in den USA stattgefunden hatte. Aufgrund der überaus starken medialen Präsenz und Diskussion schätzte die CIAG es trotzdem als potenziell problematisch für das Verhältnis von Christ*innen und Muslim*innen in Marl ein. Im Gegensatz zu den vorher behandelten Problemlagen war diese Intervention allerdings präventiver Natur und zielte nur auf eine antizipierte, aber noch nicht eingetretene problematische Spannung zwischen Christ*innen und Muslim*innen in der Gesellschaft der gesamten Bundesrepublik wie auch vor Ort in Marl.

In den jeweiligen Lösungsansätzen zu diesen Herausforderungen spielte die CIAG eine bestimmte Rolle: War ihre Gründung eine Folge davon, dass der Bürgermeister die Zivilgesellschaft der Stadt angesichts von Rechtsextremismus und Ausländerfeindlichkeit stärken wollte, avancierte sie in den anderen beiden Fällen zum direkten Urheber und Akteur der Lösungsansätze. Im folgenden Abschnitt werden diese Lösungsansätze als Regulierungsmöglichkeiten genauer in den Blick genommen.

3. Regulierungsmöglichkeiten und -bedarfe

Die Frage nach den Möglichkeiten impliziert unterschwellig, dass Regulierung einen Prozess darstellt, der einseitig von einem*r Akteur*in intentional mit Blick auf ein Objekt und unter Rückgriff auf bestimmte Mittel angestoßen werden kann und dann zu einem angestrebten und erwünschten Zustand führt. Dies ist allerdings aufgrund der eingeschränkten Handlungsspielräume und Spontaneität der in dem von mir geschilderten Fall beteiligten Akteure und der verschiedenen Einflussfaktoren nicht möglich. Vielmehr müsste man davon ausgehen, dass es sich bei Regulierung um komplexe, von verschiedenen Akteur*innen und Faktoren abhängige Prozesse handelt, an deren Ende die (Selbst-)Regulierung, die produktive Einhegung von Differenz und die Prävention von Desintegrationsprozessen stehen. Diese Aspekte und damit der jeweils eigenständige Rang des jeweiligen Falls sollten deswegen nicht aus dem Blick geraten.

1. Im Fall der ersten Problemlage bot sich die Möglichkeit, zivilgesellschaftliche Potenziale über den Faktor „Religion" zu aktivieren, wie es vom damaligen Bürgermeister Günther Eckerland erhofft wurde. Die konkrete Problemlage (vgl. 2.), nämlich die Ausländerfeindlichkeit, konnte und sollte durch den einberufenen runden Tisch nicht unmittelbar aufgelöst werden. Es war dem Bürgermeister wohl stärker an einer Vernetzung religiöser Akteure in der Marler Zivilgesellschaft gelegen, um diese dadurch zu stärken und zu verdichten. Damit wurden die Gruppen aus der Stadtgesellschaft ausgeschlossen und marginalisiert, auf die sich die Ausländerfeindlichkeit hauptsächlich richtete. Angesichts der weiteren Entwicklung, der Emanzipierung der CIAG von den ursprünglich von lokalpolitischer Seite gesetzten Impulsen und den persönlichen Bekanntschaften und Vertrauensverhältnissen, die sich immer wieder auch in der Stadtöffentlichkeit zeigten, kann diese Initiative durchaus als erfolgreich betrachtet werden. Dabei bleibt die Einschätzung vage, inwiefern das Engagement der CIAG Ausländerfeindlichkeit unmittelbar entgegengewirkt hat und entgegenwirken konnte. Von stärkenden Impulsen auf die städtische Zivilgesellschaft kann man aber sicher ausgehen. Während in Marl die gesamte Maßnahme des runden Tischs für religiöse Akteure zumindest nie als explizit gegen Ausländerfeindlichkeit gerichtet und durch diese veranlasst beschrieben wurde, nahmen an anderen Orten, wie in Gelsenkirchen, christlich-muslimische Initiativen unmittelbar Bezug, indem sie in Demonstrationen und Versammlungen auf das Thema der Ausländerfeindlichkeit hinwiesen und dagegen Stellung bezogen. Im Gegensatz zu späteren Problemlagen bei Widerwillen gegen den Moscheebau o.Ä. wurden hier diejenigen, die Ausländerfeindlichkeit artikulierten, nicht diskursiv eingebunden.
2. Im zweiten Fall hatten positive Erfahrungen von Muslim*innen in der CIAG und ein gesteigertes Selbstbewusstsein durch die Christlich-Islami-

sche Woche 1986 eine DİTİB-Gemeinde in ihrem Entschluss bestärkt, einen Antrag auf einen repräsentativen Moscheebau zu stellen. Die Präsenz des Islams, die durch die kulturellen Veranstaltungen der CIAG bereits sichtbar geworden war, drohte sich nun in der Form einer repräsentativen Moschee neu zu manifestieren, wie an anderen Orten durch Minarettbau oder Muezzinruf. Als dieses Bauvorhaben der Stadtöffentlichkeit bekannt wurde, gab es sowohl sachbezogene (Sportverein, Parkplätze) als auch religiös-kulturell zentrierte Vorbehalte (Fundamentalismus, Intoleranz) von Marler Einwohner*innen, die sich gegen den Moscheebau richteten. Wie wurde dieser Konflikt beigelegt und welche Rolle kam der CIAG dabei zu? Bedeutsam war zunächst, dass durch die Aktivitäten der CIAG der Wunsch nach einer repräsentativen Moschee überhaupt bestärkt und der Antrag bei der Stadtverwaltung gestellt wurde, die dem Antrag prinzipiell zustimmend und wohlwollend gegenüberstand. Dieser Antrag brachte zwar Konflikte und Diskussionen mit sich, die aber letztlich unter der Beteiligung der unterschiedlichen Akteur*innen – der muslimischen Gemeinde, der CIAG, der Stadtverwaltung, der Kirchen, der widerwilligen Anwohnerschaft – beigelegt werden konnten. Bereits in der Antragsphase erklärte die Gemeinde, auf den „Brauch [zu] verzichten, vom Minarett aus durch einen Muezin [sic!] oder per Lautsprecher zum Gebet aufrufen zu lassen" und „das Gebäude architektonisch so auszulegen, daß es nicht zu sehr als Fremdkörper in der Umgebung auffallen wird" (N. N. 1987b).

Weiterhin wurde die CIAG zu einem relevanten Akteur bei der Ermöglichung des Moscheebauvorhabens: Einerseits trug die CIAG in den Diskussionen zu verstärkter Sichtbarkeit von Muslim*innen, ihrer Religion und den religiösen Bedürfnissen und Rechten bei, andererseits traten die an ihr beteiligten Akteur*innen als Fürsprecher der Moschee auf. Im Laufe der folgenden Jahre wurde das Thema mehrfach in der Stadtöffentlichkeit diskutiert, so etwa in der Käthe-Kollwitz-Schule im September 1987, aber auch innerhalb der CIAG, teilweise unter Einbezug von Vertreter*innen der Lokalpolitik und Verwaltung, ebenfalls im September 1987 sowie im Februar und Mai 1988 (Kecik/Dreier 1988). Die Thematisierung des Moscheeprojekts blieb allerdings nicht die einzige nach außen gerichtete Aktivität der CIAG. Im September 1988 veranstaltete die Arbeitsgemeinschaft ein christlich-islamisches Bürgerfest (Dreier 1988), plante für das Folgejahr eine Ausstellung zu Festen und „heiligen Gegenständen bei Juden, Christen und Muslimen" (Dreier 1987) sowie die öffentlichen „ersten Marler Tage des Christlich-Islamischen Dialogs" im März 1990 (Dreier 1987). Das

ZDF widmete der CIAG Marl eine Dokumentation, die am Jahresende 1989 ausgestrahlt wurde. Durch diese Aktivitäten wurde die Gemeinschaft von Christ*innen und Muslim*innen sichtbar, die Muslim*innen als vernetzt und eingebunden dargestellt. Dazu kamen öffentlichkeitswirksame, wechselseitige Grüße der Gemeinden in der Form von Grußworten und Besuchen, wiederum initiiert durch Angehörige der CIAG. Diese Veranstaltungen dienten meiner Einschätzung nach zu einem großen Teil vor allem dem Selbstzweck.[5] Man kann aber feststellen, dass sie als Nebeneffekt zur verstärkten Sichtbarkeit der Muslim*innen in Marl und der guten Kontakte zu den christlichen Akteur*innen vor Ort beitrugen, den Muslim*innen somit öffentliche Anerkennung zuteil und daneben deutlich wurde, dass Muslim*innen über gute Kontakte, Unterstützung und gewissermaßen eine „Lobby“ außerhalb ihrer eigenen Religionsgemeinschaft verfügten.
Der artikulierte Widerwillen gegen den Bau nahm ab, der Antrag für den Bau der Moschee am veränderten Standort wurde letztlich bewilligt und am 20.05.1990 wurde feierlich der Grundstein des Sakralbaus gelegt, wozu der Bürgermeister Lothar Hentschel und einer der Sprecher der CIAG, Pfarrer Hartmut Dreier, ihre Grußworte beisteuerten. Die Eröffnung konnte im Sommer 1992 erfolgen.
In Duisburg herrschte der Konflikt um den Gebetsruf über Monate, allerdings widersprach ein Großteil der evangelischen Funktionsträger der Ablehnung des Muezzinrufs durch Dietrich Reuter. Katholische Gemeinden in Duisburg-Rheinhausen, die den Muezzinruf zunächst auch abgelehnt hatten, versuchten Anfang 1997 allerdings, über dieses Thema mit Muslim*innen ins Gespräch zu kommen, etwa indem Vorträge zum Thema und Diskussionsrunden abgehalten wurden – Maßnahmen, an denen sich auch evangelische Gemeinden orientierten (Schmitt 2003, 305). 1997 wurde außerdem auf das Fehlen einer zivilgesellschaftlichen und interreligiösen Dialogstruktur mit dem Projekt „Aufeinander zugehen – miteinander leben“ reagiert (Yardim/Faust 1998, 6). Dessen Ausrichtung beschreibt Rafael Nikodemus, Kirchenrat für den interreligiösen Dialog und ehemals Pfarrer in Duisburg, als konfliktpräventiv: „Der Sinn war also eine Struktur auf der Stadtebene zu haben, die sich regelmäßig trifft, die auch identifiziert, über welche Themen man reden muss, die Probleme im Vorfeld identifiziert und […] deeskalierend wirken kann“ (Nikodemus 2018).

3. Die Modi der Regulierung bei der dritten Problemlage, die durch die islamistischen Terroranschläge vom 11. September 2001 antizipierte Verschärfung des Verhältnisses zwischen Christ*innen und Muslim*innen, waren

primär durch öffentlich und medial rezipierte Ereignisse induziert und auf diese bezogen. Ein weltpolitisches Ereignis wurde als potenziell belastend für das Verhältnis von Christ*innen und Muslim*innen vor Ort antizipiert, woraufhin sich die CIAG einschaltete. Mit „ungefragten Ratschlägen", wie sie die CIAG selbst betitelt hatte, brachte man sich als Experte im Bereich des christlich-islamischen Dialogs in die Öffentlichkeit ein. Diese „ungefragten Ratschläge" liegen nicht im Original vor, lassen sich aber durch Zeitungsartikel und Reaktionen der Adressierten zu guten Teilen rekonstruieren (N. N. 2001b). Die Verfasser*innen der Ratschläge etwa regten an, „die großen islamischen Verbände in ihrer Gesamtheit als Gesprächspartner miteinzubeziehen", um „Misstrauen und Spaltung" (ebd.) vorzubeugen. Staatliche Einrichtungen, „Polizei, Kirchen, Gewerkschaften und Parteien", sollten ebenfalls in den Dialog mit den Islamverbänden einbezogen werden, auch im „Hinblick auf zu befürchtende Anschläge auf Moscheen, Gebetsräume und Einrichtungen muslimischer Bürger". Medien sollten nicht nur „über Konflikte, sondern vielmehr über gelungene Beispiele und Modelle interreligiöser und kultureller Verständigung berichten", regte die CIAG an, und erhoffte sich von solchen medial transportierten Bildern eine „befriedende, versöhnende, heilende und präventive Wirkung auf das gesellschaftliche Klima" (ebd.). Von den Angeschriebenen antworteten nahezu alle. Das Innenministerium stimmte zu, dass „interkulturelle und interreligiöse [...] Zusammenarbeit zur gesellschaftlichen Integration des Islam in Deutschland beitragen" könne und „gelungene Beispiele und Modelle interreligiöser Verständigung [...] von staatlicher Seite befördert werden könnten" (BMI 2002). Ähnlich zustimmend äußerten sich auch der damalige nordrhein-westfälische Ministerpräsident Jürgen Rüttgers, der damalige nordrhein-westfälische Innenminister Jürgen Möllemann sowie der Rat der EKD. Der damalige Bundestagspräsident Wolfgang Thierse nannte die CIAG ein „lebendiges Beispiel für [...] wichtige Integrationsarbeit in den Kommunen unseres Landes" (Thierse 2002).

Die CIAG war nicht die einzige Dialoginitiative, die sich auf die Attentate vom 11. September bezog. Auch der interreligiöse runde Tisch in Köln-Mühlheim verfasste eine öffentliche Erklärung zum 11. September, und die Christlich-Islamische Gesellschaft (CIG), die größte christlich-islamische Dialoginitiative, fragte angesichts der Anschläge: „Gibt es noch eine christlich-islamische Begegnung am Rande der politischen Zerreißproben, die die Welt in eine islamische und eine zivilisierte neu definieren möchten?" und gab sogleich die Antwort: „Wir sind der Überzeugung: Ja! [...] Der 11. September stellt in der Tat eine radikale Forderung nach Veränderung an die Welt, der Christen und Muslime gemeinsam nachkommen müssen" (Vorstand CIG 2001). Welche Regulierungspotenziale sollten und konnten mit diesen Stellungnahmen und „ungefragten Ratschlägen" realisiert werden? Mit der Intervention zum 11. September zielte die CIAG es auf nicht weniger als auf gesamtgesellschaftliche Veränderungen ab und trat gegenüber politischen und kirchlichen Akteuren als Netzwerk von Praktiker*innen und Expert*innen für den christlich-islamischen Dialog und die Kooperation von Angehörigen beider Religionen auf. Die Stellungnahmen nicht nur der CIAG, sondern auch anderer christlich-islamischer Akteur*innen waren darauf ausgerichtet, der augenscheinlichen Bestätigung der These von Samuel Huntington vom „Kampf der Kulturen" entgegenzuwirken (Huntington 1996). Diese Diskursintervention war nicht nur ein Anliegen bereits bestehender, sondern auch das Motiv für die Gründung weiterer christlich-islamischer Dialoginitiativen. In der Tat wurde diesen in den folgenden Jahren verstärkte Aufmerksamkeit seitens der Politik zuteil. Der damalige Bundespräsident, Johannes Rau, besuchte auf Einladung der CIAG im Dezember 2001 die Stadt Marl, eine Schule und die dortige DİTİB-Gemeinde – eine bedeutende symbolische Geste und Würdigung der Arbeit in Marl. Im Rückblick muss man allerdings feststellen, dass die medial vermittelten und transportierten Eindrücke, die im Nachgang von Terroranschlägen und anderen „diskursrelevanten Ereignissen" entstanden – etwa der Mord am niederländischen Filmemacher Theo van Gogh oder die Debatten um die Mohammed-Karikaturen – sich stärker in der öffentlichen Wahrnehmung niederschlugen als die Bemühungen der Dialoginitiativen.

4. Fazit und Ausblick

Am Beispiel der CIAG als christlich-islamischer Dialoginitiative wurden, nach Skizzierung der Hintergründe und Rahmenbedingungen, drei verschiedene Problemlagen dargestellt, die im weitesten Sinne aus der konkret manifestierten, kulturellen und religiösen Vielfalt resultierten oder mit dieser zusammenhingen: Diese bestanden in ausländer- und islamfeindlichen Zwischenfällen in Marl in den frühen 1980er Jahren, in einem eingegrenzten und schließlich vermittelten Konflikt um ein Moscheebauvorhaben in Marl zwischen 1987 und 1992 und zuletzt in den durch die CIAG antizipierten Problemen im Verhältnis zwischen Christ*innen und Muslim*innen im Nachgang zum 11. September 2001, denen die CIAG mit „ungefragten Ratschlägen" an Politiker*innen und Kirchen zuvorkommen wollte. Der Marler Bürgermeister Günther Eckerland lud Angehörige christlicher und islamischer Gemeinden ein, mit dem Hintergrund, Ausländerfeindlichkeit implizit entgegenzuarbeiten, indem interkulturelle Beziehungen und Bekanntschaften aufgebaut werden sollten. Aufgrund dieses impliziten Charakters kann man keine unmittelbaren Effekte auf die Ausländerfeindlichkeit identifizieren, wohl aber feststellen, dass das Thema nach der Einberufung der CIAG in Marl an Virulenz verlor. Die Leidtragenden der Ausländerfeindlichkeit bezog man in diesem Fall nicht in den Diskurszusammenhang mit ein. Zu einer wichtigen Akteurin in der religiös pluralen Gesellschaft avancierte die CIAG erst im Zuge der Kontroverse um den Moscheebau. Ihre explizite Unterstützung und die (Re-)Präsentation guter christlich-islamischer Beziehungen, die über die CIAG selbst hinausging und die Leitungen sowohl der christlichen wie muslimischen Gemeinden miteinbezog, haben sicher dazu beigetragen, den Moscheebau zu vermitteln, nachdem die sachbezogenen Punkte, die mit der Standortfrage verbunden waren, geklärt waren. Hier scheint insbesondere der Einbezug der Bedenkenträger*innen und Kritiker*innen produktiv zur Konfliktlösung beigetragen zu haben. Im Vergleich etwa zu Duisburg, wo keine Dialoginitiative bestand und wo der Konflikt um den Adhān eskalierte, kann der CIAG eine regulierende und vermittelnde Funktion beigemessen werden. Der Terrorismus vom 11. September 2001 erzeugte weltweite Erschütterung und eine deutlich intensivierte, mitunter essenzialisierte Perspektive auf „den Islam“: Die These vom „Kampf der Kulturen“ schien sich bestätigt zu haben. Um solchen religiös-kulturellen Konflikten entgegenzuarbeiten, wandte sich die CIAG ebenso wie andere Dialoginitiativen an die Öffentlichkeit und an die Politik. Dialogakteure verbreiteten ihre Modi der Kooperation und Begegnung nun als politikrelevante Integrationsvehikel, die seitens der Politik auch als solche wahrgenommen wurden. Lokal begrenzt konnten solche Interventionen durchaus fruchtbar sein, wie sich an den noch heute ungebrochenen guten Kontakten von Christ*innen und Muslim*innen in Marl feststellen lässt. Gesamtgesellschaftlich allerdings vermochten die Dialoginitiativen kaum der Identifizierung des Islams mit Fundamentalismus, Gefahr und Terrorismus entgegenzuwirken.

Was kann man aus diesen zeithistorischen Schlaglichtern lernen? Christlich-islamische Dialoginitiativen wie die CIAG waren zwar mal stärker und mal weniger stark, waren aber doch immer in die jeweiligen Kontexte eingebettet und agierten auf diese bezogen. Die CIAG etwa pflegte nicht nur den theologischen Austausch unter ihren Mitgliedern, sondern brachte sich als religiös und kulturell kompetente Vermittlungsinstanz sowie als Anbieterin und Veranstalterin kultureller und religionsbezogener Events in die Zivilgesellschaft in Marl ein, die ihrerseits gekennzeichnet ist durch religiöse Pluralität, zumindest durch die Anwesenheit von katholischen und evangelischen Christ*innen und Muslim*innen. Die produktiven Potenziale wurden vor allem im Kontext der Moscheebaukontroverse deutlich, welche die CIAG allerdings unter günstigen Voraussetzungen – einer entgegenkommenden Stadtverwaltung, kompromissbereiten muslimischen Gemeinden und ohne Präsenz einer organisierten und formierten ausländer- oder islamfeindlichen Gruppe – entfalten konnte. Die „ungefragten Ratschläge" an politische Akteur*innen im Nachgang zum 11. September brachten der CIAG zwar Aufmerksamkeit und Marl den Besuch des Bundespräsidenten Johannes Rau ein, konnten aber die gesamtgesellschaftlichen Stereotype bezüglich „des Islams" nicht nachhaltig verhindern. Das Beispiel der CIAG verdeutlicht insgesamt die Potenziale, die aktive christlich-islamische Dialoginitiativen in lokalen räumlichen Bezügen entfalten können. Sie können, neben ihrem eigentlichen Zweck, nämlich Begegnung, Gespräch, Austausch und Kooperation zwischen Christ*innen und Muslim*innen zu ermöglichen, auch als vermittelnde und kulturell und religiös kompetente Akteur*innen in der Zivilgesellschaft agieren und so zu einem produktiven und dialogischen Umgang mit religiöser Vielfalt beitragen. Es dürfte aber schwerfallen, aus den zeitgeschichtlichen Beispielen allgemeine Handlungsempfehlungen herauszudestillieren, die in jeder Situation zu einer Vorbeugung oder Lösung von Konflikten dienen könnten. Außerdem bleibt die Reichweite der Wirkung begrenzt: Lokale Dialoginitiativen werden gesamtgesellschaftliche Spannungen nicht gänzlich abtragen und nicht als integrationspolitische Wundermittel dienen. Die Politik macht keinen Fehler, wenn sie die Entstehung von Dialoginitiativen begünstigt und unterstützt. Es wäre allerdings riskant, die Dialoginitiativen mit integrations- und sicherheitspolitischen Erwartungen zu überfrachten oder an ihrem kaum quantifizierbaren „Output" zu messen.

Literatur- und Quellenverzeichnis

Aufsätze und Monografien

Berg, Manfred (2011): Der 11. September 2001 – Eine historische Zäsur? In: Zeithistorische Forschungen 8, H. 3, S. 463–474.

Bölsche, Jochen (2001): Der verlogene Dialog. In: Der Spiegel, Nr. 51, S. 44–56.

[BMI] Bundesministerium des Innern (2002): Schreiben an Hartmut Dreier, 12.02.2002. Privatbesitz Dreier.

Ceylan, Ömer (1988): Vernetzung der Ausländerarbeit in Marl. In: Rat Duisburg gemeinsam, März 1988, S. 8–11.

Chbib, Raida (2008): Heimisch werden in Deutschland. Die religiöse Landschaft der Muslime im Wandel. In: Krech, Volkhard/Hero, Markus/Zander, Helmut (Hg.): Religiöse Vielfalt in Nordrhein-Westfalen. Empirische Befunde und Perspektiven der Globalisierung vor Ort. Paderborn, S. 125–139.

CIAG Marl (1992): Botschaft aus Marl, Archiv CIAG. Privatbesitz Dreier.

Didero, Maike (2014): Islambild und Identität. Subjektivierungen von Deutsch-Marokkanern zwischen Diskurs und Disposition. Bielefeld.

Dorpmund, Hermann (1992): Die neue Moschee in Marl-Hamm. In: Gorzny, Klaus (Hg.): Marler Jahrbuch 1992/93. Marl, S. 29–44.

Dreier, Hartmut (1993): Christlich-islamische Begegnung. Meine Erfahrungen aus mehr als einem Jahrzehnt. Unveröffentlichtes Manuskript.

Dreier, Hartmut (1987): Schreiben an Berger, Dr. Kecik und Krause, 09.12.1987. Archiv CIAG. Privatbesitz Dreier.

Dreier, Hartmut (1988): Aktennotiz September 1988. Archiv CIAG. Privatbesitz Dreier.

Henschel, Lothar (1992): Grußwort zur Eröffnung der Moschee. Archiv CIAG. Privatbesitz Dreier.

Hinterhuber, Eva Maria (2009): Abrahamischer Trialog und Zivilgesellschaft. Berlin.

Huntington, Samuel (1996): Der Kampf der Kulturen. München.

Janowski, Ulrike (2009): Zuwanderung und Religion. Zuwanderung in Marl, Bd. 2. Ein historisches Lesebuch. Marl.

Dietzsch, Martin/Jäger, Margret/Jäger, Siegfried/Schulz, Ulrike (Hg.) (1997): Der Ruf des Muezzin. Ein Lehrstück über die Neigung deutscher BürgerInnen, eine Religion als Anlaß zu rassistischer Diskriminierung zu mißbrauchen statt religiöse Toleranz zu üben. DISS-Skript Nr. 10. Duisburg.

Kecik, Mehmet/Dreier, Hartmut (1988): Einladung der CIAG, 19.05.1988, Archiv CIAG. Privatbesitz Dreier.

Klinkhammer, Gritt/Frese, Hanz-Ludwig/Satilms, Ayla/Seibert, Tina (2011): Interreligiöse und interkulturelle Dialoge mit MuslimInnen in Deutschland. Eine quantitative und qualitative Studie. Bremen.

N. N. (1982): Pfarrer Walter: „Wir dürfen nicht länger schweigen". In: Ruhr-Nachrichten, 29.11.1982.

N. N. (1985): Christen und Moslems reden über Religion und Glauben. In: Unsere Kirche, 24.04.1985, S. 1.

N. N. (1987a): Türken möchten in Hamm Moschee bauen. In: Marler Zeitung, 20.05.1987.

N. N. (1987b): Verzicht auf Gebetsaufrufe. In: Marler Zeitung, 20.05.1987.

N. N. (2001a): Angriffe auf islamische Einrichtungen sprunghaft gestiegen. In: Moslemische Revue, 22/23, 04/2001 u. 01/2002, S. 15–19.

N. N. (2001b): Dialog mit den Islam-Verbänden. In: Marler Zeitung, 10.10.2001.

Nostra Aetate (2008). In: Hünermann, Peter/Vorgrimler, Herbert (Hg.): Kleines Konzilskompendium, Freiburg, 35. Aufl., S. 355–360.

Pratt, Douglas (2017): Christian Engagement with Islam. Leiden.

Reuter, Dietrich (1996): Kein islamischer Gebetsruf über Lautsprecher. Anzeige, Westdeutsche Allgemeine Zeitung, 15.11.1996.

Thierse, Wolfgang (2002): Schreiben an Hartmut Dreier, 09.02.2001. Archiv CIAG. Privatbesitz Dreier.

Schmitt, Thomas (2003): Moscheen in Deutschland. Konflikte um ihre Errichtung und Nutzung. Flensburg.

Schmitt, Thomas (2015): Moscheebau und Moscheekonflikte in Deutschland. In: Fürlinger, Ernst/ Bernhard, Reinhold (Hg.): Öffentliches Ärgernis? Moscheebaukonflikte in Deutschland, Österreich und der Schweiz. Zürich, S. 41–48.

Vorstand der Christlich-Islamischen Gesellschaft (2001): Was noch nicht gesagt wurde. In: Mitgliederinformation der CIG, 6. Oktober 2001, S. 1–3.

Yardim, Nigar/Faust, Hauke (1998): Aufeinander zugehen. Miteinander leben. Situationsanalyse zum christlich-muslimischen Dialog in Duisburg. Duisburg.

Quellen aus Privatbeständen

Archiv CIAG. Privatbesitz Hartmut Dreier.

Zeitzeugengespräche

Zeitzeugengespräch mit Hartmut Dreier, 17.01.2018.

Zeitzeugengespräch mit Rafael Nikodemus, 20.8.2018.

Anmerkungen

1 Vgl. die Zahlen bei Hinterhuber 2009 und Klinkhammer et al. 2011. Dazu kommt eine gewisse Dunkelziffer.

2 Diese Herausforderungen wurden nicht immer durch die religiöse Pluralität direkt verursacht, aber standen mit dieser in Beziehung.

3 Asymmetrisch ist der Vergleich insofern, als die CIAG Marl im Zentrum der Untersuchung steht, und vergleichende Perspektiven lediglich punktuell gezogen werden können, bei denen die Fälle, die zum Vergleich herangezogen werden, nicht in derselben Ausführlichkeit wie die CIAG dargestellt werden.

4 Ältere Bauten waren seit den 1960er Jahren in Hamburg, Aachen und München überwiegend von iranischen Kaufleuten oder arabischen Studenten oder Akademikern errichtet worden.

5 Diese Einschätzung bezieht sich darauf, dass sich in den Quellen keinerlei Hinweise darauf finden, dass die wechselseitigen Besuche strategischem Kalkül, etwa gezielt gute „Publicity“ für die Gemeinde zu erreichen, entsprochen hätten. Stattdessen entsprechen diese Aktivtäten der hohen Motivation der CIAG, Gemeinschaft zwischen Christ*innen und Muslim*innen zu stiften.

MATHIAS SCHNEIDER

Die regulative Kraft des interreligiösen Dialogs am Beispiel buddhistisch-christlicher Begegnungen

1. Hintergrund und Fallbeschreibung

Mitten in der nordrhein-westfälischen Landeshauptstadt Düsseldorf befindet sich ein Tor in eine andere Welt. Der Weg dorthin ist zunächst recht gewöhnlich: Aus dem städtischen Linienbus gestiegen, überquert man eine Straße, geht an einer Reihe klassischer grauer Mietshäuser entlang, vorbei an geparkten Autos am Straßenrand und einem kleinen Spielplatz mit Sandkasten und Schaukel. Plötzlich steht man an einem Holztor: Wenn sich die Torflügel öffnen, fällt der Blick auf das sorgfältig getrimmte Gras, beschnittene Hecken und den kleinen Teich eines japanischen Gartens. Dieses geordnete und doch urwüchsig anmutende Bild überragt ein Tempel mit hohem Dach und nach oben gebogener Traufe. Im Inneren des Tempels befindet sich hinter kunstvoll bemalten Schiebewänden ein Schrein, vergoldet und mit einer Buddhafigur in seinem Inneren. Das Ekō-Haus in Düsseldorf ist ein kleines Stück Buddhismus aus Japan – mitten in Nordrhein-Westfalen.

Der Buddhismus ist schon seit dem 19. Jahrhundert in Deutschland präsent (vgl. Baumann 1993, 50). Mittlerweile findet sich in Deutschland und auch in NRW die gesamte Bandbreite der buddhistischen Tradition mit all ihren Strängen und Schulen. Diese lassen sich oft noch einmal weiter unterteilen: auf der einen Seite deutsche Konvertierte, die ihre Religion auf vielfältige Weise ausüben, und auf der anderen Seite Eingewanderte aus Asien, die ihre buddhistischen Traditionen auch weiterhin in Deutschland pflegen und leben (vgl. Beuchling 2011). Zu den eindrucksvollsten buddhistischen Zentren Deutschlands gehören beispielsweise das bereits erwähnte japanisch-buddhistische Ekō-Haus in Düsseldorf oder die vietnamesisch-buddhistische Viên Giác Pagode in Hannover, der selbst wiederum zahlreiche Ortsgruppen in anderen Städten angegliedert sind (vgl. Baumann 1993, 98). Buddhistische Zentren in Deutschland sind außerdem international gut vernetzt: So steht das Tibetische Zentrum in Hamburg unter der Schirmherrschaft des 14. Dalai Lama und ist die Wirkungsstätte tibetischer wie auch deutschstämmiger Lehrer; auch eine Ausbildung in der tibetisch-buddhistischen Tradition ist hier möglich. Darüber hinaus gibt es zahlreiche weitere Zentren und lokale Gruppen im gesamten Bundesgebiet, deren Beschreibung hier den Rahmen deutlich sprengen würde. Hinzu kommt noch eine weitere Form der Präsenz des Buddhismus in Deutschland: Fast alle religiös Interessierten kennen international renommierte Buddhisten wie den tibetischen Friedensnobelpreisträger Tenzin Gyatso, besser bekannt als der 14. Dalai Lama, den vietnamesischen Mönch und Friedensaktivisten Thích Nhất Hạnh oder auch den japanischen Zen-Gelehrten Daisetz Teitaro Suzuki. All diese Buddhisten fallen durch ihre vielfältigen Publikationen auf, und ihre Gedanken sind nicht nur in der medialen Darstellung, sondern auch in Meditationskreisen, in Lektüregruppen und auf Nachttischen zu finden.

Der Buddhismus ist natürlich nicht die einzige Religion, die in Deutschland eine feste Basis hat. Die Autoren der Studie *Religiöse Vielfalt in Nordrhein-Westfalen* aus dem Jahr 2008 haben allein in diesem Bundesland „228 religiöse Organisationen oder Strömungen" ausgemacht, deren „Spektrum [...] von den christlichen Großkirchen sowie den islamischen Verbänden und Moscheevereinen über kleine christliche Gemeinschaften, die Orthodoxe Kirche und jüdische Gemeinden bis zu den östlichen Religionen, neureligiösen Strömungen und esoterischen Praktiken" reicht (Hero/Krech/Zander 2008, 31).

Die Anwesenheit der verschiedensten religiösen Traditionen (mit all ihrer Binnendifferenzierung) in Deutschland weist auf eine übergeordnete Herausforderung hin (vgl. Hedges/Halafoff 2015): Durch Globalisierung und moderne Kommunikationstechnologien sind die Verfügbarkeit von Informationen über andere Religionen sowie der direkte Kontakt unter ihren Angehörigen angestiegen. Religiöse Pluralität an sich ist freilich kein neues Phänomen; wohl dürfte es aber das verstärkte *Bewusstsein* ihrer Bandbreite sein, das die Frage nach dem Umgang mit ihr besonders herausfordert. Das Nebeneinander der Religionen ist in der Welt des 21. Jahrhunderts ein Fakt, und diese religiöse Pluralität wird wahrscheinlich auch nicht wieder verschwinden. Die Tatsache religiöser Pluralität stellt die verschiedenen Religionsgemeinschaften und ihre Angehörigen dabei nicht nur vor neue Herausforderungen, sondern bietet auch die Gelegenheit, das wertvolle Potenzial zu nutzen, das in der Begegnung mit anderen Religionen steckt. Dazu ist es notwendig, sich im Dialog zueinander in Beziehung zu setzen.

Der Dialog der Religionen kann verschiedene Formen annehmen. Der päpstliche Rat für den Interreligiösen Dialog hat in seinem Dokument *Dialog und Verkündigung* aus dem Jahr 1991 vier verschiedene Arten des interreligiösen Dialogs skizziert (vgl. Päpstlicher Rat für den Interreligiösen Dialog 2009, 314 f.): (1) den Dialog des Lebens, der sich auf nachbarschaftlicher Basis ergibt, (2) den Dialog des Handelns, der sich mit ethischen, sozialen und karitativen

Fragestellungen beschäftigt, (3) den Dialog des theologischen Austauschs und (4) den Dialog der religiösen Erfahrung. Diese Einteilung macht das breite thematische Spektrum des interreligiösen Dialogs deutlich. In diesem Beitrag soll der Dialog des theologischen Austauschs im Mittelpunkt stehen,[1] was hier nicht unbedingt nur das Gespräch zwischen Fachakademiker*innen umfasst, sondern allgemeiner das wechselseitige Lernen über die *Glaubensinhalte* der sich begegnenden religiösen Personen meint. Ein in diesem Sinne theologischer Dialog hat großes Potenzial, ein besseres Verständnis der Religionen untereinander zu fördern, damit Vorurteile abzubauen und so auch auf das gute Zusammenleben der Religionen zurückzuwirken.

Damit ein solcher Dialog entstehen kann, sind entsprechende Rahmenbedingungen notwendig. Diese lassen sich auf einer *äußeren* und einer *inneren* Ebene unterscheiden: *Äußere Rahmenbedingungen* betreffen den historischen und soziokulturellen Kontext, in dem eine Religionsbegegnung stattfindet. Treffen Angehörige zweier Religionen unter schlechten Bedingungen aufeinander, im schlimmsten Fall etwa in einer Situation der Bedrohung oder Unterdrückung (z.B. im Kolonialismus), wird das religiöse Gegenüber als Gefahr wahrgenommen. Unter solchen Voraussetzungen wird sich höchstwahrscheinlich kein Dialog, sondern eine feindliche Auseinandersetzung entwickeln – das Gegenteil ist bei einer positiv geprägten Begegnung der Fall. Eng damit verknüpft sind die *inneren Rahmenbedingungen*, die sich auf die Einstellung der Beteiligten bzw. ihre Motivation beziehen, mit der sie Angehörigen einer anderen Religion gegenübertreten. Im engeren Sinne hängen gute innere Rahmenbedingungen maßgeblich davon ab, ob die Bereitschaft besteht, vom religiös Anderen etwas lernen zu wollen – was wiederum die Haltung voraussetzt, dass die eigene Religion überhaupt dazulernen kann.

Die Geschichte des interreligiösen Dialogs hat an vielen Stellen gezeigt, dass Wahrnehmung und Deutung des/der religiös Anderen stark von solchen Rahmenbedingungen der Begegnung abhängig sind. Sie hat auch gezeigt, dass dort, wo sich ein ernsthafter und auf beiderseitigem Verstehen bedachter Dialog entwickelt, die Wahrnehmung des Gegenübers tendenziell positiver ist. Darüber hinaus kann diese Wahrnehmung auch zu einer Bereicherung der eigenen Religion werden. Vorurteile werden dort am niedrigsten sein, wo sich Menschen auf direkte Weise begegnen und konstruktiv austauschen, „wo der Fremde letzten Endes nicht so fremd ist" (Weisse et al. 2014, 8). Um günstige Voraussetzungen für einen solchen Dialog zu schaffen, ist ein gewisser Grad der Selbstregulierung der Beteiligten nötig. Diese kann mit dem Instrument der Dialogregeln oder -tugenden erfolgen, wie später noch gezeigt wird.

Die Zusammenhänge zwischen Kontext, Wahrnehmung und Regulierung werden im Folgenden an drei Fallbeispielen buddhistischer Interpretationen Jesu aus dem Bereich der buddhistisch-christlichen Begegnung verdeutlicht: einer vom Kolonialismus geprägten Begegnung in Sri Lanka, der Jesusdeutung des Dalai Lama und dem shin-buddhistisch-christlichen Dialog zwischen dem protestantischen Christen John Cobb und dem Shin-Buddhisten John Yokota. Obgleich jeder dieser Fälle auf einer globalen Ebene angesiedelt ist, bieten sie als Beispiele auch für die regionale, nordrhein-westfälische Ebene Lernpotenzial. Auf ihrer Grundlage wird der Bogen am Ende des Beitrags noch einmal weiter gespannt und die regulative Kraft des Dialogs überhaupt in den Blick genommen.

Der Beitrag möchte eine Anregung für diejenigen sein, die im oder mit dem interreligiösen Dialog arbeiten. Er steht dazu unter dem Vorzeichen einer „Praktischen Religionswissenschaft", die der Religionswissenschaftler Udo Tworuschka folgendermaßen umrissen hat:

> Praktisch religionswissenschaftlich zu arbeiten heißt, religionsrelevante Faktoren und Entwicklungen zu ermitteln, zu analysieren, problemorientiert zu bewerten und somit praxisnahe Lösungen zur Vorbereitung und Umsetzung planerischer und politischer Entscheidungen zu erarbeiten. Es geht nicht um ein Wissen *über* die Praxis, sondern *für* die Praxis. (Tworuschka 2008, 19)

Religionswissenschaft kann so handlungsorientiert dabei helfen, bessere Kenntnisse und ein vertieftes Verständnis von Religion(en) zu erlangen und diese Kenntnisse in den Dienst der Förderung des interreligiösen Dialogs zu stellen. Fundierte Kenntnisse sowohl über die eigene Tradition als auch über die der anderen sind in jeder Form des Dialogs nötig und die Grundbedingung dafür, auf informierter und kritischer Basis Missverständnissen, Vorurteilen und Stereotypen vorzubeugen (vgl. Gantke 2009, 187). Damit kommt man einem grundlegenden Ziel des Dialogs, dem möglichst adäquaten Verstehen seines Gegenübers (vgl. Schmidt-Leukel 2015, 136 f.), deutlich näher.

2. Problemlage und Lösungsansatz

2.1 Beispiel 1: Sri Lanka – eine Begegnung unter dem Schatten des Kolonialismus

Der vielleicht wichtigste Faktor, der bestimmt, ob die Begegnung zweier Religionen positiv oder negativ ausfällt, ist die Wahrnehmung der/des religiös Anderen. Wenn sich Angehörige zweier Religionen (in diesem Fall Buddhismus und

Christentum) auf Augenhöhe begegnen, wird ihre Einstellung zueinander in den meisten Fällen eher positiv sein. Dagegen ist eine negative Einstellung zum religiös Anderen oft Resultat einer konflikthaften und von asymmetrischen Machtverhältnissen geprägten Religionsbegegnung.

Ein Beispiel dafür ist die lange Kolonialgeschichte Asiens, während der christliche Mächte zahlreiche mehrheitlich buddhistische Länder beherrscht haben. Einige buddhistische Kreise in Sri Lanka versuchten im 18. Jahrhundert, sich literarisch gegen das als übermächtig und zerstörerisch empfundene Christentum zur Wehr zu setzen. In einer Erzählung wird Jesus als Sohn und Verkörperung Māras gedeutet (vgl. Young/Senanayaka 1998, 78 ff.). Māra ist der Gott des Todes und des Bösen, das buddhistische Äquivalent des christlichen Teufels. Jesus, der Sohn Māras, wird von seinem Vater auf die Erde geschickt, um den Buddhismus – die einzige Lehre, mit der Tod und Übel überwunden werden können – zu zerstören. Zu diesem Zweck verbreitet er eine schädliche Lehre (das Christentum), unter deren Herrschaft die Menschen im Griff des Todes bleiben und somit die Machtfülle Māras gesichert werden soll. Jesus und seine Jünger streifen in der Erzählung schwarz gewandet durch Sri Lanka und geben sich fälschlicherweise als erleuchtete Mönche *(arahants)* aus – eine Reminiszenz an die schwarz gekleideten christlichen Missionare, die mit den Kolonialmächten nach Sri Lanka gekommen waren. Sie begehen außerdem Taten, die gegen die Grundsätze buddhistischer Ethik verstoßen: Jesus und seine Genossen stehlen, schlachten Tiere, betrinken sich und verführen die Bevölkerung. Diese Schilderungen spiegeln die Art und Weise wider, wie die europäischen Christen von den Buddhisten Sri Lankas wahrgenommen wurden: Sie aßen Fleisch und töteten zu diesem Zweck lebende Wesen, tranken Alkohol und berauschten ihre Sinne, eroberten das Land, das ihnen nicht gehörte, und missionierten. Der eklatanteste Widerspruch bestand für die Buddhisten dieser Zeit darin, dass sich Christen als Angehörige einer Religion ausgaben, die für sich alleinige Wahrheit und Geltung als die beste Religion beanspruchte – obwohl das Christentum in den Augen der Buddhisten offensichtlich ethisch ungenügend war und großen Schaden anrichtete. So konnten sie das Christentum nur als großes teuflisches Blendwerk beurteilen, das vorgab, die Menschen erlösen zu wollen, in Wahrheit aber die Zerstörung des Buddhismus zum Ziel hatte. Als Anhänger des dämonischen Jesus waren die Christen ebenso wie ihr Meister Handlanger Māras.

Schließlich wird die Jesusfigur der Erzählung von der Obrigkeit verhaftet und hingerichtet. Seine „Auferstehung" ist eine theatralische Inszenierung seiner bösen Jünger, und seine Wiedergeburt erleidet Jesus als Hungergeist *(preta)*: ein bemitleidenswertes Wesen, das aufgrund seiner Gier im vorigen Leben nun ständig hungrig, durstig und von aller sozialer Teilhabe ausgeschlossen sein Dasein fristen muss. Der Gedanke, dass es sich bei Jesus um eine dämonische Verkörperung Māras handelt, zieht sich auch durch die weitere buddhistisch-christliche Begegnungsgeschichte Sri Lankas (vgl. Schneider 2019). Auch heute noch ist das Verhältnis beider Religionen in Sri Lanka aufgrund der Kolonialgeschichte angespannt (vgl. Harris 2017, 194 f.).

Das Beispiel aus Sri Lanka verdeutlicht, dass die Wahrnehmung einer anderen Religion hier in großen Teilen davon abhängig war, wie sich ihre Angehörigen gegenübertraten. Durch diesen Religionskontakt entwickelte sich die Fremdwahrnehmung,[2] die Angehörige des Buddhismus vom Christentum hatten. Diese Fremdwahrnehmung beinhaltete auch eine Beurteilung der anderen Religion, auf deren Grundlage das Christentum in entsprechende Begriffe oder Bilder aus der eigenen Tradition eingeordnet wurde. Im Fall Sri Lankas wurde aufgrund der negativen Erfahrungen mit den Kolonialisten und Missionaren das Bild des teuflischen Gottes Māra benutzt, um das Christentum in buddhistischen Kategorien zu fassen. Daran ist vor allem interessant, dass die Buddhisten Sri Lankas die christliche Behauptung, Jesus sei ein Sohn Gottes, überhaupt nicht bestritten – allerdings war dieser Gott Māra, der teuflische Verführer. Das Christentum erschien aufgrund seiner Repräsentanten als bloßer Irrtum und als Teufelswerk, sodass sich die Frage nach einer Religionsbegegnung im Dialog gar nicht erst stellte.

2.2 Beispiel 2: Tibet – der Dalai Lama auf dem Weg nach Westen

Unter anderen als den oben genannten äußeren Rahmenbedingungen kann allerdings auch eine andere Fremdwahrnehmung entstehen. Wenn aufgrund einer positiv geprägten Begegnung Gemeinsamkeiten oder Wahrheit in der anderen Religion erkannt werden, ist oftmals eine Basis für das weitere, konstruktive Zusammenleben geschaffen. In Tibet beispielsweise war die Begegnung zwischen Angehörigen des Christentums und des Buddhismus nicht derart vorbelastet wie in Sri Lanka. Das lag auch daran, dass die meisten Tibeter bis zum Jahr 1959, als der Dalai Lama und viele seiner Landsleute vor den Chinesen nach Indien flohen, kaum Kontakt mit dem Christentum hatten und so im Vorfeld auch keine negativen (oder positiven) Erfahrungen sammeln konnten. Nachdem sich die tibetische Exilgemeinde hauptsächlich in Indien konstituiert hatte, suchte besonders der Dalai Lama Kontakt mit dem Westen – auch um Unterstützung für sein Ziel zu bekommen, Tibets Unabhängigkeit wiederzuerlangen. So war der (meist christliche) Westen ein potenzieller Verbündeter, kein Feind. Diese im Gegensatz zu Sri Lanka konfliktfreieren Vorbedingungen prägten die Art und

Weise, mit denen der Dalai Lama in den interreligiösen Dialog mit Christ*innen eintreten konnte. Bei seiner Lektüre der Evangelien erkannte der Dalai Lama in der Person und den Lehren Jesu (v.a. in der Bergpredigt) ein wichtiges Element seiner eigenen Tradition wieder: das Mitgefühl *(karuṇā)* (vgl. Dalai Lama 2016). Das Mitgefühl ist in der buddhistischen Tradition des Dalai Lama die zentrale Tugend eines Bodhisattva, eines werdenden Buddha auf dem Weg zur Buddhaschaft. Der Bodhisattva strebt aus Mitgefühl für alle Wesen nach der Erleuchtung, um dadurch die besten Voraussetzungen zu haben, um ihnen auf ihrem eigenen Weg zur Erleuchtung helfen zu können. Da der Dalai Lama im Leben Jesu und seinen Lehren ein hohes Maß an Mitgefühl erkannt hatte, konnte er Jesus eine hohe spirituelle Stufe attestieren und ihn auch als Bodhisattva wertschätzen. Jesus, der aus altruistischem Mitgefühl zum Wohle aller Wesen handelt, ist ein Bild, das Christ*innen viel eher mit ihrem eigenen Jesusbild in Verbindung bringen können als das eines teuflischen Unruhestifters.

Daraus wird ein weiterer wichtiger Faktor ersichtlich, der neben der Fremdwahrnehmung im interreligiösen Dialog eine zentrale Rolle spielt. Nicht nur die Fremdwahrnehmung, also die Art und Weise, wie Angehörige einer Religion die einer jeweils anderen wahrnehmen, ist entscheidend, sondern auch ihre Eigenwahrnehmung: Wie verstehen sie sich selbst? Jede religiöse Tradition verfügt in ihrer Eigenwahrnehmung ebenfalls über Begriffe und Bilder, mit denen sich ihre Angehörigen selbst deuten (vgl. Rötting 2007, 81 f.). Wenn sich etwa Angehörige des Buddhismus und des Christentums im Dialog miteinander befinden, kommt es notwendigerweise zu dem Punkt, an dem beide von ihrer gegenseitigen Fremdwahrnehmung erfahren, die sie dann mit ihrer jeweiligen Eigenwahrnehmung abgleichen.

Der Religionswissenschaftler und Theologe Wilfred Cantwell Smith hat ein Prüfkriterium genannt, mit dem festgestellt werden kann, ob beispielsweise das Bild eines buddhistischen Dialogbeteiligten über den Glauben seines christlichen Gegenübers zutreffend ist: Eine Behauptung über den Glauben der Menschen einer anderen Religion stimmt nur dann, wenn sie von den Gläubigen dieser Religion bestätigt werden kann (vgl. Smith 1982, 146 f.). Das bedeutet, dass das Bild, das ein am Dialog beteiligter Buddhist von seiner christlichen Gesprächspartnerin gewonnen hat, nur dann zutreffend ist, wenn die Christin diesem Bild zustimmen kann. Das Bild kann insofern aber auch unzutreffend sein, wenn es nicht mit deren Selbstverständnis übereinstimmt. Smiths Prüfkriterium gilt natürlich auch im Bereich aller anderen Religionen (vgl. Schmidt-Leukel 2009b, 43). Im Fall einer Diskrepanz kann nun ein Lernprozess beginnen: Wenn sich Dialogbeteiligte um ein besseres Verständnis darüber bemühen, wie sich ihr jeweiliges religiöses Gegenüber selbst versteht (und umgekehrt), kann sich ihre Wahrnehmung korrigieren und weiterentwickeln.

2.3 Beispiel 3: Shin-buddhistisch-christlicher Dialog – Jesus und Amida

Ein Beispiel, wie sich eine Fremdwahrnehmung auf die Wahrnehmung und Deutung der eigenen Religion auswirken kann, ist der Dialog zwischen dem Shin-Buddhisten John Yokota und dem protestantischen Christen John Cobb. Der Shin-Buddhismus ist eine japanische Form des sogenannten Reines-Land-Buddhismus. Dieser hat seinen Ursprung in der Erzählung von Bodhisattva Dharmākara. Wie bereits erwähnt, strebt ein Bodhisattva von Mitgefühl bewegt selbstlos zum Wohle aller Wesen nach der Erleuchtung. Auf diesem Weg häuft er große karmische Verdienste an. Dharmākara fasste in der Vorzeit den Entschluss, diese Verdienste der Erlösung aller Wesen zu widmen (vgl. Steineck 1997, 96). Nicht eher wollte er die Buddhaschaft erlangen, bis nicht die folgenden Bedingungen erfüllt sein würden: Er würde, so gelobte er, mithilfe seiner karmischen Verdienste ein Paradies erschaffen, ein „reines Land". Jeder, der voll Vertrauen seinen Namen anruft, würde dort wiedergeboren werden und ebenda mit Leichtigkeit die Buddhaschaft erlangen können. Dadurch wollte Dharmākara allen Wesen die Möglichkeit eröffnen, Erlösung zu finden, selbst wenn sie das gute Karma, das dazu nötig ist, nicht selbst aufbringen konnten. Den buddhistischen Texten zufolge hat Dharmākara die Erleuchtung erlangt und wurde dadurch zum Buddha Amida. Somit war für die Anhänger des Reines-Land-Buddhismus klar, dass Dharmākara sein Gelübde erfüllt haben musste und den Weg zur Buddhaschaft über das Reine Land für alle Wesen ermöglicht hatte.

Der christliche Theologe John Cobb hatte sich intensiv mit dem Shin-Buddhismus auseinandergesetzt. Er sah in Buddha Amida die gleiche grenzenlose Liebe am Werk wie im Christus-Logos, dem „Wort Gottes", das aus christlicher Sicht in der Welt erlösend handelt und sich in Jesus von Nazareth inkarniert hatte. Somit weist in Cobbs Augen das, was die Christen mit Christus meinen, auf dieselbe letzte Wirklichkeit hin wie das, was die Buddhisten unter Amida verstehen (vgl. Cobb 1982, 124 ff.). Nach Cobb ist in beiden Religionen die letzte Wirklichkeit eng mit dem in der Welt wirkenden Mitgefühl verbunden – was nur unterschiedlich ausgedrückt wird; im Christentum als „Christus" und im Buddhismus als „Amida".

Der Shin-Buddhismus hat in den Augen Cobbs allerdings ein Defizit: Obwohl der Buddhismus wie das Christentum das grenzenlose Mitgefühl dieser letzten Wirklichkeit behaupte, fehle ihm eine historische Verankerung für diese

Behauptung. Als historischen Fakt könne man die Erzählung vom vorzeitlichen Dharmākara, der schließlich zu Amida wurde, nämlich nicht verstehen (vgl. Cobb 1982, 138). Für Cobb fehlte dem Shin-Buddhismus also eine konkrete historische Gestalt, die das in der Erzählung beschriebene Mitgefühl auch wirklich verkörperte. Deswegen schlug er dem Shin-Buddhismus vor, Jesus von Nazareth als diese historische Verkörperung in ihre Religion zu integrieren (vgl. Cobb 1982, 140).

Auf diesen herausfordernden Gedanken antwortete der Shin-Buddhist John Yokota. Er stimmte Cobb zu, dass es sich bei der Dharmākara-Erzählung um einen Mythos handele und der vorzeitliche Bodhisattva Dharmākara selbst folglich als *historische* Verankerung dieser Erzählung ausscheide (vgl. Yokota 2005, 94 ff.). Allerdings hatte Cobb in den Augen Yokotas einen entscheidenden Punkt übersehen: den historischen Buddha Siddhārtha Gautama. Nach seiner Erleuchtung hatte sich Gautama aus Mitgefühl dazu entschlossen, sein Leben fortan in den Dienst aller anderen Wesen zu stellen, indem er ihnen den Weg zur Erleuchtung wies. Genau darin zeigte sich für Yokota das grenzenlose Mitgefühl der letzten Wirklichkeit selbst (vgl. Yokota 2005, 95). Durch die altruistische Entscheidung Gautamas ist der Buddhismus überhaupt erst entstanden und gibt für Yokota damit der mythologischen Dharmākara-Erzählung ihre feste historische Basis. Jesus müsse daher aus historischen Gesichtspunkten gar nicht in den Shin-Buddhismus integriert werden (vgl. Yokota 2005, 97). Jedoch hatte Yokota eine ähnliche Beobachtung wie Cobb gemacht: Auch in Jesus zeige sich das Mitgefühl der Buddha-Wirklichkeit Amidas, eben genau wie im Buddha Gautama. Deshalb schlug Yokota seinerseits vor, Jesus in den Shin-Buddhismus zu integrieren (vgl. Yokota 2005, 100). Dabei stünden Jesus und Gautama allerdings gleichberechtigt nebeneinander, da beide das Mitgefühl der letzten Wirklichkeit ausdrücken. Und nicht nur das: Da die christlichen Evangelien und Paulusbriefe in ihren Erzählungen über Jesus auf dieselbe letzte Wirklichkeit hinwiesen wie die Texte des Shin-Buddhismus, könnten diese ebenfalls als heilige Schriften in die Tradition mit aufgenommen werden (vgl. Yokota 2005, 100). Auch könne der Buddhismus viel von den ethischen Impulsen des Christentums lernen, sodass die buddhistische Tradition um diesen starken sozialethischen Fokus erweitert werden könnte (vgl. Yokota 2005, 101).

Folgende Beobachtungen können anhand des Dialogs zwischen Cobb und Yokota gemacht werden: Aufgrund der eingehenden Beschäftigung mit der Religion des Anderen haben Cobb und Yokota große Ähnlichkeiten zwischen Shin-Buddhismus und Christentum erkannt. Der Abgleich der Fremdwahrnehmung Cobbs mit der Eigenwahrnehmung Yokotas führte darüber hinaus zu einer Veränderung der Eigenwahrnehmung Yokotas: Durch die Auseinandersetzung mit der herausfordernden Fremdwahrnehmung Cobbs modifizierte Yokota sein Bild des Shin-Buddhismus, indem er Jesus und große Teile des Neuen Testaments in seine Tradition integrieren wollte und seine Tradition somit global im interreligiösen Maßstab dachte. Cobbs Fremdwahrnehmung brachte ihn außerdem dazu, in den Hintergrund getretene Aspekte seiner eigenen Tradition neu zu entdecken, was die Akzentuierung Gautamas oder die Neufokussierung auf die Ethik zeigt. Dies wirkte sich auch auf Cobbs Verständnis des Shin-Buddhismus aus: In einem späteren Text akzeptierte er Yokotas Verweis auf die historische Verankerung durch Gautama (vgl. Cobb 2000, 156). Somit hatte er durch die Eigenwahrnehmung Yokotas etwas Neues über dessen Tradition gelernt und konnte seine Fremdwahrnehmung des Shin-Buddhismus entsprechend modifizieren. Die Bereitschaft Yokotas, Jesus als Verkörperung des Mitgefühls Amidas anzuerkennen, birgt im Gegenzug auch eine Herausforderung an Christ*innen: Für Yokota ist Jesus – im Gegensatz zur häufigen Ansicht in der christlichen Theologie – nicht die einzige Verkörperung der göttlichen Wirklichkeit. Auch in anderen Religionen gäbe es demnach gleichwertige Verkörperungen Gottes, wie z.B. Buddha Gautama.

Der Dialog zwischen Cobb und Yokota zeigt auch, dass ein Dialog nicht nur dann gelungen ist, wenn alle Dialogparteien einander ohne Diskussion zustimmen. Gerade Cobbs Kritik an der fehlenden historischen Basis im Shin-Buddhismus setzte den Lernprozess der Beteiligten in Gang und bewirkte eine originelle Verarbeitung der Kritik durch Yokota. Entscheidend ist die Richtung der Kritik: Ist sie sachlich und basiert vor allem auf fundierten Informationen über die andere Religion, wird sich der/die Dialogpartner*in (wenn hier ebenfalls das Interesse an einem dialogischen Lernprozess besteht) vermutlich ebenfalls dazu bereitfinden, die Kritik konstruktiv zu verarbeiten und vielleicht sogar einen ebenso herausfordernden Gegenvorschlag zu unterbreiten.

2.4 Fremd- und Eigenwahrnehmung im Dialog

Die Erkenntnisse aus den geschilderten Fallbeispielen kann man allgemeiner auf drei Ebenen zusammenfassen (vgl. auch Schmidt-Leukel 2001, 10 f.):

1. Der interreligiöse Dialog kann das Verständnis über die andere Religion verbessern und nötigt gegebenenfalls dazu, die eigene Wahrnehmung der anderen Religion zu verändern oder anzupassen.
2. Auch der gegenteilige Fall kann eintreten: Die andere Religion kann ein Beharren auf dem eigenen Überlegenheitsanspruch überhaupt erst provozieren und selbst den Anlass dazu geben, sich von ihr abzugrenzen. Unter dem Ein-

fluss einer konflikthaften Begegnung kann die andere Religion der eigenen untergeordnet werden, oder man spricht ihr ihren Wahrheitsanspruch grundsätzlich ab.

3. Die Auseinandersetzung mit einer anderen Religion kann auch ein Anlass dafür sein, die eigene Selbstwahrnehmung zu überdenken. So können sich Religionen unter dem Einfluss anderer Religionen wandeln, was John Cobb „gegenseitige Transformation" (Cobb 1982) genannt hat.

Um echten interreligiösen Dialog handelt es sich nur in den Fällen 1 und 3 – wenn man den Dialog als eine offene Kommunikation versteht, *deren Ziel es ist, voneinander zu lernen*. Besteht ein solches Interesse nicht, wird der angesetzte Austausch zwischen zwei Religionen jedoch vermutlich als Zeitverschwendung empfunden werden. Vor diesem Hintergrund können wir uns nun der Frage widmen, welche Bedingungen einen solchen Dialog befördern können. Für den in der Einleitung anvisierten Dialog auf theologischer Ebene gibt es mindestens drei Grundbedingungen:

1. Im Gespräch muss der eigene religiöse Standpunkt klar und deutlich präsentiert werden. Dadurch wird vermieden, dass die Dialogbeteiligten auf eine Illusion oder ein Zerrbild auflaufen und der weitere Austausch dadurch zum Erliegen kommt. Dabei ist es wichtig zu bedenken, dass in einem Dialog nicht etwa *das* Christentum mit *dem* Buddhismus zusammentrifft, sondern Personen, die Christ*innen oder Buddhist*innen sind. Dialog findet im Austausch mit Angehörigen anderer Religionen statt, die ihre Erfahrungen mit ihrer Religion in die Begegnung einbringen (vgl. Askari 1991, 131 f.). So spielt im Gespräch die *persönliche* Authentizität eine zentrale Rolle, die nicht mit einer scheinbar *orthodoxen* Authentizität verwechselt werden darf bzw. der Repräsentation einer einheitlichen religiösen Kollektividentität (*das* Christentum, *der* Buddhismus etc.), die leicht als Stereotyp durchschaut werden kann (vgl. Askari 1991, 128 f., Schmidt-Leukel 2009a, 58). Jede Religion ist in sich hochkomplex und besteht aus verschiedensten Traditionssträngen, sodass keine Dialogpartei eine ganze religiöse Tradition repräsentieren kann, sondern immer nur die Teile der Tradition, die für deren Leben, Glauben und Spiritualität relevant sind und persönlich verarbeitet wurden (vgl. Schmidt-Leukel 2009a, 58).
2. Die Wahrnehmung einer anderen Religion ist nicht statisch, sondern muss sich immer auf die Selbstpräsentation des Gegenübers beziehen, um nicht das eigene Bild *über* den religiös Anderen in ihn hineinzudeuten. Eine dem Gegenüber so untergeschobene „Eigenwahrnehmung" ist lediglich eine getarnte Fremdwahrnehmung als Vereinnahmungsversuch.

3. Auch die Eigenwahrnehmung ist nicht statisch. Das bedeutet, dass alle Dialogbeteiligten bereit sein müssen, voneinander zu lernen. Wenn man nicht danach fragt, wie sich die Angehörigen der anderen Religion selbst verstehen, fehlt eine reale Vergleichsgröße. Falls die Angehörigen der anderen Religion jedoch ihr Selbstverständnis absolut setzen, wird es ebenso problematisch: Dadurch haben sie schon im Voraus die Entscheidung getroffen, dass in der Weise, wie sie vom Anderen wahrgenommen werden, keinerlei nützliche Erkenntnisse enthalten sind und ihre Religion a priori der anderen überlegen ist. Ohne gegenseitige Lernbereitschaft kann interreligiöse Kommunikation schlichtweg nicht Dialog genannt werden. Für einen Dialog ist es notwendig, dass alle Beteiligten im wechselseitigen Gespräch die Möglichkeit sehen, ihre eigene Anschauung zu optimieren.

Man kann also sehen, dass eine interreligiöse Begegnung, wenn sie als Dialog stattfinden soll, gewissen Grundregeln folgen muss. Die drei genannten Punkte sind dabei der Mindestbestand – allerdings kann es natürlich noch weitere Regeln geben.

3. Regulierungsmöglichkeiten und -bedarfe

Um einen fruchtbaren Dialog auf theologischer Ebene zu führen, müssen sich die Dialogbeteiligten in einem gewissen Maße selbst regulieren. Dazu kann es hilfreich sein, sich Regeln zu unterwerfen, die im Vorfeld gemeinsam vereinbart wurden. Auf christlicher Seite haben verschiedene Theolog*innen versucht, einen konkreten Katalog an Dialogregeln oder Dialogtugenden zu entwickeln. Die Einhaltung dieser Regeln soll einen Rahmen für die Beteiligten schaffen, in dem ein fruchtbares und gegenseitiges Verstehen ermöglicht wird.

Ein berühmtes Regelset, den „Dialog-Dekalog“, hat der katholische Theologe Leonard Swidler entwickelt (vgl. Swidler 1983). Der „Dekalog“ beinhaltet zehn Dialogregeln, von denen die folgenden Punkte besonders wichtig sind: Allen Regeln liegt besonders die Forderung nach Lernbereitschaft und Offenheit der Beteiligten füreinander zugrunde. Demnach müssen sie selbstkritisch dafür bereit sein, dass ihr jeweiliges Gegenüber neue Einsichten zur Wahrnehmung und zum Verständnis der Wirklichkeit beitragen kann, die in der eigenen Religion vorher nicht (oder nur begrenzt) vorhanden waren. Damit sich ein solches Lernpotenzial entfalten kann, muss zwischen den Beteiligten zum einen Vertrauen herrschen. Das bedeutet, ehrlich und aufrichtig zu sein und dies auch bei der anderen Dialogpartei vorauszusetzen. Eine ständige Verdächtigung des Gegenübers verhindert das nötige Vertrauen, ohne das ein Dialog nicht zustande kommen kann. Zum anderen müssen die Teilnehmenden einander darlegen, was es heißt, ein Mitglied ihrer Religionsgemeinschaft zu sein. Der Grund dafür liegt in der Interaktion von Fremd- und Eigenwahrnehmung: So kann beispielsweise eine Buddhistin ihre Fremdwahrnehmung des christlichen Dialogpartners nur dann mit dessen Eigenwahrnehmung vergleichen, wenn der Christ vorher mitgeteilt hat, wie er sich selbst und seine Tradition versteht. Außerdem fordert Swidler von den Dialogparteien ein, dass sie Konfliktpunkte und Unterschiede im Dialog miteinander herausfinden und nicht bereits im Vorfeld durch Vorurteile festlegen. Solche Vorurteile sollen ja gerade durch den Dialog abgebaut werden, weshalb eine möglichst ergebnisoffene Einstellung der anderen religiösen Tradition gegenüber unbedingt nötig ist.

Ein weiterer Versuch der Selbstregulierung wurde von der katholischen Theologin Catherine Cornille unternommen. Sie nennt fünf Bedingungen für den interreligiösen Dialog, die sie allerdings nicht in der Form eines Regelwerks, sondern als „Dialogtugenden" formuliert (vgl. Cornille 2013). Genau wie bei Swidler ist für Cornille eine demütige Haltung der Beteiligten unabdingbar: Dialogische Demut geht davon aus, dass die eigene Religion nicht von vornherein perfekt ist, sondern von der anderen wertvolle Hinweise und Ergänzungen erhalten kann. Einen besonderen Impuls setzt Cornille dabei mit ihrer Forderung nach dialogischer Gastfreundschaft, eine wohlwollende Aufnahmebereitschaft für eine beim anderen entdeckte Wahrheit. Es geht nämlich nicht nur darum, *potenziell* vom anderen lernen zu wollen, sondern neue Erkenntnisse auch *konkret* in die eigene Tradition zu integrieren. Beim Dialogunternehmen ist es für Cornille ebenfalls wichtig, sich empathisch in das Gegenüber und seine Religion einzufühlen, damit über die Grenzen der eigenen Religion hinauszudenken und zu versuchen, die Welt aus den Augen des/der anderen zu sehen. Auch eine verbindliche Selbstdefinition ist für Cornille wichtig. Dabei betont sie auch, dass die Dialogbeteiligten einen bestimmten Grad von Wissen in den Dialog mitbringen müssen, um über die eigene religiöse Tradition überhaupt auskunftsfähig zu sein.

Die Wirkkraft dieser von Swidler und Cornille beschriebenen Regeln bzw. Tugenden kann sich ohne die Beteiligung beider Dialogparteien nicht entfalten. Daher ist es wichtig, dass sie von allen Beteiligten gleichermaßen akzeptiert werden.

4. Fazit und Ausblick

Wilfred Cantwell Smith hat die Frage nach gegenseitiger Wahrnehmung und interreligiösem Dialog auf eine einfache Formel gebracht: Um die Angehörigen anderer Religionen zu verstehen, ist es notwendig, die Welt aus ihren Augen zu betrachten (vgl. Smith 1981, 82). Dieser Blick durch die Brille des Gegenübers kann unter anderem auch Folgendes deutlich machen: Dialog ist kein einfaches Unterfangen. Er kann mühsam sein, denn er erfordert oft die Aufgabe von althergebrachten Betrachtungsweisen. Mit den Worten des Theologen und Religionswissenschaftlers Perry Schmidt-Leukel gesprochen: „Um solche oft tief verwurzelten Vorurteile und Verzeichnungen zu überwinden, müssen wir Zeit, Kraft und vor allem Sensibilität investieren" (Schmidt-Leukel 2015, 136).

Eine solche Investition kann durch eine Selbstregulierung mithilfe der Dialogregeln oder -tugenden getätigt werden. So kann in einer Religionsbegegnung ein Klima entstehen, das eine größtmögliche Offenheit dem/der religiös Anderen gegenüber befördert. Damit wäre der Kernbestand der *inneren Rahmenbedingungen* genannt, der zu einer gelungenen Religionsbegegnung beitragen kann: Denn ob ein produktiver Austausch stattfindet, hängt zu einem großen Teil auch davon ab, ob die Dialogbeteiligten gewillt sind, sich einer solchen Selbstregulierung zu unterwerfen. Am Dialog von Cobb und Yokota zeigt sich, dass gute innere Rahmenbedingungen in der Form gegenseitiger Lernbereitschaft neben einem verbesserten Verständnis des jeweils anderen auch ein großes theologisches Veränderungspotenzial für die eigene Religion bieten.

Auf der anderen Seite zeigen die Beispiele aus Sri Lanka und Tibet, welchen Einfluss *äußere Rahmenbedingungen* haben können. Im Fall Sri Lankas war der Kolonialismus die alles entscheidende Bedingung, unter der Dialogtugenden wie Demut oder Gastfreundschaft überhaupt nicht aufkommen konnten, weil der religiös Andere als Bedrohung wahrgenommen wurde. Wenn das religiöse Gegenüber hingegen nicht als Gefahr, die mit allen Mitteln abgewehrt werden muss, sondern als potenzielle*r Gesprächspartner*in empfunden wird, besteht etwa für den Dalai Lama die Möglichkeit, die Begegnung sogar aktiv zu suchen, vor allem dann, wenn zentrale Elemente der eigenen Religion wie das Mitgefühl auch in der anderen Religion einen wichtigen Platz einzunehmen scheinen.

Bezüglich der äußeren Rahmenbedingungen stellt sich die Frage, inwiefern Staat und Gesellschaft dabei helfen können, günstige Voraussetzungen für den interreligiösen Dialog zu schaffen. Eine Anregung diesbezüglich könnten die sogenannten „Interfaith Councils" in Großbritannien sein (vgl. Race 2015). Zur Förderung des besseren Verständnisses der Religionsgemeinschaften in der Öffentlichkeit und untereinander wurden in britischen Städten Netzwerke eingerichtet, die sich der Durchführung von Dialogveranstaltungen und interreligiösen Gemeinschaftsprojekten widmen. Damit soll auch der soziale Zusammenhalt in einem religiös pluralen Lebensumfeld gestärkt werden. Die interreligiöse Arbeit wird von den lokalen Religionsgemeinschaften selbst geleistet, die von staatlicher Seite finanzielle und infrastrukturelle Förderung erhalten. Ein solches Format ist für sich genommen kein Garant für den Erfolg eines Dialogprojekts. Allerdings kann die gezielte Förderung günstiger äußerer Rahmenbedingungen insofern helfen, dass sich die maßgeblichen inneren Rahmenbedingungen entwickeln können.

Die regulative Kraft des Dialogs kann sich schlussendlich auf zwei Ebenen entfalten: Durch die Selbstregulierung der Beteiligten mittels der Dialogregeln/-tugenden können, wie oben beschrieben, Offenheit und wechselseitige Lernbereitschaft der Teilnehmenden untereinander gefördert werden. So können Vorurteile abgebaut werden, die aus Unkenntnis der Religion des Gegenübers entstanden sind. Dies kann die bisherige Wahrnehmung der Beteiligten untereinander verändern. Der Dialog besitzt damit eine *regulative Kraft nach innen*, sofern er selbst bestimmten Regeln folgt. Ein gelungener Dialog kann darüber hinaus auch *regulative Kraft nach außen* entwickeln, indem die in ihm gewonnenen Erkenntnisse auf die Religionsgemeinschaften der Beteiligten oder auch auf die Gesellschaft ausstrahlen können. Der Dialog ist kein Allheilmittel für gesellschaftliche Probleme – allerdings kann im Dialog eine nicht zu unterschätzende Grundlagenarbeit geleistet werden, da hier Stereotype abgebaut und eine korrigierte Sicht weitertransportiert werden können. Somit ist der Dialog „für ein friedliches Zusammenleben in einem multireligiösen Kontext […] ein wichtiges Instrument unter vielen“ (Dehn 2008, 247).

Ein besseres Verständnis anderer Religionen ist für die heutige Zeit unverzichtbar, denn die Pluralität der Religionen wird aller Voraussicht nach nicht wieder verschwinden. Das muss sie auch nicht: Wenn wir von anderen Religionen wichtige und neue Einsichten über die Natur der Wirklichkeit lernen können (und diese von uns), ist es für alle, die selbst einer Religion angehören oder sich für das weite Feld der Religionen interessieren, nur vernünftig, sie auch in ihre Lebens- und Erkenntnisprozesse miteinzubeziehen.

Literatur

Weisse, Wolfram/Amirpur, Katajun/Körs, Anna/Vieregge, Dörthe (2014): Introduction. The Challenge of Pluralisation and the Relevance of Encounter. In: Dies. (Hg.): Religions and Dialogue. International Approaches. Religions in Dialogue, Bd. 7. Münster/New York, S. 7–17.

Askari, Hasan (1991): Towards a Trans-Religious Dimension. In: Ders.: Spiritual Quest. An Inter-Religious Dimension. Pudsey, S. 120–133.

Baumann, Martin (1993): Deutsche Buddhisten. Geschichte und Gemeinschaften. Religionswissenschaftliche Reihe, Bd. 5. Marburg.

Beuchling, Olaf (2011): Sozialisation und Erziehung in der buddhistischen Diaspora – eine ethnografische Perspektive. In: Roloff, Carola/Weiße, Wolfram/Zimmermann, Michael (Hg.): Buddhismus im Westen. Ein Dialog zwischen Religion und Wissenschaft. Religionen im Dialog 6. Münster/New York, S. 155–174.

Cobb, John B. Jr. (1982): Beyond Dialogue. Toward a Mutual Transformation of Christianity and Buddhism. Philadelphia.

Cobb, John B. Jr. (2000): A Christian Critique of Pure Land Buddhism. In: Hirota, Dennis (Hg.): Toward a Contemporary Understanding of Pure Land Buddhism. Creating a Shin Buddhist Theology in a Religiously Plural World. Albany, S. 147–160.

Cornille, Catherine (2013): Conditions for Inter-Religious Dialogue. In: Dies. (Hg.): The Wiley-Blackwell Companion to Inter-Religious Dialogue. Chichester/Malden/Oxford, S. 20–33.

Dalai Lama (2016): The Good Heart. A Buddhist Perspective on the Teachings of Jesus. Somerville.

Dehn, Ulrich (2008): Interreligiöser Dialog. Grundüberlegungen. In: Klöcker, Michael/Tworuschka, Udo (Hg.): Praktische Religionswissenschaft. Ein Handbuch für Studium und Beruf. Köln/Stuttgart, S. 238–250.

Gantke, Wolfgang (2009): Dialog der Religionen. Eine Illusion? In: Müller, Tobias/Schmidt, Karsten/Schüler, Sebastian (Hg.): Religion im Dialog. Interdisziplinäre Perspektiven – Probleme – Lösungsansätze. Göttingen, S. 177–204.

Harris, Elizabeth J. (2017): The Impact of Colonialism on Theravāda Buddhist-Christian Relations. An Overview. In: Grosshans, Hans-Peter/Ling, Samuel Ngun/Schmidt-Leukel, Perry (Hg.): Buddhist and Christian Attitudes to Religious Diversity. Yangon, S. 183–207.

Hedges, Paul/Halafoff, Anna (2015): Globalisation and Multifaith Societies. In: Studies in Interreligious Dialogue, Bd. 25, Nr. 2, S. 135–161.

Hero, Markus/Krech, Volkhard/Zander, Helmut (Hg.) (2008): Religiöse Vielfalt in Nordrhein-Westfalen. Empirische Befunde und Perspektiven der Globalisierung vor Ort. Paderborn.

Päpstlicher Rat für den Interreligiösen Dialog (2009): Dialog und Verkündigung. In: CIBEDO e.V. (Hg.): Die offiziellen Dokumente der katholischen Kirche zum Dialog mit dem Islam. Zusammengestellt von Timo Güzelmansur. Regensburg, S. 298–335.

Race, Alan (2015): Interfaith Relations in the Context of a Multifaith City. In: Studies in Interreligious Dialogue, Bd. 25, Nr. 2, S. 222–239.

Rötting, Martin (2007): Interreligiöses Lernen im buddhistisch-christlichen Dialog. Lerntheoretischer Zugang und qualitativ-empirische Untersuchung in Deutschland und Südkorea. St. Ottilien.

Rötting, Martin (2016): Interreligiöse Spiritualität. Verantwortungsvoller Umgang der Religionen. St. Ottilien.

Schmidt-Leukel, Perry (2001): Buddhist Perceptions of Jesus. Introductory Remarks. In: Ders. (Hg.): Buddhist Perceptions of Jesus. Papers of the Third Conference of the European Network of Buddhist-Christian Studies (St. Ottilien 1999). St. Ottilien, S. 8–30.

Schmidt-Leukel, Perry (2009a): Multireligious Identity. Problems and Considerations. In: Ders.: Transformation by Integration. How Inter-Faith Encounter Changes Christianity. London, S. 46–66.

Schmidt-Leukel, Perry (2009b): Tolerance and Appreciation. In: Ders.: Transformation by Integration. How Inter-Faith Encounter Changes Christianity. London, S. 30–45.

Schmidt-Leukel, Perry (2015): Konflikt, Toleranz, Wertschätzung und Transformation. Vier Formen interreligiöser Beziehungen. In: Amirpur, Katajun/Weiße, Wolfram: Religionen – Dialog – Gesellschaft. Analysen zur gegenwärtigen Situation und Impulse für eine dialogische Theologie. Religionen im Dialog, Bd. 8. Münster/New York, S. 128–141.

Schoonenberg, Piet (1974): Versuch einer christlich-theologischen Sicht des Hinduismus. In: Oberhammer, Gerhard (Hg.): Offenbarung, geistige Realität des Menschen. Arbeitsdokumentation eines Symposiums zum Offenbarungsbegriff in Indien. Publications of the De Nobili Research Library, Bd. 2. Wien, S. 171–187.

Schneider, Mathias (2019): Demonic or Divine? Theravāda Buddhist Interpretations of Jesus. In: Buddhist-Christian Studies, Bd. 39, S. 259–270.

Smith, Wilfred Cantwell (1981): Towards a World Theology. Faith and the Comparative History of Religion. Philadelphia.

Smith, Wilfred Cantwell (1982): Comparative Religion – Whither and Why. In: Oxtoby, Willard G. (Hg.): Religious Diversity. Essays by Wilfred Cantwell Smith. New York, S. 138–157.

Steineck, Christian (1997): Quellentexte des japanischen Amida-Buddhismus. Studies in Oriental Religions, Bd. 39. Wiesbaden.

Swidler, Leonard (1983): The Dialogue Decalogue. Ground Rules for Interreligious Dialogue. In: Journal of Ecumenical Studies, Bd. 20, Nr. 1, S. 1–4.

Tworuschka, Udo (2008): Praktische Religionswissenschaft. Theoretische und Methodische Grundüberlegungen. In: Klöcker, Michael/Tworuschka, Udo (Hg.): Praktische Religionswissenschaft. Ein Handbuch für Studium und Beruf. Köln/Stuttgart, S. 13–24.

Yokota, John S. (2005): Where Beyond Dialogue? Reconsiderations of a Buddhist Pluralist. In: Griffin, David Ray (Hg.): Deep Religious Pluralism. Louisville, S. 91–107.

Young, Richard F./Senanayaka, G. S. B. (1998): The Carpenter-Heretic: A Collection of Buddhist Stories about Christianity from 18th Century Sri Lanka. Colombo.

Anmerkungen

1 Das soll nicht heißen, dass die anderen Formen des Dialogs nicht genauso wichtig wären oder dass die verschiedenen Formen nicht immer auch aufeinander bezogen wären (vgl. Rötting 2016, 42).

2 Die Rede von Fremdwahrnehmung („Hetero-Interpretation“) und Eigenwahrnehmung („Auto-Interpretation“) basiert auf Schoonenberg 1974.

Fazit

SARAH J. JAHN, JUDITH STANDER-DULISCH

Regulierung religiöser Pluralität im Vergleich – Möglichkeiten und Grenzen

1. Einleitung

Die fünfzehn Fallstudien dieses Handbuchs benennen und beschreiben verschiedene Problemlagen und Lösungsansätze im Umgang mit religiöser Pluralität. Dies ist unter anderem durch die unterschiedlichen gesellschaftlichen Bereiche und institutionellen Kontexte zu erklären. Unabhängig von der konkreten Fallbeschreibung und den verschiedenen Kontexten wird aber auch deutlich, wie unterschiedlich die Dimensionen von Regulierung sind und wie ähnlich die formulierten Regulierungsmöglichkeiten und -bedarfe sein können. Insofern lohnt sich ein abschließender Blick auf die verschiedenen Dimensionen von Regulierung und ein überblicksartiger Vergleich der gesellschaftlichen Bereiche.

2. Dimensionen von Regulierung

Bisherige Forschungen behandeln Regulierung vornehmlich auf der Ebene des Verhältnisses Staat-Religion. Es werden der bestehende Rechtsrahmen und dessen Auswirkungen auf Religion untersucht (Reuter 2014; Reuter/Kippenberg 2010). Inwiefern Regulierung aber auch von Religion beeinflusst wird, wird in der bestehenden Forschung nur im geringen Maß untersucht (u.a. Beaman 2008). Der Fokus liegt dabei dann vor allem auf der Rechtsgeschichte oder dem (interreligiösen) Dialog. Während es bei der Rechtsgeschichte um Fragen des religiösen Einflusses auf unser heutiges Rechtssystem geht (Jahn 2015; Stein 2007), wird der interreligiöse Dialog als Kommunikationsform zwischen Religionen und als Möglichkeit der Verständigung zwischen religiösen und nicht religiösen Instanzen untersucht (Klinkhammer et al. 2011). Von den politischen und behördlichen Instanzen wird er bereits verwendet, um mit verschiedenen religiösen Interessengruppen auf kommunaler Ebene zu arbeiten (Schubert 2015, 215 ff.). Diese Perspektiven machen deutlich, dass Religionen selbst unterschiedlichen Einfluss auf Regulierungsprozesse nehmen können. Das hat der Soziologe James T. Richardson 2009 in seinem Ansatz über Religion als abhängige oder unabhängige Variable in Regulierungsprozessen bereits beschrieben (vgl. Einleitung und Problemaufriss; Richardson 2009, 418 ff.). Hiermit wird der Fokus auf Fremdregulierung gelegt und damit auf die Fragen, inwiefern Religion beispielsweise durch Recht, Politik, Medien und andere gesellschaftliche Bereiche reguliert wird. Es wird aber auch gefragt, inwiefern Religion Bereiche wie das Recht, die Medien oder auch die Politik reguliert.

Während Richardson von diesen zwei Perspektiven und damit von einem engen Verständnis von *Regulierung* ausgeht, arbeitet der Rechtswissenschaftler Gunnar Folke Schuppert mit einem weiteren Verständnis und verwendet den Begriff der *Governance*. Dabei geht es um die Steuerung bestimmter Kollektivinteressen und Formen der Kooperation zwischen unterschiedlichen staatlichen und nicht staatlichen Akteuren, um komplexer werdenden gesellschaftlichen Verflechtungen und Abhängigkeiten zu begegnen und um Probleme effektiv zu lösen. Im direkten begrifflichen Vergleich bezieht sich dann Regulierung auf Prozesse der Steuerung oder Kontrolle in Übereinstimmung mit geltenden Regeln (Beckford/Richardson 2010, 397). In Deutschland wird der Begriff der *Regulierung* vor allem mit Staatstätigkeit verbunden, wenn beispielsweise der Staat in Wirtschaftsprozesse „regulierend" eingreift (Döhler/Wegrich 2010, 31). „Governance of Diversity" (Schuppert 2017) meint hingegen den allgemeinen Umgang mit kultureller und religiöser Pluralität in säkularen Gesellschaften. Mit dieser Begriffserweiterung ermöglicht es Schuppert, auch Formen der Selbstregulierung von Religion in den Blick zu nehmen (Schuppert 2017, 69 ff.).

Die Berücksichtigung beider Verständnisse ermöglicht den Blick auf Formen der Selbst- und Fremdregulierung sowie auf die Unterscheidung von interner und externer Regulierung. Beide Ansätze beziehen sich aber vornehmlich auf „Religion" als eher abstraktes oder gemeinschaftsbildendes Phänomen. Inwiefern sich Formen der Regulierung konkret auf Menschen im Alltag auswirken, welche Wahrnehmung von Religion und welche Handlungsmöglichkeiten sich hierdurch für einzelne Individuen ergeben, wird dabei weniger berücksichtigt. Die religionssoziologischen Ansätze von „Everyday Religion" (Ammerman 2016) oder auch „Lived Religion" (Hall 1997) schließen diese Lücke. Durch dieses *alltagsweltliche Verständnis* von Regulierung können dann auch verschiedene Dynamiken, Akteure und Faktoren beobachtet werden, die prägend im Umgang mit religiöser Pluralität sind. Orientierend an diesen bestehenden wissenschaftlichen Ansätzen, aber vor allem geleitet durch den eigenen empirischen Untersuchungsgegenstand, haben die Fallstudien insgesamt fünf verschiedene Dimensionen von Regulierung herausgearbeitet: Während einige Studien unterschiedliche *Regulierungsmöglichkeiten* fokussieren (auf informeller und formeller Art und Weise), werden in anderen Studien *Regulierungsdynamiken* (auf interner und externer Ebene), *Regulierungsfaktoren* (auf informeller und formeller Ebene) sowie *Regulierungsakteure* (auf interner und externer Ebene) und unterschiedliche *Regulierungsmechanismen* (Selbstregulierung und Fremdregulierung) herausgearbeitet. Die verschiedenen Dimensionen der Regulierung werden folgend kurz erläutert:

- *Regulierungsmöglichkeiten:* Aufgrund von religiöser und kultureller Differenzen ergeben sich unterschiedliche Umgangsformen und Umgangsweisen mit Herausforderungen, Problemen und Unsicherheiten im religionssensiblen Umgang, etwa im Rahmen von politischen Entscheidungen über Flüchtlingsunterkünfte, im Rahmen von Dialoginitiativen, in denen unterschiedliche Handhabungen im Umgang mit religiöser Pluralität im lokalen Raum zutage treten, oder im Bildungsbereich, bei dem auch Weiterbildungen für Lehrkräfte zum Umgang mit innerreligiöser Vielfalt eine Art der Möglichkeit zur Regulierung darstellen.
- *Regulierungsdynamiken:* Besonders am Arbeitsplatz treten bestimmte Dynamiken und Prozesse auf, in denen spezifische Sachverhalte im Hinblick auf Regeln im Umgang mit religiöser Pluralität gelenkt werden. Dies betrifft nicht nur die Altenpflege, sondern beispielsweise auch das Handwerk.
- *Regulierungsfaktoren:* In einigen Fallstudien konnten zudem spezifische Regulierungsfaktoren identifiziert werden, etwa im Rahmen der Einbindung von Religion in den Schulunterricht, bei dem bezüglich des Umgangs mit religiöser Pluralität die Lehrplanrichtlinien sowie die Zugehörigkeit religiöser Identitäten eine Rolle spielen, oder im Rahmen der Förderung zivilgesellschaftlicher Beteiligung, bei der bestimmte Richtlinien und Maßstäbe die finanzielle Förderung von Migrantenselbstorganisationen sowie die partnerschaftliche Zusammenarbeit mit ihnen regulieren.
- *Regulierungsakteure:* Gerade Institutionen wie die kommunale Verwaltung, Dialoginitiativen oder Museen treten als Regulierungsakteure auf, in denen das Potenzial liegt, sich interkulturell zu öffnen, Wahrnehmungen, Begegnungen, Austausch und Kooperationen zu ermöglichen, dabei Stereotype abzubauen und somit nicht nur Handlungskompetenz zu stärken, sondern zu einem produktiven und dialogischen Umgang mit religiöser Vielfalt beizutragen.
- *Regulierungsmechanismen:* In einigen Fallstudien wurden insbesondere die Regulierungsmechanismen betrachtet, die im Umgang mit religiöser Pluralität berücksichtigt werden müssen und bei denen es der Transparenz bedarf: Sei es im Rahmen von journalistischer Berichterstattung über religiöse Plu-

ralität in Form von Nachrichtenwert sowie Perspektivierungs- und Emotionalisierungsmechanismen im Rahmen der Darstellung von Religion in Lehrwerken, bei denen unterschiedliche Mechanismen und Einflussfaktoren wie Schulpolitik, Schulbuchverlage, Schulbuchautoren bedacht werden müssen, oder im interreligiösen Dialog, bei dem als Mechanismus die Selbstregulierung mithilfe von Dialogregeln oder Dialogtugenden zum Tragen kommt.

3. Vergleich gesellschaftlicher Bereiche

Vor dem Hintergrund der verschiedenen Dimensionen von Regulierung wird folgend der Blick auf die unterschiedlichen gesellschaftlichen Bereiche gerichtet. Durch diese Zusammenschau lassen sich nicht nur Herausforderungen und Schwierigkeiten, sondern auch die Potenziale und Chancen religiöser Pluralität identifizieren.

3.1 Medien

Konkrete Problemlage	Berichterstattung über Religion, Kultur und religiöse Pluralität, Nennung der vermeintlich religiösen Herkunft von mutmaßlichen Straftäter*innen
Institutioneller Kontext	Tageszeitungen und Nachrichtenmagazine
Regulierungsdimension	Regulierungsmechanismen
Externe Regulierung	Recht und Akteure, d. h. Landespressegesetze, Grundsatzurteile des Bundesverfassungsgerichts zur Rolle der Presse, Pressekodex
Interne Regulierung	Redaktionsprozesse, journalistische Qualitätsstandards, Nachrichtenwert, Medienlogiken, Genre, Emotionalisierungs- und Perspektivierungsstrategien, journalistisches Selbstverständnis, Berufsethos
Bedarf	(Weiter-)Bildung, Transparenz über die Medienarbeit mit Diskussion in die Gesellschaft hinein

Tabelle 5: Medien
Quelle: Eigene Darstellung

3.2 Arbeitsplatz

Konkrete Problemlage	(Religionssensibler) Umgang mit religiöser Pluralität bzw. kultureller Vielfalt am Arbeitsplatz
Institutioneller Kontext	Altenpflegeeinrichtungen, Wohlfahrtseinrichtungen, Handwerk, IT-Wirtschaft
Regulierungsdimension	Regulierungsdynamiken und -prozesse
Externe Regulierung	Gesetze und Verordnungen (AGG)
Interne Regulierung	Betriebsvereinbarungen, Leitbilder, Pflegekonzepte, Pragmatische Umgangsformen
Individuelle/weiche Faktoren	Individuelle Prägungen und Haltungen der Beschäftigten (Beziehungsqualität, Einbindung von Religion in den Arbeitsalltag abhängig vom religiösen Selbstverständnis), Gelegenheitsstrukturen (z. B. Räumlichkeiten), soziale Akzeptanz, Vertrauensarbeit
Bedarf	Förderung von Reflexions- und Handlungskompetenz, Diversitätskonzepte (Leitbilder zur Vielfalt allgemein)

Tabelle 6: Arbeitsplatz
Quelle: Eigene Darstellung

3.3 Politik und Verwaltung

Konkrete Problemlage	Wahrnehmung von religiöser Pluralität (z. B. als Bedrohung), ihre Auswirkung im politischen sowie im Verwaltungshandeln, einhergehend mit Unsicherheiten im „richtigen" religionssensiblen Umgang mit Religion
Institutioneller Kontext	Stadtteil/Quartiersmanagement, Stadtverwaltung, Flüchtlingsunterkunft
Regulierungsdimension	Regulierungsakteure, Regulierungsmöglichkeiten (Umgangsformen, Umgangsweisen)
Formale externe und interne Regulierung	Bundes- und Landesgesetze, Kooperationsvereinbarungen, Dienstleistungsbereiche, strukturelle Rahmenbedingungen (z. B. Standorte, Zeitkapazitäten, zentrale Anlaufstellen, Informationsveranstaltungen)
Informelle Regulierung	Individuelle Wahrnehmungen, Deutungen und Handlungen der Mitarbeiter*innen
Bedarf	Interkulturelle Öffnung, wissenschaftsbasierte Wissensvermittlung durch diverse Formate (Weiterbildungsprogramme, Informationstexte), Austauschformate und Informationsmöglichkeiten (Plattformen, Anlaufstellen)

Tabelle 7: Politik und Verwaltung
Quelle: Eigene Darstellung

3.4 Bildung

Konkrete Problemlage	Unsicherheiten im Umgang mit religiöser und innerreligiöser Pluralität im Klassenzimmer, stereotype Darstellung von Religion in der Gesellschaft im Allgemeinen und in Lehrwerken im Speziellen
Institutioneller Kontext	Sozialisationsraum Schule, Weiterbildungen, Museum
Regulierungsdimension	Regulierungsakteur, Regulierungsmechanismen, Regulierungsfaktoren, Regulierungsmöglichkeiten
Regulierung	Regulierung durch Lehrplanrichtlinien, Lernziele, Perspektiven auf Religion im Unterricht, Zugehörigkeitsbeschreibungen religiöser Identitäten, religionskundliche Themenwahl, Erschließung des Handlungsraums und Deutungsrahmens auf Grundlage von Recht, ethischen Prinzipien und Selbstreflexion von Lehrkräften, Aufbrechen von Stereotypen in Form von Lernstationen
Bedarf	Sensibilisierung für kulturelle Pluralität sowie (inner-)religiöse Vielfalt, Diskussion und Aufbrechen von Stereotypen, Befähigung zur Handlungskompetenz und Reflexionskompetenz

Tabelle 8: Bildung
Quelle: Eigene Darstellung

3.5 Zivilgesellschaft

Konkrete Problemlage	Relevanz von Religion im politischen Umgang mit Migrantenselbstorganisationen, gegenseitige Wahrnehmung, Möglichkeiten und Grenzen im Umgang mit religiöser Pluralität im interreligiösen Dialog und lokalen Raum
Institutioneller Kontext	Religiöse Migrantenselbstorganisationen, christlich-islamischer Dialog, buddhistisch-christlicher Dialog
Regulierungsdimension	Regulierungsakteur, Regulierungsmechanismen
Innere Rahmenbedingungen	Offenheit dem religiös Anderen gegenüber, Prinzip politischer Neutralität und Gleichbehandlung
Äußere Rahmenbedingungen	Lokalspezifische Gegebenheiten, Ressourcenausstattungen und Akteurskonstellationen (Interessen, Konflikte, Netzwerke), Förderrichtlinien und Fördermaßstäbe
Regulative Kraft nach innen	Selbstbestimmte Regeln, Selbstregulierung
Regulative Kraft nach Außen	Erkenntnisse wirken auf andere Religionsteilnehmer*innen
Bedarf	Schaffung von zentralen Koordinationsstellen und Informationsangeboten sowie von Möglichkeiten für Austausch und Vertrauensaufbau, kontinuierliche Evaluation bisheriger Förderkonzepte und Kontrolle der Umsetzung vorhandener Handlungsempfehlungen, Förderung der Etablierung und Unterstützung von Dialoginitiativen, Schaffung von günstigeren Voraussetzungen für Dialoge (Durchführung von Dialogveranstaltungen, interreligiösen Gemeinschaftsprojekten)

Tabelle 9: Zivilgesellschaft
Quelle: Eigene Darstellung

Vergleicht man die unterschiedlichen gesellschaftlichen Bereiche, werden Überlappungen ersichtlich, die Handlungsperspektiven eröffnen. Diese werden im Folgenden durch „Anregungen für die Praxis“ gebündelt.

4. Handlungsperspektiven – 15 anwendungsorientierte Anregungen für die Praxis

4.1 Religion in den Medien

Journalist*innen berichten über Religion und über Sachverhalte mit vermeintlich religiösem Bezug. Dabei changieren sie zwischen journalistischem Auftrag und ethischen Grenzen. Zudem wird Wissen über Religion und religiöse Vielfalt unter anderem aus medialen Quellen bezogen, in denen häufig Stereotype – bedingt durch Medienrealitäten – vermittelt werden, sodass der Berichterstattung über religiöse Pluralität besondere Aufmerksamkeit zuteilwird.

1. **Sensibilisierung in der journalistischen Ausbildung**
   Eine stetige Diskussion über journalistische Qualitätsstandards und deren mögliche Weiterentwicklung sollte bereits durch entsprechende Sensibilisierungen während der journalistischen Ausbildung erfolgen.

2. **Diskussion in Fort- und Weiterbildungen**
   Die Diskussion darf sich jedoch nicht nur auf die Ausbildung fokussieren, sondern sollte auch im journalistischen Alltag sowie in Fort- und Weiterbildungen Raum erhalten.

3. **Bildung und Diskussion in der Gesellschaft**
   Um professionelle journalistische Qualitätsstandards und hierauf gründende journalistische Entscheidungen und Handlungslogiken auch außerhalb der Profession zu kommunizieren, bedarf es einer öffentlichen und transparenten Debatte mit und gegenüber dem Publikum. Dies schließt auch eine Transparenz und Sensibilisierung bezüglich Medienlogiken sowie sprachlichen und visuellen Strukturen in der Berichterstattung mit ein, die zu einem Aufbrechen von durch Medienrealitäten entstehenden Stereotypen über Religion und religiöse Vielfalt führen können.

4.2 Religion am Arbeitsplatz

Mitarbeiter*innen in diversen Arbeitskontexten sind mit kultureller Vielfalt konfrontiert, verbinden dies häufig mit Religion und suchen nach Möglichkeiten, mit unterschiedlichen kulturellen und religiösen Brüchen und Bedarfen umzugehen.

4. **Bewusstsein für die Herausforderung religiöser Pluralität**
Religiöse Vielfalt am Arbeitsplatz erfordert ein Bewusstsein für die damit einhergehenden Herausforderungen auf beiden Seiten – der Arbeitnehmer*innen und Arbeitgeber*innen.

5. **Stärkung von Reflexions- und Handlungskompetenz**
Das eigene Selbstverständnis kann z.B. durch Schulungen oder Supervisionen gestärkt werden, sodass auch eine Schaffung von gemeinsamen Analyse- und Reflexionsmöglichkeiten möglich ist, um produktiv mit religiöser Vielfalt umzugehen – vor allem, da es nicht immer in erster Linie um Religion geht.

6. **Entwicklung von Diversitätskonzepten und Leitbildern**
Diversitätskonzepte und Leitbilder wie zum Beispiel die *Charta der Vielfalt* können zu einem produktiven Umgang mit Vielfalt führen – eben, weil sie sich nicht nur auf das Thema Religion fokussieren, sondern Diversität im Allgemeinen und damit Diversität als Ressource begreifen.

4.3 Religion in Politik und Verwaltung

In der Politik wie auch in der Verwaltung wird religiöse Pluralität häufig als Bedrohung und weniger als ein Potenzial in der demokratischen Gesellschaft wahrgenommen.

Anregungen für die Praxis

7. **Interkulturelle Öffnung von Verwaltung und Politik weiter vorantreiben**
Um Konflikte zu reduzieren und Unsicherheiten zu vermeiden, ist eine interkulturelle Öffnung vonnöten, die eine wissenschaftsbasierte Wissensvermittlung in Form einer Außenperspektive vorsieht. Damit können Mitarbeiter*innen kultur- und religionssensibel geschult werden, um verschiedene Deutungen und die eigenen Handlungen zu reflektieren.

8. **Schaffung von Einrichtungen und Austauschmöglichkeiten**
Die Schaffung von Einrichtungen, etwa im Rahmen des Quartiersmanagements, sowie von Austausch- und Informationsmöglichkeiten mit Blick auf Flüchtlingsunterkünfte helfen dabei, in einen Dialog zu treten.

9. **Einrichtung von Formaten und Zusammenarbeiten**
Eine Einrichtung von diversen Formaten, z.B. Weiterbildungsprogrammen, Informationsbroschüren, Anlaufstellen, Telefonhotlines, und insbesondere eine Zusammenarbeit von universitären Stellen und Ausbildungsstellen erscheint dabei als unerlässlich.

4.4 Religion im Bildungsbereich

Bildungseinrichtungen sehen sich konfrontiert mit immer mehr Ansprüchen von Politik und verschiedenen Akteuren, wie etwa Eltern, aber auch mit an sie herangetragenen Stereotypen und damit einhergehenden Verunsicherungen im Hinblick auf (inner-)religiöse Pluralität. Sie sollen bilden und auf das Leben in der Gesellschaft vorbereiten, auch wenn dabei das Fachwissen fehlt.

10. **Sensibilisierung für religiöse und kulturelle Vielfalt in Weiterbildungen und musealen Ausstellungen**

    Weiterbildungen für Lehrkräfte können zu einer Sensibilisierung für (inner-)religiöse und kulturelle Vielfalt und Minderheiten beitragen, in der Individualität wahrgenommen, Heterogenität als Normalfall betrachtet und eigenverantwortliches Handeln befähigt wird. Gesellschaftliche Stereotype können dabei in Form von unterschiedlichen didaktischen Modellen aufgebrochen werden, nicht nur in Weiterbildungen, sondern auch in musealen Ausstellungskonzepten.

11. **Perspektivwechsel in Lehrwerken**

    Damit Bilder, Meinungen und Einstellungen über Religionen nicht zu einem Religionsverständnis führen, das mit einer religiös pluralen Gesellschaft nur schwer vereinbar ist, sind nur kleine Veränderungen und ein Entgegenwirken der Perspektive notwendig, um eine ausgewogene Behandlung von Religion und den Blick auf Vielfalt zu ermöglichen.

12. **Wahrnehmung von Individualitäten**

    In allen Bildungsbereichen ist es relevant, Individualitäten wahrzunehmen und von einer Homogenisierung und von Zugehörigkeitszuschreibungen („der Islam“, „die Christen“) abzusehen, um Stereotype zu vermeiden und Heterogenität als Normalfall anzusehen.

4.5 Religion in der Zivilgesellschaft

Religiöse Dialogperspektiven haben ihr eigenes theologisches Verständnis und suchen nach Möglichkeiten, in den Austausch mit anderen Theologien und religiösen Praktiken zu kommen. Sie haben unterschiedliche Interessen, z. B. gesellschaftliche Teilhabe und friedliche Koexistenz. Teilhabeorientierung und erfolgreiche Integration stehen auch bei der Förderung und zivilgesellschaftlichen Einbindung von Migrantenselbstorganisationen im Vordergrund.

13. **Prüfung bisheriger Konzepte**
Es bedarf einer konsequenten Überprüfung, inwieweit bereits bestehende Handlungsempfehlungen und Maßnahmen, etwa zur Förderung von Migrantenselbstorganisationen, auch tatsächlich umgesetzt wurden beziehungsweise in der Praxis wirksam sind. Für die Stabilität und langfristige Wirksamkeit von erfolgreichen Fördermaßnahmen ist die Stärkung von Finanzierungssicherheit geboten.

14. **Schaffung von Einrichtungen und Austauschmöglichkeiten**
Staat und Gesellschaft können dabei helfen, günstigere Voraussetzungen für den interreligiösen Dialog zu schaffen, als Beispiel dienen die sogenannten „Interfaith Councils" in Großbritannien. Demnach könnten Netzwerke eingerichtet werden, die sich der Durchführung von Dialogveranstaltungen und interreligiösen Gemeinschaftsprojekten widmen, um den sozialen Zusammenhalt zu stärken.

15. **Unterstützung von Dialoginitiativen und Dialogveranstaltungen**
Zwar ist es riskant, Dialoginitiativen mit integrations- und sicherheitspolitischen Erwartungen zu überfrachten, jedoch macht die Politik keinen Fehler, wenn sie die Entstehung von Dialoginitiativen, wie etwa durch die in Punkt 14 genannten Formate unterstützt und begünstigt.

5. Fazit: Möglichkeiten und Grenzen

Insgesamt zeigt sich, dass es in allen institutionellen Kontexten sowie gesellschaftlichen Bereichen einer Sensibilisierung und einer Bewusstseinsschaffung allgemein über religiöse und kulturelle Vielfalt bedarf, um Herausforderungen zu verstehen, anzunehmen und produktiv zu lösen. Als übergreifender Lösungsansatz bieten sich dabei die beiden Schwerpunkte – Bildung und Plattformen für *Austausch* – an. In allen Bereichen zeigt sich ein Bedarf an Weiterbildungen und politischer Bildung als Regulierungsmöglichkeit, bei der eine wissenschaftsbasierte Wissensvermittlung im Mittelpunkt steht. Diese kann über unterschiedliche Formate (z.B. Weiterbildungen, Informationstexte, Hotlines, Supervisionen) ermöglicht werden. Als weiterer Schwerpunkt ist der Bedarf nach Austausch zu nennen, der in Form von Plattformen unterschiedlicher Art gegeben werden kann und durch den die Wahrnehmung von religiöser Pluralität, die transparente Kommunikation, Selbstreflexion und damit der Dialog erst möglich wird. Als Grenzen sind in diesem Zusammenhang rechtliche und strukturelle Faktoren zu benennen, indem beispielsweise Datenschutz und Persönlichkeitsrechte den Austausch über konkrete Herausforderungen im Umgang mit Religion begrenzen, wenn etwa Mitarbeiter*innen verschiedener Flüchtlingsunterkünfte anhand von konkreten Fällen Umgangsweisen reflektieren wollen. Als strukturelle Faktoren sind hier vor allem zeitliche und finanzielle Ressourcen zu nennen, die erbracht werden müssen, um etwa entsprechende Bildungsmaßnahmen als Einrichtung anzubieten. Gerade im Bildungsbereich und in zivilgesellschaftlichen Bereichen sind hier die Möglichkeiten begrenzt, da die Trägereinrichtungen bzw. die Ehrenamtlichen nur über geringe bis keine zusätzlichen finanziellen Mittel verfügen und zeitliche Kapazitäten aufgrund des Ehrenamts oder der zunehmenden Last an Verwaltungsarbeiten im Bildungsbereich begrenzt sind.

Um den übergreifenden Grenzen produktiv begegnen zu können, muss also in jedem institutionellen Kontext nach Möglichkeiten der Überwindung ebendieser Grenzen gesucht werden. Die Politik als übergreifender Akteur kann hier jedoch Hilfestellung geben, indem Mittel für Bildungsmaßnahmen und übergreifende Strukturen für die Implementierung von Plattformen zur Verfügung gestellt werden. Hiervon können dann auch die gesellschaftlichen Bereiche und institutionellen Kontexte profitieren, die in diesem Praxishandbuch nicht bearbeitet wurden.

Literatur

Ammerman, Nancy Tatom (2016): Everyday Religion. Observing Modern Religious Lives. Oxford.

Beckford, James A./Richardson, James T. (2007): Religion and Regulation. In: Beckford, James A./ Demerath III, N. J. (Hg.): The SAGE Handbook of the Sociology of Religion. London, S. 396–418.

Beaman, Lori G. (2008): Defining Harm: Religious Freedom and the Limits of the Law. Washington.

Döhler, Marian/Wegrich, Kai (2010): Regulierung als Konzept und Instrument moderner Staatstätigkeit. In: dms – der moderne staat – Zeitschrift für Public Policy, Recht und Management, Bd. 3, Nr. 1, S. 31–52.

Hall, David (1997): Lived Religion in America. Toward a History of Practice. Princeton.

Jahn, Sarah J. (2015): Recht und Religion. In: Krech, Volkhard/Hölscher, Lucian (Hg.): Handbuch der Religionsgeschichte im deutschsprachigen Raum. Bd. 6/1: 20. Jahrhundert – Epochen und Themen. Paderborn, S. 389–414.

Klinkhammer, Gritt/Frese, Hans-Ludwig/Satilms, Ayla/Seibert, Tina (2011): Interreligiöse und interkulturelle Dialoge mit MuslimInnen in Deutschland. Eine quantitative und qualitative Studie. Bremen.

Reuter, Astrid (2014): Religion in der verrechtlichten Gesellschaft. Rechtskonflikte um Religion als Grenzarbeiten am religiösen Feld. Göttingen.

Reuter, Astrid/Kippenberg Hans G. (Hg.) (2010): Religionskonflikte im Verfassungsstaat. Göttingen.

Richardson, James T. (2009): Religion and the Law. An Interactionist View. In: Clarke, Peter B. (Hg.): The Oxford Handbook of the Sociology of Religion. Oxford, S. 418–431.

Schubert, Nelly (2015): Die zivilgesellschaftlichen Potentiale von interreligiösen Dialoginitiativen. In: Nagel, Alexander-Kenneth (Hg.): Religiöse Netzwerke. Die zivilgesellschaftlichen Potentiale religiöser Migrantengemeinden. Bielefeld, S. 215–241.

Schuppert, Gunnar Folke (2017): Governance of Diversity. Zum Umgang mit kultureller und religiöser Pluralität in säkularen Gesellschaften. Frankfurt/M.

Stein, Tine (2007): Himmlische Quellen und irdisches Recht. Religiöse Voraussetzungen des freiheitlichen Verfassungsstaates. Frankfurt/M./New York.

Anhang

Kommentierte Liste mit weiterführender Literatur

Die folgende Liste ist eine Zusammenstellung von Literaturverweisen und -kommentaren, die der thematischen Vertiefung in einzelne übergeordnete Aspekte der Fallstudien dienen können. Sie wurden von den Autor*innen der Fallstudien ausgewählt und kommentiert.

1. Religion am Arbeitsplatz

Antidiskriminierungsstelle des Bundes (Hg.) (2017): Religiöse Vielfalt am Arbeitsplatz. Grundlagen und Praxisbeispiele. Online unter: www.netzwerk-iq.de/fileadmin/Redaktion/Downloads/IQ_Publikationen/Thema_Vielfalt_gestalten/2017_Religioese_Vielfalt_am_Arbeitsplatz.pdf.

Kommentar: Die Handreichung der Antidiskriminierungsstelle des Bundes widmet sich der Frage des Umgangs mit Religion am Arbeitsplatz. Neben einem kurzen Überblick zur Rechtslage wird anhand von Praxisbeispielen beleuchtet, wie Arbeitgeber einen sensiblen Umgang mit Religion fördern können. In der knapp gehaltenen Broschüre finden sich zahlreiche Hinweise auf weitere Ratgeber und Handreichungen.

Charta der Vielfalt e.V. (Hg.) (2014): Vielfalt erkennen – Strategien für einen sensiblen Umgang mit unbewussten Vorurteilen. Berlin. Online unter: https://www.charta-der-vielfalt.de/fileadmin/user_upload/Studien_Publikationen_Charta/Vielfalt_erkennen_BF.pdf.

Kommentar: Der Verein Charta der Vielfalt e.V. ist eine 2006 ins Leben gerufene Arbeitgeberinitiative, die sich für ein vorurteilsfreies Arbeitsumfeld einsetzt. Die 90-seitige Broschüre sensibilisiert für die negativen Auswirkungen unbewusster Vorurteile (bzw. des Unconscious Bias): Menschen werden nicht nach ihren Fähigkeiten beurteilt. Ihre Potenziale werden übersehen. Vertreter*innen internationaler Konzerne, mittelständischer Unternehmen sowie von Einrichtungen aus dem öffentlichen Sektor, dem Sport und der Gesundheitswirtschaft geben zahlreiche praktische Tipps und beleuchten Strategien und Konzepte aus dem Diversity Management, die dazu beitragen sollen, produktiv mit Vielfalt umzugehen.

David, Alexandra/Evans, Michaela/Hamburg, Ileana/Terstriep, Judith (Hg.) (2019): Migration und Arbeit: Herausforderungen, Problemlagen und Gestaltungsinstrumente. Leverkusen.

Kommentar: Das Buch bietet einen umfassenden Überblick zum Thema Migration und Arbeit mit vielen Beiträgen aus der Praxis.

Domenig, Dagmar (Hg.) (2001): Professionelle Transkulturelle Pflege. Handbuch für Lehre und Praxis in Pflege und Geburtshilfe, Bern.

Kommentar: Das praxisorientierte Handbuch gibt einen Einblick in den Umgang mit Migrant*innen in Pflege und Geburtshilfe. Dabei liefert es zunächst theoretische Hintergründe zu den Themen Kultur, Integration und Migration, um dann mögliche Zugänge zu einer sogenannten transkulturellen Pflege aufzuzeigen. Thematisiert werden u.a. die Aspekte „Kommunikation", „Dolmetschen" und „Transkulturelle Pflegeanamnese". Ein dritter Teil widmet sich spezifischen Themen wie etwa „Schmerz", „Traumatisierung" und „Alter".

Heller, Birgit (Hg.) (2012): Wie Religionen mit dem Tod umgehen. Grundlagen für die interkulturelle Sterbebegleitung, Freiburg/Br.

Kommentar: Der Frage nach dem Lebensende und möglichen religiösen Antworten darauf widmet sich dieser Sammelband. Die Autor*innen zeigen auf, wie Sterben und Tod in verschiedenen religiösen Traditionen betrachtet werden und welche religiösen Rituale sich daraus ableiten lassen. Darauf aufbauend beschäftigen sie sich mit medizinethischen Fragestellungen (u.a. Organspende in interreligiöser Perspektive) und Palliative Care.

Neue deutsche Medienmacher e.V. (Hg.) ([8]2019): Glossar der Neuen deutschen Medienmacher*innen. Formulierungshilfen für die Berichterstattung im Einwanderungsland. Berlin. Online unter: www.neuemedienmacher.de/Glossar_Webversion.pdf.

Informations- und Dokumentationszentrum für Antirassismusarbeit e.V. (Hg.) ([2]2016): Glossar der Neuen deutschen Medienmacher. Formulierungshilfen für einen diskriminierungssensiblen Sprachgebrauch in der Bildungsarbeit in der Migrationsgesellschaft. Düsseldorf. Online unter: www.idaev.de/fileadmin/user_upload/pdf/publikationen/Reader/2016_IDA_Glossar_Medienmacher.pdf.

Kommentar: Die Glossare der neuen deutschen Medienmacher*innen helfen bei Unsicherheiten über Begrifflichkeiten. Neben Kurzinformationen zu einzelnen Themenbereichen (z.B. zu Migration, Muslim*innen, Flucht und Asyl) und dem jeweiligen Umgang in der Berichterstattung werden Begriffe erklärt, Alternativbegriffe angeboten und Empfehlungen ausgesprochen.

Nagel, Alexander-Kenneth (Hg.) (2015): Religiöse Netzwerke. Die zivilgesellschaftlichen Potentiale religiöser Migrantengemeinden. Bielefeld.

Kommentar: Der Sammelband umfasst einzelne Fallstudien zu religiösen Gemeinden von tamilischen Hindus, thailändischen Buddhist*innen, russlanddeutschen Mennonit*innen, syrisch-orthodoxen Christ*innen, Ezid*innen, Muslim*innen sowie koreanischen Freikirchen in NRW.

Entlang interner Einflussfaktoren – wie dem theologischen Selbstverständnis, der Migrationsgeschichte, der Sozialstruktur und demografischen Dynamiken – und unter Berücksichtigung diverser von außen auf die Vereinigungen einwirkender Größen – wie rechtliche Rahmenbedingungen, wahrgenommene Gelegenheitsstrukturen, Anspruchsgruppen und öffentliche Diskurse – werden die Aktivitäten und das Vernetzungsverhalten der religiösen Gruppierungen in beziehungsorientierten Perspektiven beschrieben und miteinander verglichen.

Steinberg, Silke/Klatt, Rüdiger (2018): Innovationspotenzial Zuwanderung – Praxisperspektiven zur Arbeitsintegration. Transition, Publication Series for Participative Innovation and Transfer, Nr. 1. Online unter: https://fiap-ev.org/wp-content/uploads/2018/06/TRANSITION-1-18.pdf.

Kommentar: In der Ausgabe der Schriftenreihe wird aus unterschiedlichen Perspektiven das Thema der Arbeitsintegration von Zuwander*innen in den Branchen Altenpflege, IT und Handwerk aufgegriffen. Darüber hinaus wird der Umgang mit den wirtschaftlichen Potenzialen durch Zuwanderung und Diversität kritisch hinterfragt. Auch die Entwicklungsbedarfe bei den Zuwander*innen selbst werden beleuchtet.

2. Religion im Bildungsbereich

Hinrichs, Ulrike/Romdhane, Nizar/Tiedemann, Markus (2012): „Unsere Tochter nimmt nicht am Schwimmunterricht teil! – 50 religiös-kulturelle Konfliktfälle in der Schule und wie man ihnen begegnet. Mülheim/R.

Kommentar: Die Autor*innen geben zu 50 realen religiös-kulturellen Konfliktfällen aus Schulen Hintergrundinformationen und Tipps für das Handeln, dabei wird vor allem auf den Deutungsrahmen und die Handlungsmöglichkeiten eingegangen. Das Werk bietet eine gute Hilfe für Lehrkräfte, die Handlungstipps für konkrete Konfliktsituationen suchen.

Kamel, Susan (2004): Wege zur Vermittlung von Religionen in Berliner Museen. Black Kaba meets White Cube, Wiesbaden.

Kommentar: In dieser Monografie untersucht Susan Kamel verschiedene Präsentationsformen und Kommunikationsmodelle im Museum. Insbesondere steht die Vermittlung von Religionen im musealen Raum im Mittelpunkt ihrer Untersuchung. Kamel öffnet ihren Blick über die Berliner Museen hinaus und betrachtet ebenfalls die Ausstellung von Religionen im St. Mungo Museum in Glasgow.

Kaya, Asiye (2009): Mutter-Tochter-Beziehungen in der Migration. Biographische Erfahrungen im alevitischen und sunnitischen Kontext. Wiesbaden.

Kommentar: Kayas Arbeit nimmt die soziale Vererbung von Mehrheits- und Minderheitenposition verschiedener Einwanderungsgruppen zum Ausgangspunkt ihrer Untersuchung und überzeugt durch ihr entsprechend ausgerichtetes Forschungsdesign, das sich der biografischen, intergenerationalen Analyse von alevitischen und sunnitischen Mutter-Tochter-Bindungen im Kontext der Migrationsgesellschaft widmet.

Koch, Anne (2006): Multireligiös und Multikulturell. Kompetenz im religiösen Feld der Gegenwart. Ein Praxishandbuch und CD-Rom mit drei Religions-Kompetenz-Trainings. Frankfurt/M. (Als Open Access hier erhältlich: epub.ub.uni-muenchen.de/12436/.)

Kommentar: Die Autorin stellt in diesem Werk eine Alternative zur lehrwerksbasierten Religionsvermittlung fort. Anhand mehrerer Rollenspiele, die ausführlich erklärt und vorgestellt werden, können Lehrkräfte, aber auch weitere Praktiker*innen, mit ihren Schüler*innengruppen die Schwierigkeiten und Chancen religiöser und kultureller Vielfalt erfahren, erproben und ausprobieren und werden dabei in ihrer Religionskompetenz gestärkt.

Loth, Martina/Tepeli, Dilek A. (2019). „Vater, woran glaubst du? – An Stock, Stein, Natur“. Ein Beitrag über Identitätsfragen junger Alevitinnen und Aleviten. In: Limacher, Katharina/Mattes, Astrid/Novak, Christoph (Hg.), Prayer, Pop and Politics. Researching Religious Youth in Migration Society, S. 249–274.

Kommentar: Der Artikel beleuchtet verschiedene Beispiele von sowohl religiösen als auch nicht religiösen Identitätsbildungsprozessen junger Alevit*innen. Darin zeigt sich, dass die alevitische Identität in der Diaspora durchaus von Wandel (Bruch mit dem Schweigegebot takiye) als auch Kontinuität (z.T. soziale Vererbung der historischen Verletzungsverhältnisse zwischen Alevit*innen und Sunnit*innen) geprägt ist.

Sökefeld, Martin (Hg.) (2008): Aleviten in Deutschland. Identitätsprozesse einer Religionsgemeinschaft in der Diaspora. Bielefeld.

Kommentar: Das Buch von Martin Sökefeld gibt einen guten Überblick über die Religionsgemeinschaft der Alevit*innen, die in Deutschland immer noch wenig bekannt ist, aber durch Anerkennungspolitik seit den 1980ern immer bekannter wird. Es eignet sich für Leser*innen, die generell erfahren möchten, wobei es sich bei dem Alevitentum handelt, aber auch, um Einblicke in diverse Transformationsprozesse zu erhalten, die mit der Neuverordnung des Alevitentums in der Diaspora einhergingen und gehen. Diese reichen von neuen Formen der Erinnerungskultur, vermehrter Praxis alevitischer Rituale oder anderen Informations- und Zugangsmöglichkeiten durch Mediennutzung bis zur Diskussion um die Loslösung vom Islam. Speziell für die junge Generation ergeben sich Chancen für ihre Identitätsbildung durch den Bruch mit der Schweigepraxis oder den alevitischen Religionsunterricht an den Schulen.

Spanier, Lisa (2014): Kunst- und Kulturvermittlung im Museum. Historie – Bestandsaufnahme – Perspektiven. kunst_markt_vermittlung_1. Düsseldorf.

Kommentar: Lisa Spanier stellt in ihrer Monografie zunächst Geschichte, Definitionen und Aufgaben der Museumspädagogik dar. Hierbei widmet sie sich in einem Unterkapitel auch der wichtigen Zusammenarbeit mit Schulen. Folgend geht sie auf Methoden sowie Medien zur Vermittlung ein. Besonders hervorzuheben ist, dass sie sich in einem Kapitel mit Perspektiven zu interdisziplinären Ansätzen für die Kunstvermittlung beschäftigt und hier auf aktuelle Herausforderungen Bezug nimmt.

Spenlen, Klaus (2016): Islam in Deutschland. Ein Leitfaden für Schule, Aus- und Weiterbildung. Essen.

Kommentar: Der Autor bietet in diesem Leitfaden eine erste Einführung in den Islam an. Lehrkräfte können sich so selbstständig über den Islam informieren und erfahren viel über die Vielfalt und Auswirkungen auf verschiedene Bereiche. Der Abbau von Stereotypen steht hier mit im Vordergrund. Darüber hinaus gibt der Autor Tipps, wie in bestimmten Konfliktsituationen gehandelt werden kann.

Deutscher Stifterverband (Hg.) (2019): Lehrkräftebildung für die Schule der Vielfalt, Essen.

Kommentar: Die Handreichung gibt einen Einblick in verschiedene praxisorientierte Umgangsweisen mit Migration und Mehrsprachigkeit in der Schule und richtet sich konkret an angehende Lehrkräfte. Die dargestellten Projekte sind Teil des Netzwerks „Stark durch Diversität – Förderung interkultureller Kompetenzen in der Lehramtsausbildung", das vom Stifterverband, der Stiftung Mercator und der Schöpflin Stiftung gefördert wird.

Štimac, Zrinka (2016): Vernetzte Welt – Getrennte Religionen? Verflechtung von Religion und Gesellschaft als Herausforderung der Schulbücher (= Eckert. Working Papers Nr. 1). Braunschweig.

Kommentar: Das Working Paper zeigt eine exemplarische Lehrwerksanalyse anhand von Ethikbüchern aus Niedersachsen und Bayern. Im Vorfeld der Analyse wird in die Lehrwerksanalyse eingeführt. Das Paper eignet sich somit für alle, die weitere Beispiele für die Darstellungen von Religion in Lehrwerken kennenlernen wollen, oder für solche Lehrkräfte, die sich genauer mit der Lehrwerksanalyse beschäftigen wollen.

3. Religion und Medien

Mediendienst Integration (Hg.) (2016): Journalisten-Handbuch zum Thema Islam. Berlin. Online unter: mediendienst-integration.de/fileadmin/Handbuch_Islam.pdf.

Kommentar: Das Handbuch des Mediendiensts Integration hat das Ziel, Journalist*innen bei einer ausgewogenen und differenzierten Berichterstattung zu unterstützen. Dafür werden zunächst Grundlageninformationen und Hintergründe zum Islam präsentiert, die einen guten Überblick darlegen. Des Weiteren werden Zusammenhänge und neue Perspektiven für die Berichterstattung eröffnet. Auch für die weitere Recherche bietet sich das Handbuch an, da unterschiedliche muslimische Verbände und Organisationen mit den jeweiligen Kontaktdaten vorgestellt werden.

Pöttker, Horst (2002): Wann dürfen Journalisten Türken Türken nennen? In: Publizistik, Nr. 47, S. 265–279.

Kommentar: Der Beitrag bietet einen auch für kommunikationswissenschaftliche Laien überaus verständlichen Überblick über Aufgaben und Systematik journalistischer Berufsethik und erklärt in prägnanter Weise und anhand vieler

Beispiele aus der Praxis die Bedeutung des Diskriminierungsverbots des Deutschen Pressekodex.

Steindl, Nina/Lauerer, Corinna/Hanitzsch, Thomas (2017): Journalismus in Deutschland. Aktuelle Befunde zu Kontinuität und Wandel im deutschen Journalismus. In: Publizistik, Nr. 62, S. 401–423

Kommentar: Wer sich dafür interessiert, wer die Journalist*innen in Deutschland sind, wie sie ihren Beruf verstehen, wie sie in der Praxis handeln und nach welchen Kriterien sie Nachrichten auswählen, für den und für die ist dieser Aufsatz empfehlenswert. Er bietet zudem die aktuellen, repräsentativ erhobenen sozioökonomischen Daten zu der Berufsgruppe der Journalist*innen in Deutschland, die derzeit verfügbar sind.

4. Religion in Politik und Verwaltung

Bogumil, Jörg/Hafner, Jonas/Kastilan, André (2017): Städte und Gemeinden in der Flüchtlingspolitik. Welche Probleme gibt es – und wie kann man sie lösen? Essen. Online unter: www.stiftung-mercator.de/media/downloads/3_Publikationen/2017/August/Stiftung_Mercator_Studie_Verwaltungshandeln_Fluechtlingspolitik.pdf.

Kommentar: Die Studie gibt einen Überblick darüber, was in den verschiedenen kommunalen Handlungsfeldern der Flüchtlingspolitik bereits gelingt und welche kreativen Lösungen für bestimmte Problemlagen durch die Verwaltungen selbst gefunden wurden. Außerdem werden pragmatische Vorschläge gemacht, wie im bestehenden gesetzlichen Rahmen Verbesserungen vorgenommen werden können.

Dilger, Hansjörg/Dittmer, Cordula/Dohrn, Kristina/Lorenz, Danile F./Voss, Martin (2017): Studentisches Forschen in Not- und Sammelunterkünften für Geflüchtete. (Selbst-)Kritische Reflexionen aus der Sozial- und Kulturanthropologie und Katastrophenforschung. In: Z'Flucht. Zeitschrift für Flüchtlingsforschung, Nr. 1, S. 124–139.

Kommentar: Dilger et al. setzen sich als Sozialanthropologen damit auseinander, wie Geflüchtete in einer Berliner Notunterkunft ihren Alltag verbringen und strukturieren, welche Herausforderungen damit einhergehen, und welche Perspektiven die Bewohner*innen für sich sehen.

Nagel, Alexander-Kenneth/Rückamp, Veronika (2018): Religiöse Diversität und Praxis in Flüchtlingsunterkünften. In: Zeitschrift für Religion, Gesellschaft und Politik, September, S. 1–21.

Kommentar: Nagel und Rückamp beleuchten aus religionswissenschaftlicher Perspektive die Wahrnehmung und Regulierung von religiösen und ethnisch-nationalen Konflikten in Flüchtlingsunterkünften in Niedersachsen.

Uske, Hans/Scheitza, Alexander/Düring-Hesse, Suse/Fischer, Sabine (Hg.) (2014): Interkulturelle Öffnung der Verwaltung. Konzepte, Probleme, Beispiele. Duisburg.

Kommentar: Der Sammelband beschäftigt sich grundlegend mit dem Prozess der interkulturellen Öffnung in verschiedenen Bereichen der öffentlichen Verwaltung. Dabei werden sowohl die Innenperspektive aus der Praxis als auch die Außenperspektive aus der Wissenschaft beleuchtet. Anhand von Schlaglichtern wird daran anknüpfend dargestellt, welche besonderen Probleme und Herausforderungen sich in verschiedenen Projekten gezeigt haben. Darauf aufbauend werden zudem Strategien und Perspektiven benannt, wie interkulturelle Öffnung auch langfristig funktionieren kann.

Vanderheiden, Elisabeth/Mayer, Claude-Hélene (Hg.) (2014): Handbuch Interkulturelle Öffnung: Grundlagen, Best Practice, Tools. Göttingen.

Kommentar: Das Handbuch bietet Informationen und praktische Anregungen aus einer wissenschaftlich informierten Perspektive. So wird sich zunächst grundlegend mit der Herkunft und Bedeutung von zentralen Begriffen und Konzepten beschäftigt. Auch wird nicht von Projekten aus gedacht, sondern von verschiedenen Handlungsfeldern wie interkulturelle Öffnung in Politik und Parteien, Kirchen und Religionsgemeinschaften, Recht und Verwaltungen, Erziehung und Bildung u.s.w. Neben diesen grundlegenden Informationen und Beschreibungen, gibt es zudem noch einige Anregungen für den Praxisalltag. So wird anhand der Beschreibung von sehr unterschiedlichen „best practice" Fällen aus den jeweiligen Handlungsfeldern verdeutlicht, wie interkulturelle Öffnung gelingen kann. Durch die zusätzliche Bereitstellung von verschiedenen Materialien wie Rollenspielanleitungen, Checklisten und Fallbeispielen wird den Leser*innen die eigene Anwendung ermöglicht.

5. Religion in der Zivilgesellschaft

Roloff, Carola/Weiße, Wolfram/Zimmermann, Michael (Hg.) (2011): Buddhismus im Westen. Ein Dialog zwischen Religion und Wissenschaft. Religionen im Dialog 6. Münster.

Kommentar: Dieser Band, der im Kontext des Wirkens der Akademie der Weltreligionen der Universität Hamburg entstanden ist, bietet einen guten Einstiegspunkt für diejenigen, die sich näher mit dem Buddhismus im Westen beschäftigen möchten. Das Spektrum der Beiträge reicht von der Buddhismusrezeption im Westen, seinen Gestalten in Deutschland, religiöser Doppelzugehörigkeit bis hin zu Dialog- und Bildungsfragen.

Schulz, Doris/Siedler, Dirk Christian (Hg.) (2011): Es geht doch! Erfahrungen – Projekte – Ideen aus christlich-islamischen Begegnungen in der Evangelischen Kirche im Rheinland, Rheinbach.

Kommentar: Der kleine Sammelband von Schulz und Siedler vereinigt Berichte aus christlich-islamischen Dialoginitiativen aus der Evangelischen Kirche im Rheinland und bietet Einblicke in den Facettenreichtum des christlich-islamischen Dialogs. Die Berichte entstammen aus Projekten und Dialoginitiativen in Städten, die durch religiöse und kulturelle Vielfalt geprägt sind, und stellen Erfahrungen aus der Praxis des Umgangs mit diesen Verhältnissen dar. Sie fügen sich zu einem „Kaleidoskop" (Klappentext) des christlich-islamischen Dialogs, der weit in die Sphären der Zivilgesellschaft, in die Jugendarbeit, in die interreligiöse Vernetzung von Frauen sowie in die Antirassismusarbeit und Extremismusprävention hineinreicht.

Schmidt-Leukel, Perry (2019): Wahrheit in Vielfalt. Vom religiösen Pluralismus zur interreligiösen Theologie. Gütersloh.

Kommentar: Das Buch basiert auf zwei Vorlesungsreihen, die der Autor im internationalen Kontext gehalten hat: den renommierten Gifford Lectures der Universität Glasgow im Jahr 2015 sowie einer Vorlesungsreihe in China an der Universität Hangzhou im Jahr 2014. Beleuchtet werden die verschiedenen Zugänge, die es innerhalb der großen religiösen Traditionen (Christentum, Judentum, Islam, Hinduismus, Buddhismus, Daoismus und Konfuzianismus) zur Erklärung religiöser Pluralität und zum Umgang mit ihr gibt. Außerdem entwirft der Autor eine interreligiöse Theologie, die eng mit dem interreligiösen Dialog verzahnt ist.

6. Religion und Regulierung

Jahn, Sarah J./Wevelsiep, Lisa (Hg.) (2020): Religion unterbringen: Regulierung kultureller und religiöser Vielfalt in Flüchtlingsheimen. Veröffentlichung des Centrums für Religionswissenschaftliche Studien (CERES), Bereich Wissenstransfer, Bochum.

Kommentar: Die Handreichung gibt einen Einblick über Formen der Regulierung von Religion in Flüchtlingsheimen. Anhand von Fallbeispielen werden häufig anzutreffende Umgangsweisen beschrieben, analysiert und mögliche Handlungsoptionen aufgezeigt. Dabei geht es vor allem um eine Sensibilisierung für religiöse und weltanschauliche Vielfalt und die Reflexion der eigenen Wahrnehmung von Religion. Kompakte Hintergrundinformationen zu spezifisch religiösen Themen geben zudem Aufschluss über grundlegendes religionskundliches Wissen wie halal und haram, Atheist*innen in muslimisch geprägten Ländern, Konversionen u.v.a.m.

[SVR] Sachverständigenrat deutscher Stiftungen für Integration und Migration (2016): Viele Götter, ein Staat: Religiöse Vielfalt und Teilhabe im Einwanderungsland. Jahresgutachten 2016 mit Integrationsbarometer, Essen: SVR; https://www.svr-migration.de/wp-content/uploads/2016/04/SVR_JG_2016-mit-Integrationsbarometer_WEB.pdf.

Kommentar: Das Gutachten fasst die Herausforderungen im Umgang mit religiöser Vielfalt in Deutschland zusammen. Es wird sich vorwiegend auf institutionelle, politische und rechtliche Herausforderungen bezogen. Grundlage für die Analyse sind aktuelle Zahlen sowie eine umfangreiche Sichtung wissenschaftlicher Literatur.

Stichwortverzeichnis

Autor*innenverzeichnis

JÖRG BOGUMIL, Prof. Dr., ist Inhaber des Lehrstuhls Öffentliche Verwaltung, Stadt- und Regionalpolitik an der Ruhr-Universität Bochum sowie Vorsitzender der Fachgruppe Verwaltungswissenschaft in der Deutschen Sektion des Internationalen Instituts für Verwaltungswissenschaft.

ALEXANDRA DAVID, Dr., seit 2006 Wissenschaftlerin am IAT, Westfälische Hochschule. Ihre Forschungsfragen konzentrieren sich auf die Themen der Migration und Innovation. Sie promovierte an der Universität Twente (Department of Governance and Technology for Sustainability) in Enschede (NL) zum Thema „Human Capital and the Role of Networks –Migration, Inclusion and New Qualification for a Sustainable Regional Economy".

MALIN DREES, M. A., hat an der Ruhr-Universität Bochum Religionswissenschaft und Geschichte studiert. Von 2016 bis 2019 war sie Promotionsstudentin am CERES (Titel der Arbeit: Jenseits von Gewalt. Formen jüdischer Erinnerungskultur im frühneuzeitlichen Ashkenaz). Von Januar 2018 bis Dezember 2019 hat sie ein wissenschaftliches Volontariat beim MiQua-LVR Jüdisches Museum im Archäologischen Quartier Köln absolviert.

CHRISTEL GÄRTNER, (apl.) Prof. Dr., ist Soziologin und Mentorin an der Graduiertenschule des Exzellenzclusters „Religion und Politik. Dynamiken von Tradition und Innovation" der Westfälischen Wilhelms-Universität Münster. Derzeit leitet sie das von der John Templeton Foundation geförderte Forschungsprojekt „The transmission of religion across generations: a comparative international study of continuities and discontinuities in family socialization".

SABINE GRUEHN, Prof. Dr., ist Inhaberin des Lehrstuhls für Erziehungswissenschaft mit dem Schwerpunkt Schultheorie/Schulforschung an der Westfälischen Wilhelms-Universität Münster. Gruehn forscht u.a. zu Unterricht und Lernen im moralisch-wertbildenden Lernbereich und hat Anspruch und Wirklichkeit des neuen weltanschaulich neutralen Unterrichtsfachs „Lebensgestaltung-Ethik-Religionskunde (LER)" in Brandenburg sowie in jüngerer Zeit die Entwicklung des evangelischen Religionsunterrichts in drei ausgewählten Landeskirchen untersucht.

THOMAS GUTMANN, Prof. Dr., ist Inhaber des Lehrstuhls für Bürgerliches Recht, Rechtsphilosophie und Medizinrecht und Mitglied des Exzellenzclusters „Religion und Politik. Dynamiken von Tradition und Innovation" der Westfälischen Wilhelms-Universität Münster.

HEIKE HAARHOFF, Dipl.-Journalistin, ist seit 2016 Doktorandin am NRW-Forschungskolleg „Religiöse Pluralität und ihre Regulierung in der Region" (RePliR) am Centrum für Religionswissenschaftliche Studien (CERES) der Ruhr-Universität Bochum und hat sich in diesem Rahmen besonders mit der Berichterstattung zur Kölner Silvesternacht 2015/2016 beschäftigt. Sie ist seit mehr als 20 Jahren als Journalistin für *die tageszeitung* in Berlin tätig (derzeit freigestellt), u.a. als politische Reporterin und als Redakteurin für Wissenschaft, Medizinthemen und Gesundheitspolitik. Für ihre Berichterstattung wurde sie u.a. mit dem Wächterpreis der Tagespresse (2013), dem Journalistenpreis des Deutschen Netzwerks Evidenzbasierte Medizin (2014) und dem Publizistik-Preis der Stiftung Gesundheit (2017) ausgezeichnet.

LINDA HENNIG, Dr., promovierte von 2016 bis 2019 im NRW-Forschungskolleg „Religiöse Pluralität und ihre Regulierung in der Region" (RePliR) in einem Cotutelle-Verfahren mit der Universität Straßburg zum Thema der Lebensführung berufstätiger Musliminnen in Deutschland und Frankreich. Sie hat an den Universitäten Dresden und Grenoble Soziologie studiert und war fünf Jahre in der Arbeitsvermittlung und -beratung tätig.

SARAH J. JAHN, Dr., ist hauptamtliche Dozentin an der Hochschule für Polizei und öffentliche Verwaltung NRW und lehrt in den Bachelorstudiengängen Polizeivollzugsdienst und Kommunale Verwaltung Interkulturelle Kompetenz, Training sozialer Kompetenzen, Ethik, empirische Sozialforschung und Soziologie. Von 2016 bis 2018 war sie wissenschaftliche Koordinatorin des Forschungskollegs. Jahn forscht zur Regulierung religiöser Vielfalt in öffentlichen Einrichtungen und bietet Vorträge, Weiterbildungen und Trainings zum Umgang mit religiöser Vielfalt an.

ANDRÉ KASTILAN, M. A., ist seit 2016 Doktorand am NRW-Forschungskolleg „Religiöse Pluralität und ihre Regulierung in der Region (RePliR)" am Centrum für Religionswissenschaftliche Studien (CERES) der Ruhr-Universität Bochum (Thema: „Wahrnehmung religiöser Pluralisierung im Stadtteil"). Zuvor war er wissenschaftlicher Mitarbeiter bei GESIS – Leibniz- Institut für Sozialwissenschaften in Köln. Sein Studium der Sozialwissenschaften absolvierte er an der Ruhr-Universität Bochum und der Universität zu Köln.

ANNA WIEBKE KLIE, M. A., war von 2017 bis 2020 Doktorandin am NRW-Forschungskolleg „Religiöse Pluralität und ihre Regulierung in der Region" (RePliR) am Centrum für Religion und Moderne (CRM) der Westfälischen Wilhelms-Universität Münster. Hier verfasste sie eine Dissertation zum Thema „Rahmenbedingungen und Muster zivilgesellschaftlicher Performanz von religiösen und säkularen Migrantenselbstorganisationen in NRW". Vor ihrer Kollegstätigkeit war sie wissenschaftliche Leiterin der Geschäftsstelle für den Zweiten Engagementbericht der Bundesregierung (2013–2017) sowie wissenschaftliche Mitarbeiterin am Zentrum für Interkulturelle Islamstudien (ZIIS) bzw. dem Institut für Islamische Theologie (IIT) an der Universität Osnabrück (2009–2013). Dort studierte sie auch Geschichte, Literaturwissenschaft und Anglistik (2003–2008).

JUDITH KÖNEMANN, Prof. Dr., ist seit 2009 Professorin für Religionspädagogik, Bildungs- und Genderforschung sowie Leiterin der Arbeitsstelle für Genderforschung an der Katholisch-Theologischen Fakultät der WWU Münster. Ihre Forschungen beschäftigen sich mit der bildungstheoretischen Grundlegung religiöser Bildung, Bildungsgerechtigkeit, Katholischen Schulen und non-formalen Bildungsprozessen.

MARTINA LOTH, M. A., ist seit 2016 Doktorandin am NRW-Forschungskolleg „Religiöse Pluralität und ihre Regulierung in der Region" (RePliR) am Centrum für Religion und Moderne (CRM) der Westfälischen Wilhelms-Universität Münster (Thema: „Religiöse Identität adoleszenter Alevit*innen und Sunnit*innen"). Zuvor war sie zwei Jahre bei der Deutsch-Türkischen Jugendbrücke gGmbH mit Sitz in Düsseldorf tätig. Ihren deutsch-türkischen Master in Sozialwissenschaften (GeT MA) absolvierte sie in Ankara und Berlin im Anschluss an ihren Bachelor in Vergleichender Kultur- und Religionswissenschaft in Marburg und Istanbul.

DETLEF POLLACK, Prof. Dr., ist Professor für Religionssoziologie an der Westfälischen Wilhelms-Universität Münster und stellvertretender Sprecher des Exzellenzclusters „Religion und Politik".

NATALIE POWROZNIK, M. A., ist Sozialanthropologin und promovierte 2020 im Fach Soziologie an der Universität Münster im Rahmen des interdisziplinären Forschungskollegs RePliR (‚Religiöse Pluralität und ihre Regulierung in der Region') mit einer Arbeit zu Religion in Flüchtlingsunterkünften (transcript-Verlag). Ein Schwerpunktbereich Powrozniks liegt auf dem Forschen in sensiblen Kontexten mit Fokus auf Religion (in den Bereichen Psychiatrie, Flüchtlingsunterbringung sowie in der Katholischen Kirche), einen weiteren Bereich bilden Religion und Religionssensibilität in der Sozialen Arbeit. Aktuell ist sie als wissenschaftliche Mitarbeiterin in einem Forschungsprojekt der Universität Münster tätig, das den sexuellen Missbrauch an Kindern und Jugendlichen im Bistum Münster aufarbeitet. Sie lehrt sowohl an der Universität Münster (Kultur- und Sozialanthropologie) als auch an der Fachhochschule Münster (Fachbereich Sozialwesen).

ANNA RANECK, M. A., ist seit März 2018 Wissenschaftliche Mitarbeiterin im Projekt „Von der Sprachförderung zur Integration zugewanderter Kinder, Jugendlicher und junger Erwachsener: Berufsbegleitender Studiengang der Universitätsallianz Ruhr" an der Ruhr-Universität Bochum und promoviert in der Soziologie an der Westfälischen Wilhelms-Universität Münster zum Thema „Die Präsenz von Religion und Kultur im Unterricht mit neu zugewanderten Schülerinnen und Schülern in Vorbereitungsklassen der Sekundarstufe I. Einstellungen von Lehrkräften zu Potenzialen und Herausforderungen religiöser und kultureller Vielfalt". Seit April 2018 ist sie zudem assoziierte Doktorandin am Forschungskolleg RePliR. Zuvor absolvierte sie den Master in Religionswissenschaft an der Ruhr-Universität Bochum, wo sie bereits den Bachelor in Religionswissenschaft und Allgemeine und vergleichende Religionswissenschaft abschloss.

DAVID RÜSCHENSCHMIDT, M. Ed., studierte Geschichte, Sozialwissenschaften und katholische Theologie an der Westfälischen Wilhelms-Universität Münster. Seit 2016 ist er Doktorand im Forschungskolleg „Religiose Pluralitat und ihre Regulierung in der Region" (RePliR) und wissenschaftlicher Mitarbeiter am Centrum für Religion und Moderne (CRM) der Universität Münster. In seinem Promotionsprojekt untersucht er die Geschichte des christlich-islamischen Dialogs seit den 1970er Jahren mit einem besonderen Fokus auf Westdeutschland (Abgabe der Dissertationsschrift im Juni 2020). Seit 2020 ist er wissenschaftlicher Mitarbeiter am Historischen Seminar der Universität Münster.

MATHIAS SCHNEIDER, Mag. theol., studierte evangelische Theologie in Wuppertal und Münster. Seit 2016 ist er Doktorand am NRW-Forschungskolleg „Religiöse Pluralität und ihre Regulierung in der Region" (RePliR) am Centrum für Religion und Moderne (CRM) der Westfälischen Wilhelms-Universität Münster (in Kooperation mit der Ruhr-Universität Bochum) und promoviert zum Thema buddhistische Interpretationen Jesu.

JUDITH STANDER-DULISCH, Dr., ist seit 2018 wissenschaftliche Koordinatorin des NRW-Forschungskollegs „Religiöse Pluralität und ihre Regulierung in der Region“ (RePliR) und Koordinatorin des Bereichs Wissenstransfer am Centrum für Religionswissenschaftliche Studien (CERES) der Ruhr-Universität Bochum. Sie forscht zu Religion in den Medien und arbeitet zum Wissenschafts-Praxis-Transfer im schulischen Bildungsbereich.

SILKE STEINBERG, M. A., ist Kulturwissenschaftlerin und seit 2013 Geschäftsführerin des Forschungsinstituts für Innovative Arbeitsgestaltung und Prävention (FIAP e.V.) in Gelsenkirchen. Ihre Forschungsschwerpunkte sind internationale Berufsbildungszusammenarbeit, Entwicklung von transkulturellen Bildungsdienstleistungen und Migration.

SUSANNE STENTENBACH-PETZOLD, M. A., war von 2016 bis 2020 Doktorandin am NRW-Forschungskolleg „Religiöse Pluralität und ihre Regulierung in der Region“ (RePliR) am Centrum für Religionswissenschaftliche Studien (CERES) der Ruhr-Universität Bochum (in Kooperation mit der Westfälischen Wilhelms-Universität Münster, Thema: Religion in der organisierten Altenpflege). Nach Absolvierung ihres religionswissenschaftlichen Masterstudiums war sie mehrere Jahre als wissenschaftliche Mitarbeiterin (u.a. in der Lehre und Koordination) am Centrum für Religionswissenschaftliche Studien in Bochum beschäftigt. Seit 2014 ist sie zudem freiberuflich als Dozentin im Gesundheitswesen tätig und ließ sich 2018/19 an der Universität Osnabrück zur Interkulturellen Trainerin ausbilden.

DILEK A. TEPELI, M. A., hat ihren Abschluss in Sozialwissenschaft an der Ruhr-Universität Bochum mit dem Schwerpunkt Sozial- und Kulturpsychologie erworben und ist seit 2016 Doktorandin am Forschungskolleg „Religiöse Pluralität und ihre Regulierung in der Region“ (RePliR) am Centrum für Religionswissenschaftliche Studien (CERES) in Bochum. Ihr Promotionsprojekt, das am Lehrstuhl von Prof. Dr. Jürgen Straub durchgeführt wird, untersucht aus einer kulturpsychologischen Perspektive die Identitätskonstruktionen und Intergruppenbeziehungen junger Türkeistämmiger vor dem Hintergrund der kollektiven Verletzungsverhältnisse zwischen Alevit*innen und Sunnit*innen. Ihre Forschungsschwerpunkte und -interessen liegen dementsprechend in den Bereichen der Identitäts- und Intergruppen- sowie Habitusforschung und der sozialen Stigmatisierungs-, Vorurteils- und Ungleichheitsforschung als auch der qualitativen Sozialforschung.

BARBARA THOMASS, Prof. Dr., ist seit 2003 Professorin am Institut für Medienwissenschaft der Ruhr-Universität Bochum. Hier lehrt und forscht sie zum Themenfeld „Internationaler Vergleich von Mediensystemen“. Ihre Forschungen beschäftigen sich vor allem mit Fragen der internationalen Kommunikation, mit Medien und Kommunikation unter politischen und ökonomischen Aspekten, mit den Mediensystemen in West- und Osteuropa, europäischer Medienpolitik, Medienethik und journalistischer Ethik.